學習評量

Assessment in Learning : Concepts and Applications

概念與應用

謝廣全、謝佳懿 著

麗文文化事業

■ 國家圖書館出版品預行編目（ＣＩＰ）資料

學習評量：概念與應用 / 謝廣全, 謝佳懿著. -- 初版. --
　高雄市：麗文文化, 2016.06
　面；　公分
　ISBN 978-957-748-634-9(平裝)

1.教育測驗 2.學習評量

　521.3　　　　　　　　　　　　　　105004533

學習評量：概念與應用

初版一刷・2016年6月

作者	謝廣全、謝佳懿
責任編輯	林瑜璇
封面設計	余旻禎
發行人	楊曉祺
總編輯	蔡國彬
出版者	麗文文化事業股份有限公司
地址	80252高雄市苓雅區五福一路57號2樓之2
電話	07-2265267
傳真	07-2233073
網址	www.liwen.com.tw
電子信箱	liwen@liwen.com.tw
劃撥帳號	41423894
購書專線	07-2265267轉236
臺北分公司	23445新北市永和區秀朗路一段41號
電話	02-29229075
傳真	02-29220464
法律顧問	林廷隆律師
電話	02-29658212

行政院新聞局出版事業登記證局版台業字第5692號

ISBN 978-957-748-634-9（平裝）

麗文文化事業

定價：650元

　　21 世紀知識爆炸，科技突飛猛進，學習評量的理論與實務也隨著時代的巨輪與時並進。在師範校院負責培育中小學師資的年代，學習評量偏重大型的標準化「心理與教育測驗」；師資來源多元化之後，學習評量的重點逐漸轉向「教育測驗與評量」；教育部於民國 102 年 6 月發布／函頒《師資職前教育課程教育專業課程科目及學分對照表實施要點》，教育方法課程已將原「教育測驗與評量」修訂為必修課程「學習評量」，聚焦在課堂內的教師教學與學生的學習評量。

　　著者在近年評鑑與訪視中小學發現，現今中小學大型標準化心理測驗與標準化成就測驗，依規定均由各學校輔導室受過專業訓練的心理諮商師或輔導教師負責管理、施測、計分、解釋與應用，一般任課教師實施這類型測驗的機會微乎其微。經檢視目前坊間有關「學習評量」教科書，類多沿用「教育測驗與評量」，包括許多篇幅去論述標準化心理測驗與成就測驗，鮮少真正針對課堂教學與學習需要的「學習評量」概念與應用的著作。

　　有鑒於教學與學習的實際需要，本書重點聚焦在教室課堂內的學習評量的概念與應用。第一、二章論述評量的相關議題與教學評量目標；第三、四章討論優良評量結果的效度與信度；第五、六、七章討論教學過程中三階段的教學前的期初評量、教學中的形成性評量、與教學後的總結性評量方法；第八、九章討論客觀測驗的補充、是非、配合和選擇題；第十、十一章討論解釋題與論述題；第十二章詳論教師自編測驗之技巧與實務；第十三章介紹實作評量；第十四章檔案評量；第十五章詮釋非認知傾向（情意）與技能評量；第十六章成績評量與報告。

　　綜觀本書特色有七：（一）兼容並蓄──從學習評量的相關議題到成績評量與報告，內容充實，足敷一學期教學之用；（二）理論概念與實務應用並重──各種評量方法的重點、應注意事項具備，且各個列舉實例說明；

（三）各種主、客觀題目之命題方法——講求重點，同時提供足夠例證做為示範；（四）評量各種不同層次的認知學習，從最低層的事實知識評量到最高層次的創造評量，各不同認知層次均有不同的實際例證示範；（五）各種命題方法均提供一個「命題檢核表」供命題者檢視題目的恰當性與公平性；（六）各種非認知行為傾向（情意領域）與技能之評量，各附列一個檢核表審查該評量方法的恰當性；（七）每一章前面列示該章學習目標，每一章後面附列一節該章摘要，並附列一節自我評量（含解答，僅提供用書教師）。

　　本書在撰寫過程中，承何杏雀校長、李文宗校長、張東晃校長、陳國禎校長、李明中主任、謝明興主任等提供寶貴資料，沈志翰主編、林瑜璇責任編輯、美編徐慶鐘、封面設計余旻禎之鼎力協助，始能順利出版，在此一併致最深之謝忱。

　　雖然著者盡心竭力想蒐集學習評量更完整之資訊，限於新知瞬息萬變，複以才疏學陋力所未逮，疏漏之處在所難免，敬祈學者方家不吝指正。

謝廣全　謹識
謝佳懿

2016 年春 於國立彰化師範大學　教育研究所
暨
師資培育中心

目錄

序

第一章   **學習評量的相關議題** /001

002   第一節   考試與評量的演進
010   第二節   測驗與評量的爭議
012   第三節   學習評量的範疇與目的
015   第四節   評量的相關概念
019   第五節   學習評量的類型
026   第六節   評量的一般原則
028   第七節   評量的教師責任與倫理議題
031   第八節   評量最新的發展趨勢

035   **本章摘要**
037   **自我評量**

第二章   **教學目標與評量** /039

040   第一節   教學與評量程序
045   第二節   教學規劃
050   第三節   評量目標規劃
060   第四節   目標陳述與建構
070   第五節   編製教案

078   **本章摘要**
079   **自我評量**

第三章   **效度** /081

082   第一節   效度、信度與實用性
085   第二節   效度的性質
088   第三節   累積效度證據

089   第四節   內容關聯證據的效度
098   第五節   建構關聯證據的效度
106   第六節   效標關聯證據的效度
112   第七節   後果關聯證據的效度
114   第八節   影響效度的因素

121   **本章摘要**
123   **自我評量**

第四章　　**信度** /125

126   第一節   信度的性質
129   第二節   常模參照評量的信度分析
141   第三節   標準參照評量的信度分析
143   第四節   測量標準誤
147   第五節   影響信度的因素
154   第六節   實用性

157   **本章摘要**
158   **自我評量**

第五章　　**期初評量** /161

163   第一節   蒐集學生相關資訊
165   第二節   資訊來源
168   第三節   如何描述學生
170   第四節   效度與信度議題
174   第五節   對期初評量的建議

176   **本章摘要**
177   **自我評量**

第六章 　　　**形成性評量** /179

180　第一節　評量的類型
184　第二節　形成性評量的功能與價值
190　第三節　如何運用正式形成性評量
193　第四節　如何運用非正式形成性評量

200　**本章摘要**
201　**自我評量**

第七章 　　　**總結性評量** /203

204　第一節　形成性與總結性評量
206　第二節　好的教學與有效的教學
207　第三節　計畫總結性評量
213　第四節　幫助學生面對評量

219　**本章摘要**
220　**自我評量**

第八章 　　　**客觀測驗 I ──補充、是非、配合題** /223

224　第一節　補充型測驗題
232　第二節　是非題
243　第三節　配合題

255　**本章摘要**
256　**自我評量**

第九章 　　　**客觀測驗 II ──選擇題** /257

258　第一節　選擇題的特徵
260　第二節　選擇題的功能與應用

266　　第三節　選擇題的優點與限制
270　　第四節　編製選擇題的建議

285　　**本章摘要**
286　　**自我評量**

第十章 ▓▓　　**解釋題** /289

291　　第一節　解釋題的性質
291　　第二節　解釋題的功能與應用
298　　第三節　解釋題的優點與限制
300　　第四節　如何編寫解釋練習題

304　　**本章摘要**
305　　**自我評量**

第十一章 ▓▓　　**論述題** /307

308　　第一節　論述題的形式與應用
312　　第二節　論述題的優點與限制
314　　第三節　對編製論述題的建議
321　　第四節　論述題評分標準
324　　第五節　論述題評分注意事項

328　　**本章摘要**
329　　**自我評量**

第十二章 ▓▓　　**教師自編成就測驗** /331

332　　第一節　編寫教師自編測驗
337　　第二節　預試與項目分析
342　　第三節　編輯正式測驗
346　　第四節　建立題庫

348　　**本章摘要**
349　　**自我評量**

第十三章　　實作評量 /351

352　　第一節　實作評量的內涵
358　　第二節　實作評量的優點與限制
361　　第三節　實作評量的學習目標
363　　第四節　建構實作評量
366　　第五節　編製實作評量應注意事項
369　　第六節　評分量規
373　　第七節　評定量表
382　　第八節　檢核表
385　　第九節　學生參與評量

387　　**本章摘要**
389　　**自我評量**

第十四章　　檔案評量 /393

394　　第一節　教師教學檔案
395　　第二節　學生檔案的性質
398　　第三節　檔案的目的
400　　第四節　檔案評量的優點與限制
402　　第五節　檔案的項目指南
408　　第六節　檔案與學生角色
409　　第七節　檔案評量計畫與檢核
411　　第八節　評鑑標準與應用
412　　第九節　電子檔

414　　**本章摘要**
416　　**自我評量**

第十五章　　非認知傾向與技能之評量 /419

421　　第一節　非認知傾向與技能之重要性
422　　第二節　非認知傾向與技能及其學習目標
426　　第三節　觀察法

440　　第四節　軼事記錄
446　　第五節　態度量表
449　　第六節　自陳量表
455　　第七節　同儕評量
463　　第八節　興趣與人格之測量

465　　**本章摘要**
467　　**自我評量**

第十六章　　成績評量與報告 /471

472　　第一節　成績評量的難處
476　　第二節　教師對成績等第的判斷
478　　第三節　教師的成績哲學
480　　第四節　成績與等第的功能
482　　第五節　成績的比較類型
488　　第六節　成績等第的形式
493　　第七節　成績與等第的分配
499　　第八節　現行成績通知書（單）

507　　**本章摘要**
509　　**自我評量**

參考文獻　　　**/511**

重要名詞索引　　**/521**

Chapter
01

學習評量的
相關議題

本章教學目標

研讀完本章,你/妳將能夠:

1. 瞭解我國考試制度的發展史。
2. 瞭解美國測驗與評量的發展史。
3. 描述測驗與評量對人類社會的衝擊。
4. 瞭解評量的範疇與評量的目的。
5. 熟悉評量的相關概念。
6. 熟悉學習評量的一般類型與應用。
7. 熟悉學習評量的一般原則。
8. 理解評量的教師責任與專業倫理。
9. 理解測驗與評量的最新發展趨勢。

無論是公私立機構或企業的經營與管理，都有一套內部的「計畫」、「執行」、「考核」的機制，每屆年終必定做一個總結性考核：或考核預算以確認盈虧，做為人員核薪分紅之依據；或考核人事績效，以為加冠晉祿之準繩；或診斷機構或企業的體質，做為調整經營管理方向之指標。

教育也是一種企業，但卻是一種無法立竿見影的投資事業，所謂「十年樹木，百年樹人」。但是急功近利的社會，早已揚棄「只問耕耘，不問收穫」的傳統，教育的成敗關鍵，在每一個學年終結，整體教育系統下的學校、教師、學生，也都必須接受完整的總結性考核，以決定學校是否繼續經營或退場、校長與教師之去留、學生是否升級或畢業。

政府機構對所屬公務員的年終總結性考核，一般稱為「年終考績」或簡稱「考績」；學校對所有學生學年結束所做的總結性考核，一般稱為「學年成績」或簡稱「成績」，通常以「百分數」制表示。這種總結性考核，從早期的單一面向的考核（例如，品德或學識），逐漸演化為多面向評量（例如，德、智、體、群、美等五育均衡發展）。

第一節 考試與評量的演進

評量的概念不是一天造成的，大致是從「口語答問」／口試（oral defense）⇨「紙筆測驗」／筆試（paper and pencil test）⇨「測驗」（testing）⇨「評量」（assessment）⇨「評鑑」（evaluation）漸進的程序，從單一面向的考量逐漸演化到多面向的思量。以下分別簡述國內考試與國外評量的發展與演變。

壹、中國的考試制度

一、魏晉、南北朝以前

中國古代關於學校學生學習的考核記載甚少，大抵以「學術」與「品德」為本位的考核。國家舉才也是以學術與品德為主要的考量，從遠古時代開始，即出現許多藉由考試方式來遴選人才的方法：

（一）堯舜時代採用「選賢與能」制度，所謂「禪讓政治」。

（二）夏、商、周採用「世卿世祿」制，依照血緣世襲。

（三）春秋戰國採用「招賢察能」制，再加上「客卿」與「食客」──養士制度。

（四）秦、漢時期採用「徵辟察舉」制：皇帝下詔舉才曰「徵召」；地方行政長官舉才曰「辟召」；經地方官考核合格，再推薦任官曰「察舉」。

（五）魏、晉、南北朝採用「九品中正」制。

由以上用人舉才制度，應該止屬於「選舉制」，幾與考試評量無關。

二、科舉制度

（一）隋煬帝大業二年（西元 606 年）開始「分科舉士」，稱為「科舉」

主要以「明經」（考帖經和墨義）和「進士」（考策問另加詩賦）兩科為主。

（二）唐代的科舉分為「常科」及「制科」兩類

考試科目除「明經」和「進士」兩科之外，尚有八個雜科。每科並訂定精通「幾條」或「幾道」為及格標準（類似現代之標準參照評量）。

（三）宋、遼、金、元時期

1. 宋代科舉制度分十科取士，實行「糊名」與「謄錄」制度。「糊名」，是把考卷上的姓名、籍貫等密封，又稱為「彌封」；將考生的試卷另行「謄錄」，使考官在評閱試卷時，無法辨認考生字跡，預防舞弊。

2. 遼、金考試制度仿宋制。

3. 元代科舉制度基本上沿習宋代：將朱熹的《四書集註》定為考試範本，但只考「進士」一科。

（四）明清時期

1. 明代的科舉在宋、元的基礎上繼續改良發展，制度已非常完善，規模亦更擴大。

2. 清代科舉基本上承襲明制，但考試範圍限定在「四書五經」，作文書寫規定採用「八股文」。

　　這種文官考試制度，對我國教育制度以至於全盤文化，有極深遠的影響。它一方面統一語言、文字和傳統，並為布衣敞開進身卿相之門；另一方面，及第者多而祿位不足，人浮於位，及第者不一定廉能，敗壞考試制度，國家進步受阻（程法泌，1970b: 27）。

　　科舉制度從隋煬帝大業二年（西元 606 年）開始實施，到清光緒三十一年（西元 1905 年）廢止，近一千三百年的科舉考試制度，才由中國近代產生之考試制度取而代之（郭齊家，2009）。

三、升學考試

　　科舉制度廢除後，新學制產生，原先仿日本學制，後又改仿美國學制，學生日多，從中學到大學的入學，由於僧多粥少，初中職、高中職、專科、大學等入學考試，或獨立招生或統一招生，層層關卡莫非在篩選精英接受教育，考試方法雖然採用「筆試」，卻未曾「標準化」：

（一）舊法（論文式）考試

　　科舉制度廢除後，學校內外的考試（考指「考績」，試指「試用」）採用的是「論文式考試」，又稱「舊法考試」，大致採用作文、申論、問答、證明等試題（國立編譯館，1983）。論文式考試由於缺乏效度、信度與實用性，深受詬病。

（二）新法考試

　　1922 年「中華教育改進社」聘請美國測驗專家 W. A. McCall 教授，到中國北京指導各大學（北京高等師範、南京高等師範、北京大學、燕京大學）心理與教育學者，編製中、小學各科成就測驗，尤其是適用於小學的各科成就測驗，到 1924 年完成二十多種智力測驗與教育成就測驗（程法泌，1970b；黃國彥、鍾思嘉，1982）。

　　W. A. McCall 呼籲學校教師，仿造標準化測驗的試題形式，自行編製可供實際教學使用的「客觀測驗」（objective tests），即所謂的「新法考

試」，就是「改良式論文式考試」，題型可分為十一類：由易而難排列為：
1. 何人、何事、何時、何地；2. 列舉；3. 綱要；4. 敘述；5. 對照；6. 比較；7. 解釋；8. 討論；9. 申論其義；10. 總結；11. 評價。論文題依作答反應的範圍及自由發揮的程度，又分為：「無限制反應題型」及「限制反應題型」兩類。

（三）測驗發展

1937 年七七事變後到抗戰勝利，測驗發展大受影響。到臺灣光復後，測驗才有長足的發展：

1. 1952 年臺灣省教育會與中國測驗學會合作，由宗亮東教授主持「國小各科成就測驗」的編製工作，完成七種學科測驗。

2. 1957 年臺灣省國民小學教師研習會，由程法泌教授負責指導，編製「國小各科成就測驗」數十種。

3. 1968 年起，臺灣師範大學教育研究所在賈馥茗教授主持下，完成「國中各科成就測驗」。

4. 1973 年起，大學入學考試開始採用客觀測驗題。

5. 1974 年起教育部聘請專家編製高中各科成就測驗（郭生玉，1999）。

6. 1982 年起高中、高職聯考聯合命題，邀請測驗學者入闈指導（著者之一於 1992 年受邀入闈）。

從此，新法考試成為產、官、學界取才與取得入學資格與學位認證的重要方法，並且演化得越來越精緻。

（四）大專聯考

1949 年國民政府播遷來臺，升學考試仍然是入學的唯一方式：

1. 1954 年臺灣首度實施大學聯考，臺灣大學、臺灣師大、中興大學及成功大學首先加入了聯招。

2. 1956 年私立大學及專科學校加入成為大專聯招（含軍校），分為甲、乙、丙三組；1966 年起分成甲、乙、丙、丁四組招生。

3. 1972 年，大學和專科學校分開聯招，成為名副其實的「大學聯考」。大學聯考原採行「先填志願後考試」，1984 年改採「先考試後填志願」，分成四個類組。各系並得在各考科中自訂加權及高低分標準，考生亦可跨組考試。

（五）多元入學方案

1989 年成立「財團法人大學入學考試中心」，2002 年廢除聯招，改採大學多元入學方案（徐明珠，2001）：

1. 高中職多元入學方案

(1) 申請入學適合資賦優異、有特殊才藝，並且有特殊成就的學生使用。

(2) 甄選入學則適合具有特殊才藝，但未達到特殊成就的學生。

(3) 至於性向、興趣尚未分化的國中生則採登記入學。

2. 大學多元入學

大學多元入學方案主要精神在於「考招分離」及「多元入學」精神。目前已經簡化至只有甄選入學、考試分發入學兩種管道：

(1) 甄選入學制──分為 a. 學校推薦和 b. 個人申請：考生均須參加「學科能力測驗」（大學多元入學升學網，2015）。

(2) 考試分發入學制──以「指定科目考試」成績做為分發依據，學科能力測驗成績僅供檢定之用。

　　a. 僅參加學科能力測驗者只可選擇「甄選入學」管道入學。

　　b. 僅參加指定科目考試只可選擇「考試分發入學」管道入學，且只能選填無需學科能力測驗檢定之大學校系為志願，故多數學生仍參加學科能力測驗及指定科目考試。

綜上所述，從中國由科舉制度而升學制度到大學聯考轉多元入學，考試等同於評量；除了考試還是考試，可說是「多考入學」，因為它最公平公正，因此有教育學者呼籲回到聯考制度。

貳、美國的測驗史

一、口試與文字測驗

　　14 世紀的歐洲大學，取得學位的方法就是「口試」（oral defense）。直到 1845 年美國緬因州教育首長 H. Mann 指出筆試比口試效果優良，才引起人們對考試價值與限制的注意。1845 年起，以筆試代替口試（黃元齡，1974）。1886 年 E. E. White 指出：「文字測驗比口試公正，因為這種測驗給所有學生以同一測驗，同等回答問題的機會，……可以正確比較各個學生進步的情形，……暴露老師教學和學生上課時值得改進的缺點，……可以刺激學生上課專心並用功研究已授過的功課。」（程法泌，1970b: 29）。

二、測驗興起

（一）西方心理學家的貢獻

1. 1879 年德國的心理學家 W. Wundt 在來比錫大學首創心理實驗室，測量「反應時間」開其端。

2. 1884 年英國的 F. Galton 在倫敦創設人體測量實驗室，測量感覺動作的敏銳度與強度、反應時間等；F. Galton 的學生 K. Pearson 發明「積差相關法」、C. Spearman 發明「等級差異相關法」等統計方法，影響測驗發展甚大。

3. 1890 年美國 J. M. Cattell 首創「心理測驗」（mental test）一詞，並以「感覺動作」與「反應時間」來測量大學生的智力。

4. 1905 年法國 A. Binet 發表世界上第一個個別智力測驗「比西量表」（Binet-Simon Scale），內容涵蓋判斷、理解、推理等能力。

5. 1916 年美國 L. M. Terman 修訂完成「史 - 比量表」（Stanford-Binet Intelligence Scale, SBIS），成為世界上第一個標準化智力測驗，採用德國心理學家 W. Stern「智商」（intelligence quotient, IQ）的概念，設計計算智商的公式：IQ = (MA/CA)×100，建立測驗常模（以加利福尼亞州為限），並附有一本完整的〈測驗手冊〉；1937 年修訂「史 - 比量表」，建立美國全國常模。

（二）團體、作業、與特殊性測驗的產生

1. 第一次世界大戰（1914-1918）期間，由美國陸軍發展出「陸軍甲種測驗」（Army Alpha Scores）——文字智力測驗，與「陸軍乙種測驗」（Army Beta Scores）——作業測驗（非文字智力測驗），採用團體測驗方式以節省大量測驗人力與時間。

2. 1915 年 Seashored 刊行「音樂能力測驗」。

3. 1918 年 Stenquist 編製「機械能力測驗」；Rogers 發表「數學能力測驗」。

4. 1924 年愛荷華州發行以大專學生為對象的各科能力分組考試（Iowa Placement Examination）。

（三）成就測驗的發展

1. 1864 年英國 R. G. Fisher 發表一本「量表集」（Scale Book），包含各科內容的「標準樣本」。

2. 1897 年 I. M. Rice 以拼字測驗（spelling test）比較教學成績，是美國研究客觀成就測驗的第一人。

3. 第一個教育測驗是 1908 年發表的「施統氏算術測驗」（Stone Arithmetic Test）。

4. 第一個量表是 E. B. Thorndike 於 1909 年發表的「桑代克書法量表」（Thorndike Handwriting Scale）。

5. 此後數年，各種學科的量表與測驗相繼問世（程法泌，1970b: 36-37）。

6. 1927 年以後，特殊類型的教育測驗，如診斷測驗、練習測驗、測驗組合（合科測驗）、分科測驗等逐漸發展出來。

7. 1929 年第一版由 T. L. Kelley 等五人合編的「史丹福成就測驗」（Stanford Achievement Test）問世，開創標準化成就測驗的新紀元，該測驗屬於組合測驗，採用常模參照解釋結果，編製方法成為以後其他測驗編製的藍圖。

8. 1930 年代前後，教育測量書籍大量問世，如 W. A. McCall 於 1922 年出版《如何進行教育測量》；G. M. Ruch 於 1924 年出版新法測驗（考試）的書《文字試驗的改進》；E. B. Thorndike 於 1927 年出版《智力測驗》；C. Hull 於 1928 年出版《性向測驗》；E. W. Tiegs 和 W. W. Clark 於 1933 年合編「加州成就測驗」。

9. O. Bruce 於 1938 年出版《心理測驗年鑑》為教育測量的歷史豎立一個重要的里程碑。

（四）以測驗為教育革新的工具

　　1958 年美國通過《國防教育法案》，強調學業成就的重要性，促使各州對學生成就績效需求不斷增加，測驗儼然已成為教育革新的工具。

　　自 1960 年到現在為止甚為可觀，測驗與評量的重大改革如下（Linn & Gronlund, 2000; Miller, Linn, & Gronlund, 2013）：

1. 1965 年通過的《國民教育法案》（ESEA）——《第一號法案》，鼓勵各參與學校，在秋季與春季也實施標準化測驗，以便評鑑學生的進步情況。

2. 1970 到 1980 年代初期，最低限度能力測驗（Minimum-Competency Testing, MCT），其焦點放在被認為是就讀下一個年級或取得高中文憑最基本的技能。

3. 1983 年《一個國家處於風險中：教育革新的當務之急》報告書，關於測驗的特色有二：a. 記錄中載明學生成就的缺失，和 b. 做為教育革新的推薦機制。

4. 1990 年繼續強調「績效責任」，採用新的評量方式：

   (1) 標準本位的評量——確定學生需學什麼以及學生何時達到標準：a. 內容標準——確定學到「什麼」；b. 表現標準——確定「有多好」和 c. 共同核心標準——明確指出「學生被期望學什麼」之標準。

   (2) 表現本位的評量——發展與使用新的評量方法，包括另類評量（alternative assessment）、真實評量（authentic assessment）、直接評量（direct assessment）或實作本位的評量（performance-based assessment）。

5. 2001 年通過《沒有落後的孩童》（No Child Left Behind, NCLB）法案，強化評量內容與表現標準，以 2002 年為基準點界定「適當年度進步」（AYP）指標。各校在閱讀、語文與數學的學生成就，與 AYP 指標相比較，做為指定學校是否被評為「需要改進」和「受到處罰」之依據。

6. 2000 年以後成立〈大學和職業準備評量合作關係〉（PARCC）以及〈司馬特平衡評量聯盟〉（SBAC）。

(1) PARCC 評量系統採用共同設定的表現標準及計分專欄，使用電腦快速計分，以便能立即回饋給教師改進教學。

(2) SBAC 評量系統由一個數字訊息交流中心，提供各參與州，包括形成性評量工具、過程與典範、公佈題目、示範課程單位、教師訓練、專業發展工具、計分訓練模組、教師合作工具等（Miller, Linn, & Gronlund, 2013: 11）。

7. 電腦化適性測驗（computerized adaptive tests）是依據受試者在前一個項目的反應，來選擇下一個測驗題目。測驗從一個中等難度的題目開始作答，受試者答對，接下來電腦就會選擇一個稍難的題目；受試者答錯，接下來電腦就會選擇一個稍易的題目。當個人表現被估計已達到預先決定的精熟水準，或在務實最大量的題目做完後，測驗活動就結束。有越來越多種不同電腦軟體可供實施適性測驗。

綜上所述，自從心理測驗技術引進教育情境之後，歷經百年以上的演進與淬煉，測驗與評量儼然成為教育革新的工具，許多教育政策依賴評量結果為圭臬。

第二節　測驗與評量的爭議

將測驗或評量與績效考核連結，不但在評量學生的學習結果，也在評量教師的教學效能與學校的辦學績效，影響層面甚大，引起社會極大關注，造成不小的爭議。爭議的焦點如下列（McMillan, 2014; Miller, Linn, & Gronlund, 2013）：

一、以學生測驗分數評量教師效能

論者認為使用學生的認知成就測驗分數來評量教師效能，欠缺考量情意與動作技能領域，以及城鄉差距與學校特殊性，直接將學生成就分數做為評量教師效能與學校辦學績效之依據，並不是公平公正之舉。

二、窄化教學內容

反對高風險測驗者認為，測驗是在測量學生重要的學習目標，過度依賴測驗結果扭曲了教育，若重要學習目標被忽視而未包含在測驗裡面，教師只教測驗所要測量的特殊內容，甚至於教應試策略（test-taking strategies）和教「測驗內容」本身，窄化教育的內容，不利於教育的整體性發展。

三、對學生造成影響

性向與成就測驗的應用，對學生會有不良的影響（Miller, Linn, & Gronlund, 2013: 17-18）：

（一）**測驗引起焦慮**——有少數甚至於焦慮大到足以干擾測驗表現，平時就已經有焦慮現象的學生，測驗更增加焦慮的程度，因而表現失常。

（二）**分類和標籤學生**——將個別學生分類和標籤，是為了淘汰學業成績差的學生，而不是提供額外服務，以增進學習。

（三）**測驗傷害學生的自尊**——濫用測驗結果將學生定型，測驗分數不恰當的解釋，對學生的自我概念都有不良影響。

（四）**測驗創造自我應驗的預言**——教師只關心個別學生的學業成績，教師依據這種期望來教學，好的學生越好，差的學生越差，甚至於完全放棄，這就是「自我應驗的預言」（self-fulfill prophecy）。

（五）**教學的後果**——將高風險測驗與績效連結的結果，導致窄化了課程內容，窄化到教測驗，甚至於有部分教師在測驗上作弊。

（六）**對少數族裔與性別的公平性**——測驗結果對少數族裔與性別（尤其是就業方面）無法做到公平、公正、機會均等與結果平等。

（七）**補習教育盛行**──在臺灣，則各種升學補習班到處林立，家庭補習班則隱身在市井之間，教師將一些關鍵教材在學校留而不教，回到「家教補習班」才教學生，不參加家教班的學生只有準備當放牛的孩子，教育上發生了許多的乖離現象。

第三節　學習評量的範疇與目的

　　教師在上課期間，為了做許多的決定而進行評量，因此，評量有許多的目的。學習評量（assessments in learning）的範疇，遠遠超過正式測驗（tests）與非正式考試（quizzes）所涵蓋的範圍。

壹、學習評量的範疇

　　一般學校中的學習評量，主要包含三個學習領域：

一、認知領域

　　包括像記憶、解釋、應用知識、解決問題、與批判思考等智能活動；教師對班上學生實施一種科學測驗，做出成績評等，就是認知領域的評量。

二、情感領域

　　包括像感覺、態度、價值、興趣、情緒和人格特質等；教師採用自陳量表（self-report inventories）、評定量表（rating scales）或檢核表（checklists）對學生的興趣、態度、人格進行瞭解，攸關情感領域的評量。

三、動作技能領域

　　包括像體力活動和學生必須操縱物體的活動，如握筆、打鍵盤或擊鼓等；教師將學生轉介到特殊教育中心實施運動技能失能篩檢，他／她的評量決定就是針對動作技能領域的評量。

貳、評量的理由

　　課堂上所做的學習評量有各種不同的目的,而長久以來評量的主要目的,在評定一個「成績」／「等第」(grade)。在學校情境中,教師選擇評量有各種不同的和重要的理由,有時涵蓋數個理由的組合。不同的評量概念如下(Frey, 2014; McMillan, 2014):

一、為學習而評量(assessment for learning)

　　教師蒐集學生「現況」(學生所知和所能),以及對教學如何反應?其目的在設計和修訂教學,以便產生最有效的學習後果。

二、評量即學習(assessment as learning)

　　蒐集學生有關資訊,以幫助學生瞭解如何學習。這是形成性評量方法,其目的在促使學生發展學習技巧及調控他／她們的學習。

三、學習的評量(assessment of learning)

　　蒐集教學活動結束後,關於學生學到多少的資訊,以便做成結論。直到目前,這是國內學習評量的唯一用途。理由是與學生和其他人分享,他／她們懂得了多少。

參、學習評量的目的

　　教師整個學年的學習評量決定,都與認知、情意與動作技能這三個領域有關。評量的主要目的如下(Russell & Airasian, 2012: 6-8):

一、建立一個支持學習的社會教室

　　評量的目的之一,在建立與維持一個支持學習的教室環境。教室是一個複雜的社會環境,環境中的人以各種不同的方式互動,為使教室成為一個積極的社會與學習的環境,必須幫助學生學習與維持教室內的常規,以便創造和維護一個可行的社會和學習環境。

二、規劃與進行教學

　　教師的許多決定都是以規劃和進行課堂教學為焦點。教師所做的決定可以分為兩部分：（一）計畫決定：教師審視教育部課綱，參酌上學年成績、選擇下週上課的主題，指定某教材的家庭作業，這就是在規劃未來的教學活動；（二）教學決定：依據評量資訊組織學生成為一個教室社會，進行教學，監控學生學習。

三、安置學生

　　將學生分組教學、將學生組成合作學習小組、推薦某特殊學生給特殊教師、將閱讀緩慢學生組成一個特殊小組、或將一位孤立的學生在上社會科課程時，與另一位受歡迎的同學坐在一起等等。所有的安置，都考量到學業與社會適應問題。

四、提供回饋

　　教師採用觀察及回饋以期改進學生的學習，稱為「形成性評量」（formative assessment）。例如，利用學生書面報告初稿的評量，改進學生的寫作能力；利用親師座談會告知某學生在校學習的進步情形，尋求該生之父母支持孩子的家庭學習，目的是在改進學生的表現。

五、診斷學生疑難問題與失能

　　教師蒐集到的許多評量資訊，都是用來辨認、瞭解、以及注意到誤解與學習困難。教師一旦發現學生有學習上、情緒上和社會方面的問題，教師有時可以自行實施補充學習活動；但在教師專業以外的其他心理與情緒問題，有必要轉介其他更專業的診斷和干預。

六、總結與評定學業成績與進步

　　在教學之後評定成績的任務，或做最後關於學生學習的決定，稱為「總結性評量」（summative assessment）。包括總結學生的學業學習與進步，評量學生成績等第。

七、與家長溝通，尋求支持

　　學生學習成效不彰，有時是家庭或社會問題，教師若能提供學生在校

的各種學習表現（例如，學習檔案），讓家長瞭解其子女的優勢與缺點，尋求家長的協助與支持，將有助益於教師的教學與學生的學習。

第四節　評量的相關概念

教師在學校中如何蒐集與應用資訊，以便在課堂上做出適當的決定，必須清楚瞭解以下這些評量的相關概念：

壹、測量

測量（measurement）是量化或分配一個數目給某種表現或特質的過程；或是測驗結果或其他依據特殊規則（計算正確答案的得分）評量的形式，做數字的分配；或是獲得個人所具特殊特質數量描述的過程（Miller, Linn, & Gronlund, 2013; Sax & Newton, 1997）。測量在回答「有多少」這個問題。

貳、測驗

「測驗」的英文有「test」和「testing」兩種用法：

一、 英文字若採用「test」，是指測量特質或表現所使用的工具，譬如智力測驗、性向測驗和人格測驗等；它是一種蒐集評量資訊的重要工具之一。

二、 英文字若採用「testing」，是一種正式的、系統化的蒐集學生成就、或其他認知技巧、情感傾向與動作技能資訊的過程，包括從測驗編製、項目分析、信度與效度考驗、施測、計分、分析、解釋和應用的整個過程。

三、 Anastasi 與 Urbina（1997）認為「測驗」是測量行為樣本的客觀和標準工具，測驗通常有特定時間、標準化程序等規定。

四、 Sax 與 Newton（1997）認為測驗是一個任務或一系列用於獲得系統觀測所推定為代表教育、或心理特徵、或屬性的任務。

五、 Miller、Linn 與 Gronlund（2013）認為測驗是一種工具或是為了測量
行為樣本，以相同方法包含一組問題的系統化測量程序；測驗是評量
的特殊形式，典型地是在某特定時段施測一組問題，然後對所有學生
做合理的比較。

參、評量

　　評量（assessment）是指「為了做出決定而以各種不同程序蒐集、綜合
與解釋資訊的過程」，測驗、測量和評鑑往往有助於評量過程的訊息。有學
者以為評量是個普通術語，包括任何獲得有關學生學習表現資訊的各種程
序，包括傳統的紙筆測驗和擴展反應（例如，論述題或申論題）、真實工作
的表現（例如，實驗操作）、教師的觀察、學生自評，和做成學生學習進
步的價值判斷的全部過程；評量用來回答「個人的表現有多好」這個問題
（Miller, Linn, & Gronlund, 2013）。

肆、評鑑

　　當教師一旦蒐集到評量資訊，就會使用這些資訊做出關於學生、教學
或班級氛圍的決定。評鑑（evaluation）是指「做出關於表現是好是壞、或
符合預期的價值性判斷的過程」。譬如判斷一個學生的數學能力是否足夠進
行下一個階段的教學；或教師是否需要改變教學策略，以提升學生的學習
興趣，都需要經過評鑑。

　　評鑑是評量的產物，依據蒐集或綜合關於表現或活動的訊息，反映在
活動或表現上所產生的價值或價值決定（Russell & Airasian, 2012）。

伍、考試

　　考試（examination）本來專指學校教師，為了檢視教學是否達成既定
目標，並符合官方規定，對學生每一項學習課目，使用正式或非正式測驗
或其他測量方法，蒐集學生各項反應結果，評定成績等第的過程。但是，
許多證書和執照，也常透過考試的方式取得資格。

亦有學者認為「考試」專指學校為瞭解教學之後，學生學到多少知識與技能，從所教過的教材中抽取一些具有代表性的教材樣本，測試學生的反應結果，據以判定學生成績等第或學生學習有多好的問題的過程（Linn & Miller, 2005）。

隨堂測驗、臨時測驗、月考、段考、期中考、期末考等等都是考試；體育老師測量學生跳遠、跑百米，然後打分數是考試；音樂老師指定學生看五線譜或音樂課本唱歌，然後打分數是考試；學生做室內配線然後教師打分數是考試。凡此等等，學校中的教師對所有學生的學習活動與行為表現評定成績等第，都可以算是考試。考試的方式可以是口試、紙筆測驗、論文式測驗、實作評量、檔案評量。

陸、學習評量

學習評量（assessment in learning）有下列幾種意義：

一、正式定義

學習評量是一位教師，為了評鑑的目的而開發、實施測量和計分，有系統地蒐集學生有關能力、特徵、技巧、理解與知識方面資訊的過程。

二、工作定義

學習評量是在課堂上，包括一系列廣泛訊息蒐集且做出評鑑的活動。主要是指有關學生和他／她們的學習訊息和評價，同時也有其他的測量目標。

三、專有名詞

學習評量專指教師所採用的測驗與其他正式和非正式的資料蒐集策略，以評量學生與教師本身（Frey, 2014）。

四、整個教與學的過程

學習評量是指蒐集、綜合和解釋學生的學習資訊，以協助教師在課堂上做決定的過程；教師繼續蒐集和運用資訊，以便做出關於班級經營、教學策略與學生學習和計畫的決定。

五、實施與運用

評量可以在進行教學之前、教學進行中、教學完成後，在學習過程中的任何時間實施。教師可以將所獲得的資訊，用以改進教學，學生則用於調控他／她們的學習，或兩者兼具。評量上的表現可能會、也可能不會打分數，或用於計算課程成績。

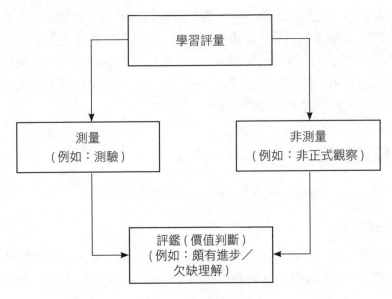

▲圖1-1　評量的過程

六、學習評量過程

圖 1-1 顯示評量的全面性質與在評量過程中測量與非測量技術的角色。圖中顯示：評量（可以）也（可以不）依據測量，它不僅僅是做「量」的描述，有時還須做「質」的描述與判斷。

並非所有評量的決定都必須使用到測驗或測量，此外，並非所有評量的決定是來自對學生評鑑或判斷的結果。學習評量可依據各種不同類型的資訊，導致不同決定類型的結果。

七、評量過程範例

假設現在有一位國文教師在學年剛開始時，他／她為了決定國文課要

從什麼地方開始教起，因此，先要「評量」他／她的學生的國文準備度，要進行評量的理由是他／她要做一個決定。

首先，他／她給了一個年級相應的紙筆國文準備度「測驗」，學生在測驗上的分數提供一個他／她們國文準備度的「測量」；當然，該教師亦用其他方法蒐集學生國文準備度的資訊，他／她對學生說明如何學習國文，學生在做國文練習時仔細觀察學生，並將之前的成績和考試成績與他／她們的學校紀錄文件核對。

其次，他／她將評量所蒐集到的資訊詳加思考之後，做了一個關於學生現在國文準備度的判斷或「評鑑」。

最後，依據評量與評鑑結果，他／她決定在還沒教這學年的新功課之前，先複習去年的國文課。「國文準備度」測驗結果雖然有測量「分數」，但它並不列入國文課的學習成就成績，因此它不是「考試」。

第五節　學習評量的類型

評量包括一個相當廣泛的各種程序，依參考使用的架構，可以依據：（一）測量的性質、（二）使用評量工具的形式、（三）功能角色、（四）結果的解釋等四種方法分類。綜合各家意見，評量程序的總體概念以及基本類型概述如下（余民寧，1997；郭生玉，1999；Linn & Gronlund, 2000; McMillan, 2014; Miller, Linn, & Gronlund, 2013; Waugh & Gronlund, 2013）：

壹、依測量性質分類

測驗及評量，依據「測量的性質」，可分成兩個廣泛的類別，測驗學者克隆貝克（Cronbach, 1990）稱之為「最大表現測量」（measures of maximum performance）與「典型表現測量」（measures of typical performance）：

一、最大表現

最大表現用於決定一個人的發展能力或成就，這類型的評量涉及當事人盡了自己的最大努力時能做什麼的問題？性向測驗與成就測驗屬於這一

類：（一）性向測驗主要設計用來預測未來某方面的學習活動是否成功，強調的重點是一組題目與未來的表現的關聯有多強；而（二）成就測驗主要設計用來指出過去某些學習活動成功的程度，強調的重點是題目對準所要測量的特殊課程與教學。「最大表現」這概念應視為評量的意圖，在瞭解學生能力之極限。

二、典型表現

典型表現類型涉及個人「願意」做什麼，而非「能夠」做什麼。用來測量興趣、態度、調適與各種人格特質的方法都屬於這一類型。所強調的是代表性反應而不是高分數。廣泛使用「晤談」（interview）、「問卷調查」（questionnaires）、「軼事記錄」（anecdotal records）、「評定量表」（rating scale）、及各種「自陳量表」（self-report inventories）、「觀察技術」（observational techniques）和「檔案」（portfolios）。沒有一種單獨程序可以適用於評量各種典型行為的技術；但結合幾種技術的結果，可以提供教師關於學生在這領域是否進步，做出正確的判斷。

貳、依據使用工具的形式分類

評量程序若依照「使用評量工具的形式」，可以分為「選擇式測驗」和「實作評量」兩種形式：

一、選擇式測驗

選擇題和其他選擇反應測驗的題目（如是非題、配合題）高度有效，因為學生在較短的一段時間內，可以針對相當大量的問題做反應，並且反應結果可以機器計分。這類技術的主要優點是客觀計分、信度高、合乎成本效益。

選擇反應測驗格式有幾個顯著缺點：

（一）「固定選擇測驗」（fixed-choice tests）過度強調事實知識與低水準技術，犧牲高級解決問題及概念性的技術；

（二）因應測驗而採用的教學方式，與認知理論不一致，目前強調學生在建構知識和自我瞭解的重要性，而非片段事實與程序技術的累積。

二、實作評量

在 1990 年代流行一種評量方法叫做實作評量作業（performance-assessment tasks），要求學生解決教室範圍以外的重要問題，或以認為值得的方式來執行。寫作文章是複雜實作工作的例證，它反映比固定選擇測驗更有效的溝通教學目標。其他例證包括開放式數學問題、科學的實驗室實驗、藝術創作、口頭表現、設計和學生工作展覽等（Miller, Linn, & Gronlund, 2013: 36）。

三、評量的連續體

固定選擇測驗和實作評量代表一個連續體的兩端，需要在兩極端之間建構簡短的答案。如果只允許學生做一個簡短應對，沒有選擇餘地，也沒有機會修改，即使是作文測驗，其評估意圖也可能大打折扣。

實作評量對主持測驗者和計分而言，比固定選擇測驗更費時，人員的判斷是計分的關鍵部分，需要高度的專門知識與訓練。其實，固定選擇測驗與複雜實作評量以及一段中間技巧，都有助於評量學生成就。

參、依據功能角色分類

測驗與評量程序，依據它們在課堂中的「功能角色」區分，以及它在課堂容易被使用的次序呈現，可以採用下列方法：一、期初評量；二、準備度與安置性評量；三、形成性評量；四、診斷性評量；五、總結性評量。

一、期初評量

在剛開學的前一、二週，教師利用各種非正式觀察，蒐集有關學生身體、心理與家庭方面的資訊，瞭解學生的身心特徵，做為組織班級社會學習情境的基礎。

二、準備度與安置性評量

準備度與安置性評量涉及學生起點表現，聚焦在下列這些問題：

（一）學生的閱讀理解水準，是否足夠獨立閱讀一個地理科單元？或是否有足夠的運用重要算術概念的知能去學習代數？

（二）學生的理解與技巧水準到什麼程度？有足夠的水平和程度，可跳過某些單元或者被安置在一個更高級的課程嗎？

（三）學生的興趣、工作習慣和人格特徵如何？可明確指出某教學模式比另一種模式更好嗎？

三、形成性評量

形成性評量用於教學中來監督學習進展，它的目的在繼續提供學生與教師有關學習成功和失敗的回饋：（一）回饋學生：提供強化成功學習、和認清特殊學習錯誤、以及需要改正的錯誤觀念；（二）回饋教師：提供修正教學的資訊和對於處理團體和個人的工作，偏重特殊的準備測驗及每個教學階段的評量（例如：章節）。

形成性評量直接傾向改善學習與教學，明顯不是用來分配課程成績。因此，形成性評量是整體學習與教學過程的一部分，它不與任何特定的測驗相連結。

四、診斷性評量

診斷性評量的目的，在決定持續的學習問題的原因，以及為醫療行動擬定計畫。如果一個學生，不管使用任何規定的替代教學方法，持續在閱讀、數學或其他學科上得到失敗的經驗，就表示必須進一步做更仔細的診斷。用醫學類比來說，形成性評量為簡單的學習問題提供「急救治療」（first-aid treatment）；而診斷性評量則在搜索這些不尋求急救治療反應問題的根本原因，因此，診斷性評量更全面性、更詳細。它包括特殊準備的診斷性測驗，以及各種觀察技術，嚴重的學習失能（learning disabilities）須要提供教育的、心理的與醫療專家的服務，以及給予適當的診斷，為學生發展一個個別化教育計畫（Individual Education Program, IEP）。

五、總結性評量

　　總結性評量來自教學的課程或單元結束，它設計用來決定教學目標達到什麼程度，主要用來分配課程成績，或用於證明學生的學習精熟程度。包括教師自編成就測驗、各種實作形式的評定（例如實驗和口頭報告），以及成果評量（例如繪畫和研究報告）。雖然總結性評量的主要目的在評定成績，或學生成就的證明，但同時提供判斷課程目標適當性及教學有效性的資訊（Linn & Gronlund, 2000）。

肆、依據結果的解釋分類

　　依照測驗與其他類型評量程序「結果的解釋」，學習評量可以分類成「常模參照評量」（norm-referenced assessment, NRA）與「標準參照評量」（criterion-referenced assessment, CRA）兩種基本解釋方法：

一、常模參照評量

　　常模參照評量是依據其他學生的表現來訂定常模，將個別學生表現與其他學生比較。常模依照建立結果使用的團體，可以是地區性的和全國性的。常模參照評量指出：某一個學生在常模團體所佔相對位置，指出團體中得到相同分數或低於該分數的學生的人數百分比，叫做百分位數（percentiles）。例如採用全國性常模，我們可以描述一個學生在語彙測驗的表現，等於或超越全國六年級群體的百分之七十六（P_{76}）。

二、標準參照評量

　　測驗或評量結果，在解釋已經證明的特殊表現（例如每分鐘可正確打 40 個中文字）。如果解釋侷限於特殊目標（如全部專有名詞大寫），有時稱為「目標參照」（objective referenced），這是一種「標準本位評量」（standards-based assessment）的形式，「標準本位評量」提供一個「標準參照解釋」的主要例證：例如：評量結果報告可依據表現水準分為三到五個類別，如「部分精熟」、「精熟」和「極精熟」。標準參照評量將焦點放在回答正確題目的百分比，叫做百分比正確分數（percentage-correct scores）。

三、比較與運用

（一）常模參照評量，選擇「中等難度」的題目，淘汰多數學生都能正確回答的題目；這個程序能夠區分學生不同的成就水準，以篩選、分組及決定相對年級。

（二）標準參照評量包括的題目，不管題目能否區分學生，也不淘汰容易的題目或改變題目難度。若學習內容容易，測驗題目也容易。標準參照評量的目標，在取得每位學生能證明獲得特殊知識與技能的描述，這些資訊有助於團體與個別教學計畫。這兩種評量類型最好將它視為一個連續體的兩端，而非清楚地二分法。

目前測驗出版者已逐漸將常模參照測驗與標準參照測驗都加以解釋，嘗試做雙重解釋的應用逐漸增多，許多測驗漸向連續體的中間移動，在測驗建構上做些妥協，解釋測驗更謹慎，可能有助於測驗與評量做更有效應用（Linn & Gronlund, 2000: 44）。

伍、其他的分類

下面所提供的分類方法，其實還是在一個連續體的兩端範圍內：

一、非正式測驗 vs. 標準化測驗

（一）非正式測驗（informal tests）是由任課教師所編製的測驗，一般稱為「教師自編測驗」（teacher made tests）。

（二）在標準條件下由測驗專家編製、施測、計分和解釋的測驗，這類測驗稱為「標準化測驗」（standardized tests）。

二、個別測驗 vs. 團體測驗

（一）有些測驗基於小心的口頭提問做一對一的實施測驗（例如「史-比量表」）（SBIS），這類測驗稱為「個別測驗」（individual tests）。

（二）有些測驗可同時施測整個團體的人（例如「陸軍甲種測驗」），這類測驗稱為「團體測驗」（group tests）。

三、精熟測驗 vs. 調查測驗

（一）有些成就測驗測量有限的一組特殊學習結果的精熟程度，這類測驗稱為「精熟測驗」（master tests）；精熟測驗使用標準參照解釋，但有些標準參照解釋同樣可以小心地被用於調查測驗。

（二）有些成就測驗測量學生在廣距範圍結果的一般成就水準，這類測驗稱為「調查測驗」（survey tests），而調查測驗傾向強調常模參照解釋。

四、補給測驗 vs. 選擇測驗

（一）有些測驗要求受試者提供答案（例如申論題），這類測驗稱為「補給測驗」（supply tests）。

（二）有些測驗要求受試者在所提供的一組選項中，選擇正確答案（如選擇題），這類測驗稱為「選擇測驗」（selection tests）。

五、速度測驗 vs. 能力測驗

（一）速度測驗（speed tests）設計用來測量一個人在限定時間內，能做完的題目數量；速度測驗的題目「難度幾乎等於零」，但有「嚴格時間限制」，每一個受試者都能作答，只是快慢不同（如文書性向測驗）。

（二）能力測驗（power tests）設計用來測量一個人在充裕時間內的表現水準。能力測驗原則上「無時間限制」（若有限制乃係為主持測驗者的方便而設），題目通常由易到難排序（如標準化成就測驗）。

六、客觀測驗 vs. 主觀測驗

（一）客觀測驗（objective tests）是一種同等能力的受試者將得到同樣的分數，或同一份測驗卷任由誰人或機器計分，結果分數均相同（如選擇題測驗）。

（二）主觀測驗（subjective tests）就是測驗分數會受到計分者或評判者意見或判斷的影響（如申論題或作文），較少採用機器計分，通常需要兩位以上的評分者。

第六節　評量的一般原則

評量是決定學生學習與發展的性質與範疇一個完整的過程，在實際運用上若能考慮到下列原則，將會收到最大的效果（余民寧，1997；郭生玉，1999；謝廣全，1994；McMillan, 2014; Miller, Linn, & Gronlund, 2013）：

一、依據教學目標

所有教學活動以教育目標為依據，因此，評量教師教學效能與學生學習成果，當然必須以教學目標為依據，才能判定是否達成既定目標。

二、說明預期的表現結果

在陳述或說明教學與學習目標時，必須清楚明確地指出能夠具體觀察到、測量到、且能量化的行為目標或預期結果，這樣才知道要測量的具體學習結果是什麼，應該採用何種類型的方法來評量。

三、確認優先評量事項

有效評量係依據描述所要測量的特質細目，在評量前須先明白確認所要達成的學習目標。例如：地理科的內容標準，必須指明學生必須「理解地形和證明其中的地理性關連」，然後考慮採用選擇題或申論題。教師必須能回答：「什麼觀念」？想要「證明什麼」？「什麼地理性關連」？以及「什麼是充分理解的證據」？

四、顧及學習的多面性

每一種學習活動均包括三方面的學習：（一）主學習（primary learning）：一個單元教學活動中所獲得的主要概念、原理或正確知識；（二）副學習（associate learning）：在學習主學習過程中所培養出來的一種態度、情操或理想；和（三）附（輔）學習（concomitant learning）：在整個學習活動中所附帶學習到的其他方面的相關知識或技能。因此，教學或學習評量不應只偏重主學習，副學習與附學習同樣很重要（謝廣全，1994）。

五、顧及學生全面發展

教育目標在追求智、德、體、群、美育的均衡發展，學習的領域涵蓋認知、情意和動作等三方面。以過去偏重認知領域的評量結果，升學主義掛帥，忽略學生在理想、態度、興趣與習慣技能方面的學習，無法達成學生全人發展的目標。

六、選擇特定評量程序

評量程序的選擇通常是依據它們的客觀性、正確性與方便性。某些程序適用於這課程，可能不適用於另外課程。例如在評量學生的學業成就，既定教學目標必須與用來評量功課的形式密切配合。如果學習目標是寫出一篇完整的文章，採用選擇題測驗寫作的機制，可能不是個好主意；擴展式建構反應評量才能達成這項評量的目的。

七、評量方法多元化

沒有單一的工具或程序，可用以評量繁多的學校方案所強調的學習和發展結果。學業成就的選擇題和簡答題在測量知識、理解和應用結果很有用，但申論題和其他寫作計畫，卻是用來評量組織的能力與表達觀念。「觀察技術」被用來評量學生的表現技巧與不同的行為方面的觀點，而「自陳量表」在評量興趣與態度很有用處。學生成就與發展的完整圖像，需要使用到各種評量程序。

八、評量過程的限制

評量程序可以從十分高度發展的測量工具（例如標準化性向測驗與成就測驗），到粗糙的評量設計（例如觀察技術與自我檢核技術）。即使是最優良的教育與心理測量工具所得到的結果，仍然會產生各類型的「測量誤差」（measurement error），例如：

（一）抽樣誤差（sampling error）

沒有任何一個測驗或評量，可以適當地呈現一個全面性覆蓋的與內容標準、課程目標或教學結果相應的知識、技能和理解，而是只呈現對應的疑難或問題的一個樣本。既然評量或測驗都僅是抽樣的行為樣本而不是全面性的普查，內容樣本（題目）數越少，抽樣誤差越大。

（二）機會誤差（chance error）

由一些無法控制的因素會影響到評量結果，例如：客觀測驗的「猜測」因素、申論題的「主觀評分」因素、觀察設計的「判斷誤差」因素、自陳報告工具的「不一致反應」因素（例如，態度量表）等。小心應用評量程序，可以使這些測量誤差降低到最小程度。

（三）錯誤解釋結果

使用者有時解釋結果超過精確，或將某特質指標誇大超出原設計所要測量的品質。例如，學術性向測驗分數誤把它當作是先天能力，而不是可塑造的能力量數值；或將個人價值測量誤當作語文或數字推理測量解釋。

九、結果的應用重於形式

教學活動中所進行的各種評量，是要依據它來訂定或修訂教學目標，依據它來選擇教材教法，並且依據它們來修正教法、調整進度、做個別化教學、請求資源人士協助等等，不只是將評量結果判定個「優」或「劣」的等第就了事，它對教師的教學效率、課程設計的妥適性，都做了相當程度的反應或詮釋。知所惕勵謀求改進，才不致淪為「教學的形式評量」（謝廣全，1994）。

十、評量本身不是目的

評量程序意味著一些有用的服務目的，例如，回饋教師使他／她們瞭解教學目標達成的程度、教材教法的適當性、教學進度的管控、學習困難所在等。回饋學生使他／她們瞭解已學會了什麼，尚未精熟的是哪些部分或領域。因此，學習評量最好將它視為獲得資訊以便做成決定的過程，評量本身並不是目的。

第七節　評量的教師責任與倫理議題

由於測驗與評量與績效責任相連結，對學校、教師及學生產生重大影響，也造成許多爭議，因此，教師站在測驗與評量主導者的立場，評量的計畫、實施、計分、解釋與應用，必須特別慎重其事，一方面充分發揮評量的功能，一方面降低評量所造成的負面影響。

壹、評量的教師責任

一、對一般學生

教師為做決策而蒐集與解釋有效及可靠的學生資料，乃學習評量的公平性之基礎。其他公平性還包括（Russell & Airasian, 2012: 22）：

（一）在教學與評量之前，先告知學生有關教師的期許與評量的訊息；

（二）在總結性評量之前，教導學生所要測量的教材內容；

（三）在教師與學生相處之前，暫緩以情緒性的標籤（如過動症、搗蛋鬼、笨蛋）發佈判斷與鑑定學生；

（四）避免對學生持刻板印象（例如，他／她是一個騙子、偏遠地區的孩子水準都很差、穿著這麼時髦必是富二代）；

（五）避免使用可能會冒犯到不同性別、種族、宗教或國籍的術語和例子；

（六）避免在教學與評量時，對語文受限或不同文化經驗的學生有偏見。

二、對特殊需要學生

教師應警覺學生是否有殘疾或失能（disability）的跡象：一些學生可能需要參加「個別化教育計畫」（IEP）。一旦發現這類學生，就需要馬上幫助他／她們獲得必要的協助。公平對待特殊需求學生，這方面需要做到六件事情（McMillan, 2000）：

（一）為失能者實施測驗，讓他／她們接受正確的訓練。

（二）使用學生的母語進行評量。

（三）做個別學生的特殊需求鑑定，而不只是做一個能力的總體判斷。

（四）一個學生的能力或績效表現反應，不管是任何能力的失能。

（五）在做個別化教育計畫（IEP）決策之前，已使用過多個分數或評估。

（六）應組成一個多學科評量小組，評估疑似殘疾（失能）者。

貳、評量的倫理議題

教師居於可以獲得學生大量有關學業、個人、社會和家庭背景資訊的地位，使用這些資訊所做的決定，對學生有重大的和長期的影響。教師必須理解評量倫理有關的範圍與責任，與教師的教學及學生的學習習習相關。

責任與資訊的蒐集與應用結合在一起，教師一旦蒐集到那些評量訊息，就有責任去保護它的私密性，瞭解到做決定的限制，不可誤用或濫用。以下提供教師學習評量的專業倫理守則以供參考：

表1-1　學習評量的專業倫理守則

（一）應事先告知學生測驗或評量的目的與用途。

（二）預先評估評量的必要性，再實施評量，以免濫用測驗或評量。

（三）編製和實施公正的和有效且可靠的評量。

（四）使學生有機會熟悉不同類型的評量方法。

（五）提供學生練習測驗方法的機會，減低測驗和評量焦慮。

（六）為失能或文化不利的學生，提供合理的協助與適應。

（七）激勵學生盡他／她們自己最大的努力。

（八）保護隱私權，不得將學生成績連同姓名公佈。

（九）依據評量結果做出公平和公正的決定，最好是參酌多項評量結果，而不是單一測驗結果。

（十）顧及學生自尊，對表現欠佳學生不可冷嘲熱諷，造成自我應驗負面後果。

（十一）測驗評量範圍僅是學習領域一部分樣本，解釋結果時不宜無限上綱。

（十二）結構完整的題目不利高智力與高創造力學生，若學生能提出答案合理的解釋，應考慮給分或更正得分。

（十三）當學生處於身心不利的情況下，允許學生有補救的機會。

資料來源：著者整理。

第八節 評量最新的發展趨勢

根據研究，美國從 1990 年代開始，要求任課教師接受更正確的學習評量領域的訓練，因為，學習評量的品質在影響學生學習方面，扮演一個重要的角色。但直到目前為止，情況雖已有相當改善，但未臻理想。

壹、評量專業未受應有重視

根據研究顯示，即使到最近，美國典型的師資培訓方案有部分還是沒有開設評量課程，許多州並未下令教師接受學習評量訓練。教師取得證書之後，很少甚至從未接受學習評量課程訓練，即使有也聚焦在大型量表測驗（例如「史 - 比量表」、《加州成就測驗》）的實施，與標準化測驗分數的解釋，而非聚焦在學習評量的理論、多樣化的評量格式、評量的設計策略、或題目的編寫指南（Frey, 2014: 3）。

師資培訓單位對學習評量的重要性，仍然沒有共識，往往過於注重標準化測驗有關的教師訓練，而忽略了教師自編測驗的訓練（Stiggins, 2007）。雖然研究指出教師需要更多的評量培訓，但大多數師資培訓的教授不認為像「真實評量」和「檔案評量」的訓練，是必不可少的現代評量方法的培訓（Stiggins & Duke, 2008; Farkas & Duffett, 2008）。美國聯邦《沒有落後的孩童》（NCLB）法案，雖增加了測驗所佔的份量，但所頒佈的「高素質的教師」的定義，並不要求任何評量方面的培訓（Müller & Burdette, 2007）。

貳、最新發展趨勢

評量發展到今日，與往日已有極大差異，綜觀國內、外評量的趨勢大致如下（王文中等，2006；McMillan, 2014; Miller, Linn, & Gronlund, 2013; Russell & Airasian, 2012）：

一、由團體轉換為個人評量

傳統的評量主要是做為教育行政機關或學校的行政決定之用，譬如，教育行政機構要求學校，向更上級報告達成教育或教學目標的證據，或做為對下屬獎懲、分配權力或獎金的依據。

今日的評量，主要在針對個別學生的能力、興趣的差異，量身訂製一套教學或學習策略，隨時監控其學習進展，診斷學習優勢與困難，提供必要的協助，充分發展學生潛力。

二、由單一領域轉為多元化評量

傳統的評量主要在強調以認知領域為本位的評量，採用紙筆考試為唯一方法，即使從論文式試題轉換為客觀測驗題型，測量的內容也多限於知識、理解等較低認知層次的零碎事實知識的記憶。

在多元化的評量下，非但重視認知領域也兼顧情意和技能領域，不只評量知識與理解，更重視應用、分析、評鑑與創造等高層次的認知學習。評量的方法不僅限於紙筆測驗，口試、實作、檔案、作品均代表學習成果；評量者不限於教師，學生自評、同儕互評、組成評量小組等，評量者也多樣化。

三、由靜態轉為動態評量

國內傳統的評量訂定評量時段，日期一到，無論是否有特殊情況，如期舉行，並且依照既定的標準評定結果，從不顧學生是否處在最佳狀況。小學固定二次月考和一次學期考試（或三次月考）；中學固定兩次段考和一次學期考試（或調整為三次段考）；大學固定一次期中評量和一次期末評量。將學習視為靜態，每次評量之間相互獨立，已經評量過的教材部分不再考評。

動態評量將學習視為一種進行式的認知、情意、動作之質與量逐漸進展的過程，隨時間進程與目的、需要，可以不定時舉行評量；學生可以將不同時段的學習成果、作品，抽出較有代表性的作業或學習評量資料（例如，期中評量試卷）放入資料夾成為一份檔案，就是今日流行的「學習檔案」（learning portfolio）。

四、由虛擬轉為實境評量

傳統的評量題材，多為虛擬情境，常與現實生活相去甚遠，學生感受不到那種真實的意義，題目常常以「假如」、「如果」、「假設」為題目的開頭，譬如：「假如妳夜晚獨自一人遇到攔路搶劫，歹徒問妳要錢還是要命？請問妳會選擇下列哪一個答案？(1) 要錢 (2) 要命 (3) 兩樣都要 (4) 不知道。」這是自陳量表的虛擬題目，相信絕大多數人都沒有過此經驗，因此，紙筆測驗上所選擇的答案，與真正事發時的實際表現，可能有相當大的差異。

實境評量或真實評量，就是讓學生在真實環境中，應用已有知識與技能，去解決一個實際的問題。譬如服裝設計科系的學生，學過布料材質、顏色搭配、黃金分割裁剪、美學等等；評量學生的學習成就時，給予三匹布、剪刀針線組、縫紉機等材料工具，要學生設計一套晚禮服，並且上伸展台展現，這才是實作或實境評量。

五、採用電腦化適性測驗

傳統的評量無論是紙筆測驗、作業測驗、申論題或簡答題、作品、表演等，都需要評量者去評量結果，既費時、耗力又怕不客觀。

由於相對低成本電腦可用性與功能快速成長，以電腦實施測驗逐漸普遍。採用電腦施測題目有下列優點：以計算機為基礎的測驗提供每一個別學生一種剪裁（tailoring）的方法，並且立刻知道測驗結果的分數。證據顯示「電腦適性測驗」能增強所測量到的一些知識、技能和能力等的效能和精確性。在某些情況下，適性測驗只需一半的測驗時間，就能取得與傳統紙筆測驗相當水準的測量信度（Miller, Linn, & Gronlund, 2013: 13）。

電腦本位的測驗，將比目前紙筆測驗，擁有更多的潛在優勢，它提供一種超越紙筆測驗過度強調事實回憶的方法，將注意力聚焦在解決真實問題的資訊，它不僅協助評量學生思考的產物，同時評量學生在解決問題的過程，包括被問題吸引的途徑、解決問題的效率、有多少個解決問題的方法等。

六、評量概念的轉變趨勢

整體教學與學習評量的轉變趨勢可以歸納綜合如下表：

表1-2　學習評量的轉變趨勢

從	變成
一般的讚美	特殊的回饋
評量結果	評量過程與後設認知
孤立的技巧	統整的技巧
孤立的事實	知識的應用
人工任務	真實任務
脫離語境的任務	語境的任務
一個單一正確答案	容許許多正確答案
秘密標準	公共標準
秘密效標	公共效標
個別評量	團體與同儕評量
教學結束後評量	教學進行中評量
反饋很少	大量的反饋
客觀測驗	實作本位測驗
標準化測驗	非正式測驗
外在評鑑	學生自我評鑑
單一評量	多元評量
零星的評量	持續的評量
結論性評量	回歸性評量
學習的評量	為學習而評量／評量即學習
總結性評量	形成性評量
強調能力	強調努力
學習成功	學習錯誤
重視事實的回憶	重視思考的技巧

資料來源：引自McMillan, 2014: 20.

本章摘要

1. 評量的概念是從口語答問⇨文字測驗⇨論述題目⇨客觀測驗⇨測量⇨測驗⇨評量⇨評鑑⇨單面向評量⇨多元評量，逐漸演化而來。

2. 中國 (1) 在秦漢以前舉才採用選舉制度；(2) 秦漢時期採徵辟察舉制度；(3) 魏、晉、南北朝時期採九品中正制度。

3. 隋煬帝大業二年（西元 606 年）開始採用科舉制度，到清光緒三十一年（西元 1905 年）廢止，前後歷經一千三百年。

4. 民國初年前後開始採用舊法（論述題）考試，1922 年聘請美國 W. A. McCall 教授來華指導，開始採用新法考試（客觀測驗題）。1956 年大學聯考至 2002 年廢除之前，聯考題目已多樣化；如今各級學校、升學考試、國家公務員、各類專業證照，雖然評量方法多元化，考試幾乎等於評量的代名詞。

5. 美國在 1845 年以前學習評量的唯一方式是口頭答問；1845 年以後開始採用紙筆文字測驗。

6. 西元 1897 年 Rice「拼字測驗」開客觀成就測驗之先河；1908 年 Stone 的「算術測驗」是教育測驗的濫觴；1909 年 Thorndike 的「書法量表」是測量量表的第一人。

7. 西元 1929 年 Kelley 等五人合編的《加州成就測驗》（SAT）是測驗組合的鼻祖，至今價值猶存；1930 年前後開始出版大量教育測驗書籍；1938 年 Bruce 出版《心理測驗年鑑》。

8. 自 1957 年美俄太空競賽以還，聯邦政府強調學校教師教學與學生學習績效，歷經六十幾年的教育革新，測驗與評量被視為教育改革的工具，社會對測驗與評量的需求有增無減，但爭論也不斷。

9. 對評量的爭議有三：(1) 以學生分數評定教師效能不公平、(2) 窄化教學內容、(3) 對學生造成不利影響。

10. 學習評量範疇涵蓋：(1) 認知領域、(2) 情意領域和 (3) 動作技能領域。

11. 學習評量的目的有：(1) 建構教室為學習社會、(2) 規劃教學、(3) 安置學生、(4) 提供回饋、(5) 診斷困難與失能、(6) 評定成績與進步、(7) 與家長溝通。

12. 評量相關術語：

(1) 測量是賦予受試者某種特質數量的過程；

(2) 測驗是給予受試者一組相同問題，觀察其反應的結果；

(3) 評量是整個蒐集資訊、解釋與應用資訊的過程；

(4) 評鑑是對評量結果做價值性判斷的過程；

(5) 考試是依據教學與教材課程範圍進行評量，並評定成績等第的過程；

(6) 學習評量是教師在教學前、教學中與教學後，為了教學決定，使用各種方法蒐集學生學習的有關資訊，加以解釋、應用與做決定的整個過程。

13. 課堂評量類型：(1) 最大表現與典型表現、(2) 選擇測驗與建構實作、(3) 期初、安置、形成、診斷、總結評量、(4) 常模參照與標準參照評量。

14. 其他評量類型：(1) 非正式測驗與標準化測驗、(2) 個別測驗與團體測驗、(3) 精熟測驗與調查測驗、(4) 補充測驗與選擇測驗、(5) 速度測驗與能力測驗、(6) 客觀測驗與主觀測驗。

15. 評量後果影響層面甚廣，應慎重其事；教師除應遵守一般教師倫理責任外，也必須遵守學習評量的倫理責任。

16. 評量趨勢：(1) 從團體而個人、(2) 從單向而多元、(3) 從靜態而動態、(4) 從虛擬而實作、(5) 從人工而電腦化。

自我評量

一、補充題：每個空格 2 分，計 20 分。

1. 我國魏晉南北朝時期以前的用人方式稱為什麼制度？_____

2. 我國科舉制度開始於哪個朝代？_____

3. 我國科舉制度廢止於西元何年？_____

4. 我國科舉制度前後歷經多少年？_____

5. 現在匿名作答可追溯到我國科舉時代的什麼做法？_____

6. 1922 年我國曾經聘請哪一位測驗專家來華指導？_____

7. 1956 年臺灣在考試制度上出現一種變革，是什麼制度？_____

8. 大學聯考於西元何年廢止？_____

9. 在國小教師研習會指導編製小學各科成就測驗的是何人？_____

10. 我國大學入學考試，何時（西元）開始先考試再填選志願？_____

二、論述題：每題 8 分，計 80 分。

1. 魏晉、南北朝以前用人採選賢與能的選舉制，立意良善，何以制度無法延續？

2. 科舉制度與中國歷史發展有何關聯？

3. 美國的評量績效制度有無可議之處？

4. 學習評量的範疇有哪些？內涵各如何？請各舉二項內涵說明。

5. 學習評量的目的有哪些？

6. 試說明形成性評量與總結性評量在時機與後果上有何差異？

7. 最大表現測驗與典型表現測驗有何區別？試各舉一例說明。

8. 速度測驗與能力測驗有何區別？試各舉一例說明。

9. 客觀測驗與主觀測驗有何區別？試各舉一例說明。

10. 依據本書所列舉的學習評量倫理守則，你／妳認為還可以增修哪些內容？

Chapter

02

教學目標與評量

本章教學目標

研讀完本章，你／妳將能夠：

1. 定義課程、教學、成就、能力、教育目標和其他一些專有術語。
2. 描述備課的主要考量。
3. 編寫一個教案，說明教學目的、過程與評量策略。
4. 說明教育目標，區分良好狀態與不良狀態的目標，並且區別較高級別和低級別的教育目標。
5. 舉出規劃教學常見錯誤。
6. 比較用於規劃和提供教學評量的特點。
7. 提供改善評量的效度與信度的方法。

第一節　教學與評量程序

　　教師在進行實際教學前、教學進行中以及教學活動結束後，為了選擇適當教材與教法，並且瞭解學生的起點行為（entering behaviors），學習進步情況，學習的困難所在與學習的後果，必須隨時隨地蒐集學生的相關資訊，以便做出適當與有效決定。

　　評量是一個持續的過程，所有教師都一樣，教師一踏進教室，就必須做出許多決定：有些決定涉及個別學生，有些則關係全班；有些涉及教學，有些涉及班級氣氛；有些與學生學習有關，有些與學生人格有關。

　　教師有忙不完的工作：準備教學主題、觀察、監測、以及審查學生的行為與表現、點名出席、指派學生家庭作業、解答學習疑難、聯絡家長、處理學生紛爭、轉介學生到資源教室、輔導室等等。

壹、學習評量程序

　　若依據「教學程序」，評量可分成如表 2-1 三個階段的學習評量形式：

一、期初評量（early assessment）

　　期初評量發生在學年開始的前一至兩週，教師著手瞭解班級學生的社會、學業和行為特徵。根據這些資訊，教師決定關於學生的需求，創造一個支持學生學習的教室環境。這些幫助教師決定提高教室中教學、溝通與合作。

二、教學／學習評量（assessment in instruction / learning）

　　用來規劃與進行教學，以及包括決定要教什麼、何時教、如何教、採用什麼教材、課程如何進展，已規劃的什麼活動必須進行改變，這些都是教學或學習評量。

三、總結性評量（summative assessment）

　　總結性評量在幫助教師做關於學生的成就與安置的正式的決定與推

薦。像評定成績等第、總結進步情形、解釋測驗結果、鑑定學生特殊需求安置、做升級推薦等等。

	表 2-1　三個階段學習評量的比較		
	期初評量	**教學評量**	**總結評量**
目的	提供教師迅速感知與實際瞭解學生的特徵	計畫教學活動並監控教學進度	完成官方的教學觀點，譬如評定成績、分組與安置
時間	開學後1-2週	學年中的全日	學年中的特定日期
證據-蒐集方法	大量的非正式觀察	正式觀察、學生的計畫報告、監控的非正式觀察	正式測驗、書面與口頭報告、非正式測驗與作業
證據-蒐集類型	認知的、情感的、動作技能的面向	大量認知與情感的面向	主要是認知的面向
紀錄保持	資訊保持在教師腦海中，很少書面紀錄	教師所書教案、未寫下來的觀察資訊	正式紀錄保留在教師的成績冊或學校檔案

資料來源：Russell & Airasian, 2012: 9.

　　雖然這三個階段有些部分重疊，但一般來說，評量的順序是：先進行期初評量，再進行教學評量，最後才進行總結性評量。

貳、評量資訊之用途

　　教師依據教室收集的評量資訊，告知他／她們有關塑造教室環境、教學和學生發展的決定；其他群體如教育政策的制定者、學校行政人員及學生家長，也要靠教室範圍內所收集的評量資料，做重要的決定（Russell & Airasian, 2012: 10-11）：

一、學校行政人員

　　使用評量去做：（一）鑑定方案的優缺點、（二）計畫與改進教學、（三）監控課堂教師、（四）鑑定教學需求與方案、（五）監控學生經過一段時間的成就。

二、教師

使用評量去做：（一）監控學生的進展、（二）判斷與改變課堂課程、（三）鑑定學生的特殊需求、（四）激勵學生做得更好、（五）安置學生於各種學習小組、（六）提供回饋予教師與學生。

三、學生

接受評量可以讓自己：（一）瞭解自己已學些什麼，能做些什麼？（二）還不瞭解些什麼，還不會做什麼？（三）自己的優勢在何處，缺點在何處？（四）自己在哪些地方還有進步改善的地方？（五）現在與從前相比較是進步還是退步？

四、家長

依據評量去做：（一）判斷子弟的優缺點、（二）監控子女的進展、（三）與教師討論子女在校的表現、（四）幫助子女做教育與職業規劃、（五）判斷教師的教學品質。

參、教學模式

課堂教學最主要的目的，在幫助學生達成既定的學術目標，這些目標典型地包括預定在認知、情意和技能方面的改變。評量是整體「教與學過程」中的一部分，有目的的學習結果，以教學目標、有計畫的學習活動促成學生的改變，學生的學習進步情形，定期的以測驗和其他評量設計評估來建立。教、學與評量三者的本質，是相互依存的關係。

教師為了幫助學生學習而提供教學活動，一般教學程序如下（Linn & Gronlund, 2000; Linn & Miller, 2005; McMillan, 2014; Miller, Linn, & Gronlund, 2013）：

一、確認教學目標

教學與評量的第一個步驟，是決定課堂教學所要獲得的學習結果，例如：

（一）當學生完成學習活動時，會如何思考與行動？

（二）學生須具備什麼樣的知識與理解？

（三）他／她們必須能表現什麼動作技能？

（四）他／她們必須發展出什麼興趣與態度？

（五）他／她們在思考與行為上發生什麼變化？

我們重視的是學生有什麼具體的變化，他／她們是否已經成功地實現或達成這個內容標準與課程方針。

二、預估學習者的需求

當教學目標已明白確定，就可進行關於學習者欲達成的學習結果的需求評估。學生是否已具備某些能力與技術？還需要繼續進行教學嗎？學生都已發展出所要的技能與理解嗎？在教學剛開始時評量學生的知識與技能很重要，若學生缺乏所需的技能，教師就應修正教學計畫以符應學習者的需求。

三、提供相應的教學

用以幫助學生達成所要的學習結果的課程內容、教學方法和教學活動設計完成，就必須採取相應的教學。當此教學階段，以測驗和評量來監控學習的進步情況與困難所在，在教學過程中定期舉行評量，提供一個「回饋－校正程序」的形式，這有助於不斷調整教學，以應班級和個別學生的需求。一個簡短的臨時測驗或問答教學活動，可用以檢測每個學生透過團體活動所獲得的理解程度。

四、評量預期的學習結果

教學過程的最後一個步驟，在決定學生達成學習目標的程度，它使用測驗或其他評量形式，來測量預期學習結果。最理想的是內容標準與教學目標能夠清楚界定學生預期的改變；而測量工具對所預期的學習結果，將提供一個相應的測量，或攸關改變程度的描述，配合一連串的評量程序，經過判斷確係最重要的學習結果。

五、解釋應用結果

學生評量被認為對教師與行政人員甚有助益，正確地使用下列評量程序，有助於直接改善學生學習：（一）澄清預期學習結果的性質、（二）提供短期工作目標、（三）提供關於進步的回饋、（四）提供為克服困難以及為未來選擇學習經驗的資訊。

評量結果用於評定成績和家長溝通。「學生工作檔案」（portfolios of student work）可以提供一種對家長溝通學生進步的有效的機制，不只對傳統分數制或年級制賦予最大意義，同時說明家長在哪個領域可以幫助學生學習。評量程序的系統化應用，為報告每個學生學習進步，提供客觀的和全面性的基礎。評量結果也用在學校做各種行政與輔導的功能，它在課程發展、幫助學生做教育與職業決定、評量學校方案的有效性等甚有助益。

圖 2-1 簡化的教學模式摘要了教學程序的基本步驟，並說明教學、學習與評量的交互關係。當課程內容和教學方法整合到設計好的教學活動，並用以幫助學生達到所要的學習結果時，就必須採取相應的教學。當此教學階段，以測量和評量做為監控學習的進步情況與困難所在的方法。

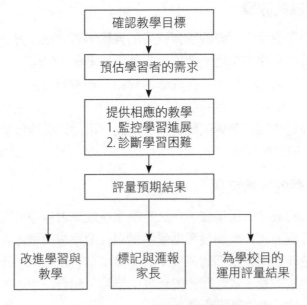

▲圖 2-1　簡化教學模式

資料來源：Linn & Gronlund, 2000: 38.

第二節 　教學規劃

壹、教學過程

　　教學過程包括三個相互依存的步驟，那就是「規劃教學」（planning instruction）、「提供教學」（delivering instruction）和「評量學生結果」（assessing student outcomes）（Russell & Airasian, 2012: 58）：

一、規劃教學

　　規劃教學包括確定預期的學生學習結果、選擇適當教材，以幫助學生達成這些結果，組織經驗成連貫的次序，以激勵學生發展與成長。

二、提供或執行教學

　　提供或執行教學的目的，在將有系統與有組織的有用知識與技能，提供幫助指導學生練習、操作與理解應用，促成學生必要的改變。

三、評量學習結果

　　為了瞭解學生經過教學後學到多少有用的知識、技能與態度？學得有多好？以確認學生是否學到或達到預期的結果，做為各種決定的依據，而採用各種評量的方法與技術來達成此目的。

　　在實踐教學過程時，三個步驟應該彼此對焦：

一、　規劃教學必須邏輯地合於預期學習結果；教師考量學生的特徵和可取得的資源及材料，去幫助學生達成必要的改變。

二、　提供教學步驟必須針對幫助學生達成學習結果；獲得學生評量的訊息，主要是評量學生參與的學習歷程之有效性。

三、　評量必須使教師能夠決定學生朝向學習結果的進展程度如何；預期的學生成果的適合性。

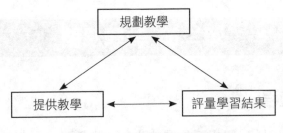

▲圖 2-2　教學程序之步驟

　　圖 2-2 是以三角形的圖案呈現，不是直線式，表示三個步驟之間的關係比 1-2-3 的順序複雜許多。這三個步驟在教學的過程中是相互依存的塊狀，可以以不同的順序排列，三個步驟均涵蓋教師的決定與評量：

一、教師的規劃決策

　　包括關於學生的準備、給予學生特點的教學方法、教學資源、學生文化、語言恰當性，並從期初的評量獲得的其他重要特徵的訊息。

二、教師的教學

　　在教學過程中正在不斷關注或觀察全班學生來獲取訊息，以幫助教學的步伐、強化、興趣和理解的決定。因此，整個教學過程，取決於依賴教學前、中、後所蒐集到的各種評量的證據。

三、評量學習結果

　　包括蒐集與綜合有關學生學到或學習的程度之正式資訊，但另外「規劃」與「教學」兩個步驟，仍然依賴教師的評量活動。

　　對於教師而言，規劃教學與提供教學都是重要的活動，它們不僅佔據教師的大部分的時間，而且教師根據學生的學習成就來定義自己的教學獎勵。老師喜歡與學生工作，在他／她們的生活有所作為，當教師知道自己的教學，確實幫助學生開拓新的認識、技能或行為時，就是一種自我獎勵。

貳、教學規劃

　　教學規劃或教學計畫主要是為了修正課程，以適合他／她班上學生的

獨特性與資源。所謂規劃或計畫（planning），是教師反思和整合他／她班上學生訊息、教學的主題、課程教材、教師的教學經驗、所能取得的資源以及課堂環境等因素。這些因素的反思和整合，導致了教學的課目計畫或稱教案（lesson plan）：

一、內容

教學計畫或「教案」涵蓋教師分配教學時間、選擇適當的活動、將個人的教學經驗鏈接到整個單元或課程、及學生參與的序列活動中，設定教學的步伐、選擇分配作業，並確定技術來評量學生的學習。

二、功能

教學計畫對教師的幫助如下（Russell & Airasian, 2012: 60）：

（一）使教師覺得增權賦能（empower），並給他／她們所規劃的整個教學，感到理解和擁有所有權。

（二）建立教學目的和教學主題的焦點。

（三）在實際開始教學之前，有機會審查和熟悉教材。

（四）確保在教學進行中教學策略到位，使學生們遵循教學主題與架構。

（五）將日常功課鏈接到更廣泛的目標、單元或課程的主題。

教室是一個複雜的環境，是非正式的、特設的、曖昧的世界，需要某種形式的策劃和組織。一個教學課目，若沒有考慮到學生需求和先前的知識，或配合不當的預期成果到教學活動，是注定要失敗的。

教師有很大的控制權，以及與教學計畫相關的許多教室的特徵或樣貌，例如，大多數教師會控制教室的物理佈局，期望學生遵守的教室常規與例行工作、所提供的教學計畫和其性質、以及用於評量學生成績的方法。

但是，教師也有不能控制的一面。例如，大部分教師幾乎都無法控制自己的班級學生人數、學生的特徵、教室的大小、教學資源的質量，以及上級規定的課程指引。在教學規劃中，教師必須安排他／她們能控制的因素，對應於他／她們無法控制的因素。

參、教學規劃考量的因素

　　教學規劃中主要考慮的因素，大致包括下列數種（Russell & Airasian, 2012: 61-65）：

一、學生特性

　　規劃教學時，最初的和極重要的考量，是任教班級的現狀和學生的需求：

（一）該班學生目前學習準備度如何？

（二）該班學生目前已經精熟了該學科領域的哪些主題？

（三）該班學生的學習習慣與態度是什麼？

（四）什麼材料可以幫助學生學習？

（五）個別學生在小組的工作表現如何？

（六）學生當中有哪些學生有什麼殘疾，他／她們如何適應？

（七）在該班級內，學生的文化和語言的範圍如何？

　　這些問題的答案，提供「教什麼」與「如何教」的必要與有價值的資訊。教師可以從期初評量獲得很多的訊息，來回答這些問題。在考慮學生特性時，教師尚需考慮下列因素：

（一）**小學與中學之差異**：小學教師負責規劃好幾個科目，中學教師典型的只規劃一到兩個科目。在規劃教學時小學及中學以上教師，都必須考量學生的學習準備度、行為特性以及學習方式。

（二）**課堂活動潮起潮落**：教學活動有時是小班教學、有時是課堂作業、有時是團體教學、有時要考慮學生的特性，例如：獨立性、工作習慣和注意廣度等都非常重要。

（三）**因時因地制宜**：教師常與許多不同的小組學生一起工作，規劃教學時，必須以該小組的能力、先前的成就、需求、社會化水準做為依據。

（四）**運用複習策略：**新學年剛開始，多數教師多從複習前一年級，或前面課程教材中的概念與技巧著手，從複習所獲得的資訊，提供學生學習準備度與需求的最直接的證據。

（五）**使期初評量有效和可靠：**來自期初的有效和可靠評量學生的特性，像「失能」、「準備度」、「獨立性」與「自我控制」等特性，在規劃教學活動時都應一起考量在內。

二、教師特性

　　新手教師（beginning teachers）在規劃教學時，多未將自己的特性考量在內，因而在教學過程中覺得礙手礙腳。教師在規劃教學時，應同時考量下列因素：

（一）**課程知識**──教師所選擇的主題範圍、專題報導的準確性和最新性，以及他／她們的教學方法，都受到自己的課程知識侷限的影響。

（二）**人格特質**──教師的人格特質常導致他／她們特別喜歡特定的教學技巧。個人特殊喜好可能導致教學方法過於狹隘，限制學生從其他更適當的教學方法學得更好的機會。

（三）**時間限制**──教師在學校中的任務繁多，時間有限而任務無限，不能寄望今日事今日畢，也不能寄望一切事情都能立刻圓滿解決。「時間永遠都不夠用」，教師應做好時間管理。

（四）**體能限制**──教師應在規劃教學時要考慮自身的體能限制，新手教師常因熱忱與缺乏經驗，導致高估其上課時所能完成的任務。

三、教學資源

　　教師可取得的教學資源不但影響教學的品質，也影響到可能的學習成果。資源包括：（一）物質資源──學校的軟硬體設備；（二）人力資源──學校行政人員與教師同仁、與其他教職員的支持、助理或志工等；（三）教科書──教科書對課程的規劃、教學與學習的影響，超過任何其他單一的資源；（四）網路版方案──在網路上教師可以找到許多其他教師設計與使用的課程方案；（五）教學時間──時間是有限的資源，對規劃教學有重要的影響，將有限的時間，聚焦在認為比較重要的主題與技能的教

學，是許多教師的教學哲學。表 2-2 是規劃教學時考量的問題：

表 2-2　規劃教學時考量的問題

學生特性	教師特性	教學資源
先前知識	內容知識	地方文史資源
必備技能與知識	偏愛的教學方法	部定課程大綱
讀書習慣、社會化	偏愛的評量方法	時間、書本資材、網路技
特殊學習需求	體能限制	術、同僚與行政支持、空
學習方式	人格特徵	間、設備、人力資源、城
文化／語言差異	教學哲學	鄉差異
失能	年齡、性別	

資料來源：修改自Russell & Airasian, 2012: 65.

第三節　評量目標規劃

日常生活的目標，在引導人們聚焦在特定的工作。教學目標（objectives in teaching）描述教師期望他／她們的學生，透過教學能夠發展的內容、技能與行為的種類。教學目標就是學生的學習結果（Miller, Linn, & Gronlund, 2013）。

目標可以是很抽象的，也可以是很具體的；具體的目標才容易測量。在教育上常常可以看到教育目標（educational objectives）、教學目標（instructional objectives）、課程目標（curriculum objectives）、行為目標（behavioral objectives）等等術語。在教學過程中目標特別關鍵，如果教師不能夠確定他／她們的教學目標，教學與評量將變成沒有目的。

教學是一種有意圖的和規範的行為。教學之所以是有意圖的，係因教師為某一個目的而教，教完之後希望學生能學到某些事；教學也是個規範，因為老師所教的是被他／她們認為值得學生學習的東西。

因為教學兼具意圖與規範：規範的教學（normative teaching）涉及選擇值得學生學習的目標；有意圖的教學（intentional teaching）涉及教師要如何教他／她們的目標的議題——他／她們要創造什麼樣的學習環境，和

他／她們要使用什麼方法，去幫助學生學習預期的目標。教學目標最好是明確、清楚與可測量的。

壹、教學目標的層級

依據目標的特異性，教學目標可以分成三個級別：全球性的、教育的和教學的目標；目標總是聚焦在學生的學習和表現，而不是教師的行動或課堂活動（Russell & Airasian, 2012）：

一、全球性目標（global goals）

全球性目標的「目標」，英文用「goals」而不用「objectives」，是指比較廣泛的和複雜的學生學習結果，這需要很長的一段時間和教學來完成。這種目標很普遍、比較抽象、比較難以評量，包含大量的更具體的目標。請看下列這些例證：

（一）培養學生成為終身學習者、（二）培養學生成為有科學素養者、（三）培養學生成為現代的公民。

上面這三個目標都是比較抽象的目標，必須經過相當長的時間之後，才能確認目標是否達成。由於全球性目標廣泛的包容性，它可以說是一種期許或期待，很少用於課堂的學習評量，除非將它拆解成更狹窄的目標。全球性目標主要提供了一個口號，它反映的是在教育政策的重要性。

二、教育目標（educational objectives）

教育目標代表一個中等級別的抽象目標類型，例如：（一）學生能解釋不同類型的圖表資料、（二）學生能夠解決包含二位數除法的問題、（三）學生能夠區辨科學假設與真理的差別、（四）學生能夠大聲地詠頌《唐詩三百首》。

教育目標比全球目標具體，它們窄化到足以幫助教師規劃與聚焦教學，廣到足以指出目標的豐富性，可提出一系列與目標相關聯的可能學習成果。

三、教學目標（instructional objectives）

教學目標是最具體的目標類型，包括下列例證：

（一）學生能正確地標示文章的主題句。

（二）給予五個數學題目，要學生找出分數的最小公倍數；學生最少要能
　　　夠求解四題（擴展性目標）。

（三）學生能列出中華民國前五任民選總統姓名。

（四）學生能指出「台灣高鐵」從臺北到高雄，中間有哪些停靠站。

教學目標的重點是教學上的學習相對狹窄的主題內容區域。這些具體
目標被用來規劃日常的課目。依據教學目標規劃教學時，應審慎考量下列
因素：

（一）瞭解學生的需求、優勢與缺點；

（二）確認教科書中包含所有規劃要教學的重要主題，包括低層次目標與
　　　高層次目標；

（三）規劃適合學生需求與準備度的教學活動；

（四）校準目標、教學與評量，教師並自知自己能力的限制。

貳、教學目標的分類

心理學上將一般人類的學習行為分成三種領域：認知的、情意的和動
作技能的行為。教學與學習評量目標應合乎邏輯，並緊密地與教學和評量
相連結。依此觀點，教學與評量目標涵蓋「認知的」（cognitive）、「情意
的」（affective）和「動作技能的」（psychomotor）三個不同的領域。

一、認知領域

學校中最常教授與評量的教育目標，是包括認知領域（cognitive
domain）的智能活動：像記憶、理解、應用、問題解決、推理、分析和思
考創造。幾乎所有學生在學校接受的測驗，也都是意圖在測量一到二種這
些認知活動。教師的教學通常也是針對幫助學生，達成某些內容或教材領

域的認知學習的精熟。每週閱讀測驗、物理科的單元測驗和朗誦一首詩，都需要認知行為。學業成就測驗、普通能力測驗等等，都意圖在測量學生的認知行為。

（一）布魯姆分類學

「布魯姆分類學」（Bloom's Taxonomy）或「認知分類學」（Cognitive Taxonomy），它廣被教師們用來描述和說明認知的目標（Bloom, 1956）。Bloom 早期的認知分類學將認知組成六個層次，每一連續層次表示一個更複雜的類型認知過程。從最簡單的一端移向最複雜的一端，這六個分類過程是知識、理解、應用、分析、綜合和評鑑（詳見表 2-3）。

表 2-3　布魯姆分類學中認知過程鑑定的類型		
分類層次	相關動詞	一般描述
1. 知識	記憶、回憶、鑑定、再認	記憶事實
2. 理解	翻譯、替換、闡明、描述、重新陳述、解釋	用自己的話解釋
3. 應用	運用、執行、解決、落實	解決新的問題
4. 分析	分解、分類、辨別、比較	分成幾部分，並確定關係
5. 綜合	統整、組織、關係、結合、建構，設計	將部分組合到整體
6. 評鑑	判斷、評量、價值、估量	判斷品質或價值

資料來源：引自Russell & Airasian, 2012: 69.

表 2-3 提供了一些指示布魯姆分類學的各個認知過程以及每個過程的一般詳細描述的「行動動詞」。下面是來自布魯姆分類學的「分類範疇樣本目標」（呈現在括號中）：

1. 學生能說出最近三任教育部長的姓名。（知識；回憶）
2. 學生能識別文句中的錯別字。（知識；再認）
3. 學生能將中文句子轉譯成日文。（理解；用自己的話）
4. 學生可以在作文正確使用成語。（應用；解決問題）

5. 學生可以用三條線組成一股繩索。（應用；解決一個新問題）

6. 學生可以從五份報紙社論的輿論區分事實。（分析；分類）

7. 學生可以透過歷史時期將民俗歌謠分類。（分析；辨識關係）

8. 學生能將科學實驗統整資訊到實驗報告。（綜合；組織成一個整體）

9. 學生能將流行歌曲曲名連貫成一首歌詞。（綜合；組織成一個整體）

10. 學生能判斷不同小說的主題人物之性格。（評鑑；判斷品質）

（二）修訂布魯姆分類學——教學、學習與評量分類學

Bloom 的高足 Anderson 和 Krathwohl（2001）嘗試辨別和分類所有可能的教育結果，稱為「教學、學習與評量分類學」（taxonomy for teaching, learning, and assessing）。他們將教學與學習目標詳細分類為下列三個主要的領域：

1. **認知領域**：從簡單的知識結果（類別：記憶、理解、應用、分析、評鑑和創造）——到複雜的智慧能力與技能。

2. **情感領域**：從態度、興趣——到複雜的鑑賞與調適模式。

3. **動作技能領域**：從簡單的知覺到複雜的動作技能。

後來 Anderson 和 Krathwohl 修訂該架構成為兩個面向：1. 知識類型（知識面向）和 2. 思考類型（認知過程面向）。

1. **知識類型面向**：再依照層次分成四個類別：事實知識、概念知識、程序知識和後設認知知識；

2. **思考類型面向**：再依照層次分成六個類別：記憶、理解、應用、分析、評鑑和創造。因此，每一個學習目標均分成兩個面向。

二、情意領域

情意領域（affective domain），包括感覺、態度、興趣、偏好、價值和情緒。情緒的穩定性、動機、自我概念、自我控制、人際關係及人格特質等，都是情意特質的例子。

雖然情意行為在學校與班級中很少做正式地評量，但是當教師在調整學生時，卻經常以非正式的方式評量情意行為。譬如：

> 1. 哪個學生好打抱不平，而哪個獨善其身？
> 2. 哪個學生挑皮搗蛋，而哪個循規蹈矩？
> 3. 哪個學生需要鼓勵他／她表達意見，而哪個不需要？
> 4. 哪個學生對文學有興趣，而哪個對社會科學有興趣？
> 5. 哪個學生需要提醒才要讀書，而哪個學生不必？
> 6. 哪個是班上的領袖學生，哪個是獨行俠？
> 7. 哪個學生學習態度積極，哪個學生敷衍了事？

一般而言，教師很少做正式的情意評量，大多數是非正式的評量；大部分的教師都可根據他／她們非正式的觀察及與學生互動過程所獲得的資訊，來描述學生的情意特徵。

三、動作技能領域

動作技能領域（psychomotor domain），簡稱為技能領域：包括身體的與操作的活動。拿筆、使用滑鼠、敲鍵盤、使用板金工具、做一個書櫃、演奏樂器、打排球、做標本和解剖等，都是涉及動作技能行為的實例。

雖然在任何層級的學校都有動作技能出現且很重要，但是在學前與小學階段特別強調，像熟練拿鉛筆、開鎖、扣鈕扣、穿襪子、繫緊鞋帶等都很重要；同樣，有特殊需要的兒童（如肢體障礙），教育的重點，包括自助技能像穿衣服、照顧個人衛生、準備食物，這都是動作技能。

與情意領域的分類一樣，沒有一種單一的或廣被接受的動作技能分類方法，動作技能分類學的組織，其典型的範圍：（一）從學生所顯示的執行任務的動作技能準備度；（二）經使用嘗試錯誤學習任務；（三）到實際完成一個自己的任務。

參、教學目標的角色

教師預期學生的學習結果是教學的第一步，執行評量學生的學習結果是第二步；健全的評量需要評量程序與所預期的學習結果盡可能相連結。

教學目標與目的，在教學過程與評量過程中，扮演關鍵性的角色。它們的角色同時扮演：（一）指導教學與學習；（二）對其他人溝通教學意

圖；（三）做為評量學生學習的指導方針。這些主要目的說明如圖 2-3。

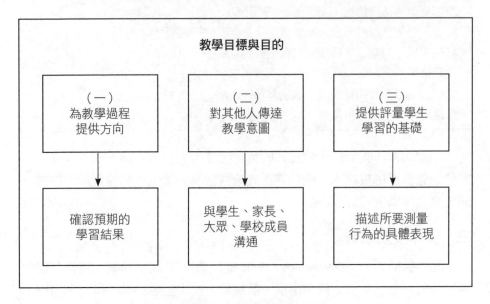

▲圖 2-3　教學目標與目的

資料來源：修改自Miller, Linn, & Gronlund, 2013: 48.

教育行政單位或機構，提供學校及教師們以更詳細的課綱或課程方針，及相關配套教材，這些方針與教材指定學生在一段教學、或一個單元結束後，預期應有的行為表現類型。描述預期學習結果的「表現術語」，其主要功能是正確說明教學目標與目的。

肆、目標與學習結果

目標可以依其實現的期程，分為長期、中期和短期目標；或依其層次分為抽象、具體與特殊目標；目標的性質有時可依據所採用的活動來說明。

一、抽象目標

最高層次的目標是抽象目標，它通常也是長期（程）目標，必須經過一段相當長的時間以後才可能達成，是一種理想或期許。我們前面已提及抽象目標不易評量，因此此地我們不予討論，僅討論具體目標與特殊目標。

二、具體目標

具體目標屬於中期（程）或短期（程）目標，明顯易見，有時甚至於立竿見影，比較容易評量。請比較下列兩個範例：

（一）**教學目標：**向學生示範如何更換輪胎——明確地指出「教學活動」是什麼；但是，關於「預期的學習結果」卻不很明確；同時也未明確指出學生評量的最適當類型。

（二）**教學目標：**演示如何更換汽車輪胎——學生能夠使用胎壓計去測量標準胎壓（採用實作評量）。說明「具體目標」是教學結束後，學生能夠做什麼（使用胎壓計去測量標準胎壓），並且評量的類型是實作評量。

像第二種教學目標的說明，引人注意到學生，以及期望學生能展現的行為類型，從學習經驗轉移到學習結果，使教學的意圖更明朗化；設定評量學生學習的時段是在教學之後，學生的表現類型可以充分證明教學是否成功。

當我們依據學習結果檢視教學具體目標時，應謹記我們在關切「學習的產品」而非「學習的過程」。這不是說過程不重要，相反地，如寫筆記、起草、修改和寫作一篇文章，過程可能十分重要。但是長期的教學目標所關切的是文章寫作完成後的「產品」。

圖 2-4 是關於教與學的情境中教學目標的角色有三個重點。

學生 （目標）	學習經驗 （過程）	學習結果 （產品）
	• 在實習工廠中研究各種汽車輪胎及胎壓	• 輪胎的部分知識（特殊目標—客觀測驗） • 使用換胎機／平衡機的技巧（正式觀察） • 測量、診斷並正確更換輪胎的能力（實作評量／判斷分析）

▲圖 2-4　學習經驗對學習結果的關係

資料來源：本書著者編擬。

三、特殊目標

認知領域的學習依照新的分類標準，可依其階層分為知識、理解、應用、分析、評鑑和創作等六個層次，高階認知／技能依賴低階基本認知／技能為基礎，做線性發展。行為心理學提供一個架構，可以將預期結果分析成小步驟和特殊技能的學習成果。這樣，我們就能分析每一個預期結果的重要細節，以及用十分特殊的術語描述所期望於學生的表現。

依據認知研究與理論，必須先習得基本技能，然後高級思考、推理、問題解決的技能才可能學習。教學目標類型涉及更複雜的學習結果，像數學方面鼓勵真實世界生活內容問題的應用；在科學方面鼓勵以表現為主的作業，包括主動實驗與結果分析；在社會研究方面鼓勵文件分析與歷史事件解釋。

以教學目標——「運用集中量數」為例，可用下列特殊目標逐步達成：

1. 觀察到的量數呈現「常態分配」時，以「平均數，M」代表「平均」（average）這個概念。
2. 觀察到的量數出現「極端量數」（特高或特低量數）時，以「中位數，Md」代表「平均」（average）這個概念。
3. 只須瞭解「最流行」或「出現最多次的量數」時，以「眾數，Mo」代表「平均」（average）這個概念。
4. 平均數的值最大時，次數分配稱為「正偏態」（M > Md > Mo）。
5. 平均數的值最小時，次數分配稱為「負偏態」（Mo > Md > M）。
6. 平均數＝中位數＝眾數，稱為「完全常態分配」（M = Md = Mo）。
7. 中位數的值必定介於平均數與眾數之間。
8. 下列哪一種情況不可能發生？
   A.（M > Md > Mo）B.（M = Md = Mo）C.（Mo > Md > M）
   D.（M > Mo > Md）

資料來源：著者編製。

四、選擇標準

教學目標必須切合一個國家、社會、學校及學生的需要，目標訂得太高就像打秋風摸不到，訂得太低又影響社會的發展與進步。我們應選擇

對教學與評量目的，最有用處的教學目標。在準備特殊課程的教學目標列表，教師必須考慮到下列標準（McMillan, 2014; Miller, Linn, & Gronlund, 2013; Russell & Airasian, 2012）：

（一）目標必須包括課程全部的重要結果

知識目標很少被忽略，然而，理解、應用、思考技巧、態度、社會經驗之類，往往被輕視，教師應特別注意。

（二）目標必須符合部定的內容標準及學校目標

個別教師發展出來的目標，必須與教育部所訂標準及學校一般目標一致。例如，獨立思考、自我導向與溝通效率在學校是高價值，這些學習結果就必須反應在教學目標上。

（三）目標必須符合健全的學習原理

目標指出學習經驗的預期結果，必須與健全的學習原理一致，亦即：

1. 適合年級水準與學生的背景經驗（準備原理）；

2. 與學生的需求及興趣相關聯（動機原理）；

3. 反映學習成果是最永久的價值（保留原理）；

4. 包括最普遍適用於各種具體情況的結果（遷移原理）。

（四）目標必須依據學生的能力、可用時間和設備

目標應根據學生的發展水平、起點技巧、理解、達成目標的可用時間、教學資源的充足及可用的設備進行審查。通常最好是有一組有限的明確定義可達成的目標，勝於一長串非功能性目標。

（五）目標必須反映 21 世紀的趨勢

目標除了必須符合部定目標與學校目標之外，優先考慮的重點應放在學校改進計畫或結構調整的努力，以及需要上大學和工作兩者的技能和趨勢。

（六）具有挑戰性又切實可行的學習目標

鼓勵學生挑戰或尋求最大成就是一件重要的學習目標，所建立的學習

目標既不能太容易，也不能太難。評量學生的先備知識與技能是否足夠？是否已準備好接受挑戰？是否有強烈的動機與態度？這些都必須加以考量。

五、意外收穫

教師無論如何小心地為一個課程選擇教學目標，總會有一些預料之外的收穫。這些意外效果較多是教學方法所造成，較少由教學內容造成；可能是合意的也可能是不合意的，大部分都屬於情感領域。例如，教學的結果是否使得：

（一）學生變得更主動或更被動？

（二）學生變得更順從或更叛逆？

（三）對自我概念是更正向或更負向？

（四）對教材更感興趣或更沒興趣？

（五）對作品更有批判性或更無批判性？

（六）對教師是更接近或更疏遠？

（七）學生變得更依賴或更獨立？

（八）學生變得更保守或更有創造性？

上述這種性質的結果很容易被忽視，許多人不知道特殊的課堂活動，可以創新出一個非預先設定的結果需求，例如，教師平常提醒學生要注意「交通安全守則」，學生聽者藐藐；剛好學校發生一起校外教學參觀的嚴重交通意外事故，可以凸顯「安全」的特殊教學需求；或如臺北捷運隨機殺人事件，可以改變道德教育的教學。因此，雖然教學目標為教學提供一種有用的指導，教師應該更靈活應用教學與評量，庶幾產生非計畫與非預期的學習成果。

第四節　目標陳述與建構

陳述（stating）或說明目標的方法有很多種，要想確保目標的透明度，必須完整地陳述一個目標，就是明白地指出我們期望教學之後，學生能得到什麼樣的學習結果。

壹、陳述教學目標

　　陳述教學目標就是在陳述教學後學生的表現結果，學生在教與學的經驗結束後，能展示的行為表現類型，是依據「學習結果」而不是依據「學習過程」陳述目標。但是大多數人所關切的是課程「內容」以及持續不斷的「過程」，很少集中在教學「結果」。

　　如果有人問：（一）學生在課程結束後必須能做什麼？或是（二）單元學習開始時他／她們不能做什麼？我們可能會嘗試依據知識、理解、技能、態度等等去回答這些問題，這時將會發現學生的表現，自動變成注意的焦點。因此，我們可以用一個比較好的方法，就是「依據學習結果來陳述我們的教學目標」。

一、陳述目標的基本要素

　　陳述目標首先要考量到目標的性質，目標可以分成全球的、教育的和教學的三個類別或要素，或分成長程、中程、短程三個目標，例如：

（一）學生將學習如何理解，讓他／她們「發展」為有責任心的「公民」
　　　（長程／全球性／抽象目標）。

（二）學生能夠「閱讀」「《唐詩三百首》」（中程／教育／具體目標）。

（三）學生能正確地「計算」最小「公倍數」（短程／教學／具體目標）。

　　上述三個目標分別代表全球性的（長程）、教育的（中程）和教學的（短程）目標；這些目標有一些共同的特徵：

（一）全部根據學生從教學中所學得的事物來陳述──目標描述學生的學習活動，不是教師學習或教師的活動。雖然活動是教案非常重要的部分必須描述，但是，教學活動不是目標。

（二）每個目標指定內容或學生預期發展的技能，並描述學生如何預期使用或應用的內容或技能。

1. 上述三個目標中的內容，分別是：「公民」、「唐詩」和「公倍數」。

2. 學生被期望應用內容的具體表現是依據：「發展」、「閱讀」和「計算」。

3. 目標陳述另外一個方法是根據「動詞」和「名詞」來區分。

　　過程或技能是「動詞」，內容是「名詞」。因此，一個目標是依據學生被期望的學習過程（動詞）和學習內容（名詞）來描述。

二、教學目標與 Bloom 分類學

　　經檢視許多目標中的動詞（例如：摘要、補充、記得、分類和解釋）與 Bloom 的普通分類學的名稱並不搭配（例如：知識、理解、應用、分析）。教學目標改用較狹窄的、更特殊化的「認知動詞」（cognitive verb）來描述。

　　這些更特殊化和可觀察的認知動詞，遠比原先普通分類名稱更受青睞，原因是它們更明確指出學生被期望去執行的特別過程（動詞）。表 2-4 是依據 Bloom 分類學而實際在教學目標中被採用的「認知動詞」。

表 2-4　Bloom 分類學的教學目標術語範例

知識	理解	應用	分析	綜合	評鑑
計數*	分類	計算	分解	列排	支持
界定	比較	建構	圖解	概括	決論
背誦	分辨	證明	區分	編輯	評論
標示	解釋	闡明	區別	創建	批判
說明	舉例	解決	分開	組織	建議

*表中所有措辭全部採用「動詞」。

資料來源：摘自Russell & Airasian, 2012: 73.

　　表 2-4 提供一些更精確的動詞，用於描寫每一類 Bloom 分類學中明確的目標。精確的教學目標幫助教師決定課程目標在教學活動的適當性，同時幫助教師發展一個對準教學預定結果的評量活動。

貳、陳述目標的方法

一、陳述目標的程序

（一）確認明確的教學目標

　　課程或學習單元目標，必須詳細才能傳達教學意圖，做為教學和評量

規劃有效的整體指導。可以用兩個步驟來界定目標：

1. 申明一般教學目標——即預期的學習結果；

2. 在每一個目標底下，列出學生達成目標時，能展現出來的具體的表現類型樣本（行為）。

　　這個程序必須來自一般目標的陳述與具體的學習的結果，範例如下（Linn & Miller, 2005: 59）：

> 學習目標：「理解科學的原理」——一般目標陳述（動詞）
> （以下是具體的學習的結果）
> 1.1 學生能夠用自己的話描述科學原理。
> 1.2 學生能夠識別原理的例證。
> 1.3 學生能夠根據原理陳述有條理的假設。
> 1.4 學生能夠使用原理解決新奇問題。
> 1.5 學生能夠區分兩個原理之間的差異。
> 1.6 學生能夠解釋兩個原理之間的關係。

　　如果預期的學習結果涉及理解，目標一開始馬上與動詞「理解」連接。

（二）陳述一般教學目標

　　目標必須具體到足以指導教學，但不能具體到變成訓練。用一般術語說明主要目標，將具體的事實與技巧，整合到複雜的反應形式。例如，「科學原理的理解」可能透過演講、討論、團體活動、實驗工作或組合這些方法來達成。

　　下面是陳述一般教學目標顯示所需一般性的層次（Miller, Linn, & Gronlund, 2013: 62-63）：

> 1. 認識基本術語
> 2. 理解概念
> 3. 將概念與日常觀察相連結
> 4. 應用原理到新情境
> 5. 解釋圖表
> 6. 繪彩繪水墨畫
> 7. 展現技巧於批判思考
> 8. 制定一篇文章的地位
> 9. 寫一篇組織嚴謹的主題
> 10. 用第二語言通話（如韓語）
> 11. 鑑賞詩詞
> 12. 演示科學態度
> 13. 評鑑一個實驗的適當性

1. 每一項說明都以「動詞」起頭，涵蓋具體的學習成果。

2. 每一項說明只包含一個目標。

（三）說明具體的學習成果

1. 每一項一般教學目標，必須以一個具體的學習成果的例證來界定。

2. 為一個一般教學目標說明具體的學習成果。

3. 每一個目標底下列出超過七或八個具體的學習成果並無助益，四或五個說明可能較適當。

（四）動詞的澄清

在說明具體的學習成果，行動動詞是個關鍵因素，有些動詞傳遞教學的意圖（如辨識），有些有效地辨識所要觀察的學生反應（如標籤、圈選、在底下劃線）。

二、不良的陳述

教學目標是為了：（一）與他人溝通教學的目的、（二）幫助教師選擇適當的教學方法與教材，和（三）幫助規劃能使教師決定學生是否學到教學的焦點，也就是預期的內容與技能之評量。

缺乏上述任何一個目的，都是不良的目標陳述方式。請看下列不良目標陳述的例子：

> **例 1**
>
> 教學目標：1. 國共內戰、2. 中華民國政府、3. 廣電法。

1. 缺點：每個描述都省略了關於學生將被期望做的「內容」訊息。

   具體的期望結果：找出戰爭的原因、比較雙方的優勢和短處、或用自己的話解釋為何徐蚌會戰是一個戰爭轉捩點？

2. 未列出學生需要知道、或瞭解中華民國政府和廣電法的什麼事情？沒有包含學生被期許學什麼與做什麼的訊息，就很難去選擇適當的教學方法、教材及評量技巧。例如：

(1) 學生能比較兩軍的主將（教「回憶」，用配合題評量），或

(2) 學生能用自己的話解釋何以「徐蚌會戰」是一個戰爭轉捩點（教「解釋」，用開放的問答題或論述題評量）？

> **例 2**
>
> 　　教學目標：1. 利用閒暇時間、2. 追求終身學習、3. 成為一位好公民。

1. 缺點：目標太籠統與複雜，屬於長程目標或抽象目標。

2. 這些成果必須經年累月的發展，概括提供的活動與教材，無助於教師用它達成目標。

　　陳述教學目標最好是：明確描述學生要去履行的行為，而不是普遍的、曖昧的術語。請比較下列陳述目標之差異：

優良陳述	不良陳述
1.「解釋」保護自然資源的重要性 2. 將日文「翻譯」成中文 3. 可以「區分」主詞和述詞 4.「說明」三個好的與不好的藝術品 5.「比較」東方與西方文化的差異	1.「實現」保護自然資源的重要性 2.「瞭解」日文句子 3.「知道」主詞和述詞 4.「鑑賞」藝術品 5.「體會」東方與西方文化的差異

　　上述每一個例子：

（一）第一個陳述（說明）描述可觀察到的、可教學的和可評量的學生行為；

（二）第二個陳述使用較不明確的、曖昧的術語。

　　學生被期望學習什麼一旦明確，調整這些期望與教學和評量的重點，必能做出有效的教學成效與學生達成教學目標程度的決策。

三、優良教學目標陳述

（一）優良的標準

優良的教學目標陳述，包括四個標準（Russell & Airasian, 2012: 76）：

1. 描述一個學生行為係由教學結果產生的；
2. 使用可觀察與評量的術語來陳述；
3. 指出所要表現的具體的行為內容；
4. 目標在合理的時間內確實能夠實現。

準備教學目標的一個簡單模式是目標中有「學生能夠」……這樣一個預期（可觀察的）（內容）。表 2-5 是一些陳述優良教學目標陳述範例：

表 2-5　優良教學目標陳述範例
1. 學生能夠列出三個國民黨 2016 年總統與立法委員大選失敗的原因。
2. 學生能夠解決需要兩個數字的「和數」的問題。
3. 學生能夠寫一封稱呼正確的問候信函。
4. 學生能夠將一段英文譯成日文。
5. 學生能夠大聲從 Sunday 讀到 Saturday。
6. 學生能夠列出東方與西方文化的三個差異。
7. 學生能夠求解化學平衡方程式。
8. 學生能夠說明一課課文的主要觀念。
9. 學生能夠用自己的話，解釋生物鏈的平衡概念。
10. 學生能夠分析 2015 年 5 月「決戰八仙樂園」粉塵爆炸事件發生的原因。

資料來源：著者編製。

（二）明確的預期學習結果

目標在指導方向，必須將這些目標提出明確預期的學習結果，教師才能依據預期結果，再確定合適的教學活動和材料，這將有助於學生達到目標。

（三）擴展目標

有些教師希望添加有關學生表現的條件，以及學生必須如何做好執行目標，以掌握其目標訊息。這樣的「擴展目標」寫法如下：

1. 給學生計算 3 個數字的和數共 5 題，學生能正確地解決至少 4 題。
2. 不限定交通工具，要求學生規劃從臺中到臺北的交通路線，至少要規劃出 5 條路線。
3. 給予不到 10 行的短篇中文和 1 本韓文字典，學生能在 30 分鐘內將短文譯成韓文，錯誤要少於 6 個。

　　擴展的目標，比簡單的對應需要更多的時間來準備，有時難在教學剛開始之前說明。雖然擴展目標有助於評量活動的發展，在大多數教學情境下，簡單的模型就足夠了。表 2-6 是成功的教學目標標準的簡短提示。

表 2-6　成功的教學目標之標準

1. 目標有明確的答案。
2. 目標代表一課或一章或一個單元的重要觀點。
3. 目標集中在一個動詞（尤其是行動動詞），指定學生具體的行為表現。
4. 目標能在合理的時間內實現。

參、教學目標的議題

一、目標的重要性

　　許多初任教師和實習教師在教學實習階段，常常問到需不需要寫課目目標（lesson objectives），覺得它是一件擾人的工作。事實上有了目標，教師才會時時刻刻監控他／她們的教學與目標是否契合，是否需要調整方向或策略。即使是經驗老到的教師，若事先列出目標，會提醒教師關注那些被放棄教學的學生，而不僅僅是聚焦在偏愛的教學活動。現有的年度教學評量目標，是任何教師的課堂評量責任的重要部分，每年的學生和課程都在改變，教師不能以「不變應萬變」。

二、高層次目標

　　認知行為的層次或水準，可以分成：

（一）「**低層次**」（lower-level）——像記憶和回憶資訊，以及

（二）「**高層次**」（higher-level）——它需要更複雜的思考行為或技能，包

括像分析資訊、應用資訊、解決新問題的規則、比較或對比對象或觀念、綜合片斷訊息成整體、組織觀念等活動。

簡而言之，高層次目標包括認知活動像應用、分析、評鑑與創作等活動，需要花更長時間去學習。下列例子中，低層次目標僅要求記憶和回憶；而高層次目標則要求更複雜的行為：

> L. 低層次：學生能理解常態分配原理。
>
> H. 高層次：學生能利用常態分配原理，正確估計某家連獲「七仙女」之機率。
>
> L. 低層次：學生瞭解一些成語的意義與來源。
>
> H. 高層次：學生能利用成語，寫作成一篇「警世文」。

教師應意識到低層次與高層次思考技能之差異，盡量少列入客觀測驗題所評量的那些記憶與回憶的低層次目標，應努力將一些高層次目標納入他／她們的計畫與教學中。

三、目標數目

一個教學單元或一個學科，到底需要多少個目標，通常是根據可用教學時間和考慮目標的特異性。一般原則如下（Russell & Airasian, 2012: 78）：

（一）教學的時間越長而目標的特異性越多，則需要陳述學生要達到的目標就越多。

（二）教學目標較具體且較多，而教育目標較抽象且較少。

（三）高層次（水準）目標需要花較多的時間教學與學習，因此在某一個教學時段教得比較少；教學生去解釋圖表比教學生記憶一個公式要花更多時間。

（四）目標太多——教師全年的教學若擁有上百目標，會因對自己本身和學生期待太多，或因陳述他／她們的目標過於狹窄。

（五）目標太少——若教師一個學年只有五個目標，要不是低估他／她的學生，就是目標的陳述太過廣泛。

四、彈性目標

目標通常是在實際進行教學之前先陳述（先規劃再教學），意在指導教學與評量。因為教學開始之前已寫好目標，且在教學過程當中，難以預料課堂活動的變動，教師必須謹慎裁量關於開始實際教學活動之前陳述的目標。當教師發現教學目標訂得太高，學生素質太低無法達成時，必須切合實際調低教學目標；若學生程度很高而目標訂得太低時，應及時調高教學目標。

教學目標必須具有彈性，且與時調整修訂，沒有一種普世應用的教學目標，放諸四海而皆準。

肆、陳述目標步驟摘要

課程或單元目標的總目錄，必須包括所有重要的學習結果（例如：知識、理解、技能與態度），並且必須明白傳達學生在學習經驗終結時，被期望能做什麼。下列摘要步驟提供指導：如何獲得清楚陳述／說明教學目標（Linn & Gronland, 2000; Linn & Miller, 2005; Miller, Linn, & Gronlund, 2013）：

一、陳述／說明一般教學目標

（一）說明每一項一般目標就是一個預期學習結果。

（二）每一項一般目標從一個動詞開始（例如：認識、應用、解釋）。

（三）說明每一項一般目標只包括一個一般學習結果（例如：不是「認識與理解」）。

（四）說明每一項一般目標的概括合宜水準／層次（例如：它應該包括擁有一個現成的反應領域），八到十二個一般目標就足夠用。

（五）讓每一項目標保持適當的課程內容的自由，使它可用於各種學習單元。

（六）與其他目標的重疊減到最小。

二、說明具體的學習成果

（一）在每一項一般教學目標底下，列出描述學生被期望證明的終結表現之具體的學習成果的代表性樣本。

（二）每一項具體的學習成果由一個動詞開始，辨識具體可觀察的表現（例如：辨識、描述）。

（三）確認每一項具體的學習成果能對應所描述的一般目標。

（四）包括足夠的具體的學習成果，去適當描述學生達成目標的表現。

（五）保持具體的學習成果的課程內容彈性，使該目錄表可使用於各種學習單元。

（六）難以界定的複雜結果的具體成分，參酌其他參考資料（例如：批判思考、科學態度、創造性）。

（七）如有必要，在目錄表學習結果欄，加上一個第三層次的特殊性。

第五節　編製教案

一旦關於學生、教師以及教學資源的有關資訊已確認，這些資訊必須整合成一套「教學方案」（instructional plans）。在做規劃時，教師必須嘗試想像自己要如何進行教學，在心理上考量用在課堂上的學習活動。

壹、什麼是教案

教學方案若侷限於一個單元、一個課目或一個章節，將教學的時（需要使用多少時間）、地（普通教室、電腦教室或多媒體綜合教室或體育館）、人（協同教學者、技術助理、志工或工讀生）、事（教學目標、教材內容、教學方法或活動、評量方式）、物（資源，例如：掛圖、模型、設備、工具、電腦、錄放影機）等，將整個方案完整地寫成文本，該文本就是一個「教學方案」，一般簡稱為「教案」（lesson plans）。一個教案的大致內容如表 2-7 所示：

表 2-7 教案的主要內容
一、**教學目標**：描述學生從教學中學到什麼？教學之後學生能夠做什麼？（例如，能寫一個故事的概述或摘要、可以從一段文章中分辨出形容詞與副詞）。
二、**設備與材料**：描述資源、資材、完成功課所需設備（例如，投影儀、黏土、酒精燈、臺灣全島地形圖、視頻上的民權運動）。
三、**教學活動與策略**：描述教學過程中將會發生的事情，通常包括像決定學生的準備度、鑑定課目從何處開始 起、複習前一課、提供進一步的組織、辨識所要用的特殊教學技巧（例如，討論、演講、默讀、演示、課堂作業、遊戲、合作活動）、指定序列技術、提供學生練習、結束課程等事情。
四、**評量方法**：描述將如何評量學生的學習結果（例如，家庭作業、口頭提出的問題、作文、小考、測驗、作品）。
五、**時間分配**：描述各種教學活動（例如，複習前一課、生字練習、成語解釋、課文翻譯、文法釋義、問題解答、課文總整理）需要花費或使用多少時間，以便監控教學活動或步伐。
六、**待答問題**：預先準備教材或課文中重要概念、定理與如何運用實踐，編寫成問題，以便在教學過程中配合教材需要，提問學生，以評估學生學習情況。

資料來源：增訂自Russell & Airasian, 2012: 79.

在某種意義上，教案就是為課堂活動「編劇」，它包括本課程的目標、所需材料、該計畫的活動、評量上課期間學生的進步的方法、以及他／她們上完課後的成就等元素。這種心理準備活動的彩排，提供了一個機會，讓教師來預測一個課目期間可能發生的問題，並納入策略，這將有助於提供教學的方向。

貳、教學方法與結果

教師用於幫助學生學習，以達成教育目標的教學方法有很多種，從早期最常用的講述法（演講法）、問題法、設計法、編序教學法、協同教學法等，到較近的「M. Hunter 的課程設計週期模型」（Madeline Hunter's lesson design cycle model）（Hunter, 1982）；「H. Gardner 的多元智能」（Howard Gardner on multiple intelligences）（Gardner, 1995）；以及最近的「R. Slavin 的合

作學習模式」（Slavin, 2003）等。H. Gardner 的方法把知識或思維能力分為七個不同類型的智力：

1. 語言（使用話語）。
2. 邏輯／數學（使用推理）。
3. 空間（使用圖像和圖片）。
4. 音樂（使用節奏）。
5. 人際關係（使用人際交往）。
6. 內省（使用冥想或規劃）。
7. 身體／動覺（用體力活動）。

　　採用 H. Gardner 的多元智能法或其他任何一種不同的方法去學習，影響到教學目標以及用來幫助學生達成目標的活動。例如，H. Gardner 要求教師用較廣泛的方式，教比較寬廣的內容範圍，使學生獲得不同的多元智力；想同時幫助每個學生培養七項多元智能是非常困難的，但 H. Gardner 的理論提醒教師，所有學生的學習與評量方法並不止一種。基於一種合作學習方法，與基於多元智能的方法，其教學和評量到底會有何不同？採用不同的教學方法，通常導致不同的教學策略和不同的結果（Wiggins & McTighe, 1998）。

參、規劃評量活動

一、形成性評量

　　在進行教學過程中，形成性評量（formative assessment）策略，包括：全班進行討論時──直接問學生問題、在個別學習或小組活動時──問個別學生問題、在學生做活動時──來回巡視觀察學生的工作、要求學生與老師或全班同學分享前期功課、觀察學生是否在用功、檢視在上課時間內開發的作品等等。任何一個這些活動都讓教師取得學生學習的快照。依據快照所揭示的個別學生、小組學生或全班同學的現況，老師可以選擇繼續按計畫教學，或修改課目以應實際的需要。

二、總結性評量

當教師為某一課目或一系列課目規劃評量活動時，重點是總結性評量（summative assessment）而非形成性評量。總結性評量活動——像實施一個非正式測驗、小考或正式測驗、完成家庭作業或課堂作業、作文或設計產品等，通常都是教案內的一項內容。當教學活動結束，學生已熟悉並表現良好的知識和技能，課目目標和教學經驗兩相一致時，這些總結性評量活動，提供有關學生在教學之後，知道什麼和能夠做什麼的有用訊息，以便做重要的決策（Russell & Airasian, 2012: 80-81）。

肆、編寫教案

許多教師常誤以為只有一種編寫教案的方法，但實際上並沒有一種唯一的方法（例如，一種「正確」的格式）去編寫教案。教案的格式大抵上是由課程或課目的目的所決定：有些將重點擺在教師與學生的行為可能更適合；而有些將重點放在學生將要做的事情上。教師必須找到一個適合自己使用、規劃和教學方式的格式。表 2-8 是美術科二節課教案的一個範例。

表 2-8　高一美術科教案範例			
單元名稱：第六單元——流行文化（第四節：從漫畫的流行到個性商品的效應）	教材來源：高一美術課本。泰宇出版社。臺北。	教學日期：2015/01/05	地點：教室
教學年級：高一	教學時間：100分鐘（二節課）	教學設計者：劉玟慧	
能 力 指 標	（略）		
教學內容分析	1. 藉由漫畫的介紹與個人繪圖練習，瞭解漫畫的歷史演變與個人創造性開發。 2. 藉由介紹個性化商品的歷史演變，瞭解新興產業的出現。		
學習者分析	（可免）		

表 2-8　高一美術科教案範例（續）

	教學目標（認知、情意、技能）視課程而定	行為目標（結果）		
教 學 目 標	1. 學生能瞭解漫畫的歷史與著作。 2. 學生能分析廣告的正面與負面影響。 3. 學生能創造自己的短篇漫畫。	1-1 學生能說出個人喜愛的漫畫。 2-1 學生能在小組中說出自我的看法。 2-2 學生能透過小組活動列舉出三個正面與負面廣告的影響。 3-1 學生能繪出具有個人特色之人物造型。 3-2 學生能編寫出一個完整故事內容。		
	4. 學生能肯定個性化商品之價值	4-1 學生能說出生活中所見過的個性化商品		
目 標 代 號	教學活動	教具	時間	評量
	一、準備活動 　教師播放「與漫畫相關的動畫」影片，激起學生對漫畫文化的好奇。	投影機	5分鐘	無
1. 學生能瞭解漫畫的歷史與著作	**二、發展活動** 1-1.教師詢問同學「是否有看過漫畫，看漫畫時的心情如何？」 1-2.教師經由播放PPT，仔細講解漫畫家的生平與著作。 1-3.教師提出一個問題：「看完PPT上的介紹，同學們最喜歡的漫畫是哪一部？為什麼？」並請舉手的學生回答。 1-4.教師以「讚美」回饋回答的學生。	投影機、PPT	15分鐘	問答
2. 學生能分析廣告的正面與負面影響	2-1.教師將學生分成四組。 2-2.教師說明討論規則。 2-3.教師示範討論方式，並發放小組共同完成之「學習單」。 2-4.教師說明討論題目：「列舉出三個正面與負面的廣告影響」。 2-5.教師給予討論的時間是15分鐘。 2-6.教師在討論過程中，來回巡視學生討論過程，並給予問題協助。	學習單	30分鐘	學習單

表 2-8　高一美術科教案範例 (續)				
2. 學生能分析廣告的正面與負面影響	2-7. 教師請各組上台分享自己討論的結果，並收回學習單。	學習單	30分鐘	學習單
3. 學生能創作自己的短篇漫畫	3-1. 教師發給學生學習單與繪圖用紙。 3-2. 教師說明學習單填寫方式。 3-3. 教師說明繪圖時的工具使用規則。 3-4. 教師給予寫學習單10分鐘，繪圖時間15分鐘。 3-5. 教師在學生填寫學習單與繪圖時，來回巡視學生狀況，並給予必要的協助。 3-6. 教師回收學習單與繪圖紙張，並與予學生回饋。	學習單、8開畫紙、蠟筆、水彩工具	30分鐘	學習單
4. 學生能肯定個性化商品之價值	4-1. 教師問學生：「是否知道什麼是個性化商品？」 4-2. 教師藉由PPT，舉個性化商品實例，並講解其發展歷史。 4-3. 教師提出一個問題：「除了老師所介紹的，誰還知道生活中有哪些個性化商品的例子？」並請學生舉手回答。 4-4. 教師以「讚美」回饋回答學生。	投影機、PPT	15分鐘	問答
	三、綜合活動 4-1. 教師預告下次課程內容與需要攜帶的文具。		5分鐘	

資料來源：修訂自劉玟慧、周慧庭、徐慧如（2015）。**學習評量期末報告**（授課教授：謝廣全博士）。國立彰化師範大學師資培育中心。臺灣：彰化。

　　教案即使再詳細，也不該像刻在石頭上那樣硬梆梆，應該要有些靈活性。教案在發展過程中可以按部就班方式呈現，但最終其運用就像是戲劇的「腳本」，隨時都可以修正。教案就像是「導遊」，它們的目的是指導教學，而不是決定教學。它旨在提供方向，讓教學像一個專業的、能做適當的決定和調整，使教師繼續順利通過一個教學課目。編製教案的關鍵是：永遠要有教學目標的自覺意識。

伍、計畫與評量之連結

　　教學計畫、教學活動與學習評量，都必須以教育目標和教學目標為藍本。在規劃教學時，有少數幾個指導原則供教師遵循，以加強計畫的效能（Russell & Airasian, 2012: 92-94）：

一、慎行期初評量，獲得學生需求與特徵

教學的目的在教學生學會「教學前不會的知識與技能」，因此在規劃時須考量學生的需求與特徵。期初評量所獲得學生的先備知識、能力、注意廣度等，可協助教師決定教材長度、選擇適當教學方法以切合學生需要。

二、利用期初所得資訊規劃

期初評量所獲得的資訊，包括學生的能力、興趣、人格特質、家庭社經地位、學習習慣與態度等，教師若能善用這些資訊，規劃教學就容易適合學生的實際需要和特徵。

三、勿全盤接受隨書附贈教助

教師版教科書所列示的計畫、執行與評量學習，是通用的、共用的，但是每一個班級或教室的學生，都是獨特無二的，任課教師必須考量班級的特異性，審慎檢視教科書中的建議，修訂調整適應本班學生的需求。

四、融合高層次與低層次的目標

教師版教科書的教學活動係針對全班來設計，大底強調低層次的目標；因此，教案與教學活動必須高、低層次目標兼容並蓄，才能符應全班能力與興趣、態度各異的學生。

五、教學策略廣褒以應學生需求

教師的教學若日復一日處變不驚，會產生兩個問題：(1) 使學生陷入枯燥和缺乏動機，造成重複性活動的風險；(2) 限制教學劇目變成單一的或極少數的策略，可能沒有達到學生最適合其他的學習方式的境地。因此，教案必須包括不同的教學策略與活動。

六、瞭解個人學識與教育限制

教師在教案中知道要好好評量教學內容，但常忘了評量自己；內容知識的限制可能導致教師跳過或省略一個主題，或以敷衍或膚淺的方式教學。同樣，教師如果特別偏愛一、兩種教學方法，可能剝奪學生接觸其他可提高學生學習的方法或活動之機會。

七、將評量策略納入教學計畫中

　　規劃和實施教學的目的，是幫助學生學習新的內容和行為。因此，課程計畫應包括某種形式的測量，以確定學生是否學會了預期的目標，並確定誤解或混淆的領域是否得到澄清。正式與非正式的評量都有所幫助。

八、教學規劃、教學、評量與教學目標連結

　　整個教學方案從規劃、進行教學活動到學習評量，都是為了達成短程的教學目標、中程的教育目標和遠程的全球性目標，其程序由近而遠，具有連貫性，每一期程都有它的目標，任何活動都必須針對目標而與之相連結。

本章摘要

1. 學習評量的程序：(1) 教學前先做期初評量；(2) 教學中做形成性評量；(3) 教學後做總結性評量。

2. 評量資訊提供給：教育行政人員、教師、學生與家長。

3. 教學模式：(1) 確認教學目標、(2) 預估學習需求、(3) 提供教學活動、(4) 評量學習結果，解釋與應用結果。

4. 教育有關概念：教育、課程、教學、成就、能力、性向。

5. 教學程序：(1) 規劃、(2) 執行、(3) 評量。

6. 教學規劃考量因素：(1) 學生特性、(2) 教師特性、(3) 教學資源。

7. 教學目標：(1) 長程——全球性目標（抽象目標）、(2) 中程——教育目標（半抽象半具體目標）、(3) 短程——教學目標（具體目標）。

8. 認知領域教學目標最新分類：由低層次到高層次為 (1) 記憶⇨ (2) 理解⇨ (3) 應用⇨ (4) 分析⇨ (5) 評鑑⇨ (6) 創造。

9. 教學目標選擇標準：(1) 重要學習結果、(2) 符合部定目標及學校目標、(3) 符合學習原理、(4) 依據學生能力、教學時間及可用設備。

10. 陳述目標程序：(1) 確認目標⇨ (2) 陳述一般教學目標⇨ (3) 說明具體學習結果⇨ (4) 動詞澄清。

11. 教案的內涵：(1) 教學目標、(2) 設備與材料、(3) 教學活動與策略、(4) 評量方法、(5) 時間分配、(6) 待答問題。

12. 教學計畫必須與教學目標及評量活動緊密結合。

自我評量

一、論述題：100%

1. 學習評量結果提供教師做何用途？

2. 學習評量結果提供學生做何用途？

3. 教學目標可依性質分成全球性、教育與教學目標，試以社會科學為例，各舉一項目標。

4. 規畫教學時應該考量學生哪些特性？

5. 以大自然氣象為例，依照最新修訂 Bloom 認知領域分類學，舉出記憶、理解、應用、分析、評鑑、創造等六個層次的具體學習結果或表現。

6. 一個教案應該涵蓋哪些項目？

7. 你／妳對編製教案的必要性有何看法？（20%）

8. 實用的教案應該如何建構？（20%）

Chapter

03

效　度

本章教學目標

研讀完本章，你／妳將能夠：

1. 描述效度的性質與類型。
2. 說明信度與效度的關係。
3. 解釋效度的主要內涵。
4. 理解內容關聯證據的效度及其驗證方法。
5. 理解用於建構關聯證據效度的驗證方法。
6. 理解效標關聯證據的效度，區分預測效度與
   同時效度。
7. 解釋測驗或評量解釋與使用的後果關聯
   證據效度。
8. 指陳影響效度的內、外在因素。
9. 分析公平性與它在效度中的角色。

教 學的模式是依據教學目標，提供適當教學，評量學習結果，然後依據結果做成決定。當這些決定對學生、教師、校長甚至於學校有重大影響時，評量就是一種高風險的事業，因此在編製或選擇或應用評量時，最要考量的問題是：（一）分數的解釋對結果的應用，其合適的、有意義的和有用的程度如何？（二）評量結果的特殊用途和解釋的後果如何？

　　評量可採用各種方式，評量結果可用來辨識學生的優缺點、計畫教學活動、與學生及家長溝通學習進步的情形；成就測驗可用於篩選、安置、診斷或認證；性向測驗可用來預測未來學習或職業是否成功。但不管評量的類型或結果如何被使用，所有的評量都必須具備某些重要特徵：其中最必要的是「效度」（validity）、「信度」（reliability）和「實用性」（usability）。

第一節　效度、信度與實用性

壹、效度

　　效度的英文「validity」的字源是拉丁文「valere」，代表值得、強壯的意思；引申為正確、合理的狀態；有下列數種不同的定義：

一、　效度，顧名思義，就是指測驗的有效性、正確性、確實性或妥當性。

二、　一種測驗必須要能測出它所要測定的功能或達成其測量目的者，方為有效，此種有效的程度稱為效度（唐守謙，1970）。

三、　效度是指測驗分數能夠提供適切資料以供決定的程度（Thorndike, Cunningham, Thorndike, & Hagen, 1991）。

四、　效度是測驗分數能夠代表它所要測量的潛在特質的程度，或測驗能夠達到其編製目的的程度；效度是指某個測驗和其他測驗（通常指的是外在效標）所共同分享的變異數佔該測驗總變異數的比率（余民寧，1997）。

五、 效度是指：在測驗所規劃的使用情境下，證據與理論支持測驗分數詮釋的程度（AERA, APA, NCME, 1999）。

六、 效度是評量結果的解釋與應用的充分性和適當性的評鑑（Linn & Gronlund, 2000; Linn & Miller, 2005; Miller, Linn, & Gronlund, 2013）。

七、 效度是指一種測驗或其他評量結果，被解釋的適當性、有意義性及有用性的程度（Waugh & Gronlund, 2013）。

八、 效度是指評量資訊的推論、用途和後果，涉及健全性、可靠性、或獲得分數推論的合法性。它是指一種推論或使用是有效或無效，而不是測驗、工具或是蒐集訊息的過程。我們常使用「測驗的效度」（validity of the test）來評鑑效度，但更準確的說，應該是說「解釋、推理或使用結果的效度」（McMillan, 2014: 65）。

很明顯地，效度的定義一直在發展演進中，一項評量的應用，如果對不同性別、少數族裔學習者不公平，則該評量將被評鑑為不充分和不適當；對於一個團體的「能力」的評量結果做不公平的解釋，也不可能被評鑑為充分和適當。基本上效度總是涉及評量結果的具體應用，以及對這些結果的解釋的合理性（soundness）與公平性（fairness）。最近幾年效度還包括效度的應用後果。

本書認為，效度是指對測驗與評量所蒐集到的資訊，在結果所做解釋、推論、應用與後果，其代表性、合理性、充分性、適當性與公平性的判斷和評鑑。

貳、信度

信度就其英文字「reliability」而言，可譯為可靠性或可依賴性，也有下列數種不同的定義：

一、 信度被視為評量結果的一致性程度。

二、 信度係指估計誤差有多少，以反映出真實量數的一致指標（Gulliksen, 1987）。

三、 信度係指經多次複本測驗測量結果之間的一致性或穩定性（Anastasi, 1988）。

簡單的說，信度係指從測驗或評量所蒐集到的結果證據，其穩定性或相一致的程度。

參、信度與效度的關係

信度與效度之間的關係，常使新手教師有些撲朔迷離，測量的信度（一致性）需要獲得有效結果，但我們可能有信度而無效度。那就是得到一致的量數卻是提供了錯誤的訊息或不恰當的解釋。圖 3-1 靶形射擊圖，在描繪信度是效度的必要條件，但不是效度的充分條件的概念。

一、 第一號靶：五箭全部射中最中間靶心（可靠且有效的射擊＝信度與效度皆高）。

二、 第二號靶：五箭分散在第二和第三個圓圈中（不可靠且無效的射擊＝信度與效度皆低）。

三、 第三號靶：五箭全部集中射在第三圈偏左上方（可靠但無效的射擊＝信度高但效度低）。

 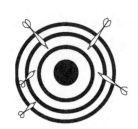 

1. 高信度，高效度　　　2. 低信度，低效度　　　3. 高信度，低效度

▲圖 3-1　信度與效度的關係

從以上的論述與圖 3-1 所示，學者們（余民寧，1997；郭生玉，1990；簡茂發，1978；McMillan, 2014; Miller, Linn, & Gronlund, 2013; Sax & Newton, 1997; Waugh & Gronlund, 2013）歸納出信度與效度的關係如下：

一、　信度包含效度在內，在其他條件相等之情況下，信度係數總是大於或等於其效度係數。

二、　效度係數不會大於信度係數的平方根（即信度指標）。

三、　信度是效度的必要條件，但非充分條件；因為一個測驗要具有效度之前，必須先具有信度。

四、　有信度不保證有效度，但有效度保證有某種程度的信度。

五、　信度低，效度一定低；但信度高，效度不一定高。

六、　效度高，信度一定高；但效度低，信度不一定低。

七、　效度需要測驗分數的一致性和正確性；但信度僅需要測驗分數的一致性或穩定性即可。

肆、實用性

　　測驗與評量除了具備滿意的效度與信度的特徵之外，一個評量程序必須滿足一定的實際需求。從時間與經費的觀點來看：一、它必須是經濟的；二、評量時間長短適中；三、容易實施與計分；四、結果能被正確地解釋；五、能提供學校人員應用。一個評量程序的這些實際問題，全部涵蓋在實用性的標題下，目前僅指程序的實用，有關其他品質尚在發展中（Miller, Linn, & Gronlund, 2013: 72）。

第二節　效度的性質

　　在測驗與評量中使用效度這術語，涉及到下列一些概念（王文中等，2006；余民寧，1997；郭生玉，1999；簡茂發，1978；McMillan, 2014; Miller, Linn, & Gronlund, 2013; Waugh & Gronlund, 2013）：

一、效度非指工具本身，係從其他資料推論而來

　　效度是依據相關資料間接推論而來，測驗使用者必須審慎判斷效度證據是否令人滿意或適當；效度不是指測驗或評量所使用的工具本身是否有效的問題。

二、效度是指結果解釋的適合性

效度係指某一個特定團體成員接受評量，其結果解釋的適合性，而不是評量程序本身。說「**測驗結果所做的解釋與應用的效度**」比說「一個測驗的效度」來得正確。

三、效度是程度高低的問題

效度是程度高低的問題，而不是「全有或全無」（all or none）的問題。效度最好依據它的類型所指定的程度來考量。譬如這樣說：甲項評量有高內容效度，乙項測驗有中等程度的效標關聯效度，或丙項性向測驗的建構效度甚低。

四、效度專指某些特殊用途或解釋

效度必須具體地指某些特殊用途或解釋，它不具普遍性，卻有情境特殊性，沒有一種評量能符應所有評量目的而都有效。例如，一種語文能力測驗的結果，指出對語文理解有高效度，卻指出對語文推理能力卻是低效度，而預測未來語文課程的成功是中效度；若用來預測藝術與音樂的成功則完全沒有效度。因此在鑑定或描述效度時，有必要去思考該結果所做的特殊解釋與應用。評量結果不僅是有效，所做的每一樣解釋都有不同程度的效度。

五、效度是個單一統整的概念

效度的概念性性質，通常被描述為測驗專業的一組標準，由特別關注教育和心理測驗與評量的三個專業組織的一個聯合委員會所編寫。最近（1974/1999）兩個修訂版的《教育與心理測驗標準》（Standards for Educational and Psychological Testing, SEPT）分別是由美國教育研究協會（AERA）、美國心理協會（APA）和全國教育測量委員會（NCME）等審定。效度之所以分別獨力討論，只是為了方便而已，在邏輯上與操作上它們都是相互關聯，想徹底研究一個測驗，通常需要所有效度的資訊。

上述三個專業組織已揚棄「有數種不同類型的效度」之傳統觀點，改採**效度基於不同證據種類，乃係一個統整的概念**這樣的標準，因此，以後不再說內容效度、效標效度或建構效度，而稱之為**內容關聯證據的**

效度（validity of content-related evidence）、**效標關聯證據的效度**（validity of criterion-related evidence）和**建構關聯證據的效度**（validity of construct-related evidence）（Miller, Linn, & Gronlund, 2013; Waugh & Gronlund, 2013）。

六、效度是包括整體評鑑的判斷

效度必須依據評量結果所做的解釋與應用的證據之判斷，以及解釋與應用的結果所做的評鑑。

累積支持效度證據的方法有許多種，《教育與心理測驗標準》（SEPT）建議用五種證據來源，來評鑑特殊用途與解釋效度。這些證據來源基於：（一）測驗內容、（二）反應程序、（三）內部結構、（四）與其他變項的關係，及（五）測驗的後果。因此，效度必須包括（一）內容測量的考慮、（二）學生的反應方式、（三）單一題目與總分的關係、（四）學生表現與其他測量結果的關係，與（五）應用測量所導致的後果。

雖然累積證據的傳統方法，包括標準裡面前四種證據來源，傳統上效度證據都只考量三類：內容關聯效度、效標關聯效度以及建構關聯效度三種證據。這些類別並未考慮到評量結果的解釋與應用的後果，也會影響效度。Waugh 與 Gronlund（2013）認為效度類型應該考慮到：（一）內容代表性、（二）效標關係、（三）建構證據、（四）使用的後果（consequences of using）。

因此，本書將討論四種相互關聯的效度——內容關聯證據的效度、建構關聯證據的效度、效標關聯證據的效度及解釋與應用後果證據的效度評鑑。

七、效度是一個永遠在檢驗發展的過程

研究者與使用者可以對一種評量不斷的進行追蹤檢驗的工作，持續驗證該評量結果所做的解釋、推論，是否恰當、是否正確有效？因為有效化歷程（process of validation）就是一個不斷累積證據，以提供測驗結果詮釋的科學基礎。只要這個測驗或評量繼續在使用，結果繼續被詮釋，它的影響繼續存在，效度就繼續受檢驗，永遠在改變與發展。

第三節　累積效度證據

　　評鑑效度證據主要考量四種因素，如果累積證據包括全部四種效度來源，則該項測驗或評量結果的效度最強，也就是相互關係與評量結果的解釋與應用，有較大的效度。我們必須考量到：

一、　評量內容及它是來自哪個規範？（內容關聯證據）

二、　所測量的特徵之性質如何？（建構關聯證據）

三、　評量結果與其他重要測量之關係如何？（效標關聯證據）

四、　評量結果的解釋與應用的後果如何？（使用後果證據）

表 3-1　效度的主要證據

證據類型	驗證程序	所欲回答的問題
內容關聯證據	將評量工作與描述所考量的工作領域的範疇比較（可採用雙向細目表）。	所要測量的工作領域的評量工作樣本的合適性，以及是否強調最重要的內容。
效標關聯證據	將評量結果與另一個日後取得之表現量數比較（預測），或與一個同時取得之表現量數比較（評估目前情況－同時）。	在評量上的表現預測未來表現有多好，或評估有價值效標之目前表現有多好，而非測驗本身的表現有多好。
建構關聯證據	以控制或檢驗評量的發展，評鑑學生用來執行工作的認知過程，評鑑分數與其他相關量數的關係，建構評量結果的意義，以及實驗決定哪些因素會影響表現。	在評量上的表現可以被解釋為有意義特質或品質的測量的程度有多好。例如，在測驗上的表現真的表示學生「理解」在工作中所用的相關概念或原則嗎？
應用解釋後果證據	評鑑評量結果應用於教師與學生的後果，包括預期的正面與負面效果（例如：窄化教學、輟學或退學）。	評量結果完成預期目的的效果如何（例如，成績進步）？避免不利因素的影響（例如，懶惰的讀書習慣）如何？

資料來源：Miller, Linn, & Gronlund, 2013: 74.以及Waugh & Gronlund, 2013: 49.

表 3-1 描述累積效度證據四種類型所考量的因素。然而,一個測驗或評量有好多種用途,要它證明全部考慮到四個標準非但不切實際也沒必要。例如:課堂評量最關切的是「內容關聯證據」;人格測驗該考量的是建構關聯證據;科學性向測驗,效標關聯證據最受關注;學生動機與學習的評量,則應考量後果證據。

內容證據、效標證據、建構證據和後果證據的考慮互相關聯。其中某一種考量可能最主要,其他三者對評量結果的意義之充分理解也很有用,有助於我們解釋的效度(Miller, Linn, & Gronlund, 2013)。

第四節　內容關聯證據的效度

依照效度可驗證的次序,最先能驗證的是內容關聯證據的效度(validity of content-related evidence),傳統上稱為**內容效度**,是指當我們希望描述「個人在所要評量領域的作業範疇」的表現如何時,內容關聯證據的效度的考量特別重要。它是指從教學目標與教材內容所抽樣出來的試題樣本,對該目標與內容的代表性或適當性程度的一種指標。例如,一份英文成就測驗的試題,涵蓋英文教學所要達成的各項教學目標,以及課程教材內容的重要主題,我們就可以評鑑該「英文成就測驗」具有良好的內容效度證據。

本書認為:**內容關聯證據的效度,是指一種測驗或評量,對所想要測量的特質範疇,其內涵代表性的高低或大小的程度。**

壹、內容關聯證據效度的驗證

從前許多測驗編製者,認為內容關聯證據的效度只能以質性的描述方式,驗證內容效度的高低,例如上述「**該英文成就測驗具有良好的內容效度**」,無法以量化的精確數值表示其程度大小高低,其實,這樣的觀念並不正確。內容效度也可以採用下列量化分析方法來提供效度證據:

一、邏輯效度

Hopkins（1998）認為內容關聯證據的效度，主要是一種邏輯分析的過程，以細心與批判的方法，檢視與課程目標及教學有關的評量項目，進行下列判斷：

（一）測驗或評量內容在內容與程序上是否與課程目標一致？

（二）測驗或評量和課程重點是否適切平衡？

（三）測驗或評量是否避免與測驗無關因素的干擾？

通常，一份測驗或試題，如果係依據雙向細目表命題，而雙向細目表確實涵蓋教學目標的幾個層次（如理解、應用、分析、評鑑），以及所要評量領域的重要的教材內容，有適當的評量題型，並且有足夠數量的評量題目，不受其他無關因素的影響，就能確認該測驗或試題的內容效度之適當性與代表性，判斷該測驗或試題具有良好的內容關聯證據的效度。

雙向細目表（two-way specification）是由「教學目標」（instructional objectives）與「教材內容」（subject matter content）兩個面向建構而成，一種課程的學習結果，可廣義界定包括教材內容和教學目標：「教材內容」涉及學習的主題，「教學目標」涉及學生被期望證明的表現類型（例如：知識、理解、應用等）；兩者均與界定內容領域和保證適當的抽樣有關。我們當然希望我們編製的任何成就評量，能同時取得包括內容領域以及我們想測量的目標之結果，細目表幫助獲得兩者的工作樣本。

雙向細目表所描述的被測量的成就領域，必須與教師教過的教材內容相符合，因此，表中分配的**比重**反映教學所強調的重點。細目表指出被測量的教學與學習工作有關的樣本，測驗的題目越能對應符合細目表中的樣本，獲得學生學習有效的測量的可能性就越大。表 3-2 是雙向細目表的一個範例：

表 3-2　國中二年級地理科期末評量雙向細目表

教材內容 單元：東亞		教學目標													分數小計	分數合計
		概念知識				概念理解						概念應用					
		單元基本概念		跨單元整合		與臺灣比較與關係		理解區域差異		跨單元整合		時事／國際事務判讀		跨單元整合			
		題目	分數	題目	分數	題目	分數	題目	分數	題目	分數	題目	分數	題目	分數		
自然環境	東北亞	(6)	15			(2)	5	(2)	5			(3)	8			33	64
	東南亞	(6)	13	(0)·	0	(1)	2	(1)	2	(2)	4	(3)	6	(1)	4	31	
人文特色	東北亞	(1)	3			(1)	2	(1)	3			(3)	8			16	36
	東南亞	(2)	4	(1)	2	(1)	2	(2)	4	(1)	2	(3)	6	(0)	0	20	
小計		(15) 35		(1) 2		(5) 11		(6) 14		(3) 6		(12) 28		(1) 4		100	
合計		37				31						32				100	

資料來源：修訂自劉子維、劉冠宇（2015）。**學習評量期末報告**。指導教授：謝廣全博士。國立彰化師範大學師資培育中心。臺灣：彰化。

　　從表 3-2 可以看出：教材內容包含四個領域，教學目標包含三個層次；表中 ( ) 內數字代表**題目數量**，其他未括號數字代表**分數**或**百分比**。因為這種試題分析的方式是屬於邏輯分析和理性的判斷，因此又稱為**邏輯效度**（logical validity）或**理性效度**（rational validity）。

二、邏輯效度估計係數

　　另外，本書著者設計另一種量化分析方法，可以用來估計上述這種邏輯效度，稱為**邏輯效度估計係數**：

$$V_{est.} = \sqrt{內容比率 \times 目標比率}$$ 公式（3-1）

內容比率＝題目佔內容領域的百分率

目標比率＝題目佔目標層次的百分率

譬如，假設表 3-2 的教材內容分為四個領域，題目確實涵蓋該四個領域，則內容比率＝ 4/4；教學目標若分為記憶、理解、應用、分析等四個層次，題目只涵蓋知識、理解、應用三個層次，則目標比率＝ 3/4。因此，邏輯效度估計係數

$$V_{est.} = \sqrt{\left(\frac{4}{4}\right) \times \left(\frac{3}{4}\right)}$$

$$= \sqrt{.75}$$

$$= .866$$

這表示該國二地理科期末評量，若依照表 3-2 雙向細目表去命題，則該項評量的「邏輯效度估計係數」最大值是 .866。但實際上邏輯效度通常會低於所估計的 .866 這個數值，因為題目的適當性與代表性無法達到 100%。

貳、實證效度／統計效度

採用實證研究法，以統計分析測驗題目來估計內容關聯證據的效度：

一、內容效度係數

有些測驗專家建議用內容信度取代內容效度，以獲得內容效度量化分析的實證指標（Aiken, 1985; Mehrens & Lehmann, 1991）。

假設：

（一）有 10 個評量「順從行為」的題目（n ＝ 10）；

（二）聘請 7 位心理學家當評審委員（N ＝ 7）；

（三）採用 5 等量表法評分（C ＝ 5）。

首先，計算「每一個題目的內容效度係數」：

$$V_j = S_j / N(C - 1) \qquad\qquad 公式（3-2）$$

　　d＝任何一位評委所評等級與該題最小等級之「差異絕對值」

　　$S_j = \Sigma d_{ij}$（代表第 i 個評委在第 j 題評等差異絕對值的總和）

　　最後，計算「所有試題內容效度係數」的「平均數」：

$$V_M = \Sigma V_j / N \qquad\qquad 公式（3-3）$$

　　該 V_M 代表該評定量表的內容效度係數指標，其值介於 0 到 1 之間，係數的值越大，表示內容效度係數越高，反之亦然。內容效度係數指標必須有實際評量結果資料，計算過程也相當繁瑣，大多借助電腦軟體，限於篇幅，讀者若有興趣，可參考這方面的專著（余民寧，1993；Aiken, 1985）。

二、內容效度指數

　　新手教師由於欠缺經驗，可以試題初稿敦請有經驗的教師或專家審查題目，經過審查後，優良的題目保留下來，欠當的題目淘汰。保留題目的標準是：預先設定該題目的「**項目專家效度**」要達到哪一個水準，一般都設定在 $V_i = .80$ 左右。將所有保留下來的優良有效題目的項目專家效度，求其平均數（Mean），做為**項目效度指數**（index of content validity, CVI）。請看下列範例：

範例

　　某新手教師命擬 15 題國文科試題，敦請老手國文教師 5 人及測驗專家 3 人審查試題內容的適當性與代表性。其中最後一題的審查結果如下：

（D）15.「聖愈聖，愚愈愚」，第一個「聖」、「愚」為名詞，第二個「聖」、「愚」則為形容詞。下列何者與此相同？(A)「老」吾「老」以及人之老 (B)「親」「親」而仁民 (C)「老子」都不「老子」啊 (D)「臺北」的天空很「臺北」。

> **審查意見：**（一）適合（7人）（二）修正後適合（1人）（三）不適合
> （0人）
>
> **修正意見：**(1) A、B 兩個選項是古文，C、D 兩個選項是今文，應兩相
> 一致。(2) 選項的長短相差太大，宜修正。

第 15 題的項目（題目）效度的計算方法是：審查意見勾選（一）適合
的人數，除以參與審查的總人數（勾選修正後適合的人數不計），因此，該
第 15 題的項目專家效度是：

V_i（項目專家效度）＝單一題目勾選適合的人數 ÷ 審查的總人數

公式（3-4）

$V_{15} = 7 \div 8$

$= .875$

假設「項目專家效度」訂定為 $V_i = .75$ 者保留，而 15 個題目的項目
專家效度達到 .75 標準的只剩下 10 題。則剩下這 10 題就是有效的國文科
某單元評量試題，這包含 10 個題目的單元測驗，其「項目效度指數」的計
算方法是：所有 10 個題目的項目專家效度的平均數，即：

$CVI = \Sigma V_i / n$　　　　　　　　　　　　　　　　　　　　公式（3-5）

　　n ＝有效題目數量

假設剩下這 10 題的項目專家效度 $V_1 - V_{10}$ 分別是 1.00、1.00、.875、
.875、.750、.875、1.00、.875、.750、.875，則

$\Sigma V_i = 1.00 + 1.00 + .875 + .875 + .750 + .875 + 1.00 + .875$
$+ .750 + .875$

$= 8.875$

$CVI = 8.875/10$

$= .8875$

這表示這 10 題測驗題的「內容效度指數」為 .8875，相當良好。

一種學習結果的有效測量，其程序是從：教學（教了什麼）⇨到成就領域（要測量什麼）⇨而後是測量優先順序（評量中需強調什麼）⇨最後是測量本身（相關工作的代表性樣本）。

參、表面效度

許多人很容易將「表面效度」與「內容效度」混為一談，實際上這有很大差別：內容效度是經過系統化的質性與量化分析，確定測驗內容確實涵蓋測驗所要測量的行為特質的所有代表性試題；表面效度（face validity）只是一份測驗題目讓人表面上「看起來好像」（looks like）在測量什麼，或「看起來有多有效」的程度，只能描述而無法量化分析。

表面效度只被當作評量的外貌，基於一個表面的工作試驗，使得評量出現合理的測量。譬如，題目是：「你手上有一條 9 公尺長的繩子，把它剪成三段，每段有多長？」用它去測量一個小學生是適當的；如果用來測量「電工學徒」，將「繩子」改為「電線」，表面效度應會比較高。

表面效度不能當作真正的內容效度，它只是「看起來像在測量什麼特質或能力」，比較容易引人注意，有時可以激發受試者認真作答，表現接受測驗的合作意願。雖然一個測驗必須外表看起來像「適合測量」什麼，以尋求受試者或學生的合作，但表面效度並不能替代嚴謹的內容定義和抽樣適切的評鑑。

教育成就測驗特重表面效度，多以系統教材為架構分科命名，例如，英文科成就測驗、數學科成就測驗，冀求符合表面效度的要求，以達到「學什麼考什麼」的目標。新手教師也很重視表面效度，誤以為有表面效度就代表有內容效度。但是，有些心理測驗可能具備良好的內容效度而不具有表面效度（如，投射測驗），因為對心理測驗而言，具有內容效度遠比具有表面效度更重要（朱錦鳳，2010）。我們可以這樣說：一份測驗或評量結果若具有良好的內容效度，必有某些程度的表面效度；但是，一份測驗或評量結果具有表面效度，並不保證有內容效度。

肆、內容關聯證據效度議題

一、一般成就測驗

選擇已出版的成就測驗時，應注意內容領域定義及內容涵蓋範圍（抽樣適合度）分析所取得的證據，測驗出版者為學校準備成就測驗時，他／她們的測驗細目只能考量多數學校「一般在教什麼」，因而一個已出版測驗不可能適合每一個特殊的學校情境。要決定到底適合或不適合學校或班級使用，必須超越測驗這標題，注意下列事項：

（一）檢驗測驗確實在測量什麼？

（二）測驗內容對教育部或縣市標準的適合度如何？

（三）測驗內容符應課程內容及縣市教學方案的課程與教學目標的程度如何？

（四）測驗有提供一個預期學習結果的平衡測量嗎？

（五）是否適當強調最重要的目標？或過度強調某些領域，而忽略另一些領域？

二、課堂測驗

平常用做準備課堂評量的細目類型，可選擇已出版跟我們的特殊情境最有關係的測驗，只須檢查題目中的每個測驗問題，與我們的測驗細目做比較。許多測驗編製者在測驗使用手冊詳細描述他／她們的測驗細目，這樣讓我們容易判斷測驗結果的潛在效度。但是，一般課堂測驗較少使用已出版或市售測驗，多使用教師自編測驗，較能適合各教學班級的實際需要。

三、其他領域

成就測驗最主要的興趣是內容方面的考量，其他領域的測驗仍然會考量內容效度的問題。例如：檢驗科學性向測驗的內容，有助於測驗分數意義的瞭解，以及提供一些最適配的預測類型之證據。同樣，在編製或選擇一種人格測驗彙編（personality inventory）時，我們也要考量題目涵蓋這些被測量的特徵的適合性和代表性如何？成就測驗與其他評量方面同樣重視

內容效度程序，分析測量工具和被測量的結果領域，並判定它們之間的對應關係的程度。

伍、增加內容關聯證據效度的方法

為了增加測驗與評量結果的效度，從開始編製測驗到結果的解釋與應用，可採用下列措施來增加測驗的內容關聯證據效度：

一、使用雙向細目表

在編製測驗之前，先建構雙向細目表，因為它涵蓋「教材內容」與「教學目標」兩個面向／向度，然後依據細目表，選擇適當評量的題型編擬題目，兼顧到內容與目標，分析「邏輯效度」，可以提高測驗題目的代表性，自然能增加測的內容關聯證據效度。

二、敦聘專家學者審查題目

聘請任教相同領域或學科的有經驗教師審查題目內容，另敦請測驗專家學者審查測驗題目是否符合命題原則，以便分析「內容效度係數」或「項目效度指數」，提高測驗項目的品質，就是在增加測驗的內容關聯證據效度。

三、進行項目分析

先做預試，進行項目分析，如分析題目的難度（difficulty）、誘答力（distraction）、鑑別力（discriminative power）、項目特徵曲線（item characteristic curve）等，淘汰無效題目，提高測驗題目的適當性，進而提高內容關聯證據效度。

四、應考量作答者的反應傾向

命題者應從作答者的角度去審視題目，有時測驗或評量的內容效度甚佳，但是作答者有時搞不清楚命題者的真正意圖，以致答非所問，降低了內容效度。命題者每一次都應該設想如果自己是一個受試者，對這個題目會如何解讀，站在作答者的立場設想，必能建構出高內容效度的自編測驗。

五、內容代表性的考量

　　評量的類型太少（例如，只採用選擇題）或題目數量太少（例如，只有四個簡答題目），測量結果的誤差就越大；如果一份測驗或評量，包括數種類型的題目（例如，選擇題、補充題和論述題），題目數量較多，所涵蓋的內容領域較廣，對教材內容的代表性較大，且測量涵蓋的認知層次較多，必能增加內容關聯證據的效度。

第五節　建構關聯證據的效度

　　依照效度可驗證的次序，「建構關聯證據的效度」排行第二，但大多數測驗專家，在評鑑一個評量的解釋或應用的效度時，可能給予建構效度排行第一。

　　所謂建構或構念（construct），是指心理學或社會學上的一種理論構想或特質，我們觀察不到，也無法直接測量，但卻被假設存在的一種特質，以便能夠用來解釋與預測個人或群體的行為表現；是我們為解釋某些行為觀點，假設它存在的一種個別化的特徵，像數學推理、閱讀理解、智力、創造力、人格特徵如誠實和焦慮等等，這些通通稱為「建構」，理論性的建構用來解釋評量上的表現（Miller, Linn, & Gronlund, 2013）。

壹、定義

　　建構關聯證據效度的定義，也在發展演化中，下列是學者專家們的意見：

一、　早期建構效度的定義：當要去推論無法具體觀察到的心理特質，如智力結構、或自我概念時，所指稱的效度類別。

二、　建構效度，就是指測驗能夠測量到理論上的構念或特質的程度；凡是根據心理學或社會學所建構出來描述某種特質的理論，對測驗分數的意義所做的分析與解釋，就是建構效度的內涵（Anastasi, 1988）。

三、 早期美國心理學會（APA）在 1966 和 1974 年的標準，界定「建構效度」是「試圖推論個體所具有一些假設的特質或品質（建構）反映在測驗表現中的程度」。

四、 Missick（1989, 1994）和 Kane（1992）認為「建構效度」是效度的總和，效度只有一個，因為內容關聯、效標關聯與建構關聯這三類效度，在驗證測驗的有效性時，它們都是必要的一部分。

五、 建構效度是依據有關測驗分數的解釋或含義的任何證據的整合。建構效度包括六個方面：內容、本質、結構、概括性、外部和後果。重點是測驗分數的含義和解釋（Messick, 1989）。

六、 建構效度是指測驗分數能夠依據某種心理學的理論構念加以解釋的程度（郭生玉，1990）。

七、 建構效度是指測驗與其他訊息或變項的關係，符合某種理論的程度（Kubiszyn & Borich, 1996）。

八、 建構效度就是在討論構念的代表性，也就是一個概念的結構（或說一個特質的各個面向），是否可被測量所得的結果充分代表之（王文中等，2006）。

九、 建構效度是指測驗的編製過程中，以客觀方法來驗證一份測驗是否符合理論假設，以反映該測驗在建置結構上的有效程度；是測驗題目經過內容效度分析，留下品質好的題目後，接著要進行效度驗證；一份測驗所有驗證測驗結構及測驗理論的分析，都稱為建構效度（朱錦鳳，2010: 85）。

十、 建構關聯類型的證據，側重於評量結果做為推斷具備某些心理特徵的基礎，一個測驗的建構關聯效度包括：（一）關於所要測量的建構之具體性質之理論架構的描述、（二）測驗發展和評量的任何可能會影響測驗分數含義的其他方面的說明、（三）測驗分數和其他顯著變量之間的關係模式（例如，與測量相同特質的變量有高相關，與測量不同特質的變量有低相關）、（四）任何其它有助於測驗分數的含義（例如，分析在反應中使用的心理過程，確定測驗的預測效力）類型的證據的說明（Waugh & Gronlund, 2013）。

本書認為：建構關聯證據的效度是指一個測驗或評量結果的解釋與應用，能夠代表或符合某一個科學理論建構的程度；建構關聯證據的效度是整個效度的核心，涵蓋內容關聯證據的效度、效標關聯證據的效度以及使用的後果效度在內。

貳、驗證建構關聯效度證據的方法

　　建構關聯效度以兩個問題做為中心（Miller, Linn, & Gronlund, 2013）：

一、評量是否能適當地代表預期的理論建構？

　　即建構代表性不足（construct under-representation），也就是評量方面的代表性不足的問題，譬如：要學生瞭解經濟、政治和社會互動的過程，學生僅學過經濟與政治的交互作用，而未學過文化的及社會的交互作用過程，這個評量效度將被建構代表性不足（或根本沒有代表性）所削弱，就會減低建構關聯證據的效度。

二、附屬或無關的因素是否影響到建構的表現？

　　即建構無關變異（construct-irrelevant variance），在表現受到無關因素，像附屬於評量意圖的技巧（例如：閱讀理解測驗的閱讀速度、或在理解科學原理測驗的標點符號）之影響，同樣會減低建構關聯證據的效度。

　　建構無關因素會導致評量結果的解釋與應用造成不公平，例如，一個評量原想測量數學概念的理解，可能導致對學英語者理解程度不公平的推論，因為評量作業中太偏重閱讀能力，測驗說明只有用英文介紹，對母語非英語學習者不公平。

　　驗證測驗或評量是否具備良好建構效度的方法，有下列數種（朱錦鳳，2010；余民寧，1997；郭生玉，1999；謝廣全、謝佳懿，2014；Anastasi, 2002; McMillan, 2014; Miller, Linn, & Gronlund, 2013）：

一、發展分析法

　　某些特質如生理（如身高或體重）或心理特徵（如智力或學業性向分數），會隨著年齡而增長，發展上的改變代表受試者的測驗分數會隨著年齡

的增長而增加。一份智力測驗如果呈現年齡較高兒童測驗分數漸高於年幼兒童，即符合智力發展的理論建構，可以證明它具備建構關聯證據的效度。

二、內部一致性分析法

隨機抽取一個樣本，接受一種測驗，然後以下列方法分析：

（一）諧度分析

以測驗本身的總分（X_{total}）為「內在效標」（internal criterion），計算個別題目（X_{item}）與總分的「二系列相關係數」（biserial coefficient of correlation, r_{bi}）（謝廣全、謝佳懿，2014），代表個別題目與總分關係密切的程度，或個別題目與總分的功能相一致的程度，稱為「內部一致性係數」（coefficient of internal consistency），簡稱為諧度；內部一致性係數／諧度高的題目代表優良的題目，應予以保留，其餘的題目應該淘汰。

（二）極端組比較法／團體對照法

如上述諧度分析法，將測驗總分依照分數高低，分成成績最高 27% 的高分組和成績最低 27% 的低分組，將兩組成績的平均數（mean, M）和標準差（standard deviation, SD）進行 t 檢定（t test），t 值（t value）或稱**臨界比**（critical ratio, CR）達統計上顯著水準（level of significance）的題目，表示這個題目有區別能力高下的作用，是應該保留的優良題目；其餘差異未達顯著水準的題目，應該予以淘汰（謝廣全、謝佳懿，2014）。

三、外在效標分析法

一份測驗找尋另一份公認效度良好的其他測驗做為**外在效標**（external criterion），若兩種測驗之間分數的相關係數達到顯著水準（效標關聯證據的效度），可以證明該原來測驗具備建構關聯證據的效度（建構關聯證據的效度涵蓋效標關聯證據的效度在內）。

例如，一份教師自編英文科測驗，以**標準化英文成就測驗**為效標，或以英文科**上一個學期成績**為效標，計算兩個變項（分數）的積差相關係數（product-moment correlation coefficient），相關係數達顯著水準就表示兩個變項或兩個測驗之間有密切的關係存在，就是效標關聯證據的效度，也是建構關聯證據的效度的明證。

四、聚斂與區辨效度法

驗證聚斂效度與區辨效度，採用多特質－多重方法矩陣（multi-trait multi-method matrix）。為了證明建構關聯證據的效度的存在，必須顯示測驗分數與理論上應該有關的其他變項呈現高相關，它不應該與無關的變項產生顯著相關（Campbell, 1960）。因此，同一種特質或一份測驗測量的能力，不論用什麼評量方法（測驗、觀察、評定），所得到的結果若一致性相當高，就表示該特質或測驗具備良好的**聚斂效度**（convergent validity）或稱**輻合效度**。例如智力測驗，某一個學生接受標準化智力測驗、教師評定法、同儕評量、學業成就測驗等結果，若他／她的智力獲得一致的結果（譬如，優秀），表示該智力測驗確實具備聚斂效度。內容關聯證據的效度與效標關聯證據的效度，都在支持建構效度（Sax & Newton, 1997）。

如果一種特質或一份測驗測量的能力，不論用什麼評量方法（測驗、觀察、評定），所得到的結果若一致性相當低，就表示該特質或測驗具備良好的**區辨效度**（discriminant validity）或稱**區別效度**。例如，一個班級接受一份智力測驗的結果，與另外的性向測驗、人格測驗、社會測量法測量的結果，相關很低或完全不同，即表示該智力測驗具備區辨效度。

五、差異效度法

一份測驗或評量，能針對不同效標，分別其特質或能力程度之高下，就具備**差異效度**（differential validity）。例如「區分性向測驗」（The differential aptitude test, DAT）由八種不同能力組合，包括語文推理、數字推理、抽象推理、知覺速度與確度、機械推理、空間關係、拼字和語言運用，可以區別不同的職業能力，預測高中學業與職業成就（Anastasi & Ubina, 2002）。

六、前、後測差異比較法

在學生尚未接受教學之前，舉行一次成就測驗**預試**（pretest），可以瞭解他／她當時已學會什麼，尚不會什麼；等到教學活動完成後再施行一次成就測驗**後測**（posttest），然後比較前測與後測成績／分數是否有顯著差異，若後測成績顯著高於前測成績，就是該成就測驗的建構關聯效度的證明。這種方法稱為前後測**實驗介入**（experimental intervention），特別適用於成就測驗及標準參照測驗。

七、因素分析法

　　因素分析是目前驗證建構關聯效度最常用的實證研究方法之一，其主要目的在確定或定義心理學或社會學上潛在特質的理論，藉著共同因素的發現，進一步確定潛在特質是由哪些因素或哪些題目所組成，用意在減少測量特質的因素數目，分析出最少數量且相互獨立的行為特質。

　　因素分析是變異數分析的延伸應用，它是一種潛在結構分析，藉著抽取變項間的共同因素以減少構念數目，降低結構的複雜性。它假定每個題目（題項）的內容都可分成兩個結構：

（一）一個是「共同因素」（common factor）：共同因素之間可能有相關存在，也可能彼此之間根本沒有相關。

（二）一個是「唯一因素」（unique factor），C. Spearman 稱為**特殊因素**（specific factor）。唯一因素則不但相互間沒有相關，唯一因素也與共同因素沒有相關。

　　因此在因素轉軸時所採用的方法就必須做出選擇（根據因素是否相關決定因素轉軸的方法：直交或斜交轉軸）。

　　常用的因素分析方法大致有兩種：

（一）一種是由 C. Pearson 首先創用，再由 Hotelling 推廣發展的「主成分分析法」（principle component analysis, PFA），將 k 個題項做線性組合，轉換縮減成 q 個成分（q ＜ k），使成分的變異最大，但成分間的相關最低或無關，以便研究者選取前面變異量較大的成分做為代表的方法（李維蔓、詹岱倫，2009；傅粹馨，2002）；因此，主成分分析法採取的是變異數取向，分析重點在解釋資料的變異量。

（二）另一種是由 C. Spearman 所創用，卻由 L. L. Thurstone 發揚光大的多變量統計方法，稱為**共同因素分析法**（general factor analysis, GFA），探討能否以較少的潛在變項來代表題項之間的相關；因此，共同因素分析法為相關取向，其重點在解釋變項間的相關（林清山，2003）。

在因素結構中，原始變項與共同因素（C. Spearman 稱為普通因素）的相關稱為「因素負荷量」（factor loadings），其相關係數稱為「結構負荷量」（structure loading）。在因素分析中有兩個重要指標，稱為共同性與特徵 ：

（一）**共同性**（communality）是每個變項在某一個共同因素負荷量的平方和（橫列的因素負荷量之平方和），代表個別變項可以被共同因素解釋的變異量比例。

（二）**特徵值**（eigenvalue）是某一個變項在某個共同因素負荷量之平方總和（縱行因素負荷量的平方和），共同因素之特徵 最大的最先被抽取。

因素分析的最主要目的在將因素結構簡化，將題項（因素）縮減，使題項做線性組合，減少因素數目，希望能以較少的共同因素，對總變異量做最大的解釋量。因此，因素分析如果**抽取的因素數目愈少，而其累積變異量愈大**，就是研究者最大的期望與收穫。

因素分析根據研究性質，可以分成**驗證性因素分析**（confirmatory factor analysis）與**探索性因素分析**（exploratory factor analysis）兩種。如果心理學上有某種理論，研究者為了驗證該理論是否為真，就應該採用驗證性因素分析。譬如，H. Gardner 提出多元智力理論，將智力分成八種或八個因素，若你／妳想確認智力是否包括八個因素，正確的方法就是驗證性因素分析，在「要萃取的因子數目」項下選擇（鍵入）數目「8」；假若你／妳想研究閩南人的人格特質，可能你／妳並不確知到底包括多少個人格特質或因素，那就該採探索性因素分析，在「萃取因素」時，選擇「特徵值在1.0 以上者」（謝廣全、謝佳懿，2014）。

八、結構方程模式

結構方程模式（structure equation model, SEM）用來測量抽象行為特質的測驗理論架構的建置，尤其是過去未發現的創新行為特質。它以多元迴歸的概念為基礎，將高階統計的結構方程模式，用來驗證測驗因素與理論架構的適合度，釐清測驗所測量的隱藏特質。複雜的階層結構理論以及探索性研究常使用 SEM 來驗證建構關聯證據的效度。限於篇幅，有興趣的讀者請另參閱專書（吳明隆，2007）。

九、項目反應理論

項目反應理論（item response theory, IRT）是一種選擇題目理論，是因電腦適性測驗而生，透過 IRT 分析，電腦能夠偵測受試者的解題思考過程的資訊，選擇適合個別受試者能力、難度的題目，讓他／她們作答並且立刻知道答案。這就是目前最夯的電腦適性測驗或稱智慧型測驗。

IRT 的主要功能在項目分析，但它能呈現**項目特徵曲線**（item characteristic curve, ICC），不僅可以瞭解題目的難度與鑑別度，還能顯示各個題目所具備的特質與功能，因此都必須使用到電腦設計程式或套裝軟體。

參、驗證建構關聯證據效度的程序

建構關聯證據的效度主要發生在一個測驗或評量發展、試用，以及基於從許多不同來源累積證據的期間。建構關聯證據的效度依據不同類型資料的邏輯推理而來，內容與效標關係的分析，提供我們解釋部分支持的證據，但它必須補充不同的研究以加強明瞭評量結果的意義。雖然我們無法去描述所有可能用於建構關聯證據效度的特殊程序，但可以舉例說明一些常用的方法（Miller, Linn, & Gronlund, 2013; Sax & Newton, 1997）：

一、界定所要測量的領域或工作

雙向細目表必須能夠妥善界定建構的意義，它的程度是明白且可判斷的，評量提供一個相關的和代表性的工作領域的測量量數。

二、以評量工作分析所需的心理程序

通過檢查測驗工作（tasks）本身，或通過給予個別學生測驗，當他／她們完成工作時，讓他／她們**大聲思考**解題過程來確定兩者的關係。將一些工作交給學生去做，而後問學生們是怎麼做出反應來進行核對。

三、將結果與已知團體的分數做比較

在某些情況下，我們可以預測這個團體的測量分數，與另一個團體不同，可能是不同年齡組、受過訓練與未受過訓練、適應與失調等等。因此，特定測驗或評量的差異預測，可以核對已知有差異的不同團體，並將

結果用做建構關聯證據效度的部分支持。

四、將一個特殊學習經驗或實驗處理前與後的分數做比較

如果能夠一方面證明教學能提高學習表現，一方面證明用以減低學生焦慮的措施確能降低對學習表現的影響，兩者都可做為支持評量結果建構效度的證據。例如，在數學運算教學之前對一組學生實施前測（pretest），教學之後再實施一次後測（posttest），如果後測分數的平均數顯著高於前測平均數，就可支持建構關聯證據效度的支持證據之一。

五、將分數與其他測量分數求相關

任何一種特殊評量分數，都被預期與相同或相似建構的其他測量分數有高度的相關（聚斂效度）。同樣，也預期與其他不同特質或能力呈低度相關或零相關（區辨效度）。因此，若兩種相似的測驗或評量之間有高相關，而兩種不相似的測驗或評量之間有低相關，就是該測驗建構關聯證據的效度的證據之一。因為建構關聯證據的效度依據各種各樣的證據，包括其他效度程序所提供的證據。

建構關聯證據的效度對所有各種類型（如成就、性向、個人／社會的發展）測驗或評量都很重要，無論是編製或選擇一個評量，結果分數的意義，有賴小心地測驗編製，以及支持所做解釋類型的多樣證據。Messick（1989）強調：「測量的意義，特別強調建構關聯證據的效度，必須始終追求它不僅支持測驗的解釋，也證明測驗的使用。」

第六節　效標關聯證據的效度

一份測驗或一項評量確認有了內容關聯證據的效度與建構關聯證據的效度之後，第三個步驟就可以來驗證它的**效標關聯證據的效度**（validity of criterion-related evidence），傳統上稱為**效標關聯效度**。內容關聯證據的效度在確認一份測驗的試題包含所有預測行為特質的代表性題目內容；建構關聯證據的效度是在分析測驗理論架構之適切性，若測驗的結構符合理論架構，確認具備良好建構關聯證據的效度之後，就可以來驗證它是否能夠精確測量到所想要測量的行為，也就是它的效標關聯證據的效度。

壹、認識效標關聯證據的效度

效標關聯證據的效度是以實證的方法，研究測驗結果或分數，與「外在效標」（external criterion）之間關係的指標，因此又稱為**統計效度**（statistical validity）或**實證效度**（empirical validity）。外在效標就是測驗所要預測的行為特質或表現標準，以該行為特質的量化資料做為效標來進行相關分析。一份測驗若未提供效標關聯效度資訊，就很難應用在實際生活中，也很難做為一個決策的輔助工具。測驗分數係用在某些有價值的測量上，預測未來表現或估計目前表現，而非預測在測驗本身（叫做效標）上的表現，我們特別關切測驗與效標之間關係的評鑑。

由於測驗的目的與外在效標取得的時間不同，效標關聯證據的效度分為兩種：

一、同時效度（concurrent validity）

在同一個時間同時取得一組受試者一個測驗的測量結果（X）及外在效標的量化資料（Y），計算這兩個變數（項）之間的積差相關係數（product-moment correlation coefficient , r_{xy}），就是該測驗的**同時效度**，相關係數越高，表示同時效度越高。這種效度的主要目的，在利用測驗分數（譬如，智商）評估個人在外在效標（譬如，學業成績）方面**目前的表現**。

二、預測效度（predictive validity）

測驗結果或分數與外在效標的取得相隔一段時間，測驗分數取得在前，外在效標的量化資料取得在後，這兩變數之間的相關係數，即代表**預測效度**，相關係數越高，表示預測效度越高。這種效度的主要目的，在利用測驗分數（譬如，空間關係），評估個人在外在效標（譬如，室內裝潢設計）方面的實際表現。

通常，如果要從一個已知變項（預測變項，如性向測驗分數）去預測一個未知變項（效標變項＝被預測變項，如數學綜合測驗分數），兩個變項之間的關係比率值越高，預測的結果越準確，預測的誤差越小。

預測效度與同時效度兩種設計均歸入更普通的類別，叫做**效標關聯證據的效度**，因為兩者決定與表示效度的方法完全相同（計算積差相關係數）。兩種所得量數主要的差異在於**效標取得的時間點**有先後之分。

貳、常用效標的種類

要分析效標關聯效度，首先必須找到一個或數個適切的、可靠的、有效的和實用的效標（criteria），效標是我們所想要預測或測量的行為特質。在學習評量過程中，常用的效標有下列數種：

一、學業成績

學業成績（academic achievement）涵蓋語文、數學、自然科學與社會科學等內容，其量化資料既客觀又容易取得，智力測驗、性向測驗、學業性向測驗和標準化成就測驗，常常以學業成績做為外在效標，驗證其效標關聯證據的效度。例如，如果某兒童智力測驗（X）以學業成績為效標（Y），求得兩變數之相關係數 $r_{xy} = .70$（同時效度），表示若依據該兒童智力測驗分數（X）去預測學生目前學業成績（$\hat{Y}$）的準確性約為 $r^2 = (.70)^2 = .49 = 49\%$；「$r^2$」稱為**決定係數**（coefficient of determination），代表效標分數（學業成績）的高低，有 49% 純粹是受到智力的影響。

二、特殊訓練的表現

性向測驗常以特殊訓練的表現為外在的效標。例如，機械性向測驗依據實習課最後的成就來建立效度；商業性向測驗以打字或簿記做效標；音樂或美術性向測驗以音樂或美術學校的表現為效標等等。

三、實際工作表現

就測驗的實際用途而言，最理想的效度指標是實際工作表現的追蹤紀錄。智力測驗、性向測驗以及為特殊工作專門編製之測驗，也經常使用效標關聯證據的效度。例如，如果一些成名歌星（實際工作表現）接受「西莎音樂性向測驗」，他／她們的測驗分數都很高，顯然該「西莎音樂性向測驗」具備良好的預測效度。

四、評定結果

學校教師、特教老師、工作督導、諮商員、同事或同儕的「評定」結果，都可做為效標。評定結果幾乎可以用於各類測驗效度的建立，尤其適合做為人格測驗的效標，因為在此領域較難找到客觀的效標，以個人接觸為基礎的評定，就邏輯上來說應該是最合理。

五、現有可用的測驗

新測驗與現有可用測驗的相關係數，通常也用來當作效度的證據。如果新測驗比原有測驗更簡短，則現有可用測驗就可以當作新測驗的效標。譬如，一位新進心理學者編製一種新的包含語文與數字兩因素的「簡式兒童智力測驗」，當然可以「史比量表」（SBIS）為效標。紙筆測驗可以較複雜的作業測驗為效標，團體測驗以個別測驗為效標等（Anastasi, 2002）。

六、對照組（比較組）分析

以對照組建立效度涉及綜合指標，這種效標最後是以留在特定團體或被淘汰者為基礎。譬如，音樂性向可以比較「音樂科與普通科」學生在測驗上的成積，如果音樂科學生音樂性向平均分數，顯著高於普通科學生音樂性向平均分數，也可以驗證音樂性向測驗的效度；美術科學生在美術性向測驗的平均分數，顯著高於普通科學生美術性向平均分數，也可以驗證美術性向測驗的效度。

七、精神病學的診斷

有一些人格測驗（譬如，明尼蘇達多項人格測驗，MMPI）使用精神病學診斷（psychiatric diagnosis）做為選擇題目的基礎以及測驗效度的證據。這種診斷若是基於長期觀察和詳盡的個案史，而不是出自粗糙的晤談或檢驗；或是依據《精神病學診斷與統計手冊（第五版）（DSM-V）而來，都可以視為令人滿意的效標。

八、後設分析

結合不同時間、地點（譬如，國內與國外）所得到的研究數據、或已發表的研究資訊，整合不同的發現，這就是後設分析（meta analysis）。這

類調查或分析通常會指出：有多少研究發現實驗組與控制組有差異，測驗分數與其他變數有關係，但都因單一研究的樣本數太小，未達顯著水準。

　　如果結合數個研究發現，再依據方法學與實際特徵予以加權值，就可能經由後設分析得到重大肯定（達顯著水準）；同時，後設分析不僅是指出效果大於零（例如，$t > 0$；$F > 0$ 或 $\chi^2 > 0$），還能計算出「**效果的大小**」（effect sizes）。

參、使用效標應注意事項

　　在 AERA、APA、NCME 聯席委員會出版的《教育與心理測驗標準》一書中，對於使用與解釋效標關聯證據的效度時，呼籲使用者注意下列事項：

一、注意效標關聯證據的效度的變化

　　一個效度係數並非永遠有效，例如，受試者條件改變、或施測情境、甚至於施測時間（例如，在重大事故、慶典、放長假前後），以及外在效標選擇生變時，都會影響效度係數。

二、留心外在效標的適用性

　　選取的外在效標必須考量它的適切性、可靠性、正確性與代表性，選擇教師自編成就測驗或其他欠缺信度與效度的外在效標，並無多大意義。

三、考量受試母群性質

　　每一份測驗或評量的效度，都有它適用的母群體，不是一體適用。以國民小學數學科成就測驗為例，以臺北市的常模去推論彰化縣的國小學生，就必須非常謹慎；高中英文科成就測驗所建立的效度，並不適用於高職學生。

四、留意樣本大小的影響

　　建立效標的樣本數越小，測量結果的標準誤（standard error, SE）越大，以自變數 X（例如，智商）去預測依變數 Y（例如，學業成績）的誤

差越大。同時,採用較大的樣本去交叉驗證(cross validation)外在效標,所得到的效度越適用。

五、預測變項與被預測變項不能交換使用

效標關聯證據的效度來自自變項(independent variable)X(例如,智商)與外在效標或稱依變項(dependent variable)Y(例如,學業成績)的相關係數。因此,只能以自變項智商 X 去預測依變項學業成績 Y(迴歸方程式 $\hat{Y} = bX + a$);不能再反過來用 Y(學業成績)去預測 X(智商)。同時,建立效標的樣本數要大,樣本的異質性(heterogeneity)也要大,才不會受到團體分數偏限的影響 [分數分佈的範圍很小,全距(最高分與最低分的差距)太小]。

六、避免過度推論

在某特殊情境下建立的效標關聯證據的效度,不一定能完全適用於其他類似情境,同時,測驗情境隨時都有變化,沒有恆定的情境可推論。在研究上,研究者通常會「聲明」研究結果推論所受到的限制,以免**推論力**(generalizability)或稱**概括力**或**類化力**無限上綱。

例如,「白氏職業興趣測驗」以學業成績當效標,因為名稱有「職業」兩個字,若用該測驗分數的表現預測或推論實際的工作表現,或將它當作甄選員工的工具,都嚴重影響測驗或評量的效度。

七、建立不同的效標關聯證據的效度

為確保測驗的正確與適當解釋與運用,應分別為不同的團體,譬如:城鄉、少數族裔、性別、不同母語、新住民等,建立它們的效標關聯證據的效度,將能提高預測的效率。

八、應避免效標污染

若測驗本身與外在效標未能相互獨立,效標表現受到測驗分數影響,就叫做效標污染(criterion contamination),它會造成測驗效標關聯證據的效度高估現象。例如,評審委員或工廠廠長或領班,先知道或看過被評定者的測驗分數,再來評定他/她們的工作表現,就有效標污染的問題。

第七節　後果關聯證據的效度

壹、傳統的效度考量

傳統上在驗證一份測驗或一項評量的效度時，均只考量內容效度、效標關聯效度及建構效度，對於測驗或評量結果的解釋與應用，到底造成何等的結果（正面或反面），罕有人特別予以考量。

測驗和評量本身是中性的，解釋與應用所造成的後果是好或壞，端視使用者如何運用而定。教師或諮商員在進行評量與解釋結果，以及運用或做決定時，不單只考量效度證據是否充分，可能還須考量解釋時隱而不見的價值體系，以及解釋或運用結果所造成的「後果」（consequences）。

貳、Cronbach 與 Missick 的貢獻

Cronbach（1971）最早提出考量效度要顧及分數的解釋及意義，以及意義所導致的行動。但是，將效度概念的後果面向納入效度定義的第一人是 S. Missick（1989）。他主張關於評量結果的特殊用途與解釋的效度，應做整體的判斷，需要進行應用與解釋後果的評鑑。譬如：評量有助於改進學生的學習嗎？改進到什麼程度？評量對教學造成什麼衝擊嗎？評量結果的特殊應用，有可能造成什麼負面或意想不到的後果嗎？

Missick（1992）提出一個「效度漸進矩陣的層面」模式，認為效度是漸進累積的過程：以建構效度為核心＋測驗解釋證據 ⇨ 結果解釋（含價值）＋使用情境（含目的適切性與情境妥當性）⇨ 使用與解釋之社會後果。

參、評量與績效

效度概念擴展到包括評量結果的應用與解釋的後果考量，在最近的真實評量以及以表現為主的評量上更加重要。嚴重依賴選擇題測驗結果做為績效考核的依據，教師負成敗責任的評量高風險，導致教師的教學，將焦

點狹隘地放在測驗所測量的內容，忽視測驗所不測量的課程重要內容的負面效果。例如，課程強調解決問題的和概念性的理解，因為教師對學生的考試分數負責，教師加強技術與事實知識的演練可提高測驗成績，從測量解決問題變成測量記憶的能力，因而改變建構關聯證據的效度，無法促進主要學習目標的達成。

　　一個適當的後果評鑑，需包括正面後果（例如：有助於學習、增強學生動機）與負面結果（例如：窄化課程、增加輟學率），當評量結果用於關係到個人高利害關係的決定時，特別重要（例如：留級、分派到某一個補救教學方案或頒發畢業證書）。譬如，將評量做為學生留級（grade retention）的用途的後果分析研究，必須找出學生留級比不留級為佳的證據：

一、　**正面的發現應該是**：低於及格分數的學生被留級，而高於及格分數的學生升級。

二、　**負面的發現**：應該能提供「採用評量做為留級得到負面的後果」以及有助於判斷「該評量不是留級的有效用途」之證據（Miller, Linn, & Gronlund, 2013）。

肆、評量的後果評鑑

　　從事學習評量的後果評鑑的研究者相當少，後果考量將僅限於可能產生的影響的邏輯分析。在評鑑評量可能產生的後果，教師正站在制高點上：（一）教師熟知學生所要達成的學習目標、（二）教師熟悉學生已有的學習經驗、（三）教師在評量過程中，有機會去觀察學生，同時得知學生們為什麼那樣表現。

　　在認識學習目標、學習經驗之後，就可以系統地考量「評量對學生可能產生的影響」。後果評鑑項目如下（Miller, Linn, & Gronlund, 2013; Waugh & Gronlund, 2013）：

一、評量任務應配合學習目標

　　我們說「你測驗什麼，你就得到什麼」雖太過簡化，卻在提醒評量需

113

要反映主要的學習結果。問題索解與複雜思考技巧的統整、評鑑和綜合技能的應用，比老生常談或教科書說更重要。

二、評量應能激勵學生努力學習

激勵學生努力，是測驗與評量一個重要的後果。評量應明白告知學生被期待該如何表現、測驗結果將做何用途、相信測驗是公平的，達成評量目標的機會將會有所改善。

三、評量應針對學習的重點

問題索解必須辨識問題性質與解決技巧兼具，才能有效解決問題；如果本末倒置或專注解決技巧，將妨害學生重要思考、判斷、推理學習與發展的機會。

四、評量應鼓勵探索與表達創意

雖然對學生來說，「知道評量在測試些什麼」以及「要怎樣做準備」很重要，但應避免過度狹隘與人為的約束，專注在標準答案上，而妨礙學生探索新思路與新概念。

五、評量應能助長補拙

評量結果有正面與負面後果，應盡量利用解釋與應用的正面後果，協助學生避免負面後果的影響，庶幾評量風險可以降到最低。

六、評量應能養成正向的學習態度

評量結果應能幫助學生增進學習動機，改進自我評量技能，成就最大表現，對學校功課產生積極正向的態度，養成獨立學習的習慣，將學習結果遷移到各學習領域，這樣才是評量的積極目的。

第八節　影響效度的因素

許多因素會造成評量結果的預期用途無效：有些是顯而易見且容易避免的，例如，用一個語文推理測驗來衡量社會研究科的知識；但也有許多微妙的特徵隱而不見且不易避免，例如，一個數學能力測驗的題目，所用

語彙及作答的指導語，只有閱讀能力好的學生才看得懂，結果數學能力測驗部分變成是閱讀測驗，降低了評量結果原用途的效度。因此教師不論是自己編製測驗或選擇已出版發行測驗，都必須警惕。

　　影響測驗或評量效度的因素，綜合各家意見，可以歸納如下（王文中等，2006；余民寧，1997；郭生玉，1999；Linn & Gronlund, 2000; McMillan, 2014; Miller, Linn, & Gronlund, 2013; Waugh & Gronlund, 2013）：

壹、測驗或評量本身的因素

　　一個經過仔細檢驗的測驗題目和評量作業，將具備教師想要評量的測量教材內容或心理功能。但是，下列任何一樣因素，都會妨礙測驗題目或評量作業背離原功能以及降低評量結果解釋之效度：

一、作答指導語不清楚

　　指導語未向學生明白指出如何對測驗做出反應，及如何記錄反應，以至於降低效度。

二、語彙與句子的結構太難

　　學生接受評量的語彙與句子的結構太複雜，以至結果變成在評量學生的閱讀理解與智力，它將扭曲評量結果的意義。

三、含糊的雙關語

　　評量作業意義的紛歧說明，導致誤解與混淆，雙關語有時對程度較佳學生所造成的混亂，甚於程度較差學生（因為程度較差學生無法領會另一個語意）。

四、不當的時間限制

　　因為時間限制致無法提供足夠時間，讓學生回答問題及提供思考反應，致使評量結果的解釋之效度降低。要測量學生對某一個主題知道什麼或能夠做什麼，如果不給予足夠的時間，評量可能變成在測量學生的反應速度，因為某些內容（如一個打字測驗）速度很重要。但是，大多數學生成績的成就評量必須盡量減少速度的影響。

五、建構代表性不足

這是過度強調易於評量的領域的重要性，而犧牲難以評量的領域所造成。要編製一個評量事實的測驗問題相當容易，但是要編製一個概念的理解或高級思考過程通常較難。因此，在評量成績時，應該嚴防重要作業的代表性不足的問題。

六、測驗項目不適合

想要測量理解、思考技巧及其他複雜的成就類型，而採用的測驗格式卻僅適合測量事實知識（例如，採用是非題或選擇題型），將使評量無效。

七、測驗題目品質太差

題目的品質太差以致測驗題目不經意地提供答案的線索，造成在測量學生的警覺性、檢測線索及技巧的精通、或認識到測驗的測量意圖，致高估精通測驗技巧學生的能力。

八、測驗題目太少

測驗只是個好多可問問題的一個樣本，如果測驗題目太少，就無法提供內容的代表性樣本，其有效性將受到影響。

九、題目編排不當

測驗題目通常是依照題目的難易度編排，最容易作答的先排，若將困難的題目排在前面，學生將會花太多時間在這些困難的題目上面，以至妨礙他／她們去作答較容易回答的題目。題目編排不當對學生動機具有不利的影響，進而影響效度，尤其對年幼學生的動機影響最大。

十、答案識別模式

正確答案的配置，使用某些系統的型態（例如：○、○、○、×、×、×；1、2、3、4、1、2、3、4），使學生能夠容易猜測某些題目的答案，這也會降低效度。

貳、外在因素的影響

評量成績的方法，作業功能不能夠僅由測驗的形式和評量的內容來決定，同時必須考量教師在課堂上曾經教了些什麼，例如，教師曾經教過學生某個特殊問題的解題方法，或曾教過索解的機械步驟，則此評量結果將不會超過「測量記憶知識」的層次，不能視為更複雜心理過程的成績之有效的指標。

影響效度的外在因素，綜合各家意見如下（王文中等，2006；余民寧，1997；郭生玉，1999；McMillan, 2014; Miller, Linn, & Gronlund, 2013; Waugh & Gronlund, 2013）：

一、測驗實施與計分的因素

一個測驗或評量的實施與計分同樣是個引進因素，這些因素對結果的解釋有不利的影響。以教師自編測驗來說，時間不夠、對要求協助的個別學生做不公平的幫助、作弊、學生成績不可靠的評分等因素，都會降低效度。以市面出版發行的測驗來說，未遵照測驗指導語及時間限制、擅自幫助學生、計分錯誤等因素，同樣會降低效度。任何一種類型的評量，受試學生接受評量當時身心不良的條件下，同樣會造成負面的影響。

二、學生反應的因素

在某些情況下造成解釋無效，並非任何測量工具本身的缺點及其實施過程有瑕疵，而是個人因素影響學生對評量情境的反應。反應傾向（response set）也會影響效度（例如，某些學生對不知道的題目總是選擇第三個選項）（Gronlund, 1976）。有些學生可能因情緒障礙而困擾，因而干擾他／她的實際表現；其他學生可能被評量情境嚇唬到，而不能夠做正常反應；還有一些學生可能未受鼓勵去做最佳演出；這些因素在評量情境中出現，多多少少都會限制和影響學生，導致扭曲了結果。

三、團體與效標的因素

效度對一個特殊團體來說總是特定的，一個評量要測量什麼，受到像年齡、性別、能力水準、教育與文化背景的影響。因此，在評鑑包括測驗

117

指導手冊及其他來源在內的效度報告時，決定有效團體（validation group）是很重要的事情。因為效度訊息隨著測驗團體與效標所採用的成分不同而有所差異，所公佈效度資料應被視為高度的不確定性。只要有可能，對測驗結果的效度應該與當地特定的地方情況互相檢核。

另外，效標關聯證據的效度，是以外在效標的測量分數與原測驗的分數計算相關係數來估計。外在效標的選擇是否得當，影響效標關聯證據的效度甚鉅（例如，教師自編成就測驗，以標準化人格量表為外在效標，殊屬不當）；同時，如果外在效標本身的信度與效度不高，也同樣會降低測驗或評量結果的效標關聯證據的效度。因為效標關聯證據的效度值，不會大於兩個測驗信度係數相乘積的平方根（Kaplan & Saccuzzo, 1993）：

$$r_{xy} \leqq \sqrt{(r_{xx}) \cdot (r_{yy})} \qquad \text{公式（3-6）}$$

上式中

r_{xy} ＝效標關聯證據的效度

r_{xx} ＝原測驗的信度係數

r_{yy} ＝外在效標的信度係數

四、公平性

公平性（fairness）可以界定為：**測驗分數的解釋與應用，對所有學生都是合理的與公正的**。無論是驗證測驗的內容關聯證據的效度、效標關聯證據的效度或建構關聯證據的效度，驗證過程都是公平地進行，而且，還包括所有學生是否有機會學到測驗所涵蓋的材料（這是教學後果）。

測驗或評量結果的解釋與應用是否公正的驗證或分析，通常是以學生團體為對象，用來評量公正性的團體，包括種族、少數族群、性別、特殊兒童、不同母語、新住民兒童等等。評量結果的解釋與應用，橫跨各不同學生團體應該都是公平公正的。

五、教學與評鑑的評量

一份測驗或一項評量的效度，會因時間與用途而有所改變，不同類型的測驗效度的驗證策略也有所差異。雖然沒有一套最標準的效度驗證模

式，但經驗法則告訴我們評鑑效度時，該問些什麼問題？該蒐集些什麼資訊？以下是一些評鑑成就測驗效度的技巧，評鑑累積效度的方法，則因不同類型標準化測驗與班級測驗而調整（Miller, Linn, & Gronlund, 2013）：

（一）內容對建構具代表性

教師所使用的測驗或評量，應該提供效度的相關資訊，才有辦法解釋測驗分數。教師每一次使用測驗，應仔細審查內容對建構有多大的代表性，缺乏建構代表性的評量，結果的解釋與推論不具任何意義，結果的應用更不用說。教師應依據雙向細目表審查測試題目對教學內容的代表性，並蒐集其他標準化測驗、期中和期末評量、平時觀察與小考等參考資訊，來評鑑所做的評量。

（二）題目能引發學生對建構的反應

測量學生知識、理解與應用的測驗，就不應該有複雜思考、判斷和推理的題目；反過來說，測量分析、評鑑與創造的測驗，就不該有那些死記硬背的題目。知道學生怎麼想、如何反應，對評量結果分數的解釋適切性相當重要。

（三）應用評量的後果

教師無論採用小考、課堂測驗、期中或期末評量，都應考量它對激發學生學習動機與努力用功的影響。如果評量或測驗的內容窄化，題目格式固定，變化很少，降低學生全力以赴的學習動機，也限制了測驗分數詮釋與推論的範圍；同時，教學、學習與評量的效能受侷限。

（四）測驗分數與效標的關聯

教師所做的課堂評量，應檢視某些效標與成就測驗的關係，期中與期末評量與學期等第與教師評定的關係。檢核表（checklist）可以提供：1. 其他教師對該測驗的評論、2. 受試學生的觀察／晤談紀錄、3. 測驗或評量潛在的後果。表 3-3 是課堂學習評量效度驗證檢核表範例，提供任課教師參酌使用。

表 3-3　學習評量效度驗證檢核表範例

檢核表
學習評量的驗證

評量（建構）：_____

應用／解釋：_____

教師評語：

　　教學目標（IO）　　　　　　　　　　　　　　　_____

　　內容與教學目標配合度　　　　　　　　　　　　_____

　　認知水準與教學目標配合度　　　　　　　　　　_____

　　計分量規　　　　　　　　　　　　　　　　　　_____

學生反應歷程審查：

　　評量歷程中的觀察　　　　　　　　　　　　　　_____

　　評量後的晤談　　　　　　　　　　　　　　　　_____

　　評量的潛在後果（請描述）：　　　　　　　　　_____

其他考量：

　　　　　　　　　　　　　　　　　　　　　　　　是　　　　否

　1. 有無請他人判斷評量結果的明確性？　　　　　_____　_____

　2. 有無核對用不同方法評量同一特質獲得相同結果？　_____　_____

　3. 所測量的特質樣本數是否具有代表性？　　　　_____　_____

　4. 有無設計命題雙向細目表？　　　　　　　　　_____　_____

　5. 有無請教他人判斷評量項目是否配合評量目標？　_____　_____

　6. 是否已比較出不同團體之間有顯著差異？　　　_____　_____

　7. 是否已比較出教學前後之間有顯著差異？　　　_____　_____

　8. 是否補充不同評量方式所得學生表現資訊？　　_____　_____

　9. 只為預期目的使用該評量？　　　　　　　　　_____　_____

10. 題目是否經過項目分析程序？　　　　　　　　_____　_____

11. 是否取得外在效標的關聯性？　　　　　　　　_____　_____

12. 是否具備實用性？　　　　　　　　　　　　　_____　_____

資料來源：增修自McMillan, 2014: 70.與Miller, Linn, & Gronlund, 2013: 104.

本章摘要

1. 效度是指對測驗與評量所蒐集到的資訊，在結果所做解釋、推論、應用與後果，其代表性、合理性、充分性、適當性與公平性的判斷和評鑑。

2. 信度係指測驗或評量，無論從不同時間、不同樣本、不同方法與不同評分者所蒐集到的結果證據，其穩定或相一致的程度。

3. 效度需要測驗分數的一致性和正確性，但信度僅需要測驗分數的一致性即可。

4. 實用性係指測驗必須：(1) 是經濟的、(2) 時間適中、(3) 容易實施與計分、(4) 結果能被正確地解釋、(5) 能提供學校人員應用。

5. 效度類型涵蓋：(1) 內容代表性——內容關聯證據的效度、(2) 效標關係——效標關聯證據的效度、(3) 建構證據——建構關聯證據的效度、(4) 使用的後果——後果關聯證據的效度。

6. 內容關聯證據的效度分為：(1) 邏輯效度和 (2) 實證（統計）效度。

7. 邏輯效度依據雙向細目表，分析題目在教學目標與教材內容的代表性，得出邏輯效度估計係數。

8. 實證（統計）效度可以計算：(1) 內容效度係數及 (2) 內容效度指數。

9. 表面效度不能當作真正的內容效度，它只是看起來像在測量什麼特質或能力。

10. 增進內容關聯證據效度的方法：(1) 採用雙向細目表命題、(2) 聘請專家審題、(3) 進行項目分析、(4) 考量學生反應傾向、(5) 考量內容的代表性。

11. 建構關聯證據的效度是指一個測驗或評量結果的解釋與應用，能夠代表或符合某一個科學理論建構的程度；建構關聯證據的效度是整個效度的核心，涵蓋內容關聯證據的效度、效標關聯證據的效度與使用後果效度在內。

12. 驗證建構聯關聯證據效度的方法有：(1) 發展分析法、(2) 內部一致性分析法、(3) 外在效標法、(4) 聚斂效度與區辨效度法、(5) 差異效度法、

(6) 前後測差異比較法 (7) 因素分析法、(8) 結構方程模式法、(9) 項目反應理論法。

13. 效標關聯證據的效度是以實證的方法，研究測驗結果或分數，與「外在效標」之間關係的指標，因此又稱為「統計效度」或是「實證效度」。

14. 同時效度在利用測驗分數（譬如，智商），評估個人在外在效標（譬如，學業成績）方面目前的表現；預測效度在利用測驗分數（譬如，空間關係），評估個人在外在效標（譬如，室內裝潢設計）方面的實際表現。

15. 常用外在效標有：(1) 學業成績、(2) 特殊訓練表現、(3) 實際工作表現、(4) 評定結果、(5) 現有可用測驗、(6) 對照組分析、(7) 精神病學診斷、(8) 後設分析。

16. 後果關聯證據的效度評鑑包括：(1) 評量任務應配合學習目標、(2) 評量應能激勵學生努力學習、(3) 評量應針對學習的重點、(4) 評量應鼓勵探索與表達創意、(5) 評量應能助長補拙。

17. 影響效度的測驗內在因素有：(1) 作答指導語不清楚、(2) 閱讀的語彙與句子的結構太難、(3) 含糊的雙關語、(4) 不當的時間限制、(5) 建構代表性不足 (6) 測驗項目不適合被測量的結果、(7) 測驗題目品質太差、(8) 測驗題目太少、(9) 題目編排不當、(10) 答案識別模式。

18. 影響效度的測驗外在因素有：(1) 測驗實施與計分的因素、(2) 學生反應的因素、(3) 團體與效標的因素、(4) 公平性、(5) 教學與評鑑的評量。

自我評量

一、選擇題：請圈選下列問題最佳答案的代號。每一題 5 分，計 50 分。

1. 一種優良測驗最重要的特徵是什麼？

   (A) 信度　　　(B) 效度　　　(C) 公平性　　　(D) 實用性

2. 各類型效度證據以何者為核心？

   (A) 內容關聯　(B) 效標關聯　(C) 建構關聯　(D) 使用後果

3. 使用邏輯分析法驗證的是哪一類型證據的效度？

   (A) 內容關聯　(B) 效標關聯　(C) 建構關聯　(D) 使用後果

4. 依據效度的可驗證次序，下列答案何者正確？

   (A) 內容 ⇨ 效標 ⇨ 建構 ⇨ 後果　(B) 效標 ⇨ 建構 ⇨ 後果 ⇨ 內容

   (C) 建構 ⇨ 後果 ⇨ 內容 ⇨ 效標　(D) 內容 ⇨ 建構 ⇨ 效標 ⇨ 後果

5. 標準參照評量最適合採用哪一種方法來驗證效度？

   (A) 前後測差異比較法　　　(B) 因素分析法

   (C) 後設分析法　　　　　　(D) 特殊訓練表現

6. 採用不同方法測量相同特質，所得結果相關低，那是什麼效度？

   (A) 聚斂效度　(B) 區辨效度　(C) 預測效度　(D) 同時效度

7. 採用不同方法測量相同特質，所得結果相關高，那是什麼效度？

   (A) 聚斂效度　(B) 區辨效度　(C) 預測效度　(D) 同時效度

8. 利用測驗分數，評估個人在外在效標方面目前的表現，是指哪種效度？

   (A) 聚斂效度　(B) 區辨效度　(C) 預測效度　(D) 同時效度

9. 利用測驗分數，評估個人在外在效標方面的實際表現，是指哪種效度？

   (A) 聚斂效度　(B) 區辨效度　(C) 預測效度　(D) 同時效度

10. 下列哪一項是影響效度的外在因素？

   (A) 公平性　　(B) 雙關語　　(C) 題目品質　(D) 時間限制

二、論述題：每一題 10 分，計 50 分。

1. 試分析效度與信度的關係。

2. 表面效度與內容效度有何差別？

3. 常用的效標有哪些？

4. 如何評鑑後果關聯證據的效度？

5. 什麼是測驗與評量的實用性？

Chapter
04
信　度

本章教學目標

研讀完本章，你／妳將能夠：

1. 解釋什麼是信度？信度的性質如何。
2. 描述如何去估計下列信度類型：再測信度、複本信度、再測帶複本信度、複本立即信度、折半信度、庫 - 李信度、Alpha 係數及評定者信度。
3. 熟悉使用各類型信度的時機。
4. 熟悉測量標準誤的解釋與應用。
5. 能解釋影響信度的因素。
6. 說明決定信度時應考量之因素。
7. 解釋影響評量實用性之因素。

測 驗或評量結果的第二個重要特徵就是信度。信度在：（一）提供一致性，使效度變成可能、（二）指出各種推論的合理程度。此外，評量程序的實用性也是教師關心的議題。

第一節　信度的性質

壹、信度的定義

信度（reliability），就其字面上的意義來說，就是可靠性或可信賴性。在測驗與評量方面，信度的定義如下：

一、 古典測驗理論定義信度為：受試者所得真實分數佔實得分數總變異數的百分比，亦即在受試者實得分數的總變異數中，真實分數的變異數所佔的比例。

二、 Gulliksen（1987）定義信度為：估計測量誤差有多大，以反映真實量數程度的一致性指標。

三、 Anastasi（1988）定義信度為：經由多次複本測驗測量所得結果的一致性（consistency）或穩定性（stability）。

四、 若一個測驗或任何測量工具，重複施測仍不會改變的特質，或一致地產生相同或幾乎相同的等級，則該測驗是可信賴的（Kubiszyn & Borich, 1996）。

五、 Anastasi 與 Ubina（1997）再次定義信度為：意指同一位受試者在不同情境，採用內容相當的不同試題，或者在不同的測試條件下，重複接受測量所獲得分數的一致性，強調個別分數測量誤差的比率。廣義而言，測驗信度意指：測驗分數之個別差異可以歸因於所測量特質的真實差異（true difference）以及隨機誤差（probable error, PE）的程度（Anastasi & Ubina, 2002）。

六、 以相同的評量程序，在兩個不同的時段施之於相同的一群學生，而獲得十分相似的分數，我們可以得出結論，我們的結果具有高度的信

度。同樣，如果不同教師獨立評估學生在相同的工作之表現，都得到相同的評定結果，我們可以結論教師之間的評量結果有高的信度或可靠性（Miller, Linn, & Gronlund, 2013）。

七、 信度是指評量結果的解釋免於誤差的程度，也是評量結果的一致性：相同類型的任務採用不同的樣本評量所得的結果是否一致？採用不同的評量方法或由不同的人來評定，其結果是否一致？（Waugh & Gronlund, 2013）。

八、 學習評量的信度，係指依據分數所做的分數與決定的一致性、穩定性和可靠性（McMillan, 2014）。

本書認為，信度係指測驗或評量，無論從不同時間、不同樣本、不同方法與不同評分者所蒐集到的結果資訊，其量數與所做決定的穩定性、可靠性或一致性的程度。

貳、測驗結果的變異性

評量結果不可能完全一致，這不是測量品質的問題，而是好多因素會影響評量的結果。譬如：

一、 如果一個測驗針對同一個團體，在短時間內緊接著實施兩次測量，因為記憶、努力程度、疲勞、情緒、猜測等因素，影響測驗分數的變化是可預期的。

二、 若兩次測驗時間相隔太長（久），也會因為干預學習經驗、健康情況改變、遺忘等因素，造成分數的變動。

三、 假如作文或其他學生的作品，由不同的評分者評量，可能只是由於評分者之間的一致性不夠完美，也可預期分數會有些差異。

四、 如果第二次測驗採用不同題目樣本，仍然有其他因素會影響到評量結果。

五、 有些學生因該測驗出現的題目，他們比較熟悉，這些無關因素導入所有評量結果，會產生一定份量的**測量誤差**（measurement error）。

參、信度的其他特徵

決定信度的方法，基本上在決定測量誤差量有多大。一般而言，兩個評量的結果越趨一致，測量誤差越小，信度越高。做為測驗與評量用途，信度的意義可以進一步透過以下特徵來考量（McMillan, 2014; Miller, Linn, & Gronlund, 2013）：

一、信度是指評量結果，不是工具本身

任何特殊工具依據參與測量的團體與使用的情境，可以有許多不同的信度，因此，更適合說是「測驗分數的信度」或「評量結果的信度」而不是「測驗工具的信度」或「評量的信度」。

二、是指一種一致性的特殊類型

評量結果在經過一段時間、採用不同作業的樣本、接受不同的評定者等等，說它們是可靠的是一種概括性推論；評量結果有可能與這些情況中之一種相一致，而與另外的不一致。在特殊的情況下一致性的適當類型，是透過結果要做什麼用途來決定。為了不同的解釋，就需要不同的一致性分析。視信度為一般特性，會導致錯誤的解釋。

三、信度是效度的必要條件，而非充分條件

一個評量產生完全不一致的結果，不可能提供有關測量的表現之有效資訊；另一方面，評量結果的高度一致性，可能測錯特質或被不當使用。因此，低信度指出出現低效度，但是高信度並不保證高效度。簡而言之，信度僅提供一致性，使效度成為可能。

四、信度主要是統計的形式

一個評量的邏輯分析只能提供很少關於分數的信度證據。想要評鑑幾位評定者評分的一致性，或想評量得自同測驗不同題本反應的分數之一致性，或蒐集實作本位（performance-based）的作業之資訊，可以採用兩種方式來估計：

（一）依據個人在團體中所佔的相對地位的改變來表示，一致性係採用一個相關係數稱為「信度係數」的方法做報告；

（二）依據個人分數預期的變異總量來表示，一致性係採用「測量標準誤」（standard error of measurement, $SE_{meas.}$）的方法做報告。

　　兩種信度的表示方法廣被採用，都是使用統計分析的方法驗證，又稱為「統計信度」（statistical reliability）。

五、信度不是全有或全無的問題

　　信度和效度一樣，一份測驗或一項評量結果的信度，不是「全有」（r_{xx} = 1.00）或者「全無」（r_{xx} = .00）的問題，而是「高」或者「低」的程度。測驗或評量結果的信度係數若等於 1.00，就完全沒有任何測量誤差，預測結果的可信度 100%；反之，信度係數若等於 0，就無法做任何預測。

第二節　常模參照評量的信度分析

　　要分析測驗或評量結果的信度，必須在相同條件下，取得兩組測量量數，然後比較結果。當然，這是不可能的任務，因為測驗與評量的條件，「永遠不會是相同」（is never be identical）。要替代這種理想程序，有數種估計信度的方法被推薦，這些方法甚相似，無論得自相同評量程序或相同施測程序的複本（equivalent forms），它們全部涉及兩組量數的相關，用來決定信度的相關係數，其計算過程與解釋方法，與決定效度的方法完全相同。效度係數與信度係數唯一不同的地方是：**效度係數基於與外部效標的一致性，而信度係數基於與相同程序取得的兩組量數結果的一致性。**

　　測驗或評量分數的解釋，有三種方法：

一、　可以將測驗分數與團體中的他人比較，是一種相對性的比較，稱為「常模參照評量」（norm-referenced assessment）；

二、　可以將測驗分數與既定效度標準比較，以決定「及格或不及格」、「通過或不通過」或者「精熟或不精熟」，稱為「標準參照評量」（criterion-referenced assessment）；

三、　以界定清楚領域所抽樣出來的試題之得分，來推估學生達成學習目標的程度，稱為「領域參照評量」（domain-referenced assessment）或

「目標參照評量」（objectives-referenced assessment）；領域參照評量通常涵蓋在標準參照評量的廣義定義下。

本節先討論常模參照評量的信度，下一節再討論標準參照評量的信度。測驗學者用來分析常模參照評量信度的方法，先摘要如表4-1，然後再詳細討論這些估計信度的方法。

表4-1　常模參照評量估計信度的方法		
驗證方法	**信度測量類型**	**測量程序／方法**
再測法	穩定性的測量	對同一團體施測兩次，兩次的時間間隔，可從數十分鐘到數年。
立即複本法	等值的測量	對同一團體在短期內施測同一測驗的兩個題本。
再測帶複本法	穩定與等值的測量	對同一團體施測同一測驗的兩個題本，時間間距拉長。
折半法	內部一致性的測量	只施測某團體一次，將奇數題與偶數題分別計分，計算奇偶相關，再以司-布公式校正信度。
庫德-李查遜法	內部一致性的測量	施測一次（答案只有兩個），採庫-李20號或21號公式計算信度。
克隆貝克法（Alpha係數）	內部一致性的測量	施測一次（李克特式量表），計算題目變異數佔總變異數的比率。
評定者和諧係數	內部一致性的測量	一組學生表現結果，由兩位（含）以上評審各自評分，求和諧係數。

資料來源：著者整理。

壹、再測信度

一、定義

再測信度（test-retest reliability）是指以同一份測驗，在兩個不同的時間，對同一組受試者實施測驗兩次，將受試者兩次測驗的觀察值或分數，

計算「皮爾遜積差相關係數」（N ≧ 25）或「司皮門氏等級差異相關係數」（10 ＜ N ＜ 25），該相關係數即為「再測信度係數」，簡稱「再測信度」。

如果學生在第一次測量時得高分者，也傾向在第二次測量得高分，所得相關係數的值（比率）越大，再測信度越高；性向測驗及成就測驗等標準化測驗，通常在一年內兩個時段所報告的穩定性係數都在 .80 以上。

再測信度的基本假設是：個人的潛在特質在短期內相當穩定，不會有太大變化，因此兩次測量結果與同一個團體中的其他人比較，他們的「相對地位」（relative position）不會有太大改變，仍然維持一致與穩定。因此，再測信度係數又稱為「穩定係數」（coefficient of stability）。

二、實施

在實際上，個人的潛在特質經過一段時間之後，會因為個人的成長發展、學習、遺忘、情境之時移勢易，逐漸產生變化，尤以年幼兒童為甚。因此，兩次測量時間間隔越短，測驗分數受記憶的影響越大，再測信度越高；反之，兩次測量時間間隔越長，再測信度越低。一般認為兩次測驗相隔時間以二至四週為宜，不宜超過一年。

三、應用

再測法與教師自編課堂測驗沒多大關係，因為課堂上不太可能將同一個成就測驗再實施第二次；只有屬於情意領域的測驗才會使用再測信度。

貳、複本信度

一、定義

所謂**複本**（alternate forms）係指使用雙向細目表，同時編製在格式、題目數、難易度、指導語（或作答說明）、測驗時間限制、例題等方面完全相當，而內容不同，卻同樣是用來測量相同潛在特質的兩份（含）以上的測驗，有時稱為「**等同本**」（equivalent forms）或「**平行本**」（parallel forms）。相同一組受試者接受兩份正、複本測驗所得分數的相關係數，就稱為「複本信度係數」，簡稱「複本信度」（alternate forms reliability）或「平行信度」（parallel forms reliability）。

二、題目分配

編製複本測驗，題目的分配方法有下列幾種：

（一）**隨機分派**：依照題目由易至難的次序，隨機分成兩個或兩個（含）以上題本。

（二）**奇 - 偶法**：將奇數題編組為甲式題本，偶數題編組為乙式題本。

（三）**配對法 A（一個正本，一個複本）**：將第 1、4、5、8、9、12⋯⋯題目編組為甲式題本，將第 2、3、6、7、10、11⋯⋯題目編組為乙式題本。

（四）**配對法 B（一個正本，一個複本）**：將總題目數等分成 A、B、C、D 四等份，然後將 [A ＋ D] 題目編組成甲式題本，將 [B ＋ C] 題目編組成乙式題本。

（五）**配對法 C（一個正本，兩個複本）**：將第 1、6、7、12、13、18⋯⋯題目編組為甲式題本，將第 2、5、8、11、14、17⋯⋯題目編組為乙式題本，將第 3、4、9、10、15、16⋯⋯題目編組為丙式題本；其餘更多複本的編製方法，可依上述配對法類推。

三、複本測驗實施法

實施複本測驗有兩種方法：

（一）一組受試者接受正本測驗後，在很短的一週內，立即再接受複本測驗，所反應的是試題內容的抽樣誤差，無法反應時間的抽樣誤差，這樣的複本信度稱為「**等值係數**」（coefficient of equivalence），或稱為「**複本立即信度**」。

（二）一組受試者接受甲式測驗後，間隔一段時間（譬如，四週）再接受複本乙式測驗（等於複本再測法），同時反應**內容的抽樣誤差與反應時間的抽樣誤差**，因為施測過程的穩定性，受測學生特徵的一致性，以及包括在測驗內的所有作業樣本的代表性，都已全面考量到位，這樣的複本信度稱為「**穩定帶等值係數**」（coefficient of stability and equivalence），或稱為「**複本延宕信度**」；這是一種比再測法與複本法更嚴格的信度檢驗法，這是評估測驗分數信度的最健全的程序。「**複本延宕信度被公認為是最有價值的信度指標**」。

四、應用

估計信度的複本法被廣泛應用於標準化測驗，因為大部分的標準化測驗都有兩個或更多個不同的複（版）本。但標準化測驗若沒有提供有關等值的訊息，則無法假設兩種版本結果的可比較性。

參、內部一致性信度

再測信度與複本信度估計信度的方法，使用統計上的「相關法」（correlation method），計算兩次測驗分數的相關係數來估計信度；「**受試者都必須接受兩次測驗**」，容易造成受試者與作答動機降低或不勝其煩，減少合作意願，因而直接或間接降低測驗的效度。只針對一組受試者實施一次測驗，根據該次測驗結果所得資料，以統計上「變異數分析法」（analysis of variance, ANOVA）分析分數的變異數，估計出來的測驗信度，就稱為「內部一致性信度」（reliability of internal consistency）。內部一致性信度通常指的是「**測驗內容的一致性**」。這種信度的估計方法有下列數種：

一、折半法

所謂折半法（split-half method）是指針對一組受試者只實施一次測驗，在計分時將題目隨機（或奇數／偶數）分派成兩半，然後計算受試者在兩半測驗分數的相關係數，稱為「折半相關」（split-half correlation）或「**折半信度**」（split-half reliability）。

理論上折半信度與複本立即信度應該完全相同，都在估計內容抽樣誤差的大小，無法反映時間抽樣誤差的大小。折半信度愈高，表示試題內容的一致性愈高，反之亦然。

要將測驗分成相等兩半的程序，則有三種不同方法：

（一）奇 - 偶折半法

將奇數題得分（X）與偶數題得分（Y）分開計分，然後計算奇數題與偶數題得分的積差相關係數，稱為「奇 - 偶信度」（odd-even reliability），做為測驗題目的「內部一致性」指標；這個相關係數指出從兩半測驗所獲得的結果一致的程度，可當作「**一半長度測驗信度的估計值**」。

（二）時間折半法

將測驗時間分成四段（A、B、C、D），各階段得分（施測時請受試學生標示各階段終止記號）分開計分，然後將第一（A）及第四（D）階段分數和 [X] 與第二（B）及第三（C）階段分數和 [Y] 計算相關係數，稱為「折半信度係數」，同樣做為一半長度測驗信度的估計值，這種方法通常用在**速度測驗**（如文書校對測驗）。

（三）項目折半法

將全測驗題目分數分成四等分（A、B、C、D），將受試學生在這四等分題目的得分分開計分，同樣將第一（A）及第四（D）等分的分數和 [X] 與第二（B）及第三（C）等分的分數和 [Y] 計算相關係數，稱為「折半信度係數」，同樣做為一半長度測驗信度的估計值。

由於在計分時將測驗題目分成兩半，所計算出來的相關係數或信度，只是一半題目的信度。在整份測驗題目都有良好的代表性，兩半題目的變異數完全相等（$V_1 = V_2$）的前提下，測驗的題目越長（多），信度越高。因此，折半信度必須再以「**司 - 布預測公式**」（Spearman-Brown prophecy formula）來估計（預測）整份測驗的信度。預測公式如下：

$$r_{tt} = 2r_{hh}/(1+ r_{hh}) \qquad \text{公式（4-1）}$$

上式中

r_{tt} ＝整份測驗的信度估計數

r_{hh} ＝折半信度

例如，某數學成就測驗有 40 個題目，分成四種類型，採用上述第（三）種折半法：A＋D＝X，B＋C＝Y；求得折半信度 r_{xy} ＝ .75 ＝

r_{hh}，則整份測驗的信度估計為

$r_{tt} = 2(.75) / (1 + .75)$

$= 1.50 / 1.75$

$\fallingdotseq .86$

意即整份 40 題測驗的信度估計為 .86。通常，教育測驗的信度必須達到 .80 以上才有應用價值（Carmines & Zeller, 1979）。雖然題目數增加，可提高信度，但是，要記得所增加的題目必須是經過鑑定「有效」的題目；同時，題目增加到一定數量後，可再提高信度的程度有限（效果漸減）。

通常折半信度高於複本信度，因為在間隔施測兩個複本期間，有太多無法控制的因素會影響測驗或評量的信度。

二、庫德 - 李察遜法

另一種只實施一次測驗來估計評量分數信度的方法，是由庫德 - 李察遜（Kuder-Richardson）所發展出來的公式方法，這些公式提供與折半法相同的內部一致性的指標，但它不必將題目分成兩半計分。底下分別說明：

（一）庫 - 李 20 號公式（簡稱「KR_{20}」）

「KR_{20}」公式法特別適用於傳統的是非題和選擇題，作答的結果只分成「答對 (1)」與「答錯 (0)」的「二分法」（dichotomous）計分，它根據「受試者通過每一題的人數比率」和總分的「變異數」（variance，σ^2_t）來計算。公式是

$$KR_{20} = [n / (n-1)] [1 - \Sigma pq / \sigma^2_t] \qquad \text{公式（4-2）}$$

上式中

N = 測驗的題目數

p = 答對某一題的人數百分比

q = 答錯某一題的人數百分比，且 $q = 1 - p$

Σpq = 所有試題 pq 相乘積的和

σ^2_t = 試題總變異數

（二）庫 - 李 21 號公式（簡稱「KR_{21}」）

係依據測驗分數的平均數與變異數的比值而來，其計算公式為

$$KR_{21}=[k/(k-1)]\{1-[M(k-M)]/k\sigma_t^2\} \qquad 公式（4-3）$$

上式中

M ＝受試者所得分數的平均數

k ＝題目數

σ_t^2 ＝試題總變異數。

通常，採用 KR_{21} 的值低於 KR_{20}，但是 KR_{21} 還可適合於「李克特式量表法」（詳見謝廣全，2002，Ch. 23）。由 KR_{20} 和 KR_{21} 號公式計算出來的信度，一般稱為「庫 - 李信度」；但是如果用於李克特式量表法（以五點法為代表），則計算出來的信度，稱為「**Alpha 係數**」或「**α 係數**」或「**阿爾發係數**」（coefficient Alpha）（詳下面說明）。

這些信度的計算程序相當複雜，通常使用微電腦或統計套裝軟體（如SPSS）較為便捷。本書主要在解釋庫 - 李信度的用途，此地不贅述統計計算程序，讀者如有興趣或必要，請參酌本書作者另兩本統計學專書（謝廣全，2002，Ch. 23；謝廣全、謝佳懿，2014，Ch. 15）。

庫 - 李信度提供了有關評量任務（tasks）（或稱題目、作業、工作）相似性的估計信度，如果所測量的內容相對地相似（如語文推理測驗），庫 -李信度與折半信度非常接近。但是，如果所測量的內容異質性較大（例如中國史包括殷商時期、秦漢時期和明清時期），則庫 - 李信度通常低於折半信度。因此有測驗學者主張庫 - 李信度和 Alpha 係數都可做為所有團體測驗採用各種折半信度的平均值（Miller, Linn, & Gronlund, 2013: 116）。

三、Alpha 係數／阿爾發係數

依據全體受試者對測驗項目的反應，計算每一個項目以及總分的「變異數」（variance），然後估計「項目變異數的和」佔「總變異數」的比率，來估計測驗分數的信度，稱為**克隆貝克氏 Alpha 係數**（Cronbachs' Coefficient Alpha, α），它指出項目功能的一致性程度，因此 Alpha 係數又稱

為**內部一致性係數**（coefficient of internal consistency），是一種測驗採用各種不同信度估計值的平均值，所以又被稱為一個測驗結果解釋與應用的**最起碼的信度**（Hopkins, Stanley, & Hopkins, 1990）。

計算公式如下：

$$\alpha = [k / (k-1)][1 - (\Sigma\sigma^2_{item} / \sigma^2_t)] \qquad\qquad 公式（4-4）$$

上式中

k　　＝題目數

σ^2_{item}＝各題目分數的變異數

σ^2_t　＝試題總變異數

Alpha 係數最適合用於李克特式量表法（例如態度或興趣量表），因此在心理測驗與教育測驗的編製上廣被使用。

Alpha 係數在使用上應注意下列事項：

（一）不適合用於速度測驗（如普通事務員測驗），因為速度測驗有嚴格的時間限制，受試者無法對所有的項目做反應；如果勉強採用將會高估該測驗結果的信度，速度測驗宜採用折半或複本信度。

（二）適合用於教師自編測驗與標準化測驗，因為教師自編測驗通常會給學生足夠的時間去解答每一個題目；標準化測驗雖有時間限制，但時間通常很充裕（有些受試學生即使給再多的時間也是無濟於事）。

（三）Alpha 係數無法指出受試者經過一段時間的反應變化情況，正如「複本立即信度」，兩個測驗題本接著施測，沒有時間間隔。

目前社會科學統計套裝軟體（SPSS）在項目分析完成後，能立即估計Alpha 係數或項目折半信度（謝廣全、謝佳懿，2014: 15, 37-45）。

肆、評定者信度

傳統的紙筆測驗大多數都有參考答案或標準答案，教師獨立評分沒有什麼問題，但是許多其他類型的學生表現，如美術作品成果發表、服裝設

計、文創、舞蹈、體操、機械設計、作文考試、數學開放問題、實驗操作等等，需要經過判斷之後才能分出優劣，而這種判斷計分法（judgmentally scored）主觀的成分佔很大的比例，為求公平公正，通常會分派給好多位評定者（raters）來評量，然後計算評定者之間（inter-rater）評量的一致性，如果評定者的判斷結果一致性高，表示評量結果可靠性高，反之亦然。

一、評定方法

估計評定者之間評量一致性的方法是：抽取適當的樣本受試者，接受兩位（含）以上的評定者或評審老師獨立評量計分，然後以下列幾種方式估計評定者之間的一致性信度：

（一）計算兩位評定者所評分數之間的「皮爾遜積差相關係數」（Pearson product-moment correlation coefficient, r）（$n > 25$）；

（二）計算兩位評定者所評分數轉換成等級之「司皮門氏等級差異相關係數」（Spearman rank-difference correlation coefficient, r_s），（適用於小樣本 $25 > n > 10$）；

（三）計算兩位評定者所評等級之「肯德爾 tau 係數（τ）」，（$n < 10$ 適用）；

（四）計算兩位評定者所評分數轉換成等級完全相同者的「人次百分比」（proportion of times）；

（五）計算兩位評定者所評分數轉換成等級，相差一個等級者的人次百分比；

（六）計算所有受試者接受兩位（含）以上的評定者所評的幾對等級之「肯德爾和諧係數」（Kendall's coefficient of concordance, W）。

W 的計算公式如下（謝廣全、謝佳懿，2014，Ch.13: 8-9）：

$$W = \frac{12 \Sigma R_i^2 - 3k^2 n(n+1)^2}{k^2 n(n^2 - 1)} \qquad 公式（4-5）$$

上式中

R_i ⇒ 每位受評者所得等級（名次）之和

k ⇒ 評審委員人數

n ⇒ 受評人數

評審委員	受評學生					
	A	B	C	D	E	F
甲	5	1	4	6	3	2
乙	3	2	5	6	4	1
丙	3	1	4	5	6	2
丁	4	2	5	6	3	1
戊	3	1	4	6	5	2
R_i	18	7	22	29	21	8

表4-2　6位學生「誠實品質」評定結果一覽表

$$W = \frac{12(18^2 + 7^2 + 22^2 + 29^2 + 21^2 + 8^2) - 3(5^2)(6)(6+1)^2}{5^2(6)(6^2 - 1)}$$

$$= 4386 / 5250$$

$$= .835（p＜.01）$$

上述結果表示五位評審委員「評定一致性信度」W = .835，結果相當一致。

二、如何提高一致性信度

要提高評定者評量一致性的方法至少有二：

（一）多請幾位評審獨立評分，並將數位評審所評分數或等級，計算平均分數或平均等級做為受試者最終成績；

（二）捨棄每一位該樣本受試者最高與最低兩個等級或分數，然後計算平均值做代表，這個平均值提供給評審一個去修正太寬或太嚴的機會。

目前國際性體育競賽，許多運動項目都採用這個方式。國內重要考試的作文分數，也都明定兩位評審老師給分相差 10 分或 15 分就必須調整，與國際相較有異曲同工之妙。考量評定者間評量一致性，可以避免評量者太過寬鬆或太嚴格，同時防止受評者被置於相同不利的情境。

伍、各種評估信度方法之比較

常模參照評量所採用的每一種評估信度的方法，都只提供一種或兩種類型的一致性訊息。表 4-3 是一致性信度摘要表，從表中可以看出：

一、 評定者間一致性只在評鑑相同表現被不同評定者評量結果的一致性。

二、 再測法若間隔時間很短，所考量的只是評量程序的一致性和反應的短期間一致性；如果間隔時間拉長，就可將學生在該時段內特徵的改變包括在內；因為再測法所取得的兩組分數都是來自同一個測驗，因此它並未提供不同作業樣本經過一段時間後結果的一致性訊息。

三、 複本法若無間隔時間施測，則與折半法、庫 - 李法和 Alpha 係數一樣，都是考量評量程序的一致性和透過不同作業樣本結果的一致性；唯有採用時間間隔施測取得的複本信度，考量到其他三種類型的一致性，所以**穩定帶等值信度 (複本延宕信度)** 被公認為最有用的信度估計值。

表 4-3　各種估計信度方法所指的一致性類型

估計信度的方法	一致性的類型			
	測驗程序的一致性	學生特徵的一致性	不同項目樣本的一致性	判斷的分數的一致性
再測法（立即）	O	*		
再測法（延宕）	O	O		
複本法（立即）	O	*	O	
複本法（延宕）	O	O	O	
折半法			O	
庫-李法	O		O	
Alpha係數	O		O	
評定者之間				O

*反應的短期一致性，反映在立即再測法，但未顯示日常穩定性。

資料來源：修改自Miller, Linn, & Gronlund, 2013: 119.

第三節　標準參照評量的信度分析

　　測驗或評量結果，若不是拿來與團體中的其他人做比較，而是拿來與預先訂定的標準做比較，上述第二節所討論的信度估計方法便不適用。標準參照評量是預先訂下達到**精熟**、**通過**或**及格**的標準，然後將學生的學習結果拿來與這個預先訂下的標準比較，以**決定**是否達到精熟的程度、或者可以通過或及格。

　　既然標準參照評量過程中，受試者分數必須經過決定或判斷，那麼決定或判斷就必須很準確，誤差必須很小。標準參照評量的信度，可以下列方法來表示：

壹、百分比一致性係數

　　百分比一致性係數（coefficient of percentage agreement, P_a）是指一組受試者接受評量結果，依據預定標準，決定或判定他／她們是否達到精熟程度，前後兩次判斷的一致性程度；或者接受複本測驗，兩複本的分類決定的一致性程度。適用於屬於名義／類別變數（nominal variables）與次序變數（ordinal variables）的資料。

　　如果前後判斷結果或兩複本分類結果一致性越高，代表所訂的標準越適當，決定或判定或分類的可靠性越高，也就是標準參照評量的信度越高。

表 4-4　80 位學生英文科複本測驗結果

		測　驗　甲　式		
		及格	不及格	合計
測驗乙式	及格	（A）50	（B）10	（A+B）60
	不及格	（C）5	（D）15	（C+D）20
	小計	（A+C）55	（B+D）25	80

上述表 4-4 資料是九年級 80 位學生接受英文科成就測驗甲式與乙式結果，及格標準是 60 分，百分比一致性係數 P_a 計算過程如下：

所謂百分比一致性，指的是「測驗甲式與測驗乙式分類或判定結果完全一致的受試學生人數的百分比」。從表中可以看出：甲式與乙式測驗一致判定及格的人數是 50 人，一致判定不及格的人數是 15 人；我們所關心的就是這些學生佔受試學生總數的百分比是多少？計算百分比一致性係數的方法如下：

$P_a = (A+D)/N$	公式（4-6）

上式中

　　A ＝甲、乙兩式（或前後兩次）測驗均判定為及格的人數

　　D ＝甲、乙兩式（或前後兩次）測驗均判定為不及格的人數

　　N ＝受試者（受評定者）總人數

依據公式（4-6）

　　P_a ＝（50＋15）/ 80

　　　　＝ 65 / 80

　　　　＝ .81

依據上述計算結果 P_a ＝.81，表示該英文科成就測驗判定結果的百分比一致性是 81%，信度是 .81。

貳、Kappa 係數

另外一種也是適合名義／類別變數與次序變數資料的百分比一致性分類或判定方法，是由 Cohen（1960）所設計的 Kappa 係數（Kappa coefficient of agreement, κ），它是「評定者實際評定為一致的人數百分比」與「評定者理論上評定為一致的人數百分比」的「比值」校正數。

計算方法如下：

$$\kappa = (P_a - P_e) / (1 - P_e) \qquad \text{公式 (4-7)}$$

上式中

P_a＝分類或判定的百分比一致性＝.81

P_e＝分類或評定為一致的機會（chance）百分比

$= [(A+B) / N] \times [(A+C) / N] + [(C+D) / N] \times [(B+D) / N]$

公式（4-8）

依據表 4-4 資料，評定為一致的機會百分比為

$P_e = [(50+10) / 80] \times [(50+5) / 80] + [(5+15) / 80] \times [(10+15) / 80]$

$\quad = (60 / 80)(55 / 80) + (20 / 80)(25 / 80)$

$\quad = .59$

$\kappa \quad = (.81 - .59) / (1 - .59)$

$\quad = .54$

$\kappa = .54$ 代表排除整個團體能力分配的影響後，有 54% 是單獨由判定一致性所造成，所以，$\kappa = .54 =$ 決定係數（coefficient of determination）$= r^2$；因此，上述標準參照測驗的信度 $r = \sqrt{k} = \sqrt{.54} = .73$。同樣，$\kappa$ 係數的值越大，測驗或評量的信度越高。

第四節　測量標準誤

假若用相同的評量程序，對同一個學生進行一遍又一遍的評量，將會發現評量的分數有些不同：信度低時評量的結果變化量很大，信度高時各評量之間的變化量很小。用同一組評量項目對同一個學生實施多次評量，雖是一件不實際的事，但卻讓我們有可能去估計預期的分數的變化量，這種估計稱為**測量標準誤**（standard error of measurement , $SE_{Meas.}$）。

壹、實得分數與真分數

已發行的測驗之「測驗手冊」（test manuals）通常都會列出測量標準誤，例如，八年級標準化英文科成就測驗，手冊顯示英文科測驗的測量標準誤 $SE_{Meas.} = 2.8$。甲生的英文科測驗成績（實得分數）是 77 分，這 2.8 能告示我們關於甲生英文成就的什麼訊息？所謂「真分數」（true score）是指如果一個測驗百分之百可靠時（信度係數＝1.00）所可能得到的分數。

如果甲生在相同條件下一再重複接受測驗，未受到記憶、學習、練習和疲勞等因素的影響，他的真分數

一、 落在實得分數 ±「一個測量標準誤」（$1SE_{Meas.} = 2.8 \times 1 = 2.8$）範圍內的機率是 68.26%；

二、 落在實得分數 ±「二個測量標準誤」（$2SE_{Meas.} = 2.8 \times 2 = 5.6$）範圍內的機率是 95.44%；

三、 落在實得分數 ±「三個測量標準誤」（$3SE_M = 2.8 \times 3 = 8.4$）範圍內的機率是 99.74%（這是依照常態分配的機率來解釋）。

貳、測量標準誤

測量標準誤的計算公式是

$$SE_{Meas.} = SD\sqrt{(1-r)} \qquad 公式（4-9）$$

上式中

SD ＝測驗的標準差（standard deviation）

r ＝測驗的信度

假設，上述八年級標準化英文成就測驗的**複本延宕信度** r＝.88，平均數 M＝75.0，標準差 SD＝8.0。則測量標準誤為

$$SE_{Meas.} = 8.0 \times \sqrt{(1 - .88)}$$

$$= 2.8$$

一個測驗或評量結果的標準誤越小，測驗分數的信度越高；反過來說，標準誤越大，測驗分數的信度越低。

參、分數帶

表 4-5 是**標準誤差帶**得分表解，雖然甲生英文成就測驗 77 分比一般八年級學生為佳，我們也無法完全確定他的真分數（真正的實力）是否在八年級學生之上；比較可信的是他的真分數可能介於 71.4 到 82.6 之間，因為實得分數（obtained score）落在兩個標準誤範圍內的機率是 95.44%。一般在解釋個人的測驗分數時，比較常使用一個測量標準誤，因此，一般將以「74.2-79.8」來描述甲生的英文測驗成就。

表 4-5　標準誤差帶之得分表解			
測量標準誤 單位（SE_M）	分數單位用到 甲生2.8分	真分數帶 X	落此範圍 之機率
1.00 SE	2.8	74.2-79.8	68.26%
2.00 SE	5.6	71.4-82.6	95.44%
3.00 SE	8.4	68.6-85.4	99.74%

測量標準誤顯示何以一個實得分數，不以一個特殊分數解釋，要以一個分數帶（a band of scores）來解釋。**分數帶**的正式名稱叫做**信賴區間**（confidence intervals, CI），因為測量標準誤越大，則真分數的變動範圍越廣，我們對實得分數就越沒有信心（信度低）；測量標準誤越小，則真分數的變動範圍越窄化，我們對實得分數就越有信心（信度高）。將一個評量分數視為一個分數帶或分數區間，將使得評量結果的解釋與應用更加明智，如果將測量標準誤考慮在內，個人之間的明顯差異，以及同一個人經過一段時間的明顯差異，將可能消失不見（Miller, Linn, & Gronlund, 2013）。

表 4-6 測驗標準差、信度與測量標準誤之關係

測驗標準差 (SD)	信度係數							
	.95	.90	.85	.80	.75	.70	.65	.60
25	5.6	7.9	9.7	11.2	12.5	13.7	14.8	15.8
20	4.5	6.3	7.7	8.9	10.0	11.0	11.8	12.6
15	3.4	4.7	5.8	6.7	7.5	8.2	8.9	9.5
10	2.3	3.2	3.9	4.5	5.0	5.5	5.9	6.3
5	1.1	1.6	1.9	2.2	2.5	2.7	3.0	3.2
3	.7	.9	1.2	1.3	1.5	1.6	1.8	1.9
2	.4	.6	.8	.9	1.0	1.1	1.2	1.3

*表中數字代表測量標準誤（$SE_{Meas.}$）；**測量標準誤 $SE_{Meas.} = SD \times \sqrt{(1-r)}$

***使用本表估計測量標準誤時，標準差與信度必須取自同一個群體。

資料來源：著者編製。

肆、標準差、信度與測量標準誤之關係

一個測驗本身的標準差、信度高低及標準誤大小的關係，如表 4-6 所示。從表中可以看出：

一、 在相同的信度條件下，整個測驗本身的標準差越大，則測量標準誤越大（例如：信度係數為 .90，標準差為 10 時，測量標準誤只有 3.2；但是，標準差為 20 時，測量標準誤有 6.3）；

二、 在相同標準差的條件下，信度越高，測量標準誤越小（例如：標準差都是 25，信度係數為 .90 時，測量標準誤為 7.9；但是信度係數降為 .60 時，測量標準誤增加為 15.8）；

三、 測驗本身的標準差越小，信度越高，則測量標準誤越小，估計真實分數就越可靠；反之亦然。

另外，在估計真實分數時，測驗指導手冊所載測量標準誤並非一成不變的，如果測驗的題目太難，使得有些學生變成以猜測作答，或者受試學生分數特別高或特別低，測量標準誤將會膨脹，因此，真分數帶的上限與下限也會擴大。

第五節 影響信度的因素

有一些因素會影響信度係數，在解釋信度係數時就必須考量這些因素。

一、 速度測驗如採用內部一致性法估計信度，會產生假象的高信度係數。

二、 再測信度係數受到評量間隔時間的影響，兩次評量之間間隔短造成較高信度係數。

三、 信度報告會受到與測量程序一致性無關因素的影響而膨脹，解釋評量結果應特別謹慎。

影響測驗與評量信度的因素有下列數端（余民寧，1997；王文中，2006；McMillan, 2014; Miller, Linn, & Gronlund, 2013）：

壹、測驗題目多寡

在正常情況下，測驗的題目越多，信度也越高，這是因為較長的測驗，提供一個受測量行為更適當的樣本，較少受到機會因素的影響。只問學生一個算術問題要判斷學生是不是一個算術高手，顯然不可靠；如果加多一些算術問題到測驗上，更能貼切反應算術能力的差異，結果也更穩定；增加題目樣本數也增加測量的一致性。為了提高測驗與評量結果的信度，可以增加測驗的長度，包括題目數量與時間，但是它的結果也有一定的限制。

一、增加測驗長度

如果一份測驗原有 40 個測驗題目，以折半法算出折半信度（每半測驗各 20 題）係數 $r_{hh} = .68$，以司-布公式估計原 40 題的測驗信度 $r_{tt} = .81$；也就是說：若原來的測驗題目 20 題，而信度是 .68 時，若信度要想提高到 .81，則有效的測驗題目必須增加一倍（20 題）變成 40 題。

著者將司-布公式加以重新設計成為計算「需要增加多少有效題目」，才能使原來的信度提高到預期的信度。調整公式如下：

$$k = [r_{exp} + r_{exp} (r_o)] / r_o \qquad \text{公式（4-10）}$$

上式中

  k　＝信度提高後的測驗長度（倍數）

  r_{exp}＝期望提高的信度

  r_o　＝原測驗的信度

例題

　　某標準化科學推理測驗原有 25 個題目，內部一致性信度係數原為 .75，今欲將信度提高到 .90，到底應該增加到多少有效題目？

依據上述問題，n＝25，r_o＝.75，r_{exp}＝.90；依據公式（4-10）則

k　＝[.90＋.90 (.75)] /.75

　＝1.575 /.75

　＝2.1（倍）

X_{item}＝信度提高後的測驗題目

　　＝n×k　　　　　　　　　　　　　　　　公式（4-11）

　　＝25×2.1

　　＝52.5≒53（題）

　　也就是原 25 個題目的信度 r_o＝.75，期望將信度提高到 r_{exp}＝.90，題目數必須為原測驗題目的「2.1 倍」，必須新增（2.1-1.0）＝1.1 倍，也就是增加（25×1.1＝27.5）約 28 個有效題目，所以有效題目必須有 25＋28＝53 個題目，信度才可能從原來的 r_o＝.75 提高到 r_{exp}＝.90。

二、題目長度與信度之關係

　　我們一再強調新增加的是「有效題目」，如果新增的題目無論是 20 或 30 題，如果所有學生全都能答對或全部答錯，表示所增加的是「無效題目」，測驗分數的信度並不會因此提高。

另外，從上述公式（4-1）和公式（4-10）可以推演出：

（一）測驗長度與信度係數兩者之間雖然呈正向關係，但關係並不完全，也不成正比；也就是測驗增加長度是可以提高信度，但信度高到某一個水準之後，題目增加的效果遞減。

（二）增加測驗信度的方法，除了增加測驗長度外，最重要的還是題目的品質，增加難度與鑑別度良好的題目，淘汰難度與鑑別度不良的題目，比增加題目數量更重要。

（三）同時，我們也必須注意所謂增加測驗的長度，是指測驗的作業或工作（tasks），也就是測驗題目，而不是指測驗時間。

三、增加測驗時間

如果必須增加實施測驗的時間，或增加受試者的作答反應時間，就必須仔細判斷以下幾個情境（Miller, Linn, & Gronlund, 2013: 126-127）：

（一）如果測驗結果攸關社會福利正義（如律師、醫師等專業人員）與個人權利（如升學、就業）等決定，延長時間可能是合理的；

（二）如果是一種形成性或過程評量，延長時間非但能評量學習成就，而且有助教學與學習，則延長時間也可能是合理的；

（三）如果所採用的是受試學生不熟悉的評量方式，為了得到可靠的結果，延長時間也是合理的措施；

（四）所增加的題目必須與原題目類型一致，若不一致（如原為選擇題卻新加申論題）則測驗結果分數的信度，尚未有適當的估計方法；

（五）有時受限於時間（如課堂臨時測驗）或受試學生年齡（如三年級以下學生），只有少數題目就有可靠的結果。

（六）依據經驗，對於因能力限制或不努力的學生，永遠都「還需要幾分鐘」，此時再怎麼增加測驗時間，對提高信度也是無濟於事。

貳、受試樣本的異質性

　　兩個變數之間的相關係數直接受到「分數分佈」（spread of scores）的影響，因為測驗分數分佈越廣，所得到的信度係數越高。譬如：（一）刻意抽樣智商在 125-135 的八年級學生 30 人接受「創造性測驗」，計算 30 個學生的智商（X）與創造力（Y）的相關係數 r_1；（二）隨機抽樣 30 位一般八年級學生，接受該兩種測驗，計算兩組分數的相關係數 r_2；然後比較 r_1 和 r_2，你將發現 r_1 絕對低於 r_2。原因是樣本受試者同質性越高，信度越低；反之，樣本受試者異質性越大，信度越高。因此，做為信度分析的樣本，最好選擇能力分佈範圍較廣的受試樣本較佳。

參、計分客觀性

　　一個評量的計分客觀性是指同等資質的受評者（例如，學生），得到相同的結果，大部分的標準化測驗與成就測驗的計分客觀性都很高。客觀類型測驗（如選擇題）分數不受評分者的判斷或意見所影響。這樣的測驗通常編製給受過訓練的辦事員和機器都能正確地計分，測驗結果的信度不受計分程序的影響。

　　但在作文或評量作業需要判斷計分，如依賴個人計分，將會發現不同的計分者給不同的結果，甚至於同一個人在不同時間給不同的結果。這種計分的不一致性對所得測量結果有不利的影響，因為分數反應計分者的主觀意見與偏見，以及學生受測量的特徵之間的差異之影響。

　　解決的方法是不要單獨使用客觀測驗，也不要放棄需要判斷計分的評量方法，這將對效度有不利的影響（效度是評量結果最重要的品質）。解決途徑是：

一、　慎選最適合所要評量的學習目標，並且使評量程序盡可能客觀。

二、　應用在作文測驗上，則問題的措詞要更加小心謹慎，採用一組標準計分量規（rubric）。

三、　同樣，建立清楚明白的計分標準，並小心訓練計分員，也可以提高計分客觀性，這個客觀性的增加有助於提高信度而不犧牲效度。

肆、試題的難易度

試題的難易度也會影響信度的高低，若：

一、 試題難度高（即答對率或通過率低，p 值小），分數的分配形成正偏
態（positive skewness），大多數受試學生分數集中在低分組，變異數
較小。

二、 試題難度低（即答對率或通過率高，p 值大），分數的分配形成負偏
態（negative skewness），大多數受試學生分數集中在高分組，變異數
也較小。

三、 當試題的難度適中，分數的分配形成常態分配（normal distribution），
大多數受試學生分數集中在中央，分數的分佈較廣，變異數也較大，
所計算出來的信度係數較大。

因此，我們可以發現，標準參照評量的試題難度通常較低，變異數
小，所以它的信度也較低；常模參照評量的試題難度通常較適中，變異數
較大，所以它的信度也較高。

伍、評估信度的方法

當我們檢驗信度係數的時候，考量用於取得信度的方法是很重要的。
一般而言，信度係數的大小與估計信度的方法有關，表 4-7 是常模參照評
量評估信度方法的摘要：

表 4-7　常模參照評量評估信度方法與信度之關係摘要	
1. 再測法	如兩次測驗間距短，可能大於折半信度；如兩次測驗間距拉長，信度係數會縮小。
2. 立即複本法	兩題本測驗間距短，信度低於折半信度或再測信度。
3. 延宕複本法	如兩題本測驗間距拉長，信度係數會縮小。
4. 折半法	提供測驗內部一致性指標，易高估速度測驗之信度。

表 4-7　常模參照評量評估信度方法與信度之關係摘要 (續)	
5. 庫德 - 李察遜法 （Alpha 係數）	典型地提供信度估計值，信度低於折半信度；做為速度測驗信度估計值，同樣有膨脹現象。
6. 評定者法	不管誰評分，提供所得分數相似程度的指標；謹慎界定計分量規並訓練評定者，可增加評定者一致性。

資料來源：Miller, Linn, & Gronlund, 2013: 129.

　　從信度估計方法得到的信度係數的大小變化，對每一種方法一致性的類型，都有直接的貢獻。前面述及「複本延宕信度」考量到測驗分數最大變異來源，是估計信度最嚴格的方法，比再測法和複本立即法以及 Alpha 係數法都嚴苛，因此所得信度係數通常較低，如果直接拿來與其它較不嚴格的信度係數比較是不公平的事情。如果測驗中速度是個重要因素，應捨棄折半信度，改尋找其它的信度證據。

陸、效度保證信度，信度不保證效度

　　我們在前面討論效度時強調：效度考量的是測驗或評量結果的解釋與應用的正確性與有效性；而信度是指測驗或評量結果的一致性或穩定性。當一項評量的結果解釋與應用具備高效度，保證該項評量結果也具備高信度，而且，信度係數還高於效度係數。

　　但是，測驗或評量結果具備高信度，並不保證高效度，甚至於測驗或評量結果具備高信度而缺乏效度。例如，教師使用一種具備高信度與高效度的「創造性測驗」去測量他班上學生的「智力」，該「創造性測驗」無論是再測信度或折半信度都很高，但對測量智力卻缺乏效度，對測驗或評量結果的解釋與應用完全不正確且無效。因為他誤解誤用測量工具，也可以說是誤解測驗結果（測量出來的是創造力而不是智力）。所以優良的測驗或評量，必須效度、信度、實用性三者兼備。

柒、信度的需求程度

在學習評量方面，對信度所要求的程度，大致依據結果所做的決定。假使要利用評量結果去檢視某些教材領域，可採用信度相對較低的教師自編測驗，即使做出錯誤決定也不會有什麼災難結果。如果我們使用評量結果來授予文憑或獎學金，就必須盡可能要求高信度的測量，這種決定對個人的生活有很重大的後果。

選擇信度的原則如下（Linn & Gronlund , 2000: 132）：

選擇信度指南
信度需求與決定的性質

下列情況需要高信度	下列情況可容忍低信度
1. 做重要決定	1. 做次要決定
2. 做最終決定	2. 做初步的決定
3. 決定是不可逆的	3. 決定是可逆的
4. 決定仍是不可確定	4. 決定可由其他資料確定
5. 決定涉及個人	5. 決定涉及團體
6. 決定有持久的後果	6. 決定只有短暫效果
（例如：申請大學被接受或拒絕）	（例如：是否要複習課文）

有些教師可能要問：信度要有多高才夠好？回答這個問題，必須考量下列問題：

一、該項決定有多重要？影響個人或團體？

二、未來一段時間可以確認或扭轉嗎？

三、採取這個行動對後果影響有多深遠？

四、這不可逆的決定對學生個人生活有何重大影響？

如果結果所做決定，後來可以被確認或否決，而無嚴重後果，我們願意接受信度較低的測量。如果一旦做成決定，影響後果既深且遠且無法補救（不可逆），就必須採用信度甚高的測驗或評量。信度的需求程度，取決於做決定需要多大的信心，所需信賴水準（confidence level）愈高，所需信度就愈高。

第六節　實用性

在選擇評量程序時，實際問題的考量不能輕忽，測驗或評量通常是由只有受過最少訓練的教師來實施，並且實施測驗的時間有限，因為評量經常與學校既定重要活動時間在競賽。同樣，評量費用雖然不用考量太多，但是因為需經精打細算的會計人員審核，認為同樣是學校其他基金的支出。在選擇評量程序時，上述問題及下列其他有關因素都應考量在內（Linn & Gronlund, 2000; Linn & Miller, 2005; Miller, Linn, & Gronlund, 2013）：

一、易於實施

如果評量交由教師或受過很少訓練的人來實施，「易於實施」是一個很重要的品質。為了達成此目地，測驗的指導語必須簡單明瞭，分測驗（subtest）必須相對的少，實施測驗時間不能太長。如果實施測驗時，指導語太複雜、又包含好幾個分測驗，對一個受訓練少又缺乏經驗的測驗主持人來說，有可能在測驗過程中錯誤指導、時間控制不當，這種主持測驗失誤會影響結果的效度與信度。

二、施測時間長短適中

最理想的情況是較短的測驗或評量，能獲得最可靠與最有效的結果。但是，信度的高低直接與測驗長度相關聯，縮短測驗時間將大幅降低測驗分數的信度。

適合正常上課時間（50分鐘）施測的成就測驗，可取得滿意的信度；科學性向測驗大約30到40分鐘就可以；市面發行的測驗，個別測驗時間約在20到60分鐘之間，也算是合理公平。

三、易於解釋與應用

一個評量方案到底是成功或失敗，是由評量結果做何用途來決定。被正確解釋及有效應用，有助於教育的明智決定；若被誤用或完全不用，將變得毫無價值，甚或傷害到個人與團體。

　　有關市面發行測驗其結果的解釋與應用的訊息，通常來自測驗指導手冊或有關的報導，要特別注意分數報告的明確性、品質與常模的關聯、將結果應用到教育問題的綜合性建議。當測驗結果要給學生或家長參閱時，容易解釋與應用是最重要的考量。

四、複本的可用性與可比性

　　為了許多教育目的，同一個測驗有幾個複本是最理想的。因此，甲式測驗可由乙式測驗來替代，即使間隔時間很短，也不會讓學生第一次測驗的答案去影響到第二次測驗的表現；一個測驗的複本可用於一個值得疑問的分數之確認，例如，某一個學生的學業性向測驗或成就測驗分數不合邏輯的低，可以以複本測驗實施結果來核對。

　　許多測驗都有提供可比較的題本，例如，市面發行的成就測驗，通常安排一系列包含不同年級的測驗，雖然內容與難度各異，使用一個普通分數量表比較各不同程度的測驗結果。因此，使用一個進階測驗本去比較測量三年級與測量五年級是可能的，可比較的測驗題本用於評量發展中的基本技能特別有用。

五、測驗費用考量

　　在大規模的測驗方案中，使用單獨的答案卷，機器閱卷，且可重複使用小冊子測驗，成本相對的低廉。但是選擇哪個測驗，費用不是主要考量，我們所追求的是測驗結果的效度與信度，測驗若缺乏這些品質，任何代價都太過於昂貴。若正確及可靠的測驗分數有助於做成教育上的決定，這就代表這種測驗終究是經濟的。因此，所謂的測驗費用或經濟考量，並不是專指費用或成本，一個沒有實用價值的測驗或評量，再怎麼便宜也是浪費。

表 4-8　信度檢核表		
審查信度		
	是	否
1. 是否提供評量的作答與計分明確的說明？	＿＿	＿＿
2. 命擬足夠數量的測驗題目或作業？	＿＿	＿＿
3. 獨立評定者或觀察者對相同表現的分數是否相似？	＿＿	＿＿
4. 編製的題目是否能明確區分所評量的學生學習結果？	＿＿	＿＿
5. 是否確認評量程序與計分已盡量清楚客觀？	＿＿	＿＿
6. 是否繼續評量，直到結果一致為止？	＿＿	＿＿
7. 是否盡量消除或減少外來因素的影響縮減誤差的程度？	＿＿	＿＿
8. 是否以多次短式評量取代少次的長式評量？	＿＿	＿＿
9. 測驗題目的類型是否多樣化？	＿＿	＿＿
10. 評量時間是否足夠學生完整回應問題？	＿＿	＿＿
11. 是否避開重要慶典活動期間實施評量？	＿＿	＿＿

資料來源：增訂自McMillan, 2014: 76.

本章摘要

1. 信度係指測驗或評量,無論從不同時間、不同樣本、不同方法與不同評分者所蒐集到的結果資訊,其量數與所做決定的穩定性、可靠性或一致性的程度。

2. 信度的其他特徵:(1) 指測驗結果而非工具本身、(2) 指特殊類型之一致性、(3) 是效度的必要條件而非充分條件、(4) 是一種統計形式、(5) 是高低而非全有全無問題。

3. 常模參照評量採用的信度估計方法:(1) 再測信度、(2) 複本信度、(3) 折半信度、(4) 庫 - 李信度、(5) Alpha 係數、(6) 評定者信度。

4. 需要實施兩次測驗的信度證據:(1) 再測信度與 (2) 複本信度。

5. 只需實施一次測驗的信度證據:(1) 折半信度、(2) 庫 - 李信度、(3) Alpha 係數與 (4) 評定者信度。

6. 折半信度需經「司 - 布預測公式」校正。

7. 標準參照評量採用的信度估計方法:(1) 百分比一致性與 (2) kappa 係數。

8. 測量標準誤是指:實得分數與真實分數之間的差異。

9. 分數帶是指:用一段分數間距(信賴區間)來估計真實分數的落點。

10. 測驗分數的標準差(SD)越大,信度越低,測量標準誤($SE_{Meas.}$)越大;反之亦然。

11. 影響測驗信度的因素有:(1) 測驗題目的多寡、(2) 樣本受試者的變異性、(3) 計分的客觀性、(4) 題目的難易度、(5) 估計信度的方法、(6) 信度的需求。

12. 測驗的實用性包括:(1) 容易實施、(2) 時間恰當、(3) 容易解釋與應用、(4) 具可用性與可比性、(5) 經濟考量。

自我評量

一、選擇題： 請圈選最佳答案的代號，每一題只能圈選一個答案。40%

1. 從評量結果所做推論的適當性與意義性，是指一個測驗的什麼特徵？

    (A) 可靠性　　　(B) 實用性　　　(C) 有效性　　　(D) 客觀性

2. 測驗的特徵當中哪一種最重要？

    (A) 信度　　　(B) 客觀度　　　(C) 效度　　　(D) 實用度

3. 下列哪一種信度類型需要實施兩次測驗？

    (A) 折半信度　　(B) 庫 - 李信度　　(C) Alpha 係數　　(D) 複本信度

4. 下列哪一種信度類型需要經過「司 - 布預測公式」校正？

    (A) 折半信度　　(B) 庫 - 李信度　　(C) Alpha 係數　　(D) 複本信度

5. 在條件相同下，再測信度與下列哪一種信度相等？

    (A) 庫 - 李 KR_{20} 信度　　　　　(B) 庫 - 李 KR_{21} 信度

    (C) 複本立即信度　　　　　(D) 複本延宕信度

6. 若測驗的標準差 SD＝8.0，信度 r_{tt}＝.75，則測量標準誤 SE_M 是多少？

    (A) 2.00　　　(B) 3.00　　　(C) 4.00　　　(D) 5.00

7. 若某歷史科成就測驗共有 50 題選擇題，分成奇數題與偶數題折半計分，得奇 - 偶折半信度 r_{hh}＝.82，則該整份測驗的信度是多少？

    (A) .86　　　(B) .90　　　(C) .94　　　(D) .95

8. 若原測驗有 30 個選擇題，原信度 r_o＝.70，現在期望將信度提高到 r_{exp}＝.88，至少需要再增加多少個有效選擇題？

    (A) 34　　　(B) 38　　　(C) 42　　　(D) 46

9. 有 100 位學員參加楊氏太極拳 24 式訓練，結訓時由兩位國家級教練審定套路熟練程度，其中 65 位被兩位教練一致審定為「精熟」，15 位被一致審定為「不精熟」。問：兩位國家級教練審定的百分比一致性是多少％？

    (A) 50　　　(B) 60　　　(C) 70　　　(D) 80

10. 測驗題目在哪一種情況下，測驗的分數之信度最高？

(A) 大部分題目偏容易　　　　　(B) 大部分題目偏困難

(C) 每個題目難度完全相等　　　(D) 題目難易適中

二、論述題：60%

1. 常模參照與標準參照評量有何重要差異？

2. 如何將一個測驗折半計分？請簡述其方法。

3. 常模參照評量的信度類型何者最佳？何以故？

4. 試舉三種影響信度的因素，並各舉一例說明。

Chapter
05

期初評量

本章教學目標

研讀完本章，你／妳將能夠：

1. 認知教室是一個社會情境。
2. 解釋教師期初評量的需求。
3. 認知期初所可能取得的學生有關訊息。
4. 區別認知的、情意的與動作技能的行為。
5. 區分正式的與非正式的觀察。
6. 認明期初評量效度與信度的缺點，與克服的方法。
7. 說明期初評量對學生的潛在影響。

一個新的學年開始，如果是經驗老到的教師，又帶領去年所帶領的班級，那當然是大吉大利；如果是新手教師又被分派帶領一個新的班級該怎麼做？踏進教室，看見一群背景、能力、興趣、需求、態度與人格特徵完全不一樣的學生，聚到一起，形成一個班級，在學年剛開始應該做哪些事？

好的開始是成功的一半，開學的第一天對教師與學生都非常重要，他／她們互相定下了基調，並奠定了今後相處的基礎。因為教師和學生，在剛開學這幾天是做出初步印象的唯一機會。雖然大多數教師和學生之前已經多次經歷過開學，但是，一個新的班級群體充滿多樣化的個人，學生彼此之間、學生與教師之間，總是伴隨著一些不確定性，開始互相探索，經過一段認識與調適期，才有可能順順利利。

本章將探討所有教師在學年開始時所面臨的一些問題：

一、 教師如何認識新的學生與班級？

二、 教師應如何去創造一個支持學習的教室環境？

三、 教師如何去發現學生的有用及有關資訊？

教師可能會思考或提問與回答下列有關學生的問題：

1. 學生們是否能和諧相處，彼此合作？
2. 學生們對教師所任教的課程，學習準備度如何？
3. 個別學生在智能、情緒與身體上的優、缺點如何？
4. 班上是否有麻煩製造者？
5. 班上是否有超級明星學生？
6. 部分學生是否身心或家庭失能，需要做些調適或協助？
7. 是否有過度熱心的家長干預教學？
8. 整個班級的氛圍是好還是壞？

第一節　蒐集學生相關資訊

　　學年（也是學期）剛開始的前幾天，教師通常會嘗試去瞭解每一個個別學生，並將整班學生組織成一個能夠相互溝通、相互尊重與學習特性的社會。教師必須謹記：一個班級的複雜性，遠大於隨機聚集在一起的一組學生。

壹、班級的具體特徵

表 5-1　班級的基本事實

1. 班級是一個社會的、文化的以及教育的環境，社會與文化的面向大大地影響教育的面向；「教學」活動包括：(1) 人與人之間的互動、(2) 人教人、(3) 有規則／秩序／共同目標。

2. 每一個班級文化都與其他班級有些差異，各班級之間沒有一致性。教師必須覺知他／她自己的班級，並利用這種知覺去瞭解學生到底是怎麼樣，他／她們在哪裡，他／她們的需求是什麼？

3. 由於每一個班級文化的獨特性，「教師判斷」是成功的班級的一個關鍵因素；班級生活是一系列關於學生、課程、教學與學習的判斷與決定的過程，沒有人可以或應該為這些任課老師做出判斷。

4. 教師在班級中是一個參與者也是一個觀察者，這使得教師難以認清他／她對班級問題的貢獻。

5. 既然少有可資信賴的知識導引教師的判斷與行動，要求任課教師對所做所為的判斷與決定完全正確，是不合理的期望。

資料來源：Russell & Airasian, 2012: 30.

一、複雜性

　　表 5-1 是班級的基本事實的補充摘要資料，顯然班級（教室）不只是幾十個不同的學生湊合在一起，它是一個社會的縮影，是一個社會組織，組織中的成員互動溝通，執行個人的與共同的目標，遵守規則秩序。

教室是一個社會文化的、教育學術的、及道德的環境，在此環境中：

（一）必須有教室守則與常規，才不會造成一種混亂的感覺，使得教學與學習倍感困難。（社會、文化的）

（二）教室不僅僅是社會情境，它也是教育情境，教師規劃、執行教學與學習評量。（教育、學術的）

（三）課堂是個人、教師的場所，教師具有促進學生道德發展的責任。（道德的）

顯然教室環境相當複雜，既是個社會組織，也是個教育學術場所，更是個道德發展場域，若能蒐集學生的足夠資訊，熟知學生優勢與需求，循循善誘，因勢利導，教育的功能可以無限。

二、特殊性

每一個班級的特殊樣貌均與眾不同，學生的學術的和社會經濟的背景、人格特性、學習方式、需求、興趣，班班不同，年年不同，教師不可能遇到相同的一群學生。由於這樣的差異，教師的教學方式都必須依據學生的多樣化特點來設計與執行，因此，教師必須培養出對學生特點瞭如指掌的素養。

譬如說，要如何才能引起學生的學習興趣？學生的注意力能維持多久？他／她們以前學過什麼？他／她們有什麼學習需求？教師必須思考如何去訓練一群一無所悉的學生？要用什麼策略去與不同的學生相處？學生出現躁動是因為厭倦、功課趕不上，或是在測試老師？教師應如何回答諸如此類問題，做出回應，並調整教學方式以支持學生學習的機會。要回答這些問題，**教師在學年剛開學時，嘗試瞭解學生的過程，就稱之為「期初評量」**（early assessment）（Russell & Airasian, 2012）。

貳、中小學之差異

無論是中學或小學教師，都會依據學生的成長與發展，建立他／她們的教學目標，教師蒐集的資訊越齊全，對學生越瞭解，所設定的目標越能符應學生的需求。

在小學階段，課程目標包括學業與社會化結果，強調公民道德與合作行為。小學教師每天有 5-6 小時的時間，與同樣的 25 至 35 位學生，在同樣的一個教室裡。教師與學生比較接近，有較多的機會與學生互動，訓練學生保持專注和生產力，而不太需要老師的監督。因此，**小學教師的期初評量傾向於接受學生現有學習能力，強調學生在班級中的社會化過程。**

在高中、職階段，教育的目標主要是學術和職業。學生可能已被分軌，大部分已社會化適當的學校行為。高中老師大約每週 1 至 4 個小時，與一個固定的班級見面，一個學期負責約三至四個不同班級。雖然高中教師為學生發展情意的與人格特徵是一件重要的事情，但是他／她們不若小學教師有多餘的時間來與學生互動，必須去發展更能瞭解學生的方法；於是**高中、職教師將重點放在學生的學術技能與知識、讀書習慣、行為、教材興趣、態度等特徵**（Russell & Airasian, 2012: 31）。

如果期初評量做得不好或不確實，可能發展出一個雜亂無章的、破壞性的、反應遲鈍的班級，學生的溝通和學習會受到不良影響。教師可以控制教室中某些因素，例如教學方法、教室守則、評量成績；但是也有無法控制的因素，例如，班級人數、學生素質、文化背景、社經地位、人格特徵等。對學生的瞭解越透徹，對於建立支持的學習環境越有助益。

第二節　資訊來源

教師在學年剛開始，就應尋求各種關於學生的訊息。這些訊息是關於學生的學業技能與知識、社會行為、自我訓練、興趣與價值、家庭與社會支持系統、對學校的態度等特徵。

壹、教室內的可用資源

學生特徵的訊息來自各種資源，其中某些來自直接觀察教室中的學生行為表現，表 5-2 列出了在學校剛開學，教師可取得的課堂訊息的一些共同資源，以及學校提供的訊息來源。透過典型的課堂活動，像討論、家庭

作業和書面作業，教師們可以迅速發展一個期初關於學生許多學業的、社會的和個人的重要特徵如下：

表 5-2　期初評量所可能取得的教室內資源與所產生的資訊		
學生說什麼	**學生做什麼**	**學生寫什麼**
對問題的回應 班級討論 與他人互動 期初口頭報告	期初的家庭作業 課堂內的功課	期初書面與家庭作業 期初或先前日誌 期初或先前測驗表現 先前的檔案
潛在資訊	**潛在資訊**	**潛在資訊**
注意廣度 口語流暢 禮貌 語彙 輕鬆參與 焦慮 回應提示的能力 在課堂內說服他人之傾向	注意廣度 準時完成工作的能力 遵守指導的能力 表現水準 與人相處的能力 模仿 弦外之音	組織的能力 使用邏輯 整潔 書法 表現水準 流暢性 獨創性

資料來源：修改自Russell & Airasian, 2012: 33.

很顯然的，教師在教室內觀察學生說什麼、做什麼和寫什麼？可以獲得許多有關個別學生的潛在資訊。

貳、教室外資源

一、附加資源

課堂或教室外，教師可以發現一些附加的學生的資訊資源：

（一）學生紀錄以及過去各種測驗分數，可以提供有關學生學業的、行為的特徵和特殊需求。

（二）學校諮商員或輔導教師與心理師（在某些高中、職），可以提供詳細深入的學生特殊需求與個人背景資訊，可能有助瞭解他／她們的表現與行為。

（三）其他教師可視為非正式資訊來源。例如：

1. 在教師辦公室傾聽其他教師抱怨甲生粗心大意或類似挑釁行為。

2. 聽到某教師抱怨乙生家長的干涉並要求；誰和誰是兄弟，都是搗蛋鬼；那三個是姊妹，功課一級棒。

3. 教師往往從未正式瞧過學生一眼，但在走進任教班級教室之前，就已經聽說過很多關於班上某位學生的長處和短處。

4. 有些教師會分享他／她們如何蒐集訊息，在學年開始與期初評量，幫助他／她們的學生，譬如：查看辦公室內全校學生紀錄，在學年開始之前，就可得知班上學生的能力、之前在校表現、家庭情況和學習問題的訊息。

二、應注意事項

　　學期一開學，教師就應立刻豎起自己的天線（耳朵），不斷接收聽取和觀察有關學生的訊息。有時教師有目的地從各種不同資料蒐集訊息，有時專注於所見所聞：學生的衣著、他／她們的姿勢與肢體語言、下課時的討論、或與同儕「掛在一起」。透過正式與非正式的資訊來源，在學期終了的前一、兩個星期，大多數教師都審時度勢他／她的學生和班級，都能相當詳細的描述學生的特點。

　　期初評量所得的資訊，在使用時應特別注意下列事項：

（一）它大多來自非正式觀察，教師初步決定學生特徵的時候，甚少使用正式測驗和正式的評量，因此，教師有必要尋求學校一些正式的紀錄，來補充初步非正式觀察所形成的第一印象或所做的判斷。

（二）這個原初的資訊大部分得自非正式的觀察，它可能並不代表學生典型的或目前學業的表現、行為、態度與信念，有需要累積更多的資訊來源。

　　由於期初評量來自非正式的觀察與溝通，因而限制了它的**效度與信度**：

1. 由於人類心智與記憶的限制，教師有可能遺漏或忘記學生或全班的部分

重要資訊，假使記憶不完善或是不完全，則最初印象的適當性或效度就很低。

2. 教師據以瞭解學生或班級的資訊量有所限制，既然教師僅能以部分時間觀察特定學生，無可避免的他／她的觀察必不完全，人際溝通主要或聚焦在一般觀察或單一事件，並且是一種非正式觀察，也未即刻記錄，訊息不足以對有關學生特點做可靠的解釋，教師需要認識到可能導致**選擇性記憶和訊息不足**的問題。

第三節　如何描述學生

因為期初評量會產生一些看法和期望，影響到整個學年教師的規劃、教學並與學生互動的方式。期初評量的目的在：幫助老師瞭解學生，讓教師可以將班級組織成一個教室社會，知道如何與之互動、激勵，並教導他／她們。

記得多年前 11 月底某一天，著者被學校教務處要求代第十年級（時為高一）電訊孝班的兩節英文課，因為著者也擔任高一電訊忠班與仁班英文課，教本、教案一應俱全，乃欣然答應。當上課鈴聲過後，學生就座，著者先自我介紹，說明代課原因，詢問任課教師的教學進度後，開始上課，請一位學生起來讀課文，不到 2 分鐘，坐在教室後面的一位學生舉手，說他忘記拿課本，要回去附近賃屋處拿書；著者在想：該讓他去拿書嗎？可以信任他拿了書一定回教室嗎？或者溜到福利社逗留 1 個小時？原任課教師對學生忘記帶書是持什麼態度或策略？後來著者請他與鄰座同學共用書本。過了幾分鐘，另外兩名學生開始爭奪一個鉛筆盒，兩不相讓的結果，鉛筆盒「啪」的一聲，鉛筆、小刀、製圖工具等散落在教室地板上，教學活動因之中斷。如果是你／妳，應該如何應對？什麼策略能安撫這些特殊的學生呢？

設若著者是原任課老師，當然知道所有這些問題的答案，因為任課老師是教室社會環境的創始成員之一，也可能不會節外生枝發生這些意外狀況。做為一個臨時兩節課的代課老師，著者是一個局外人，對這個班級社會來說是一個陌生外行人，連期初評量都來不及做，不知道這個班級的運

作、風格、規則和程序。期初評量提供任課教師實用的、制定規則、程序和工作關係所需的基本細節的知識，幫助教室發揮它應有的功能。茲將期初評量的特徵摘要如下：

表 5-3　期初評量的特徵
1. **期初評量是於學年開始時進行**——大多數教師能夠描述每一個學生的人際的、社會的、學業的特徵，在一、兩週之後，班級就是一個整體。 2. **期初評量以學生為中心**——學生以及他／她們的特徵是評量的重點。 3. **採用非正式的觀察法**——關於學生的行為與表現的許多資訊，是透過自發的、非正式的觀察來蒐集。 4. **觀察綜合成知覺**——教師將他／她們的觀察放在一起，以獨特的方式，形成學生的概括知覺或印象。 5. **印象很少正式寫下來**——不像測驗分數或成績，將它寫在成績冊或成績報告卡，從期初評量形成的概括知覺，是不成文的和選擇性的溝通。 6. **觀察是廣泛和多樣化**——教師們在打量自己學生的時候，從事廣泛的認知、情感和心理特點著手。 7. **初期印象傾向成為永久印象**——教師對於剛開學所做的評量深具信心，原初的知覺從第一週到學年結束都很穩定。 8. **師生間第一印象影響既深且鉅**——教師對班級學生第一印象良好，激發教師教學熱忱並誠懇對待學生；學生對任課教師第一印象良好，激勵學生與教師合作，接受指導，遵守常規，有助認知與情意之發展與學習。反之，師生交惡，班級氣氛低迷，消極以對，師生雙輸。 9. **期初評量倚重非正式觀察，效度與信度偏低**——教師使用期初評量資訊做為決定學生的依據宜特別小心，應多補充形成性評量與其他各類正式測驗結果，謹慎規劃、執行教學與評量成果。

資料來源：修改自Russell & Airasian, 2012: 37.

依據期初評量所獲得的資訊，教師可以加以綜合對學生做一般的描述。例如：

一、　甲生聰穎好學，待人和善有禮，熱心班級事務，是難得的好學生。

二、　乙生生性懶散，整日無精打采，上課不專心，衣著不整齊，可能家庭功能有些問題。

三、 丙生衣飾亮麗，喜歡與鄰近同學大聲講話，常打斷教學活動，可能是
　　個令人頭痛的人物等等。

　　這些豐富詳細的學生描述，每一個描述都包括不同的學生特徵，倚重
非正式的資訊，傳達關於許多學生的行為與背景面向的看法。教師的描述
同時包括學業和非學業的因素；**這些描述也是對學生全學年在校表現的預
測。**

第四節　效度與信度議題

　　期初評量開創許多重要判斷的基礎，影響經年累月，必須確保這些印
象盡可能是正確而可靠，也就是要具備良好的效度與信度。效度是所蒐集
的證據能否告訴我們所希望評估的特徵？信度涉及是否有足夠的證據，對
學生的表現、行為、態度、信仰做成穩定的決定？

　　效度和信度兩者對期初評量都很重要，確保評量所形成的看法或預測
是適當的和公平的，能增進教師對學生採取良好的決策。

壹、一般問題

　　期初評量過程簡短，迅速取得資訊，通常不完全的證據容易造成對學
生不正確、無效與不可靠的決定。因此依據期初評量做重大決定時，產生
四個影響，教師們應謹記在心（Russell & Airasian, 2012: 38）：

一、 教師初次對學生的印象往往隨時間保持穩定。教師一旦對特定學生形
　　成印象就如同貼了標籤，即使是在矛盾的證據面前，在思考與行動上
　　還是會維持他／她對學生的印象。

二、 任課教師在學年開端透過測驗成績，預測學生的學業表現通常是相當
　　的準確，但即使是最精確的老師，也不是對每一個學生的預測都能正
　　確無誤。

三、 期初評量不僅影響了教師的感知，並做出有關學生的決定方式，往往
　　在行動中不經意的傳遞給學生。譬如，教師在不知不覺中，根據初步

評估做出的看法做溝通：對印象好的學生和顏悅色，對印象不好的學生疾言厲色。

四、 教師的觀念和期望，甚至可能創造一個自我實現的預言，對特定的一個學生的期望，導致了老師與學生之間以一個特殊的方式進行互動：好學生果然表現越來越好，差的學生表現越來越差。

貳、效度問題

導致教師所蒐集的期初評量資訊的效度降低，有兩個主要的因素：一、觀察者偏見，與二、邏輯錯誤。

一、觀察者偏見

當一位教師的先備知識、第一印象、個人的成見與信念，干擾到對學生做出公平的和有效的評量的能力時，就產生觀察者偏見（observer prejudgment）。每個教師的信念、興趣、看法與想法、期望都與他人不同，當教師的喜好或厭惡干擾到無法對學生做公平的評量時，就產生真正的問題。對學生產生偏見有三個主要來源：

（一）**較早的資訊**（prior information）——在教師未與學生見面之前，教師所得到的資訊。這些資訊透過學校的小道消息，或學生的兄弟姊妹在較早的測驗上的表現，甚至連該學生都未踏進教室一步，就已經影響到一個教師的偏頗定見。

（二）**最初的印象**（initial impressions）——它會影響此後的印象。如果一位教師有關學生的特徵之決定，是基於學生在開學第一天的服儀穿著，或根據他／她去年在自習課的表現，老師可能會不自覺地讓這個最初的印象，決定後續的觀察和學生特點的解釋。

（三）**教師個人的理論與信念**——教師對某一類學生（例如，服儀不整、眉清目秀、無精打采）有他／她個人的獨特看法或定見，造成刻版印象的知覺。特別是關於種族、膚色、文化、失能、不同語言等學生編成一個班級時，教師個人的理論與信念，常造成期初評量缺乏效度。

171

二、邏輯錯誤

當教師選擇了錯誤的指標，來評估所預期的學生特性時，導致判斷無效時，就是犯了邏輯錯誤（logical error）。特別是在學年開學之初，看了大量的單一觀察報告，教師為了要迅速刻畫每一個學生，以組織他／她們成為一個嶄新的班級，最容易發生這種邏輯錯誤。從學生一種特徵的觀察（例如，服裝儀容），去推論一系列其他未經觀察的特徵（例如，動機、注意力、對學科的興趣與自我概念）時，潛在的邏輯錯誤與無效的評量就大大地增加。

教師並無法直接觀察像動機、智力、自信心、領導才能、焦慮、攻擊、害羞等行為特徵。相反的，教師採用某些方式觀察學生的行為，解釋行為代表什麼，並給予行為一個名稱。例如，教師可能看到甲學生用手推乙學生而得出：「甲學生在霸凌乙學生」的結論；而事實上可能是甲生在勸架而不是霸凌，因而造成一個邏輯錯誤或推論錯誤。

參、信度問題

信度涉及所蒐集到的資訊是否足以代表典型的學生行為，譬如，觀察某生在小組活動中的表現，是否能夠斷定他／她是一個好的領導者？可能不？為什麼？無論是正式的或非正式的評量，教師是依據學生的行為樣本，以這些樣本來決定學生更一般性的行為型態。因此在教師評量中有一個重要的爭端是：關於所感到興趣的行為，觀察樣本所提供的一致性的資訊到底有多好？可靠的資訊使教師能夠做成一致的和穩定的關於學生特徵的決定。

一、自發性互動與時間限制

期初評量的性質產生特殊的信度問題，許多自發性的師生互動，限制了教師能夠看到的與學生願意展示的行為（所謂人前人後即是說）。同時，提供給觀察學生的時間往往是短暫的，因為必須將注意力分配到很多學生和課堂活動中，尤其是在新學年的開始。簡而言之，行為即是根據這一情況下觀察到的一些初始樣本，可能無法提供學生的典型行為完整的可靠指標。

二、樣本大小

　　教師在使用期初評量做出決策之前，必須鞏固自己的初步認識，確保他／她們觀察足夠的學生的行為樣本。如新學年開始，學生的行為可能無法代表他／她們的典型行為，同時，所觀察的行為樣本太少，推論範圍有限。另外，典型的行為不能僅觀察學生一次，尤其是當學生在新環境中可能覺得不舒服時，觀察一次就做決定未免太草率。

　　茲將期初評量的效度與信度所遭遇到的問題，摘要如表 5-4。

表 5-4　期初評量效度與信度之問題摘要

一、效度問題

（一）觀察者偏見：教師的偏見妨礙他／她們對學生做客觀的評量。偏見的來源有：

1. 從學校小道消息、其他教師的談話、學生的兄弟姊妹表現、非課堂的經驗。

2. 第一印象根深蒂固難以磨滅，影響往後的子印象。

3. 教師個人理論與信念，影響往後的一系列觀察（例如，認為女孩子讀不了理工科、紈絝子弟不學好、鄉下的孩子不成器等）。

（二）邏輯錯誤：教師依據錯誤指標判斷學生的行為（例如，觀察學生面貌判斷學業成績、觀察服儀判斷領導能力、觀察提問次數判斷個性與人格特徵等）。

二、信度問題

（一）不足的行為樣本─抽樣的次數太少，觀察的時間太短，妨礙對學生典型的行為與特徵的瞭解。來源如下：

1. 有關學生印象，資訊來源相當有限──（例如，只與學生談過一次話，只做過一次家庭訪問，就斷定他／她以後必是個問題人物）。

2. 情境移轉──認為在甲情境中觀察到的行為（例如，在操場活蹦亂跳），該行為在乙情境將同樣會發生（例如，在教室一定會搗亂）。

（二）眼見不一定是真──偶發事件或隱藏性行為缺乏穩定性（例如，看見甲生動手攻擊乙生，其實是乙生先動手挑釁；看見丙生協助老奶奶過馬路，其實他是一個欺負弱小的學生。

資料來源：著者整理。

第五節　對期初評量的建議

　　期初評量在短時間內提供任課教師許多訊息,使得教師能夠迅速採取安定全班的策略。但也由於時間匆促,資訊不完全,而期初評量的後果影響學生既深且遠,不得不慎。教師有責任在依據期初評量資訊對學生做任何重要決定時,盡量減少錯誤,當原初印象錯誤以致誤判時能即時修正,使期初評量成為任課教師或導師的助力而不是阻力。

　　期初評量要能發揮助力,需要有良好的教室規律秩序、支持的班級社會與學習環境,才能允許教師對學生做較客觀觀察,蒐集學生有效且可靠的資訊。以下是對運用期初評量的一些具體建議(Russell & Airasian, 2012):

一、深切理解期初評量影響之深遠

　　期初評量是學年開始時整個教學與學習活動的一部分,許多教師都在做期初評量而不自覺。所有教師必須切實認識期初評量的性質,深切理解因不正確印象導致錯誤決定的後果,對學生往後的「後續印象」(subsequent impression)的影響至深且遠。

二、以初步印象為假設,隨後加以證實或更正

　　教師對學生的第一印象,應當將它當作一個試驗性的假設,然後以後續的觀察或資訊來加以證實或反駁。教師切勿根據一個簡單的觀察、學生的膚色、種族、文化、城鄉、語言或道聽塗說,將學生貼上標籤或做成決定。教師應持續以正式或非正式觀察蒐集更多有關的證據,隨時準備更正原初的印象。最好是「每天選擇一、兩個學生的特點和結構性的課堂活動,以蒐集所有學生在課堂上的那些特徵的有關的訊息」(Russell & Airasian, 2012: 49)。

三、使用直接指標去蒐集資訊

　　教師要想瞭解學生就必須解釋自己所蒐集到的觀察資料的一些特性,以便做出有關決定。越接近到實際行為的觀察,得到的訊息越真實越有

效。譬如，確實傾聽一個學生大聲朗誦，比該生先前接受閱讀測驗的成績和學生閱讀興趣的報告，提供更直接有效的關於學生的口頭讀誦技巧的資訊。期初評量的師生見面是短暫的一瞥，教師容易聚焦在表面的、非直接的特徵（例如，衣著、面貌），然後將它概化到其他特徵（例如，動機、態度和興趣），降低期初評量的效度與信度。

四、以更正式評量補充非正式觀察

僅依據初步非正式的觀察就能夠瞭解班上的學生，未免太過樂觀。因為期初評量有其先天上的限制，聰明的教師會以更正式、更結構化的觀察蒐集學生有關的各種資訊，補充初步觀察的不足。譬如，實施一項前測或複習上學期或上學年的教材或教科書，鑑定學生的起點行為，做為教學的切入點。或要求學生在第一週寫一篇〈今年暑假遊記〉的短文來評量學生的寫作技巧與思考過程。

五、觀察足夠長的時間代表典型行為

所謂可靠的資訊就是能代表一個學生的典型的行為，教師要取得可靠的資訊，不是去找單一的或曇花一現的行為，而是尋找行為的「模式」（patterns）。該評估可能對學生造成的後果越大，教師越應努力蒐集可靠的訊息。遵循一個很好的經驗法則是：至少觀察行為兩次，從而確保被觀察到的行為是「不典型的」（atypical）。觀察到的行為次數越多次，教師對學生特性的評量就更可靠（Russell & Airasian, 2012: 52）。

六、將不同類型的訊息彼此確認

教師若能取得兩、三種支持的證據，對班上學生的認識將更有信心。例如，正式測驗分數是否支持課堂的表現或成績？課堂上所觀察到的學生的需求，與去年的老師及學生的家長看法是否一致？最好是在獲得其他確鑿的訊息來源之前，教師將自己最初對學生行為的看法把它當作假設，然後以充分的資訊來支持或證實。這樣做，可避免教師的初步認識，受到個人偏見以及邏輯錯誤的影響。

本章摘要

1. 期初評量發生在開學的前兩週。

2. 班級是一個社會的縮影，充滿 (1) 複雜性與 (2) 特殊性。

3. 小學教師每週與班上學生相處的時間較長，觀察重點在學生的社會化過程。

4. 中學教師每週與班上學生相處的時間較短，觀察重點放在學生的學術技能與知識、讀書習慣、行為、教材興趣、態度等特徵。

5. 學生教室內的資訊來源主要是觀察：(1) 學生所說、(2) 學生所做、(3) 學生所寫和 (4) 其他潛在資源。

6. 學生教室外的資訊來源包括：(1) 學生相關紀錄、(2) 輔導中心資訊及 (3) 其他教師非正式資訊。

7. 期初評量的限制：(1) 選擇性記憶和 (2) 資訊代表性不足問題。

8. 期初評量特徵：(1) 學年開始時進行、(2) 以學生為中心、(3) 採用非正式觀察、(4) 做成綜合性印象、(5) 很少做成紀錄、(6) 範圍廣泛多樣、(7) 易成永久性印象、(8) 第一印象影響深遠、(9) 信度與效度偏低。

9. 期初評量的效度問題：(1) 教師個人偏見和 (2) 邏輯錯誤。

10. 期初評量的信度問題：(1) 自發性互動限制、(2) 觀察時間限制、(3) 行為樣本限制，與 (4) 觀察次數限制。

自我評量

一、補充題：50%

1. 一個班級的特性是具備複雜性與什麼？_____

2. 中學教師期初評量觀察的重點是學術技能與態度行為，小學教師觀察的重點是什麼？_____

3. 教室內的學生資訊來源包括學生的讀、寫、說和_____。

4. 教室外的學生資訊來源包括學生相關資訊、輔導中心資訊與_____。

5. 期初評量的主要限制是資訊代表性不足與_____。

6. 期初評量的信度問題包括自發性互動、行為樣本和觀察次數太少和什麼限制？_____

7. 期初評量的效度問題包括教師個人偏見和_____。

8. 期初評量所採用的是什麼評量方法？_____

9. 期初評量發生在何時？_____

10. 期初評量的效度與信度如何？_____

二、論述題：50%

1. 依據期初評量所做的決定，對學生有何重大影響？請訴其詳。

2. 如何運用期初評量？你／妳有何建議？

Chapter
06

形成性評量

本章教學目標

研讀完本章，你／妳將能夠：

1. 認識與定義形成性評量。
2. 理解形成性評量的目的與功能。
3. 熟悉非正式形成性評量的運用。
4. 熟悉正式形成性評量的運用。
5. 如何評鑑形成性評量。

有效的教學包括正確地評量學生的進步，以及適應學生改變的需求。教師在班級教學過程中，為了教學的各種目的，會採用五種類型的評量：

一、 **期初評量**（early assessment）——開學之初對新班級一無所悉，教師想瞭解學生之能力、興趣、態度、人格特徵與家庭功能等，以便採取適當策略與學生相處，建立一個支持學習的環境，所採用瞭解學生的非正式觀察的過程。

二、 **計畫性評量**（planning assessment）——教學前為評估學生已學會及未學會的知識及技能，做為教學起點的評量活動。

三、 **形成性評量**（formative assessment）——在教學進行中，監控學生的反應與進步，做為調整教學步伐與改進教學策略之參考，所做的評量活動。

四、 **診斷性評量**（diagnostic assessment）——偵測學生學習困難的原因與困難所在，做為補救教學或轉介特殊協助之依據，所做的評量活動。

五、 **總結性評量**（summative assessment）——評量學生經過一段時間或一個學期的學習成就，做為分等第、報告成績、獎學金、升級、畢業及與家長溝通之用。

第一節 評量的類型

壹、教學與評量

一、評量的功能

評量在教學與學習上扮演一個重要的角色，教師在教室中使用評量，有底下幾種功能與目的：（一）在學年開學前瞭解學生的優勢與缺點；（二）建立規則與秩序使教室成為一個學習社會；（三）為學生選擇適當的教學目標與教材；（四）發展教學方案；（五）選擇與批判教學材料與活

動；（六）在教學進行中監控教學過程與學生學習；（七）評鑑教學與學習活動是否達成預定目標。

二、不同階段的需求

教師在教學過程的前、中、後等三個階段，基於不同的目的與需要，將會對學生進行一些必要的評量：

（一）在開始教學之前，教師為了瞭解學生在學習之前，已經學會哪些基本知識與技能，還未學會哪些基本知識與技能，以做為教學的切入點，稱為學生的「起點行為」（entering behaviors）或稱為「先備知識」（preliminary knowledge）。這時所進行的評量稱為**計畫評量**（planning assessment），評量內容大多為基本概念、知識與技能。

（二）在教學進行中，為了確認學生是否跟上教學步伐、學習是否有進展，所進行的評量稱為**形成性評量**（formative assessment），評量的範圍以教學的單元或教材為範圍，層次可能從基本知識到評鑑不等。

（三）在教學之後，為了確認學習是否達成教學目標、學生的成就是否達成預期的成果，同時為了區分等第、報告成績以及與家長座談溝通，所進行的評量稱為**總結性評量**（summative assessment），評量以全學期教學的教材為範圍。

（四）有時，在形成性與總結性評量之後，發現教學目標與預期學習成果之間存在太大的差距，為了找出學生學習困難的原因與所在，會進行**診斷性評量**（diagnostic assessment），以發現問題所在為焦點，因此，可能偏重某一章節、段落或某一種概念或特殊技巧。

茲將計畫性、形成性、總結性與診斷性評量的特徵摘要如下：

表 6-1　各類型評量特徵摘要

類型	計畫性評量	形成性評量	總結性評量	診斷性評量
時機	教學前或後	教學進行中	學習結束後	教學中或學習結束後
場所	不在教室內	在全班學生面前	在教室內	在特殊場所內
決定	允許反思決定	需立即決定	需審慎決定	允許延宕決定並調整
焦點	確認目標、內容、活動、以及切入點	蒐集當下學習理解之資訊	確認學習成就水準、分等第、報告成績	檢視發現學習困難所在與原因
方法	正式與非正式證據	正式與非正式證據	正式證據	正式與非正式證據
回饋對象	教師	教師與學生	教師與學生	教師與學生

資料來源：著者整理。

貳、形成性評量的意涵

　　教學與學習評量被視為在教學進行中，用來評估「上課進行得好不好」的一種方法，在教學進行中所做的評量稱為形成性評量。依據不同的回饋對象與不同的評量方式，有下列兩種分類方法：

一、依回饋對象區分

　　由於學者對形成性評量的功能或回饋（feedback）的對象有不同的認知，因此它的定義若依據回饋對象，可以分成三類：

（一）回饋教師——教師利用形成性評量的回饋，調整教學策略。

　　形成性評量發生在教學進行中，教師為要確認學生符應概念和技能的教學步伐，以決定教學是否成功，使用形成性評量所造成的回饋，提供教師以指導教學，以便在必要時調整教學策略（Chase, 1999; Taylor & Nolen, 2005; Ward & Murray-Ward, 1999）。

（二）回饋學生——學生利用形成性評量的回饋，調整學習行為。

形成性評量，是教學仍在進行中而不是在一個單元結束之後，直接提供訊息給學生，讓學生判斷他／她們的理解水準或估計他／她們的實務或努力學習的有效性。依此回饋，他／她們能改變思考，對概念更加努力學習或應用更好的、更有意義的學習方法（Frey, 2014）。形成性評量在支持學生的學習，學生自己評鑑他／她們自己的功課，增加學生自己學習的責任，以符應建構學習模式（Shepard, 2000）。更有學者認為形成性評量是設計用來直接影響和促進學習唯一的教育測驗型態（Nicol & Macfarlane-Dick, 2007）。

（三）回饋教師與學生——利用評量的回饋，調整教學策略與學生的學習行為。

形成性評量是教師與其學生採取的活動，在評量教師與學生本身，以提供資訊做為回饋，監控以及改進教學與學生的學習（Black & William, 1998；McMillan, 2001）。Airasian 與 Russell（2007）主張形成性評量的前瞻性定義是：在教學活動進行中，教師利用觀察與回饋，其目的在改變與改進學生的學習。

本書認為，**形成性評量**是指「教師在教學過程中，為了監控教學進度與效能，瞭解學生的學習進步情形，在教學進行中，採用正式評量與非正式評量方式，蒐集學生學習各方面的資訊，一方面回饋教師做為調整教學策略與教學步伐之依據；一方面回饋學生，以改變學習習慣、態度與方法，增進學習效能與增加自己的學習責任，朝向自我導向學習的過程」。

二、依採用的評量方式區分

形成性評量，依據所採用的方式，可以區分為（一）正式的形成性評量，和（二）非正式的形成性評量：

（一）正式的形成性評量

像非正式考試（quizzes）（如臨時測驗或小考）、測驗、實作評量（performance assessment），這些評量通常是教師正式評量的結果，有時當作是學生學習檔案與其他紀錄的一部分。

（二）非正式的形成性評量

　　像問答、觀察、傾聽、學生學習進行中核對其功課等，都是教師能運用的非正式的形成性評量。無論是正式或非正式的形成性評量，都能提供回饋給教師與學生，做為改進教學策略與改善學習的依據。

三、最新形成性評量趨勢

　　今日大多數研究者逐漸朝向形成性評量能同時回饋教師與學生兩方面的共識：

（一）形成性評量最主要的目的在做為學生應用評量的回饋，以控制和改進他／她們自己學習的手段；

（二）教師能改進自己一些教學，主要是基於形成性評量的結果，因為這種評量既獨特又能直接助益學生。就某種意義來說，「評量可變成教學」，而形成性評量的反面即是「教測驗」。就好的另一方面來說，「測驗即教學」（the test is the teaching）。

第二節　形成性評量的功能與價值

壹、形成性評量的功能與特徵

一、形成性評量的功能

　　形成性評量是目前研究得最透徹的學習評量方法，它的功能在能夠實際改進學習的成果，例如：提高學習動機、自我效能、學業興趣及增進學生學習（Black & Wiliam, 2009; Stiggins, 2010）。

二、形成性評量的特徵

　　Popham（2008）認為形成性評量的主要特徵如下：

（一）形成性評量是一個過程而非任何特殊測驗；

（二）它被教師與學生用來監督學習；

（三）形成性評量在教學過程中發生；

（四）形成性評量的目的在幫助教師與學生做調整，以達成學習目標。

　　形成性評量也具備課堂（教室）評量的五種特徵：

（一）形成性評量經常使用；

（二）學習目標對學生有價值；

（三）等於是自我評量；

（四）學生回饋評量資料；

（五）不強調成績。

　　形成性評量這些特徵會影響學生的學習，研究發現：五種常用的課堂（教室）評量方法——（一）傳統的客觀測驗、（二）實作本位的評量、（三）形成性評量、（四）真實評量及（五）通用測驗設計（universal test design）中，唯有形成性評量能增進學習（Frey, 2014）。

　　形成性評量可以回饋學生，用它去控制與改進自己學習的方法；而教師根據形成性評量的結果，做為改變自己教學的依據。這種評量方法的最大效能是：它的獨特性與能直接幫助學生。如果教師要評定學生成績，就必須瞭解學生的成就水準，因此就必須選擇傳統的「總結性評量」。如果教師的主要興趣是他／她的教學的效能、或者是學生一路上學習得如何，那他／她就必須選擇「形成性評量」。

貳、當前課堂的形成性評量

一、評量影響學習

　　對許多教師來說，認為學生應自己負學習進步的責任，這是一個重大的思維轉變。根據 Frey 與 Schmitt（2010）的調查研究，教師在教室中運用形成性評量的情形發現：（一）在教學進行中使用評量的比率是 25%、（二）在教學後使用評量的比率是 75%；評量結果會影響學生成績的佔88%，不會影響學生成績的佔 12%。將評量視為可以影響學習的一種過程，必須要有一種因應之道：（一）系統性的思維的改變、（二）教師與行政人員觀念上的改變，以及（三）教室環境的改變。

二、轉化學習

如果在教學進行中能使教師與學生獲得回饋，就有可能使評量轉化為學習，使學生能夠控制自己的進展。傳統的總結性評量只能回饋教師，去評估他／她們的學生當下的學習表現以便分派等第／成績，並且有些教師將總結性評量的回饋當作形成性評量，做為改進下一季或下一個學期教學之用，因為他／她們認為學生會使用過去一學期的反應模式，來應付下一個階段的學習主題。

三、教學進行中的評量與為學習而評量

（一）教學進行中的評量（assessment during instruction）

「教學進行中的評量」在課堂上有悠久的傳統，與形成性評量的精神一致，教師經常在講課或在證明原理或概念或問題時暫停教學活動，發問或非正式地蒐集訊息（例如，檢視學生作業），他／她們認為這就是在增進學生們的理解。

（二）為學習而評量（assessment for learning）

「為學習而評量」是一個特殊技術性的術語，它在描述一個「初步診斷階段」（preliminary diagnostic stage），由師生共同合作以及經常性的進行評量，它以學生為中心，且允許學生修正與控制他／她們自己的學習之回饋系統。這種回饋大部分來自學生對學習的理解，形成性評量對學生有很強的回饋作用，它可以助燃自我導向學習（self-directed learning）（Frey, 2014）。

參、自我導向學習

一、特徵

教師若能夠建構組織一個充滿形成性評量與實踐的環境，將有助於各教育階段的學生，成為成功的「自我導向學習者」（self-directed learners）。所謂自我導向學習者：即那些能夠自我管理、自我監控和自我修正的學生：

（一）自我管理（self-managing）

自我管理就是能夠接近所要執行的任務，瞭解它們的相對重要性和可能的結果；自我管理者能利用自己的經驗去從事學習。

（二）自我監控（self-monitoring）

自我監控就是能夠利用後設認知（meta-cognitive）策略的學生；他／她們知道自己的能力、自己的技巧與工作型態，知道如何完成任務；當一個策略失效時，他／她們能另外設計一個新策略來執行任務。

（三）自我修正（self-modifying）

自我修正就是能夠回應經驗與改變一個方法；透過回應，這類學生能應用學習於未來所面臨的問題（Costa & Kallick, 2009）。

二、過程

形成性評量能夠提供結構化的與有意義的資料，培養自我導向的學習者：（一）形成性評量以過去所學習的經驗，創造出一個自我管理者；（二）經常獲取與他／她們表現的有關資訊，學生學習到自我監控；（三）當學生已習慣日常安排的形成性評量，他／她們就能夠自己發展所需的技巧，以修正他／她們的學習行為。

形成性評量所造成的回饋分為兩個方向：（一）正向回饋（positive feedback）的證據是：學生已經有所改善；（二）反向回饋（negative feedback）的證據是：學生尚未掌握到技巧或迄未獲得深度學習。

三、意涵

在課堂上為學習所設計的形成性評量，有三種意涵（Frey, 2014: 68）：

（一）從形成性評量所獲得的回饋，必須對特殊學習任務很具體；形成性評量系統，必須能創造一個增進學習動機的環境。

（二）回饋若用在激發學生一般能力或廣泛的學習目標則效果不彰，並可能會干擾特定任務的表現。

（三）因為回饋的功能可能是正面也可能是反面的，教師可以採用「具體

詳細計分規準」(concretely detailed scoring rubrics)的「自己計分評量」(self-scoring assessment)。當形成性評量是聚焦在特定任務時，表現水準高或低均可做為有用的回饋；學生不必特別關注自己的優點與缺點，他／她們只須具體回饋特定任務的表現，因為形成性評量的重點不在分數或成績。

肆、課堂中的形成性評量

一、如何設計形成性評量

（一）目標

教師能使用數種有效的方法，來設計課堂的形成性評量，它的目標有二：1. 提供有意義的及正確的回饋、2. 讓學生控制他／她們自己的學習。形成性評量除非在理論與實際上能提供他／她們意圖改進學習的證據，否則應算無效。

（二）基本假設

形成性評量的設計，始於「假設形成性評量是整個教學系統或許多機會中的一部分」，如果課堂教學分成三個階段：1. 評量階段、2. 教學階段，和 3. 總結階段，那麼形成性評量是發生在第一和第二階段。最初的回饋是提供資訊給教師做為調整教學之用，學生也據此訊息修正他／她們對教學的認知與行為反應；當形成性評量已獲得部分的具體結果，就進入到總結階段，這可以反映在考試成績、改進表現或學習的任何證據。

二、形成性評量的效度

形成性評量要確實有效，在形成性階段必須能夠：

（一）提供學生當下的成就水準之資訊（知識、技能水準、概念的理解　　　等）

這些資訊來自正式與非正式的評量，並且目的應在與學習的最終總結性證據相似。

（二）僅限於與學習目標有關的資訊（興趣、技巧與目標的建構）

如果教學目標是「學生能夠建置一個展覽台」，形成性評量就應該聚焦在建立一個展覽台，而不是聚焦在無關或其他的技術（例如工作坊的安全），因為那不是預期目標。

（三）回饋的解釋必須考慮到有所進展（例如行為改變、動機改變、新學習策略）

學生必須確切知道哪一種行為他／她們必須改變，或哪一種概念是他／她們所誤解；這樣才能激勵學習動機，產生行為改變的契機。

如果教師能合理的假設一條鏈鋸中的前、中、後的鏈接點安然存在，那麼他／她們就可以得出「形成性評量具備良好效度」的結論（Nichols, Meyers, & Burling, 2009）。

三、形成性評量的計分信度

形成性評量為回饋學習，必須準確、有理論建構且縝密；縝密是信度的一種功能，信度的類型與形成性評量最有關聯的是「評定者內信度」和「內部一致性信度」。

（一）評定者內信度（inter-rater reliability）

讓學生使用計分量規（scoring rubrics）去評量他／她們自己的功課或實作表現，他／她們的主觀性可能有問題。為了增加評定者內信度，教師必須在適當階段撰寫計分量規讓學生使用，學生也需要訓練如何使用計分量規。

（二）內部一致性信度（internal consistency reliability）

如果使用檢核表進行好幾個階段的評量，在每一個檢核階段都評分，將各階段的分數加總，做為進步的指標；而各步驟都顯現項目之間有密切的關係（有顯著相關），表示教師幫助學生實現了技能或達到學習目標。否則的話，這種形成性評量的內部信度就很低。

第三節 如何運用正式形成性評量

　　形成性評量用於與學生互動，且必須快速決定「關於下一步該怎麼做」之時，以便幫助學生學習。形成性評量可採取多種方式，全部依賴在教學過程中，透過有結構的正式評量活動或非正式的觀察來蒐集資訊。

一、 正式資訊──是透過預先計畫的問題和活動來蒐集，它出現在教學進行中以幫助教師測量學生當下的理解程度。

二、 非正式的資訊──依據對學生的理解與學生的表現，如注意、面部表情、姿態、參與教室討論以及學生發問等少數直接證據，用於修正教學。

　　成功的教學依賴有效的計畫，先確認哪些易造成學生混淆、挫折的概念、技術或活動。進行形成性評量是為提供學生當下的理解狀況。教師可在教學開始之前，選擇策略、活動或方法以解釋概念；反思前一課或前一單元教學成功或不成功的因素，避免再採用效果不彰的策略與活動。

　　雖然良好的計畫可以減少教學中的不確定性，但無法完全避免。教學活動應富有彈性，允許中斷、離題、意料之外，教師的所做所為將影響到學生的反應；而學生的所做所為也將影響到教師的反應，教學進行中正式與非正式的評量程序，必須超越教師撰寫的「教案」（lesson plan）之上，正視教室就是一個「學習社會」（learning society）（Russell & Airasian, 2012）。

　　運用正式形成性評量，包括形成性評量的「實務」以及「環境」兩方面：

壹、形成性評量的實務

　　課堂中運用形成性評量的方法有很多種，確實有效的方式是依據理論與透過研究所建立的標準而來，包括下列事項（Frey, 2014: 79-80）：

一、臨時測驗或小考

當這些臨時測驗或小考與所教的技能或內容緊密地聯繫在一起，並由學生他／她們自己打分數，這是最有效的形成性評量，對回答錯誤給予回饋是最有效的方式。這些臨時測驗或小考，不計入學期成績之內。

二、工作計畫與策略會議

以一對一的方式進行會議，每個學生和老師找出有用的方法、目標和具體任務，共同計畫協調合作。

三、作業流程圖

學生作業表現可訂出一個數字標準，老師和學生協調想達到一個什麼樣的成績表現。將所有學生這些資料顯示，或掛在公告欄上讓大家都可以看到，也可以只是教師和個別學生私人之間才看得到。

四、作業練習

無論是課堂作業或家庭作業，都代表一種學習表現，教師若能仔細批閱學生作業，勾畫出學生的優勢與誤解缺失，都是一種提供學生修正回饋學習的機會，這可能是最古老與最傳統的正式形成性回饋。

五、指導晤談

指導晤談的功能與作業有異曲同功之妙，方式與會議相同，但目的不同；指導晤談是設計用來探究學生的概念理解，因而能協助修正任何錯誤觀念或誤解。

六、工作表

自我反思工作表可以讓學生自己辨認努力的領域與困難之處，學生將自問：我何處已深知，何處還有疑問？我何處尚須加強？知道自己的優勢與缺點，就有機會學習如何截長補短。

七、使用目標檢核表

使用目標檢核表，以「有」和「沒有」做選項，核對步驟或目標，學生就能自我評鑑自己的進步是否朝向學習目標。當學生發現自己正朝向目

標前進時，會增強學習動機。

八、品質、技巧與能力的自評量規

訓練學生能夠運用教師設計的計分量規，發展出評量作業的表現，如已達成目標，有助於他／她們發展作品、書寫草稿、或其他實務工作。

九、寫信給父母

知識的真實應用就是向他人解釋你／妳學到什麼或正在學什麼？教師要求學生寫信是要與其父母分享，允許進行反思學生們正在學習什麼，教師可以從信中評鑑學生的理解水準。

貳、形成性評量的環境

教師可以用一些計畫，創造一個形成性評量的課堂，在該課堂上形成性評量就如家常便飯，學生在這種環境中長大，自然成為熟練的自我導向學習者與熟練的自我評鑑者。

一個綜合形成性評量系統包括三個主要的成分，那就是教案、教師的角色和反饋機會的創造（Frey, 2014: 81-83）：

一、教案（lesson plans）

在綜合形成性評量中，有些編得比較好的教案，在介紹新的或高層次的概念時，是採用「大問題」（big question）法（例如：如何防癌）。一堂課從一個大問題開始，透過教師指導分析觀念與事實，讓學生分成小組或全班性的討論，讓學生透過問題的解決過程朝向教學目標。透過學生相互之間、師生之間或全班學生的對話，能使學生認清他／她們自己的思維、與他人比較理解的程度、透過觀察學習、練習自我評鑑與解決的方法。

二、教師的角色

教師在形成性評量的課堂或教室中也在充電，他／她在鑑定學習目標、設計活動以促進學習，提供回饋機會。在形成性評量環境中，教師設定學生的兩個目標：學習與發展技巧，以控制自己的學習。在採用大問題

策略時，教師允許學生提出任何答案或問題，同時始終提供支持性的批評思維和建議。教師選擇了問題、預先決定學習程序的步驟與階段（例如：實驗、挑一個假設來解釋結果、尋找科學原理來支持假設），然後指導整個大班級去解決所有的問題與假設。教師扮演協助學生學習的角色。

三、回饋的機會

回饋機會有兩種類型：（一）正式評量（例如，學生作業公開展示、自我回應工作單）和（二）連續流程（例如，與教師及同儕的問與答、焦點問題為中心的討論、合作工作小組）。這兩種類型的回饋造成一個強而有力的整合，以塑造自我導向的學習者。

因此，最有效的形成性評量，聚焦在回饋手上的功課及其作品的品質。同時還包括另外一些回饋，目的在培養錯誤檢測和其他自我監控策略。

第四節　如何運用非正式形成性評量

應用非正式資料蒐集與回饋的方式，做形成性評量由來已久，教學藝術的一部分，是判斷一個學生或教室的全體學生是否學會或是學得能力。為達成此目的，教師在教學過程中經常採用提問、觀察教室中學生的行為等。

壹、教學中的評量

一、教學中的評量

教師在教學進行中同時做兩件事：（一）按計畫執行教學與（二）持續判斷教學是否成功，以便在必要時能改變教學計畫，Airasian（2005）稱這種行為過程叫做教學中的評量（assessment during instruction）。依此觀點，教學相當於評估學習進展的一個持續的過程。這是形成性評量助益教師的主要設計，因此教師們可以在教學過程中調整教學策略與步驟。

二、評鑑教學之標的

評鑑教師在教學的狀況時，可採用一些評量標的：（一）學生的興趣高低、（二）教學策略的恰當性、（三）學生的訴求、（四）教學的步伐、（五）學生回答問題的反應理解程度、（六）何時是開始或停止活動的最佳時機。

要能活用這種評量，Airasian（2005）提供下列數則建議：

（一）使用大樣本學生，避免只觀察或點名最積極、經常發言的以及學業高成就的學生。當你／妳問全班一個問題時，應環視全教室，眼睛審視每一個學生，看他／她們是注視你／妳或眼看他方？以獲得大多數學生似乎是預備或願意做反應的感覺。

（二）要充分判斷教學的成功，應補充一些有關非正式結論和有更正式的評量，合併審查練習題、家庭作業以及正式的各種評量等資訊。

（三）提問一堆問題，在教學進行中的口頭問詢，是最有效的蒐集資訊的形式，有些教師一天問學生上百個問題，好的問題強化重要的觀點、確認誤解、維持學生注意、促進訊息的處理。

貳、師生互動即評量

發生在上課所有過程中的師生短暫互動時間，尤其是當他／她們以學生的作品或實作本位為中心的有目的的談話時，也可以做為有力的非正式形成性評量。

教師慣常採用講演或講述法進行教學，在教室內最常看到的場景是：教師一人在講台上唱獨腳戲，教本與板書交替呈現，無論是滔滔不絕或聲嘶力竭，台下的學生引起共鳴者有之，頻頻點頭者（打瞌睡的學生）有之；若能因時因地制宜，不管是問學生問題，或是檢視學生作品、作業，請學生做評論，均有促進學習的功用。課堂非正式形成性評量的機會及其功能摘要如下：

表 6-2　課堂非正式形成性評量的機會	
教師與學生互動	**潛在的學生益處**
1. 當學生在做功課時，教師觀察學生	提高學習動機
2. 教師檢測學生的功課	提高學習動機
3. 教師與學生協商作品品質標準	促進自我監控技巧
4. 教師提問重要問題，學生回應	理解的複述、理解的銜接
5. 教師要求澄清一個程序的步驟	促進回應、深思熟慮與自我覺知
6. 教師詢問學生，當她們解決問題時，為何採用特殊步驟或做特殊選擇	促進後設認知與深度理解
7. 教師批判學生的作品	質量標準銜接，促進自我監控技巧
8. 教師邀約學生批判他／她們自己的作品	質量標準銜接，促進自我監控技巧
9. 教師與學生協商下一步怎麼做	對過程的深度瞭解

資料來源：Frey, 2014: 78.

參、教師發問與問題類型

一、發問的目的與功能

在教學過程中教師提問學生問題，是一種重要的評量方式，其目的至少有兩個：（一）維持學生的注意力、（二）蒐集學生當下的理解程度。

Russell 和 Airasian（2012）認為發問的功能有下列數端：

（一）**提高注意力**：問學生問題是在上課進行中，維持學生注意以及參與學習活動過程的一種方法。

（二）**促進更深層次的加工**：問問題讓學生用語言表達他／她們的思想與觀念，因而促進思考與推理，導致更深層次的資訊加工。

（三）**促進由同儕身上學習**：問問題讓學生聽到他／她們的同伴，如何解釋與述說觀念、程序與主張。通常其他學生解釋事情的方法，更能

符合他／她們同伴的心。

（四）**提升強化作用**：教師發問以強化重點及觀念，所提問的問題，暗示
學生注意何以他／她們必須學習。

（五）**提供教學速度與控制**：問問題需要簡短的、正確的反應問題，一方
面調控教學速度，另一方面保持學生從事學習，並要求他／她們連
續關注。

（六）**提供診斷的資訊**：教師發問，提供教師關於個別學生與全班有關學
習的訊息，在破壞性最小的方式下發問，補充了他／她們非正式的
學生學習觀察的資訊；同時，在小組或團體合作學習活動中，在工
作完成後詢問團體成員問題，是評量小組或團體成敗的一種有用的
方法。

二、問題類型

教師僅簡單的問上任何一種問題類型，即表示一個教師是在進行形成
性評量，這是一種錯誤的想法。問題類型可以分類成：（一）低層次或低水
準問題，與（二）高層次或高水準問題。

（一）低層次問題

只需一個答案及再認或記憶能力去回應，若依照「布魯姆分類學」
（Blooms Taxonomy），應屬最低層次的記憶思維能力。低層次問題通常採
用的**發問詞**是下列**六種 W 類型**：是什麼（What）、為什麼（Why）、在何時
（When）、應如何（How）、在何處（Where）、是誰（Who）？

（二）高層次問題

有許多適當的答案，學生必須去應用、分析、綜合他／她們所持有的
事實性知識，以幫助他／她們解決新的問題（若已經在課堂上教過的就不
算高層次）。高層次問題的**發問詞**通常採用：解釋、預測、述說關係、區
分、判斷、產出等等措詞。

依據「問題類型學」（typology of questions），以資訊的寬度劃分問題類
型如下（Christensen, 1991）：

（一）**開放性問題**——你／妳對這個問題的看法如何？

（二）**診斷性問題**——這事件發生的原因如何？

（三）**資訊性問題**——臺灣何時舉行第一屆民選總統選舉？

（四）**挑戰性問題**——你／妳有什麼證據來支持你／妳的結論？

（五）**行動性問題**——我們如何解決大學過剩問題？

（六）**程序性問題**——提振當前經濟的最有效的三種策略是什麼？

（七）**預測性問題**——如果各縣市繼續抗爭十二年國教課綱會有什麼後果？

（八）**擴散性問題**——如果廢除死刑會有什麼後果？

（九）**類化性問題**——依據你／妳對高中校務評鑑之經驗，總結評鑑效度如何？

　　教師在教學過程中，如果能夠因時因地制宜，從教材與教學情境中提出有關的問題問學生，當能夠瞭解學生對課程與教材的理解程度，以便調整教學步伐。

三、發問的技巧

　　採用口頭問答的方式來促進學習，為了增進問答的有效性，建議教師在採用口頭問答時，應注意下列原則：

（一）所問的問題必須與教學目標有關

　　教師最好在一開始，就將一些高層次的問題引進教案中（在教案的備考欄）。

（二）避免問全體的或過於籠統的問題

　　因為有人不好意思承認不懂，有人認為既已教過就該懂，而事實上是不懂。

（三）使整個班級都在質問的過程中

勿老是問同一個學生，容易的問題問程度較差的學生；較難的問題問程度較高的學生，讓每一個學生都覺得老師很注意他／她，好像下一個問題就是要問到他／她。

（四）意識到問詢的方式是平均分配給全班學生

讓每一位學生都有回應問題的機會，並覺得自己正受到注意或重視。

（五）發問後給予一段足夠的等待時間再回應

學生需要整理思緒，低層次問題問過後，約等待 3 至 5 秒鐘，再叫學生起來回答；高層次問題問過後，約至少等待 10 至 30 秒鐘，再叫學生起來回答。切勿叫學生站起來後才問學生問題，這會增加學生焦慮，並且缺乏時間整理要回答的問題。

（六）所問問題應明確、直接，避免混淆

避免模糊的提示，問題應清楚明確，最好在上課前就備妥問題（詳見第二章第五節，編製教案的內涵），以免臨陣擦槍。

（七）以後續問題探求學生的反應

譬如，「請解釋你／妳如何得到這個結論」或「你／妳能不能換另一個例證？」來問「Why」的問題。

（八）問答是一個社會過程，應顧及學生自尊

尊重與鼓勵每一位學生回答，即使回答得再不得體、不正確、不完整或不合理，教師都不得挖苦、生氣或譏諷學生。

（九）認知到良好的問話也涉及良好的傾聽和回應

教師應仔細傾聽學生回答問題，辨別他／她的意義或弦外之音，並適時反饋學生。譬如：你／妳答得很好，或你／妳的見解很有價值。

（十）為少數學生，提供私人問話時間

部分學生羞於啟口，給予私下問答的機會，當他／她們在私下反應漸有信心之後，再慢慢讓他／她們參加公共討論（心理學上稱為行為改變技術）。

（十一）避免問那只有「Yes」或「No」的問題

若所問問題只要學生回答是或非，即使學生答對，也無從判斷他／她是「真的懂」或「假的懂」，除非還要學生解釋「為什麼」或「理由是什麼」。

（十二）避免總是問同一類型的問題

不但問事實問題，同時問學生如何應用、分析、評鑑，或綜合這些事實加以論證、說服他人或判斷。

本章摘要

1. 期初評量施之於開學之初，用以蒐集學生能力、興趣、態度與人格特徵資訊。

2. 計畫評量用在教學之前，藉以瞭解學生的學習準備度，做為教學切入點。

3. 形成性評量在教學中實施，做為監控學習進步與進度，並做調整教學策略依據。

4. 總結性評量在教學結束後實施，在查核教學目標達成程度，學生的學習成就。

5. 診斷性評量在教學中或教學後實施，目的在瞭解學生學習困難所在與原因。

6. 形成性評量主要在回饋學生與教師。

7. 正式形成性評量包括：測驗、小考、實作評量。

8. 非正式形成性評量包括：觀察、傾聽、問答。

9. 形成性評量的特徵：(1) 是過程而非某種測驗、(2) 用來監督學習、(3) 在教學過程中發生、(4) 在幫助教師與學生做調整，以達成學習目標。

10. 自我導向學習涵蓋：(1) 自我管理、(2) 自我監督和 (3) 自我修正。

11. 正向回饋是學生有所改善；反向回饋是學生尚未學得技巧或獲得深度學習。

12. 評鑑教師教學的標的：(1) 學生的興趣高低、(2) 教學策略的恰當性、(3) 學生的訴求、(4) 教學的步伐、(5) 學生的理解程度、(6) 活動起、止的最佳時機。

13. 形成性評量的效度證據：學生當下成就水準之資訊，與學習目標有關之資訊，和學生進展的資訊。

14. 發問的功能：(1) 提高注意力、(2) 促進訊息深層加工、(3) 促進同儕學習、(4) 提升強化作用、(5) 提供教學速度與控制、(6) 提供診斷的訊息。

15. 低層次聚斂性問題的發問動詞：6W（What、Why、When、How、Where、Who）。

16. 高層次擴散性問題的發問動詞：解釋、預測、述說關係、區分、求解、對比、判斷、產出。

自我評量

一、補充題：40%

1. 上課前可以實施什麼評量？_____

2. 教學中可以實施什麼評量？_____

3. 教學結束後可以實施總結性評量和什麼評量？_____

4. 形成性評量主要的回饋對象是誰？_____

5. 問答和觀察是一種什麼類型的評量？_____

6. 測驗和實作評量屬於什麼類型的評量？_____

7. 自我導向學習的內涵包括：自我監控、自我修正和什麼？_____

8. 正向回饋的訊息代表_____；反向回饋的訊息代表未學得技巧。

9. 形成性評量的效度證據採用：學生當下成就水準，_____，和學生進展的資訊。

10. 發問動詞採用「預測」是屬於_____問題。

二、論述題：60%

1. 在教學過程中提問題問學生，有何特殊意義？

2. 在實務上形成性評量可以採用哪些策略？

3. 發問有哪些實用技巧可用？

Chapter

07

總結性評量

本章教學目標

研讀完本章，你／妳將能夠：

1. 將總結性評量與期初評量及教學評量做比較。
2. 區分形成性評量與總結性評量之差異。
3. 解釋定期的總結性評量。
4. 區別優良教學與有效教學之差異。
5. 描述發展與計畫一個總結性評量所需做的決定。
6. 協助學生預備接受正式評量活動。

教師們在課堂上運用評量結果，協助他／她們瞭解學生的起點行為或先備知能、建立教室秩序規則、撰寫教案、選擇教材教法、在教學進行中監控教學過程、學生學習進步與學得有多好等等。

本章將重點放在教學後學習已發生的總結性評量。教師評量學生學業成就的方法有很多種，正式的測驗與評量也有不同形式，有些在測量學生記得多少，而有些在測量高層次的思考。但所有優良的測驗與評量有很多共同點，本章將詳細論述有效的總結性評量。

第一節　形成性與總結性評量

許多支持教師在教學進行中的決定，來自形成性評量的證據，這種資訊很少保存在正式紀錄裡，當教師與教室內的學生共處時，用它來指導師生之間的互動。這些觀察與知覺，幫助教師瞬間做出關於特定問題的決定、課堂秩序與教學進度的控制、這一課或這一單元之後下一步該怎麼做，以及學生對教學的反應如何。

壹、形成性 vs. 總結性

形成性評量主要用於「形成」（form）或「改變」（alter）正在進行中的課堂活動。雖然形成性評量是教師做決定的關鍵，它必須用更正式的學習評量來補充。

這種正式的評量是在一個單元或課堂活動結束之後執行，目的在提供當下學生能做什麼的學習結果的總結，稱為「總結性評量」（summative assessment），這些程序包括一個章、節的終結測驗、計畫結案、期末報告、期末考試等。

總結性評量的特徵如下：一、在一段教學活動結束後，評量學生的學習結果；二、它通常是非常正式的具有確定的應試規則和計分程序；三、判斷要點是基於學生知道、理解及能做些什麼；四、所提供的資訊主要是教師獲益；五、主要目的在決定成績，以及依據成績所做的相關決定（例如，分組、升級、取得文憑、跳級或接受特殊安置）（Russell & Airasian, 2012）。

　　總結性評量與形成性評量在目的、方法、運用時機及利害關係方面，有相當大的不同，茲將形成性評量與總結性評量的差異比較結果列如表7-1。

內涵／類別	形成性評量	總結性評量
目的	監控與指導教學與學習過程	判斷一個活動結束後是否成功
回饋對象	教師、學生或兩者皆是	限於教師
影響方式	直接影響教學與學習	間接影響教學與學習
計分標準	標準參照計分法	常模參照計分法
與成績關係	無關成績等第	影響成績等第
運用時機	教學進行中	教學活動結束後
風險程度	低風險	高風險
能否增進學習	能	不明顯
評量資訊之運用	教學進行中改進與改變教學程序	判斷整個程序的成功、分等第、成績、安置、升級、獎學金
評量技巧之類型	非正式觀察、臨時測驗、家庭作業、答問、工作單	正式測驗、計畫、期末報告、學期考試或學習檔案

表 7-1　形成性評量與總結性評量之差異比較

資料來源：著者整理。

　　教師可以用總結性評量來判斷一個學生理解到多少，或是做為教學結果學到多少的決定，這些決定譬如：分級和分組、建議學生是否應升級或跳級、如果他／她們有特殊的需求，安排特殊教育服務。這些評量最常見的形式是期中或期末測驗和成績單的報告。

貳、定期評量

　　定期評量（official assessment）是各級學校要求教師對學生做正式或定期的評量，不像其他評量多基於非正式的觀察。它呈現在成績單、學校紀

錄文件夾、標準化的測驗報告、以及在閱讀能力水平名單。此外，大多數的正式定期評量決定涉及到學生個人，而不是群體或班級。在課堂中，定期評量幾乎總是聚焦在學生的認知表現，通常是學生受教後學得如何。

定期評量及其結果的決定，是在一個學期結束或一個年級結束後實施，因而實施的次數當然少於形成性評量。定期評量決定學生能否畢業、成績和等第、安置、升級、獎學金等，影響學生校內、外的生活至鉅，特別稱之為「高風險的評量」（high-stakes assessment）（Russell & Airasian, 2012）。

國內各級學校的正式或定期評量情況有些不同：小學每學期有二至三次的月考（目前部分小學將月考縮減成二次，已引發部分學生家長抗議）；國民中學有三次的段考；高級中學有二次段考與一次期末考；大學則有一次期中考與一次期末考。成績的應用後果則與美國沒有太大差異。

第二節　好的教學與有效的教學

一、好的教學 vs. 有效的教學

「好的教學」與「有效的教學」有相當大的差異：

（一）好的教學（good teaching）歸諸於教學的**過程**，而有效的教學（effective teaching）歸諸於教學的**結果**。另外，好的教學聚焦在教師所用於準備或執行教學的過程和程序；但有效的教學進一步超越教學過程，聚焦在學生是否真正從教學中學到有用的東西。

（二）「好老師」（good teacher）是指「在新課程開始前先審查課程、說明合理的目標、維持適當的課程難度水準、使學生融入學習過程中、在教學時強調重點、給予學生實踐他／她們學習的願望、維持一個有利學習的教室環境的人」；而「有效能的教師」（effective teacher）是指「學生從他／她們被教過的內容或活動學到東西」（Russell & Airasian, 2012: 124）。

（三）總結性評量在尋求教學效能之證據，因此它們必須與教學目標、教學活動連結，並提供學生有效教學。

二、總結性評量的目的

總結性評量學生學習成就的主要目的：在「提供給學生一個公平的機會，去證明他／她們從教學中確實有學到東西」；不是在為難學生使他／她們挫折，也不在娛樂學生，確保多數人都拿優等。最主要是讓學生展示他／她們在課堂上，從教過的東西學到了些什麼。

第三節 計畫總結性評量

一般在一個單元或一個章或節的教材教學完成後，實施正式的總結性評量。在計畫總結性評量之時，應考量表 7-2 所列事項：

表 7-2　在計畫總結性評量的關鍵考量	
考量事項	**關鍵要素**
是否屬於高品質的評量？	• 適當的學習目標 • 與學習目標相匹配的評量方法 • 良好的信度 • 優良的效度 • 考量到公正與公平性
內容抽樣的適當性如何？	• 測驗藍圖（命題雙向細目表） • 採用足夠數量的測驗題目 • 涵蓋重要的學習結果
題目數量和長度適當嗎？	• 避免速度測驗；寧可多給時間勿短少 • 考量學生年齡（年齡少題目少） • 考量教學所用時間之長短
是否採用市面上發行的測驗？	• 檢核題目的品質 • 檢核是否配合教學 • 檢核評量的認知層次 • 結合教師自編題目

表 7-2　在計畫總結性評量的關鍵考量　（續）	
如何幫學生做準備？	・教學生應試技巧 ・使學生熟悉題目格式的範例 ・測驗前的複習
何時安排測驗或評量？	・避免分心（避開重大活動的日子） ・建構教學的／評量的地圖（公佈範圍） ・提前公佈測測驗日期
何時編製測驗或評量？	・測試日期之前做好 ・教學之前確定所需的證據 ・在施測之前完成

資料來源：修改自McMillan, 2014: 154.

　　下面是一位十年級（高一）國文教師在教「描述性短評」單元時，他／她的整個總結性評量計畫如下（修改自 Russell & Airasian, 2012: 127）：

壹、教學目標

　　先做班級國文能力預試，瞭解學生的程度；審視先前讀過的國文課程、所用的教科書，以及教師自己的教學資源。決定單元教學目標如下：

一、 **記憶**：認識描述性短評由主題句、子句與結語句組成；寫作過程包括打草稿、寫作和編輯三個階段。

二、 **理解層次**：能辨別主題句、子句與結語句的特徵；用自己的話，解釋三階段寫作過程的目的。

三、 **應用層次**：可以選擇描述性短評中的關鍵主題句。

四、 **分析層次**：為一個描述性寫作寫一個主題句。

五、 **評鑑層次**：寫出一篇描述性的短評；批判描述性短文的正當性、公平性與價值。

貳、雙向細目表

任課教師建構一個雙向細目表來識別學生用於證明認知程序、證明這些過程的內容，以及每個教學目標在教學中受到重視的份量。

一、雙向細目表

表 7-3 「描述性短評」單元教學目標雙向細目表						
	過程面向					
內容面向	記憶	理解	應用	綜合	評鑑	創造
草稿階段	√（短）*					
寫作階段	√（短）*	√（中）				
主題句			√（中）	√（長）**		
寫短評					√（中）***	（從缺）

註：√代表內容×過程；( )內文字，代表教學時間。

教學目標分成兩個面向：內容面向與過程面向。**內容面向**包括教學的主題與評量；**過程面向**就是「新布魯姆分類學」的六個認知層次，列出它與內容面向的關係。

二、編寫教案

教案構想如下：

（一）在選擇教學活動方面——採用教科書中所提供的建議補充與強化教科書。

（二）設法讓學生在每一個目標都有實務練習的機會。

（三）利用團體討論活動，讓學生表達個人意見心得，產生相互回饋，任課教師並伺機協助學生整合意見做成初步結論，再予以指導修正成最後結論。

參、進行教學活動

教學目標與活動都準備妥善後，就要展開教學活動。任課教師是這樣進行：

一、首先介紹在寫作過程中的三個階段

（一）打草稿——辨識讀者的意圖、目的與最初的理念；

（二）寫作主題句、子句及結語；

（三）進行本文的編輯——告知學生希望他／她們記得短評的三個內涵與寫作三個階段的名稱。

二、分配給學生不同的主題

要求學生說明他／她要怎麼計畫進行這三個步驟；要學生說出每一個步驟對優良作品的必要性理由。

三、介紹短評文章的概念

要學生去閱讀該篇描述性的短評，嘗試找出一個共同性的結構。

四、提醒學生一篇短評內涵

短評係由一個主題句、許多子句以及結語句組成，然後讓學生在各種短評中辨認主題句、子句以及結語句。

五、要學生寫作

根據自己所分配到的短評文章，寫出他／她們自己的主題句與結語句。任課教師在單元教學完畢後以預先自編的課堂測驗，測量學生的初步學習成果，發現學生誤解「主題句」一定要擺在短評的開頭，因此，任課教師又蒐集展示給學生許多篇短評文章，證明上面許多主題句並不都在短評文章的開頭。

六、要求學生寫描述性的短評文章

肆、計畫測驗／評量

　　教師在決定正式的總結性評量應包括哪些內容，以及採用什麼類型的評量項目之前，應該先考慮下列問題（Russell & Airasian, 2012）：

一、該如何測量

　　首先該做的重要決定是：確定所要測量的資訊、程序與技巧。一個有效的成就測驗，是一個能提供學生公平機會展示他／她們從教學中學到什麼東西的資訊。因此必須考慮到教學目標與所提供的教學實務，因為教學目標有時在教學進行中會有所調整。

二、評量項目的類型

（一）**知識目標**：說出寫作過程三個階段的名稱，這是最低層次的認知記憶，最佳題型：補充題和選擇題。

（二）**理解目標**：用自己的話解釋、應用與綜合三個目標，最佳題型是補充題。

（三）**分析目標**：選擇一個主題句，最佳題型是選擇題。

三、測驗時間

　　測驗時間長短需視受試學生「年齡」以及「一節課的時間長短」而定。測驗時間的長短以及測驗題目的多寡，一般的規範如下（Russell & Airasian, 2012）：

（一）**測驗時間的長短**

1. 國小學童（K-6年級）以15-30分鐘為度，有時尚需考慮測驗的科目與題目類型。

2. 國、高中（7-12年級）學生以「一整節」50分鐘為限；有時設定40分鐘，留下一些時間給那些總是要求「再給一分鐘」（one more minute）才要繳卷的學生。

（二）測驗題目的多寡

1. 年幼學童用短測驗（題目較少），只測驗極少數的教學或學習目標。

2. 每一個目標的題目數量，視：

   (1) 該目標所佔的教學時間長短，及

   (2) 該教學目標的重要性而定。

3. 不必限定每一個目標的測驗題目數量相等，但是，每一個目標至少都要有一些測驗題目。

依據上述規範與實際教學結果，總結性評量計畫轉化為「總結性評量」雙向細目表，代表該項評量的「內容效度」證據之一。

表 7-4 「總結性評量」雙向細目表							
內容面向	認知面向						總計（%）
	記憶	理解	應用	分析	評鑑	創造	
短評三內涵	1b(2.5)						2.5
寫作三階段	1b(2.5)		1c(10)				12.5
句子類別		2b(5)		3a＋3c(42)			47
短評寫作				2a(8)	1d(15)		23
短評批判						1d(15)	15
合計（%）	5	5	10	50	15	15	100.0

註：a＝選擇題；b＝填充題；c＝簡答題；d＝論述（問答）題；( )內數字代表%
資料來源：修改自Russell & Airasian, 2012: 128.

伍、選用測驗

一個單元或一個科目的課程或一個學期結束，為了瞭解學生從教學中已經學會什麼，通常需要實施正式的總結性評量，評定學生成績，提出成績報告、做出等第、升級、畢業、獎學金等決定，並向家長報告他／她們

的子弟在學校的各種表現。由於這種評量也涉及到教師的福利以及學校的補助經費與預算，因此，總結性評量被稱為高風險的評量。

總結性評量可以採用標準化成就測驗，也可以採用教師自編成就測驗。標準化成就測驗的信度與效度高，但是無法完全適合不同的學校班級情境；教師自編測驗雖能因時因地制宜，信度與效度卻較低。

著者評鑑與訪視國內各類型中等學校及國民小學，定期評量（月考、段考、期中考、期末考）類多以科目為主，由科任教師輪流（或以同年級該科目教學節數最多者）負責編製月（段）考、期中考、期末考等總結性評量試題，經「審題教師」審查或徵詢其他同科目教師意見，再經修訂後施測同年級學生，以「百分數制」評定成績，並訂定年級常模，通常是採用百分等級常模。這種做法等於是將標準化測驗與教師自編測驗混合的折衷辦法。月考（國小）、段考（國、高中）、期末考題目每次施測完畢，都必須送縣市教育處局或教育部國民及學前教育署備查。

另外，有些學校在平常課堂測驗或段（月）考與期末（終）考試，則採用出版書商的「黃卷」進行評量，成績仍然會公佈在學校網頁，供個別學生與家長查閱。但不論是採用哪一種評量方法，總結性評量的指導原則是一、明確地與教學目標相結合；二、評量的是重要的學習結果；三、有足夠的題目去評量所有或大多數的教學目標；四、評量的主要內容確實是教過的教材；五、所使用的評量方法必須切合學生的背景與先前的經驗。

第四節　幫助學生面對評量

Ebbinghaus 在 1888 年左右所做的實驗，發現「遺忘曲線」（forgetting curve）在最初的幾個小時下降的速度最快，然後慢慢趨緩（記憶實驗的素材採用無意義音節）。因此，幫助學生保留記憶的學習方法，可以採用「再學習」（relearning）或「複習」（review）策略。

壹、測驗前的複習

一、複習的方式

　　教師在單元教學或教科書教學，向學生介紹許多學習目標，學生記憶猶新的教材內容，是教師在課堂上最近所教的主題，因此在實施正式評量之前，提供學生複習的機會是很實際的措施。複習的方式有許多種，譬如：開闢「問與答」時間、主要概念的書面或口頭總結、或者實施一個隨堂測驗或臨時測驗。目前有些學校在網路教學平台上也開闢「師生部落格」或「問題討論區」，供師生對話。

二、複習的目的

　　複習有許多目的：防止遺忘、補充先前所教、提供學生最後一次實踐行為與技巧的機會、給予學生質問不清楚所在的機會，複習幫助學生掌握主要觀念的理解。複習應涵蓋所教過全部範圍的主要概念與技巧，有些教師不幫學生做複習，因為他／她們怕複習時說溜了嘴，洩漏了測驗的內容。其實，複習是一個章節或單元最後的教學活動，它給予學生實踐技巧的機會、辨識對概念的誤解。

三、複習的要領

　　在學生接受正式測驗之前幫學生做複習，就是在幫助學生面對測驗或評量。教師常以這樣的說話方式來複習：「這些都是觀念、主題和技能的例子，希望你／妳們都必須學到；這是最後一次練習。如果你／妳有問題或困難，在測驗之前複習它們。」（Russell & Airasian, 2012: 138）對複習練習題或問題應該是相似的，但不完全相同，練習題或問題將彌補最後的測驗。大多數教科書包含章節或單元中的複習，在測驗前使用。

　　課堂成就測驗絕對不可哄騙學生，要他／她們回答從未教過的問題，或製造一個高焦慮的測驗情境；而是要提供一個公平的機會，給學生展示他／她們已經學會什麼，在測驗之前做相關的複習，將可幫助他／她們達成這目標。

貳、熟悉問題格式

　　課堂測驗若要使用一種學生不熟悉的問題格式，必須在測驗實施前先經過練習。這種練習的需求對於國民小學中、低年級學童特別重要，因為是他／她們第一次碰到這些配對題、是非題、選擇題、填充題、簡答題等等。學生必須學會每一種類型的問題，期望他／她們做什麼，或瞭解如何去作答。

　　讓學生熟悉測驗題目格式的最佳時機，是在實施章節或單元測驗之前的複習。新題目類型與反應格式的「預試練習」（pretest practice），可以降低測驗焦慮，確保更有效的學習評量。除了讓學生熟悉題目類型與反應格式之外，尚有一種普遍的一套應試指南，可以幫助學生在測驗上做最佳表現。這些指南無法使學生克服自己不用功及教師教學差勁的障礙，它專門聚焦在測驗過程中。表 7-5 是在測驗之前，對學生接受測驗或評量的一些建議：

表 7-5　學生應試策略指南
一、　細心閱讀指導語（作答說明）。
二、　找出問題要如何計分，是否所有問題都同樣計分？是否會因為拼寫、語法或整潔等缺點而扣分？
三、　調整你／妳的作答速度，不要在單獨某一題花費太多時間，以確保能夠答完整份試卷。
四、　問答題作答之前，先計畫與組織回答的內容再下筆作答。
五、　嘗試去回答所有的問題。猜題不受罰，若不知道答案時，不妨猜猜看。
六、　使用一個單獨的答案卷時，要經常檢查，以確認你／妳的答案寫在正確的位置。
七、　在良好的身體和精神狀況下應試，避免熬夜準備測驗或考試。
八、　在繳卷之前，請仔細從頭到尾再檢查一遍，看看是否有遺漏的答案未答。

資料來源：修訂自Ebel & Frisbie, 1991.

參、作答技巧／測驗高手

　　測驗作答時有一套可以幫助學生辨認命題者撰寫題目時，透露出線索而剔除錯誤，找到正確答案的技巧，稱為「聰明的測驗技巧」（testwise skills）。在面對**選擇題**時，聰明巧計的學生，會揣摩命題者、搭配機率計算、採用刪除法、意外線索等，採用表 7-6 之高明策略作答：

表 7-6　選擇題作答之高明策略
一、　如果使用「一些」或「經常」或類似模糊等字眼做為選項之一時，它很可能是正確的選項。
二、　選項中最長或最精確的說明，它很可能是正確的選項。
三、　任何選項若有語法或拼寫錯誤者，它很可能**不是**正確的選項。
四、　選項若與題幹不搭調者，它很可能**不是**正確的選項。
五、　與其他選項不同性質的選項，它很可能**不是**正確的選項。
六、　不知道正確答案時，排在第二與第三個順位的選項，可能是最好的選項。
七、　正確選項有時會按照某種順序安排，譬如：ABCDABCD 或 ABCDDCBA 或 AABBCCDD 或 DDCCBBAA 等排列法。

資料來源：修訂自Russell & Airasian, 2012: 139.

　　教師應該熟悉一般的測驗錯誤，當他／她們編寫或選擇測驗項目之前，能夠預先加以防範，盡儘量避免這些錯誤。為了提升依據測驗結果所做的推論與決定的效度，確保學生選對正確答案是因為他／她們確實學會、精熟內容或是技巧，而不是因為他／她們是「測驗高手」，擁有高超的作答技巧。

肆、測驗時段的安排

　　前面我們一再強調在對學生實施評量之前，教師應提供學生複習、認真讀書以及回應教學（如問答時間）的機會。此外，必須思考學生可能「最佳演出或表現時間」。總結性評量屬於成就測驗，也是一種最大表現測驗，測驗時間必須有妥善的安排，學生才有最佳表現可能，應儘可能避

免無關因素的干擾。因此，實施測驗時間的安排，必須注意表 7-7 所列事項：

表 7-7　測驗時段安排應注意事項
一、避免在學校舉行重大活動（例如：校慶或全校性競賽活動）前、後實施測驗，因為學生無心應試。
二、避免在國家重要節慶（例如：國慶日、端午節）前後實施測驗，因學生團體（如樂隊、儀隊、啦啦隊、舞龍舞獅隊）常受邀或被指定參加校外演出活動。
三、避免在連續長假（例如：清明節＋婦幼節＋春假）前後實施測驗，學生既無心準備功課又不敢盡情玩樂。
四、避免邀請非任課教師代替實施測驗。因為他／她可能無法回答學生問題、增加學生忙碌與不適應，難有最佳表現，尤以年幼學童為甚。
五、避免在體育課、勞作課、班級競賽或午餐後實施測驗，學生演出或表現會不如預期，無法達到預期目標。
六、避免在天災（例如颱風、大地震）或人禍（學校發生示威抗議活動、槍擊、恐怖攻擊、意外命案）發生後舉行測驗或評量，此時是學校危機處理的關鍵時刻。

資料來源：著者整理。

伍、公佈測驗相關訊息

　　為了減少學生的測驗焦慮，教師在實施測驗之前，口頭或在教學網路平台正式告知學生，有關此次測驗何時舉行、包括哪些範圍？包括哪些題目類型？各類型題目成績佔多少％？測驗時間有多久？這是很得當的做法，這些因素無可厚非的，一定會多多少少影響到學生接受測驗的準備。教師提供這些訊息，可以幫助學生減少伴隨宣告測驗所帶來的焦慮。但是，正式告知學生測驗相關訊息，這即將到來的測驗，也可以變成是強化學生用功的助力。

　　下面是進行總結性評量使用的檢核表，提供中小學教師做為參考。

表 7-8　總結性評量檢核表		
檢核表		
	是	否
1. 是否已完成所有的教學活動？	＿＿＿	＿＿＿
2. 是否採用最適當的評量方式？	＿＿＿	＿＿＿
3. 是否涵蓋各類型題目？	＿＿＿	＿＿＿
4. 是否包括主要的學習目標？	＿＿＿	＿＿＿
5. 是否公佈評量相關訊息？	＿＿＿	＿＿＿
6. 是否對學生做複習？	＿＿＿	＿＿＿
7. 如有新型題目是否先讓學生預習？	＿＿＿	＿＿＿
8. 命題是否設計雙向細目表？	＿＿＿	＿＿＿
9. 是否為評量設計計分量規？	＿＿＿	＿＿＿
10. 是否告知學生評量的主要用途？	＿＿＿	＿＿＿
11. 是否鼓勵學生盡最大表現？	＿＿＿	＿＿＿
12. 是否避免在長假、重大節慶或活動前後實施？	＿＿＿	＿＿＿
13. 是否確保對各類學生的公正公平性？	＿＿＿	＿＿＿
14. 做為重大決定是否由多位評定者計分審核？	＿＿＿	＿＿＿

資料來源：著者編製。

本章摘要

1. 學習評量在幫助教師們：(1) 瞭解學生的起點行為或先備知能、(2) 建立教室秩序規則、(3) 撰寫教案、(4) 選擇教材教法、(5) 監控教學過程與學生學習進步。

2. 總結性評量的特徵：(1) 在教學活動結束後進行、(2) 有正式的應試規則和計分程序、(3) 判斷學生所知、所能、(4) 主要是教師獲益、(5) 目的在決定成績，以及依據成績所做的相關決定。

3. 定期或正式評量決定學生能否畢業、成績等第、安置、升級、獎學金等，稱之為「高風險的評量」。

4.「好的教學」係指教師用於準備或執行教學的過程和程序；「有效的教學」聚焦在學生是否真正從教學中學到東西。

5.「好老師」是指教學用心盡責的人；「有效能的老師」是指學生從他／她們被教過的內容或活動學到東西。

6. 總結性評量在尋求教學效能之證據，必須與教學目標、教學活動連結。

7. 總結性評量學生的主要目的：在「提供給學生一個公平的機會，去證明他／她們從教學中確實有學到東西」。

8. 教師實施測驗前必須決定：(1) 測驗內容、(2) 題目類型、(3) 測驗時間、(4) 選用測驗。

9. 總結性評量計畫涵蓋：(1) 決定教學目標、(2) 建構雙向細目表、(3) 進行教學、(4) 計畫測驗、(5) 選用測驗。

10. 測驗時間：(1) 小學六年級以下以 15-30 分鐘為宜、(2) 七年級（含）以上 50 分鐘。

11. 測驗題目多寡：(1) 年幼兒童題目少，年長學生題目多；(2) 比照教學時間的長短。

12. 複習目的：(1) 防止遺忘、(2) 補充先前所教、(3) 提供實踐行為與技巧的機會、(4) 給學生質問不清楚所在、(5) 幫助學生掌握主要觀念的理解。

13. 告知學生有關測驗訊息，有利學生準備接受測驗，減少測驗焦慮。

14. 在國家重大慶典、學校重大活動、長假或學校意外事件發生之前、後，不宜安排測驗或評量。

自我評量

一、選擇題：請選出下列問題的最佳答案，答錯不扣分，計 40%。

1. 下列哪一種考試具高風險屬性？

    (A) 小考　　　　(B) 臨時測驗　　　(C) 月考　　　　　(D) 期末考

2. 下列哪一種評量屬於高風險評量？

    (A) 形成性　　　(B) 診斷性　　　　(C) 定期性　　　　(D) 計畫性

3. 六年級以下學生測驗時間以多少分鐘為宜？

    (A) 10-20　　　(B) 15-30　　　　(C) 20-40　　　　(D) 25-50

4. 測驗題目的多寡如何決定？

    (A) 依照年級高低由低到高逐年增加

    (B) 依照題目難度由易而難逐題減少

    (C) 依據教學所用時間長短取捨

    (D) 重要教學目標題目多，次重要目標較少

5. 好老師是指哪一種人？

    (A) 個性溫和少發脾氣　　　　(B) 用心準備教學認真

    (C) 教學功夫技巧高超　　　　(D) 照顧學生無微不至

6. 有效能的老師是指哪一種人？

    (A) 學生確實從他／她那裡學到東西

    (B) 他／她教過的班級升學率最高

    (C) 教學靈活口若懸河滔滔不絕

    (D) 視學生若子女深具同理心

7. 必須先計畫與組織回答的內容，是指作答哪一類題目類型的要訣？

    (A) 選擇題　　　(B) 補充題　　　　(C) 配合題　　　　(D) 論述題

8. 下列哪一個敘述是正確的說法？

   (A) 與題幹的文法不一致的選項，可能是正確答案

   (B) 敘述最詳盡的選項，可能是正確答案

   (C) 與其他選項性質一致者，可能是正確答案。

   (D) 第一順位的選項，可能是最好的答案。

9. 下列有關複習的陳述，何者錯誤？

   (A) 複習時一不小心會洩漏測驗內容

   (B) 複習範圍應包括全部重要概念與技巧

   (C) 複習是教學的最後一個步驟

   (D) 複習應該在測驗之前實施

10. 何時實施總結性評量？

   (A) 開學後的前幾天　　　　　(B) 單元教學進行中

   (C) 連續假期放假前　　　　　(D) 單元教學結束後

二、論述題：60%

1. 試述總結性評量具備哪些特徵？

2. 好老師與有效能的老師的同異點如何，請述其詳。

3. 幫學生複習有哪些要領？

4. 什麼樣的人是測驗高手？

Chapter

08

客觀測驗Ｉ──
補充、是非、配合題

本章教學目標

研讀完本章，你／妳將能夠：

1. 描述補充測驗題的用途。
2. 理解補充測驗題的優缺點。
3. 編製補充測驗題目。
4. 描述是非題或二選一反應題。
5. 理解是非題或二選一反應題的優缺點。
6. 編製是非題或二選一反應題的項目。
7. 描述配合題。
8. 理解配合題的優缺點。
9. 編製配合題。

每一種測驗題目類型都有它本身的獨特特徵、用途、優勢、限制，以及編製準則。測驗／評量若依照計分的方式，可分為客觀測驗與主觀測驗（Linn & Gronlund, 2000）：

一、**客觀測驗又可分為：**（一）測量簡單學習結果的 1. 簡答題、2. 是非題，與 3. 配合題；（二）測量複雜學習結果的 1. 選擇題，和 2. 解釋題。

二、**主觀測驗又可分為：**（一）限制反應論述題，與（二）擴展反應論述題。

測驗／評量若依照**作答反應的方式**，可分為選擇反應評量與建構反應評量（McMillan, 2014）：

一、**選擇反應評量可分為：**（一）二元選擇題（二選一題或是非題）、（二）選擇題、（三）配合（對）題、（四）解釋題。

二、**建構反應評量可分為：**（一）補充（完成）題、（二）簡答題、（三）論述（文）題。

本章僅限於簡式（simple forms）客觀測驗題的編製，包括一、簡答題，二、是非題或二擇一題，以及 三、配對練習題；全部歸納稱為「補充型測驗題」。這些題型用於測驗／評量，大多限於測量知識領域方面的簡單學習結果。每一種題目類型的討論都附上一個檢核表來審查題目的品質。

第一節 補充型測驗題

簡答題（short-answer items）和填充（空）題（completion items）都屬於補充型測驗題（supply-type test items），可以用一個字、短語、數目或符號作答。名稱不同，基本上只是呈現問題的方法有差別：簡答題應用一個直接的問題；填充題則是由一個不完整的句子組成。

例題 1

簡答題

· 促成東西文化交流的兩大事件是什麼？（十字軍東征和蒙古西征）

> **填充題**
> · 促成東西文化交流的兩大事件是 _____。（十字軍東征和蒙古西征）

　　這類型的題目可以應用到語文、數學、自然與社會科學和其他認知領域，解題必須由學生來補充或接應。

壹、補充型測驗題的應用

　　補充型測驗題適合測量種類繁多的相對簡單的學習結果，下列結果與測驗題目說明它的一般用途：

> **例題2**
>
> **術語知識**
> · 沙漠中若水源充足，具有農業景觀的地區，稱為_____。（綠洲）
>
> **具體事實知識**
> · 我國境內 1 元以上新臺幣可行使債權，因它具有_____性質。（無限法償）
>
> **原理知識**
> · 光由光速慢的介質進入光速快的介質，折射線會_____法線。（偏離）
>
> **方法或程序性知識**
> · 稀釋濃硫酸的程序應如何？（將濃硫酸慢慢注入水中）
>
> **單純解釋資料**
> · 從南來，往北去，不是什麼？_____（東西）
> · 918 事變的「9」這個數代表什麼？_____（月／月份）
> · 30 米長的電線連續對折剪斷 3 次，最後每一段的長度是多長？_____（3.75 米）
> · 傷口發炎時，血液成分數量會增加的是_____。（白血球）

當簡答題用來測量圖表、圖形、圖案的數據解釋時，可以編寫成更複雜的「簡答解釋題」。數學和科學領域問題的解決方案，可以透過數字或符號表示。下列例題說明這種用法：

例題3

解決數量問題的能力

- 長 13 公尺的梯，下端著地，上端靠牆，梯底離牆腳 6.5 公尺，則梯子與地面形成的角是＿＿＿＿度。（60）

操作數學符號的能力

- 一元一次不等式 $(X - 2) / 5 - (X - 1) / 6 \leq 1 / 2$ 的解為＿＿＿＿。（$X \leq 22$）

完成與平衡化學方程式的能力

- $2MgO + C \rightarrow (2Mg + CO_2)$

上面那些例子，使用簡答題是最佳策略，學生必須實際解決問題，操作數學符號以及完成平衡方程式才算回答正確。有時也可嘗試採選擇形式去測量像問題解決的活動，以備選答案的方程式來替代。

例題4

補充題型的優越選擇型

- $108 \div 3 = ?$　A 35　Ⓑ 36　C 37　D 38。
- 若 $X / 36 - X / 6 = 15$，則 $X = ?$　A 96　B 102　Ⓒ 108　D 114。

以選擇題測量「辨認平衡化學方程式」能力，所要求的不過是一種算術知識，較簡單；以簡答題測量「完整與平衡化學方程式」的能力，要求廣泛的化學反應及其結果產物，較複雜。

一般而言，要測量學生具體的學習結果，應該採用補充型測驗題。但也不必放棄選擇題，因為許多簡單的事實資訊的知識，改採選擇題，非但不會降低測量的效度，其結果反而增加客觀性且易評分。在決定採用簡答題或其他類型題目的時候，最好遵循這樣的原則：每一種學習結果盡可能

直接測量，採用最適合測驗目的的測驗項目類型（Miller, Linn, & Gronlund, 2013）。

貳、補充題型的優勢與限制

一、優勢

補充型測驗題是最容易編製的測驗題之一，因它經常測量相對簡單的學習結果。除了數學與自然科學所測量的問題解決學習結果之外，補充型題目所測量的幾乎僅僅是記憶性資訊的回憶能力。

補充型題目一個比較重要的優點是學生必須去「補充接應答案」，這樣能防止學生憑猜測答對正確答案，必須回憶所問的資訊，或對呈現的問題做必要的計算來解決問題。部分知識可能使學生選對選擇題的正確答案，但不足以回答正確的簡答題或補充題型答案。

二、限制

補充題或簡答題在使用上有幾個主要的限制：

（一）不適合測量複雜的學習結果；

（二）計分困難，除非問題的措辭非常小心。

許多不同正確程度的答案，可能要考量算是「全部答對」或給「部分分數」。請看下列例題：

例題 5

題目：<u>陳水扁先生出生在什麼地方？</u>＿＿＿＿＿（臺南市）

---

1. 因為題目出的不夠嚴謹，答案可以是國家、省名、縣市名或鄉鎮名；而且如果學生以縣市名作答，「臺南縣」（改制前）與「臺南市」（改制後）都是正確答案。因此命題者若心中認為正確答案是「臺南縣」，其他的答案可能必須考慮給分。

2. 如果全部或部分「拼寫錯誤的單詞」算答錯，學生的成績將反映不同程度的知識和拼寫技能。假使拼字詞不在計分之列，教師仍然必須決定學生拼詞錯誤是否真正知道正確答案。

（三）它有個主要限制，就是計分費時，難以機器計分；並且

（四）比選擇題所得到的分數不客觀。

參、編製補充題型的建議

補充測驗題即使被認為是最容易編製的測驗題之一，但是也有一些缺點。下列建議可幫助教師免落陷阱，並提供保證測驗題目能達成預期的功能（王文中等，2006；余民寧，1997；陳李綢，1997；郭生玉，1999；Linn & Gronlund, 2000; McMillan, 2014; Miller, Linn, & Gronlund, 2013; Waugh & Gronlund, 2013）：

一、題目措詞應簡單明確

題目應使用正確的、簡短的、直接的與易於瞭解的措辭，在測驗剛開始前，就應該以指導語清楚地傳達給學生「正確答案應是字、片語、數量或符號」。

（差）肝臟的功能是什麼？（解毒、排毒、分泌膽汁）

（優）肝臟和消化有關的功能是什麼？（分泌膽汁）

二、題幹勿直接抄襲教科書或講義

從教科書中抄寫一段語詞當補充題的題幹，往往會斷章取義，因為一般教科書陳述通常過於籠統和模糊，難做為良好的簡答項目。

（差）大地震過後會有小地震，稱為什麼？（餘震）

（可）主地震過後幾小時又發生若干地震，這些後來的地震統稱什麼？（餘震）

三、直接問答式優於不完整敘述題

平常課堂討論大多採直接問答語氣，直接問問題對學生來說比較自然，尤其是年齡較小兒童初次接觸簡答題更應謹慎；另外，直接問答式的題目結構較完整，答案較明確；不完全敘述題目結構不嚴謹，導致可能答案有好幾個，學生難以決定，也增加評分困難。

（差）印度「種姓制度」的產生與什麼有密切關係？（婆羅門教）

（優）印度「種姓制度」的產生與哪一種宗教有密切關係？（婆羅門教）

四、答案應指出數值單位名稱

若答案必須指出數值，則必須呈現單位名稱，這樣不但能澄清問題，同時容易評分；反過來說，國際交流頻繁，異國異地慣用的度、量、衡單位或幣制不同，易造成混淆，或是幾個答案都應算正確答案。

（差）長跑選手平時練習長跑平均 100 公尺需 20 秒鐘，如果參加馬拉松賽跑（42,195 公尺）要跑多久？（2.34 小時 / 140.65 分鐘 / 8,439 秒）

（優）某長跑選手平時練習長跑平均 100 公尺需 20 秒鐘，如果參加馬拉松賽跑（42,195 公尺）要跑幾小時（請準確至第二位小數）？（2.34 小時）

問題如果同時指出答案所需回答的精確程度也有幫助，譬如上述例題：問「要跑幾小時？」如能同時再註明「準確至第二位小數」，正確答案就只有「2.34 小時」；否則有些學生以為小數位數越多位，答案越正確、越有價值，浪費時間去計算小數（如 2.34416 等等）而妨礙他／她們作答其他試題的機會，降低測驗結果的效度。

五、正確答案位置宜放在右側，空白處或畫線處應等長

正確答案作答位置放在題目右側，是方便正確評分；若依據正確答案字串長度，預留正確答案空白處或畫線處，例如正確答案是片語則所留空白處較長；正確答案是單字或單詞，所留空白處較短，正是**違反**命擬客觀測驗題時「不經意的提供線索」的準則。

（差）Mary is sitting near by the d____r.（door）

Tom and Joanne are looking at b_____d.（blackboard）

（優）Mary is sitting near by the d____r.（door）

Tom and Joanne are looking at b____d.（blackboard）

六、採用補充題時，勿留太多空白處

題幹陳述太長，空白處易肢解題目原意，學生們必須去猜測老師的初衷是什麼。原因就是完整的句子拆解成片段留下空白，會使得原先以為用來測量代表學生成就的複雜學習結果，變成在測量學生的靈巧機智。

（差）<u>太陽</u> 東升西落，是因為地球 <u>自轉</u> ，所以月亮也是<u>東升西落</u> 。

（佳）太陽東邊升西邊落，是因為地球自轉，所以月亮也是<u>東升西落</u>。

七、詞句敘寫完整，只能有一個正確答案

（差）　A. <u>哥倫布首次登陸</u>「美洲」_____。

（修正）B. <u>哥倫布首次登陸</u>「美洲」在_____。

（良）　C. <u>哥倫布首次登陸</u>「美洲」在西元_____年。

A 的答案可與年代無關，且有太多可能答案；B 的答案可以是年代、地點、探險等等；C 的答案明確是指時間──年代。

八、避免透露出正確答案線索

學生會尋找句子的措辭方式和空白的長度，可能表明一個正確答案的線索。最常見措詞的錯誤是使用多個動詞和措詞的句子。答案空白處短，正確答案可能是單字或單詞；答案空白處長，正確答案可能是一個完整句子。

（差）1. The two legislative branches of the United States federal government are the_____and the_____ ____

_____ 。

（可）2. The two legislative branches of the United States federal government are the_____and the_____ 。

（Senate; House of Representative）

上述第 1 題的空白處很明顯依照正確答案的「字元」長度，量身訂製，修訂成第 2 題以後，這個線索消失不見了。

在編製簡答題時，除了預備雙向細目表外，還可以用表 8-1 簡答題項目檢核表來審查測驗題目的品質。

表 8-1　補充測驗題與簡答題項目檢核表

檢核表

	是	否
1. 是否採用最適合評量學習結果的題目類型？	____	____
2. 題目是否盡量簡潔扼要？	____	____
3. 題目是否包括重要教學與學習目標？	____	____
4. 題目是否依據雙向細目表命題？	____	____
5. 是否避免直抄教科書課文或講義？	____	____
6. 是否可以採用單字、片語、數值或符號作答？	____	____
7. 題目選項是否避免語文的線索？	____	____
8. 題目是否明確說明只有一個正確答案？	____	____
9. 題目的遣詞用字是否太艱澀難懂？	____	____
10. 正確答案的位置是否放在題目的末端？	____	____

表 8-1　補充測驗題與簡答題項目檢核表 (續)		
11. 正確答案的空白處長度是否足夠且等長？	＿＿＿	＿＿＿
12. 數值答案是否界定數值的精準度？	＿＿＿	＿＿＿
13. 數值答案以單位表示時，是否明確指定單位名稱？	＿＿＿	＿＿＿
14. 是否已在測驗指導說明，要盡量減少拼寫錯誤？	＿＿＿	＿＿＿
15. 經過訂正後，題目是否仍然與預期學習結果相關聯？	＿＿＿	＿＿＿
16. 題目長度（數量）與時間限制是否做過適當考量？	＿＿＿	＿＿＿
17. 題目是否曾暫時擱置一旁以待複審時機？	＿＿＿	＿＿＿
18. 題目是否曾請任教同科目教師表示過意見？	＿＿＿	＿＿＿
19. 題目是否曾抽樣幾位學生做預試，並檢討題目適當性？	＿＿＿	＿＿＿

資料來源：著者整理。

第二節　是非題

　　是非題（true-false items）又稱二擇一反應題（alternative-response items）和二元選擇題（binary-choice items）都是由一個陳述句組成，要求學生將該陳述句標示真或假、對或錯、正確或不正確、是或非、事實或意見、同意或不同意等等。任何情況下都是只有二個可能答案，因為「是-非」選項最常見，因此這種題型常簡稱**是-非題**，但是有些與簡單的是-非題型差異偏離相當大，且有自己的特徵存在。因為這個理由，有些人偏愛「二擇一反應」測驗題。本書採用較為普遍使用的「**是非題**」名稱。

壹、是非題的功能

　　是非題有許多種評量功能，以下分別舉例說明：

一、功能一：測量事實性知識

　　在測量辨認事實陳述的正確性、術語的定義、原理的說明等等能力時，最常用的測驗題型可能就是「是非題」，因為測量這種相對簡單的學習結果，使用一個聲明語句，搭配數個回應方法中的任何一種都可以使用。

例題 6

說明一：閱讀下列問題，如果問題是真，請在「真」字畫個圓圈；若問題是假，請在「假」字畫個圓圈。

（真）　假　　1. 二氧化錳和雙氧水的交互作用可製造氧氣。

真　（假）　2. 把燃燒的蠟燭放進二氧化碳中，蠟燭會燒得更旺盛。

（真）　假　　3. 把二氧化碳通入澄清的石灰水中，石灰水會變成乳白色。

說明二：閱讀下列問題，如果答案對，請在「對」字畫個圓圈；若答案錯，請在「錯」字畫個圓圈。

對　（錯）　1. 支氣管炎是感冒可能引起併發症中最厲害的一種疾病。

（對）　錯　　2. 會寄生在人體內吸取大量血液造成貧血的是鉤蟲。

（對）　錯　　3. 先將垃圾焚化後再掩埋，可延長垃圾掩埋場十倍壽命。

二、功能二：測量區別能力

是非題的功能之一，在測量個人意見與事實的「區別能力」，請看下列例題：

例題 7

說明：閱讀下列問題，如果答案對，請在「T」字畫個圓圈；若答案錯，請在「O」字畫個圓圈。

T　（O）　1.　政府行政官員最好是由民選產生。

T　（O）　2.　現行法律規定國民年滿十八歲就有投票權。

（T）　O　　3.　中華民國憲法是我國最高法律。

三、功能三：測量深層理解能力

　　如果事實陳述對學生個人或團體來說是一個新的經驗，是非題也可以用來測量學生的深層理解能力。請看下列例題：

例題 8

說明：閱讀下列問題，如果答案是正確的，請在「是」字畫個圓圈；若答案是錯誤的，請在「非」字畫個圓圈。

　　⊚是　非　1. 燃燒垃圾所產生的熱能可以用來發電。

　　⊚是　非　2. 在濱海地區組裝風車既可發電又可減低污染環境。

　　是　⊚非　3. 預防肺炎最有效的疫苗是肉毒桿菌。

四、功能四：測量因果關係

　　是非題也可以用來測量因果關係的理解，以及比較複雜的學習結果，譬如一些數學的計算問題。請看下列例子：

例題 9

說明一：下面兩邊的說法都是正確的，但你／妳必須決定右邊的說法在證明左邊是正確的；如果是，在括弧內畫 ○，如果不是，在括弧內畫 ×。

　　（○）1. 蛋白質很重要　　因為　它是構成身體細胞的要素。

　　（×）2. 樹的葉子很重要　因為　它可以遮住樹幹免受陽光照射。

　　（○）3. 腎臟是排泄器官　因為　它協助排除人體內廢物。

說明二：閱讀下列問題，如果答案是對，請在括弧內畫個○；若答案是錯，請在括弧內畫個×。

　　（○）1. 姊姊拿了 4 公尺 80 公分的繩子剛好圍繞正方形花圃二圈，花圃的邊長應該是 60 公分。

　　（×）2. 有一塊木板長 2 公尺寬 50 公分，它的面積是 10 平方公尺。

（×）3. 王老師 56.7 公斤，比<u>小華</u>班長重 21.8 公斤，<u>小華</u>體重
44.9 公斤。

五、功能五：測量邏輯推理能力

是非題也可以用來測量簡單的邏輯推理能力，我們以下列例子來說明：

> **例題10**
>
> 說明：請仔細閱讀下列每一個問題：(1) 如果是真，請圈第一個「是」；
> (2) 如果是假，請圈第一個「非」。再反過來閱讀：(3) 如果還是
> 真，請圈第二個「是」；(4) 如果是假，請圈第二個「非」。每一
> 題都要圈選兩個答案。請先看例題作法：
>
> ㊀是 非；是 ㊀非 *所有的樹木都是植物*
>
> 　是 ㊀非；㊀是 非 1. 所有六隻腳的動物都是蚱蜢
>
> ㊀是 非；是 ㊀非 2. 所有的狗都是動物
>
> ㊀是 非；是 ㊀非 3. 所有的正常人都有兩隻腿
>
> ㊀是 非；㊀是 非 4. 所有的蝴蝶都是昆蟲

六、功能六：測量真知，排除猜測

在是非題中加入「改錯」，更能確定學生「真正理解」而不是用猜測作
答。請看下列例子：

> **例題11**
>
> 說明：請仔細閱讀下列每一個問題，如果是正確，請在左邊括弧內畫
> 「＋」；如果是錯誤，請在左邊括弧內畫「－」，並且在畫線空白
> 處「_____」，修訂為正確答案。請看下列例子：
>
> （－）___匕___　「化」字的部首是「人」部。
>
> （＋）_____ 1.「授」是「給與」的意思。
>
> （－）___口___ 2.「台」字的部首是「ㄙ」部。

| （－） | 王雲五 | 3. 發明「四角檢字法」的人是<u>于右任</u>先生。 |
| （－） | 令尊 | 4. 尊稱別人的父親為<u>伯父</u>。 |

貳、是非題的優缺點

是非題編製容易，節省測驗實施時間，計分方便等都是它的優點之一，綜合其他學者專家意見，其優點與限制如下（王文中等，2006；郭生玉，1999；McMillan, 2014; Miller, Linn, & Gronlund, 2013; Waugh & Gronlund, 2013）：

一、優點

（一）**省時**：是非題被公認為最迅捷、有效的測量方法，有學者認為學生作答兩題選擇題的時間，粗估大約可作答三題是非題（Ebel & Frisbie , 1991），顯然是非題的優點之一就是可節省施測時間。Ebel 與 Frisbie（1991），主張語文知識是教育成就的核心，認為「所有的語文知識都可命題為是非題形式」去判斷其真偽。

（二）**編製容易**：是非題方便編製，但許多教師常將課文說明截取一半，另一半做錯誤陳述，然後交給學生做是非判斷的結果。簡單的說，「差勁的是非題」真的很容易編製，但是要編製不會讓人混淆且能測量重要學習結果的是非題，卻需要許多技巧。

（三）**內容富代表性**：是非題能取得教材內容當中廣大的樣本，內容富代表性。但也可能誇大其詞，以為學生在短時間內能作答許多測驗題目，因而導致結論說「試題已涵蓋各方面」。

二、限制

（一）**教材限制**：許多教材類型並不能採用是非題來測量，是非題必須是課程教材能夠以短語陳述其真偽，而這樣的陳述應無限定或例外。所有教材領域範圍內，這種絕對真或絕對假的陳述，無法命題。

（二）**結果類型限制：**受限於可測量的學習結果類型，超出知識領域的範圍，是非題就沒什麼用處。只有區別事實與意見、辨認因果之間的關係等是例外，這兩種學習結果可能要用這類型題目來測量。許多以是非題測量的學習結果，都可改用其他選擇類型的題目來測量，特別是選擇題。

（三）**容易造成猜測：**用途受限制，題目容易被猜測。因為只有兩個選項可供決定，學生光憑機率就有五十對五十答對的機會，再加上要編製沒有任何線索的是非題並非易事，因此學生憑猜測答對的機率，通常高過 50%。

　　雖然有學者建議：採用計分的校正公式來解決這個猜測問題，然而該公式僅補償猜測機會，並未顧及線索問題。此外，有些人「即使已經警告猜測要加以懲罰」，還是願意冒險一試，而且勝過猜測結果。

三、影響

　　是非題猜測成功機率太高，所造成的不利影響至少有下列幾點：

（一）每一個題目的信度很低，以致必須包括很多題目，才能得到可靠的成就測量。

（二）這種測驗的診斷價值實際上是零，分析每一個學生在每一個題目的反應（答對或答錯）毫無意義，因為即使答對也無法判定學生是否真正懂或理解。

（三）如果是臨時測驗（quiz），採用是非題而測驗題目又少，容易高估學生成就。

（四）在設計是非題測驗的時候，需要考量學生作答時的反應心向（response sets）。

　　例如：有些學生習慣上對不知道的問題都一致圈選「對」，而另外的學生習慣一致圈選「錯」；如果正確與不正確的答案數不平衡，將可能對一致圈選「對」的學生會佔便宜，因為是非題的命題原則上正確的題目宜多於錯誤的題目，也就是引進一種與測驗目的無關的因素進入測驗分數中。

參、對編製是非題的建議

編製是非題的主要任務是：建構明確、且不含任何線索的題目，知易行難。唯一的指導原則就是：列舉題幹說明的措詞，應盡量避免發生下列的事情（王文中等，2006；郭生玉，1999；McMillan, 2014; Miller, Linn, & Gronlund, 2013; Waugh & Gronlund, 2013）：

一、判斷真假時，避免寬泛的陳述

> （劣）1. 社區公約訂得多，社區越繁榮。（×）
>
> （劣）2. 社區發展是全體居民的責任。（○）

第 1 題乍看是真，「公約多又繁榮」都是正向的描述，通常是正確答案，實際上是錯的，公約多也可能是居民水準低需要多約束，不是「繁榮」的充分條件。

第 2 題雖然簡潔但描述太寬泛不夠具體，因為措詞中有使用「全體」語詞，通常是「正確答案」，卻不是優良題目。

一般來說，使用「通常」、「一般」、「經常」和「有時」這些措詞，大多出現在**正確答案**的說明或陳述中；而「全部」、「從未」、「一定」、「必然」、「總是」和「只有」這些措詞，大多出現在**錯誤答案**的說明或陳述中。

二、避免過度瑣細的陳述

> （差）1. 野生植物**龍葵**未成熟果實含有一種生物鹼，誤食的話容易中毒。（○）
>
> （劣）2. 早上起床太晚，絕對不能再吃早餐，不然上學會遲到。（×）

第 1 題的陳述過於瑣細，為了凸顯正確答案，因此陳述句過分完美無缺，卻與學習結果無關係；因此，如果訂正為「龍葵未成熟的果實含有毒的生物鹼」，應該就能達到測量知識或理解的目的。

第 2 題則使用了三個概念：時間、健康營養和校規，同時陳述中使用絕對術語「絕對」，答案暗示該題目錯誤。這個題目如果訂正為「起床太晚，可以不吃早餐」，應該比較簡潔妥適，因為同樣在測量學生理解「早餐對健康的重要性」。

三、若使用否定語氣，須將否定字眼以括號或粗（斜）體字呈現

> （○）1. 牽牛花是「不能」站立的植物。
> （○）2. 小虎隊唱歌時聲音**不是**由嘴唇振動發生的。

　　事實知識的教學，應以正面或主動的陳述方式呈現，若陳述句使用否定語氣，必須將否定字眼以「**括號**」或粗（斜）**體字**呈現，提醒受試學生注意。有些教師偏愛將教材本文抄錄一段，然後插入一個「不」字或「非」字編成試題，粗心的學生覺得就是課本上的問題，因而輕易誤認為「正確答案」，何況是非題作答時間有限，無法多加思考。

四、避免否定的陳述，尤其是雙重否定

> （劣）1. 若**不是**他／她先罵人，我絕**不會**反唇相譏。
> （劣）2. 若**不參加**勞軍，**不足以表示**我對軍人的尊敬。
> **訂正**　因為他／她先罵人，我才會反唇相譏。
> 　　　　參加勞軍以表示我對軍人的尊敬。

　　第 1 題使用了「不是」和「不會」兩個否定語氣，雙重否定容易造成意義上完全相反的解釋，如口語使用「不得不」、「非……不……」等，測驗題目有類似措詞，對年級較低學生易造成語意混淆。上述題目訂正後同樣可達成測驗目的。

五、避免瑣碎不重要的事實與字眼

> （差）1. 達爾文在他二十二歲時開始了他的世界遠航。
>
> （差）2. 一頭大象一天花十五小時在進食和覓食。

　　要隨便命擬測量瑣碎事實的是非題，是一件很容易的事情，但是，我們更希望是與重要學習目標有關的事實。

六、包括一個事實或理念，避免複雜陳述

> （劣）1. 神經負責傳達大腦所下的刺激和命令，它的功能是管理人體的感覺和運動。（○）
>
> 　訂正　神經負責傳達刺激和命令，管理感覺和運動。
>
> （劣）2. 做完激烈運動後消耗大量體力，如能立刻吃飯，必定能迅速補充營養，恢復體力。（×）
>
> 　訂正　做完運動後立刻吃飯，能迅速恢復體力。

　　上述兩個題目的陳述過於冗長，且出現兩個以上的概念，容易產生部分說明正確，部分錯誤的情況，造成受試學生困擾，尤其不適於測量年幼兒童、語文能力較弱或母親是外籍配偶的學生。事實上，上面這兩個題目經過訂正後，用來測量「辨認因果關係」是很好的題目。

七、一個陳述句避免用兩個概念，除非在測量因果關係的辨認能力

> （劣）1. 經常吸入污濁的空氣，消化器官一定出毛病。（×）
>
> （劣）2. 我們要挽救環境危機，只有靠政府制定法律才有效。（×）

　　第 1 個問題涉及到「環境污染」與「人體器官」兩方面的學習結果，而這個題目的測量目的在檢驗學生能否辨認理解「空氣污染」與「呼吸器

官」的關聯性，這樣的題目命題型態應該放在「辨認因果關係」的題目類型中比較妥適。

第 2 題不但使用兩個以上概念，並且使用絕對術語「**只有**」一詞，「錯誤答案」的線索太明顯，顯然不是優良題目。

八、避免採用沒有來源根據的資料

> （劣）1. 據傳過量維他命 C 可以抑制癌細胞生長。
> （優）2. 經常暴露在烈日下，會導致眼睛白內障。

網路上的傳言經過一再轉貼，很多是以訛傳訛，把網路瘋傳的訊息拿來做命題的題材，正確答案就沒有來源依據，爭議性增大，徒增評分困擾。

第 1 題「過量維他命 C 可以抑制癌細胞生長」也是新聞媒體報導的一則實驗報告，一般學校的教材內容應無法找到依據，僅供「參考」而已，一旦編寫成測驗題目，就必須找出正確答案來源，這時反而是命題者頭大了。

第 2 題「紫外線會傷害眼睛的水晶體變成混濁」是醫學知識，因此這個題目又不直接抄自課本，陳述詞經過修飾，簡潔扼要不長不短，剛剛好。

九、避免正確答案與錯誤答案的陳述字句不一樣長度

> （○）1. 颱風是在海上形成，暴風範圍大，中心風速較緩。
> （×）2. 龍捲風中心氣壓較高。

上述這樣的試題型態在教師自編測驗或課堂測驗中屢見不鮮，命題教師常將正確的題目描述得清楚詳盡；對於答案錯誤的題目隨興幾個字或詞就交代過去，讓學生不假思索就知道答案是「錯誤」。

十、避免正確答案與錯誤答案的題目數量不成比例

是非題型在命題準則上，一般認為正確答案的題目數量，宜稍多於錯誤答案的題目數量。課堂測驗有時對的題目或錯的題目數量特別多，主要是考量計分方便與節省時間。這樣對那些作答傾向有固定心向的學生以及

喜歡「猜測」的學生，會產生不同程度的影響：也許有利於測驗的分數，也許是不利。

十一、正確與錯誤的答案位置宜隨機分派

如果是非題題目太多，譬如是 20 個題目，必須有「計分鑰」協助。有些命題者在正確與錯誤答案題目方面，就事先做了一些安排，譬如說：

（一）前 10 個題目答案都是「對」，後 10 個題目答案都是「錯」，反之亦同；

（二）第 1-5 題都是「對」，第 6-10 題都是「錯」，第 11-15 題都是「對」，第 16-20 題答案都是「錯」；

（三）奇數題都是「對」，偶數題都是「錯」，反之亦同。

這樣的安排，對比較誠實直率的學生造成困惑，可能嗎？對喜歡猜測或靈精的學生而言，可能不是在測量學習結果，而是評量靈敏應變的機智。在計分方便與達成教學目標的兩難情境下，教師應將正確與錯誤的答案位置隨機分派。

十二、不要嘗試哄騙或愚弄學生

將一個概念中的一個字眼改變了原意，或穿插一些瑣碎的事實來愚弄學生，應該盡量避免。弔詭的題目使學生感到挫折，也降低評量的有效性。

十三、避免使用模糊的形容詞與副詞

學生對時常、有時、偶然地、典型地、通常等形容詞與副詞，他／她們的解讀各不相同，因為語句的意思並非模棱兩可，這些型態的字眼應該盡量避免使用。

編寫是非題，除了上述建議事項之外，還可以使用表 8-2 是非題項目檢核表來審查測驗題目的品質。

表 8-2　是非題項目檢核表

是非題檢核表	是	否
1. 是否使用最適當的題型？	____	____
2. 是否每一項說明能清楚辨識真假或是非？	____	____

表 8-2　是非題項目檢核表 (續)		
3. 是否避免決定用語（例如：經常、總是）？	＿＿＿	＿＿＿
4. 是否避免瑣碎的說明？	＿＿＿	＿＿＿
5. 是否避免否定的陳述（特別是：雙重否定）？	＿＿＿	＿＿＿
6. 是否用簡單、清楚的語句說明題目？	＿＿＿	＿＿＿
7. 選項的說明屬於相同性質？	＿＿＿	＿＿＿
8. 是的答案與非的答案之說明，大致等長？	＿＿＿	＿＿＿
9. 題目是否包含單一概念？	＿＿＿	＿＿＿
10. 題目是否包含奸巧詭計？	＿＿＿	＿＿＿
11. 題目是否採用正向陳述？	＿＿＿	＿＿＿
12. 答案「是」的題目與「非」的題目，大致相等？	＿＿＿	＿＿＿
13. 是否避免可偵測答案的線索（答案按某種規則排列）？	＿＿＿	＿＿＿
14. 修訂後題目仍然切合預期的學習結果？	＿＿＿	＿＿＿
15. 寫好題目後有讓它擱置在一旁待機修訂嗎？	＿＿＿	＿＿＿
16. 寫好題目後有先找來幾個學生試做討論嗎？	＿＿＿	＿＿＿
17. 寫好題目後有請命題高手指正嗎？	＿＿＿	＿＿＿

資料來源：增修自McMillan, 2014: 175.與Miller, Linn, & Gronlund, 2013: 184.

第三節　配合題

　　配合題又稱配合練習（matching exercises），基本上它是由兩個平行欄或平行列所組成，端看命題者題目的排列方向而定，或左右平行排列，或上下平行排列成兩邊：配對的題組一邊是單詞、數字或符號；另一邊被配對的是一個單詞、句子、短語或其他說明。陳述句的一邊稱為「前提」（premises），做為匹配答案的一邊稱為「反應項」（responses）或選項（options）。

壹、題型特徵

　　配合題的前提對接應項，有時不言而喻，但通常必須說明作答方向。學生的任務是要辨認兩邊有相互關聯的配對題目，指出它的代號或畫箭頭方向。例如要學生辨認下列特徵所屬的國家：

例題12

說　明：請依據甲欄的地理條件，在乙欄找出正確答案，把它的代號寫在每一個題目前面的畫線空白處。

請注意：一個答案可能只用一次、或超過一次，或完全不用。

甲欄（北歐五國）	乙欄
___G___ 1. 土地利用以農牧為主的國家	A　芬蘭
___F___ 2. 唯一有鐵礦的國家	B　荷蘭
___C、E___ 3. 漁業較發達的國家	C　冰島
___A___ 4. 有千湖國之稱的國家	D　愛爾蘭
___A、F___ 5. 伐木業較興盛的國家	E　挪威
	F　瑞典
	G　丹麥

　　上面這個配合題的例子有幾個特徵：

一、 它是一個不完整配對的設計，左邊甲欄「前提」的陳述句只有5個，但右邊乙欄的「反應項」卻有7個；

二、 在說明處指出乙欄的反應項可能用一次、超過一次或完全不用；這兩個程序主要在防止學生剩下最後配對時，採淘汰法（甲欄前提數量等於乙欄數量）；

三、 左邊甲欄「前提」的內容領域必須是同質性，這樣才不致暴露乙欄反應項答案線索，異質性的前提應該改用「填充題形式」測量；

四、 乙欄反應項較多，使甲欄每一個前提都有數個似是而非的選項，同樣是要使不是真正理解問題的學生，降低猜測成功的機會；

五、 如果一個前提的正確反應項有兩個（含）以上，因為它會增加評分困難度，宜事先訂定評分標準。

貳、配合題的應用

傳統上配合題用來測量簡單的關係聯合的事實知識，但是當學習結果在強調辨認兩樣事情之間的關係能力，同時又能取得足夠的同質性前提與反應項目時，採用配合題來測量這樣的能力可能最恰當。它是一種測量簡單學習結果的嚴謹且有效的一種方法。在教學與學習情境中有很多重要的關係，值得教師考量的關係如下：

前提	選項	前提	選項
1. 歷史事件	年月日	9. 國都名稱	都市名稱
2. 創見、發明、成就	人物	10. 省會	城市
3. 著作、書名	作者	11. 物品	名稱
4. 陳述、解釋	原理	12. 概念	符號
5. 定義	術語	13. 例證	規則
6. 功能	器官名稱	14. 用途	器械名稱
7. 分門別類	動物、植物	15. 症狀	疾病名稱
8. 解釋圖表	圖表位置	16. 辨識行動準則	交通號誌

雖然配合題所測量的是比較簡單的學習結果，但是它限定前提與反應選項之間必須有邏輯關係存在，且前提必須相同性質，使得它的應用範圍受到一些限制。

參、配合題的優缺點

一、優點

配合練習題的優點至少有以下數點：

（一）**適合編製配合題的題材頗多：**配合題可用來測量簡單的事實性知識，適合的資材頗多，隨著學習領域的擴大，可用題材隨處可得。例如：術語－定義，符號－概念，機械－用途，原理－例證，物件－名稱，人物－成就等等。

（二）**題型可以靈活變化：**除了前述左右平行並列或上下並列，選擇正確反應項的代號之外，對於年級較低的學生，可以直接以「畫箭頭」或「連線」或「連連看」等等方式，指出「圖畫」與「名稱」或「文字」與「注音」的關係。

（三）**題型嚴謹，在短時間內可測量大量有關的事實知識——既經濟又省時省事。**

（四）**編製容易，一個主題可以測量涵蓋相當大的知識範圍。**

要編製粗糙的配合題很容易，要編製優良的配合題就必須有高超的技巧；不但是錯誤的反應項對其他每一個前提具備「誘答力」，連正確反應項對其他每一個前提，也必須看起來「似是而非」才是優良試題。

二、限制

至於配合題雖然有不少優勢，也有些必要的限制，其缺點大致如下：

（一）太過重視記憶性知識

由於題型嚴謹又經濟有效，甚受教師青睞，但是也禍福與共，過度使用配合練習題，會導致過分強調簡單的記憶性和事實性知識，評量限於低層次的認知學習結果。

（二）容易受反應項線索出現無關因素的影響

受限於測量死記硬背的學習結果，如果反應項僅僅對一個前提具有誘答力，對其他前提不具誘答力，即使增加再多的反應項也無濟於事，學生會用排除法淘汰無效反應項。同時，明顯無誘答力的選項，也透露出正確反應項的線索。

（三）尋找重要的同質性教材不易

　　雖然相互關聯的教材不在少數，但是要找到 1. 符合超越事實知識、2. 有相互關聯、3. 是重要的學習結果，這些條件的資材，在實際上是有一定的難度。

（四）將不重要的知識引進測驗毫無意義

　　有時重要的知識資材不足，不得不採用一些重要性不足的材料做為反應項，不但不符教學與學習預期結果，反而導致負面效果。

　　譬如，「前提」是「我國當代的政治家」；「反應項」必須至少列出四位政治家的尊姓大名（比照選擇題）。但是，我國當代的政客很多，真正的政治家寥寥無幾，要勉強湊足四個政治家名字，才合於四個選項的要求，一定要加上幾個政客而不是政治家的名字，對測驗結果來說，不但沒有實質上的意義，反而容易造成誤解「政治家」的真義。

肆、配合題的編製準則

　　配合題大部分是在課堂測驗才採用的題目類型，各層級的學校招生考試或國家普通考試或高等考試或專業技術人員考試，幾乎不會出現配合練習題或稱配合題。但是，如果命題者能多方努力將配合題中不相干因素移除，並慎選題材，安排反應項目，配合題仍然有它的用途。

　　以下針對編製配合題應該注意事項，提供數則建議以供命題教師參考（王文中等，2006；郭生玉，1999；McMillan, 2014; Miller, Linn, & Gronlund, 2013）：

一、確認學生清楚作答說明

　　大部分學生對配合題都熟悉，如何作答只要在「指導語」或「作答說明」中交代清楚就行，但是，對於年級較低的學生或「文化不利」學生，有時還必須以口頭指導的方式，告訴學生是「圈選代號」或「劃線」或「劃箭頭」。

二、一組配合題僅能採用一組同質性教材

一組配合練習題每一個「前提」所陳述的內容必須相同性質,「反應項目」也必須相同性質,違反這個原則就必須改採其他命題形式。請看下列例題:

例題13

說明: 下列甲欄所陳述的有關臺灣近代史所發生的史實,請在乙欄找出正確答案,將它的代號寫在每一題前面「畫線空白處」。

注意: 乙欄每一個答案可能用一次、一次以上或完全不用。

甲欄		乙欄	
__C__	1. 被尊稱為國姓爺	A	連雅堂
__D__	2. 靖海侯施琅封地所在	B	鹿耳門
__I__	3. 臺灣第一任行政長官	C	鄭成功
__B__	4. 攻打荷蘭人的登陸地點	D	鹿港
__G__	5. 全國郵政總局設置地點	E	臺南
__H__	6. 詠嘆「孤臣無力可回天」	F	羅福星
		G	臺北
		H	丘逢甲
		I	劉銘傳
（劣）			

從 [例題 13] 可以發現:前提所陳述的史實確是「臺灣近代」所發生的事實,表面上同質,但實際上卻包含「人物」與「地點」兩個元素;同時,反應項也包括人物與地點兩個元素。因此,乍看之下六個前提九個反應項尚屬合宜,但反應項包括兩個元素互不為用,變成問三個人物提供五個人選;問三個地點提供四個地選,憑猜測答對的機率太高了,非命題者所願見。

例題14

說明：下列甲欄所陳述的是中國人的發明，請在乙欄找出發明人物的
正確答案，將它的「代號」寫在每一題前面「畫線空白處」。

注意：乙欄每一個答案可能用一次、一次以上或完全不用。

甲欄	乙欄	
___D___ 1. 文字	A	王冰
___K___ 2. 毛筆	B	王玠
___G___ 3. 石墨	C	王楨
___I___ 4. 紙	D	仲田
___D___ 6. 硯	E	邢夷
___G___ 7. 松煙墨	F	倉頡
___C___ 8. 韻倫活字盤	G	韋誕
___B___ 9. 活字版	H	畢昇
	I	蔡倫
	J	顧登堡
	K	蒙恬
（良）		

[例題 14] 左邊的前提──陳述項同質，都是器物；右邊配對反應項也
是同質，都是人物。並且反應項多出陳述項三個，符合配合題的命題原則。

三、同質性因年級而有不同定義

有些例子對大多數的國小學生而言是同質性，但高年級可能就不這
麼認為。為了確保材料同質且無不相干的線索，年級越高越有必要限制：
譬如發明人的發明是在同一領域中（例如：3C 攝影技術或生物科技之發
明）。當我們限制配合題適用的年級水平，重要同質性材料會變得越來越難
以獲得。原則上，測量領域或範圍較小的同質性教材採用配合題的爭論較
少。

例題15

說明：世界上許多民族對人類有很傑出的貢獻，請依據甲欄陳述事實，在乙欄找出正確民族稱號，將其「代號」寫在每一題前面「畫線空白處」。

注意：乙欄每一個答案可能用一次、一次以上或完全不用。

甲欄	乙欄
___D___ 1. 發明陰曆	A 中國人
___I___ 2. 創立一週七天制	B 巴比倫人
___H___ 3. 最早使用鐵器	C 加爾底亞人
___B___ 4. 最早有因果循環報應觀念	D 西台人
___F___ 5. 對兒童施以嚴格體能紀律訓練	E 印度人
___A___ 6. 發明火藥	F 希臘人
	G 波斯人
	H 埃及人
	I 蘇美人
（差）	

上述 [例題 15] 取材自古代史，「前提」是發明物，「接應項」是發明的民族，提供的選項多出三個，大致合乎命題原則，可惜的是仍然只在測量記憶性或事實性的知識。

四、反應項目宜多於前提項目至少三項

反應項目宜多於前提項目，同時在說明中提醒學生「每一個反應選項可能用一次、一次以上或完全不用」。反應項至少要求多出前提三項，主要考量學生做到最後一題時，仍然有四個答案供選擇，降低猜測成功的機會。但是，如著者一再提醒的是：多出的選項仍然必須具備「似是而非」的性質才有誘答力，只為湊足三個多出的選項，卻讓人一瞥就知道那是不可能的答案，就失其原來的美意。

例題16

說明：請閱讀左邊甲欄的問題，然後在乙欄對應項選出適當的答句，
將「代號」寫在每一題的括號中。

注意：乙欄每一個答案可能用一次、一次以上或完全不用。

甲欄	乙欄
1.（G） How old is Mary?	A: She is my student.
2.（F） What time do they watch TV every day?	B: On Monday morning.
	C: On Sunday.
3.（E） Where is she going?	D: In the kitchen.
4.（C） What day don't you go to school?	E: To the park.
5.（A） Who is that tall girl?	F: At seven-thirty.
	G: She is eleven.
	H: She is my teacher.
（劣）	

[例題 16] 可以說是非常糟糕的配合題，明顯的缺失有三：（一）左邊
前提的性質完全不同：問年齡、問時間、問地點、問日期、問人物；因
此，（二）右邊合乎答案的對應項，幾乎就是一個，連是非題的條件都搆不
上；（三）雖然對應項多出三個，合乎配合題的準則，但是很明顯的它們並
無誘答功能，當花瓶而已。

五、題幹簡潔擺在左（上）面，反應項簡短擺在右（下）面

這個準則就 [例題 14] 而言並無多大差別，因為前提是發明物，反應
項是發明人，同樣簡短；但是 [例題 15] 就有明顯差別。因為配合題是選
擇形式的一種變型或模組，選擇題型也是題幹敘述要簡潔扼要，選項（答
案）都是簡單的字或詞，每一個選擇題才能容納四個選項。這項要求的主
要目的，在使學生閱讀方便迅速且不混淆，如果能遵循此原則，那麼反應
項擺在前面或上面，也有學者認為無關緊要，如 [例題 17]：

例題17

說明： 下列甲欄都是一些著名的心理學家，各有創見；請在乙欄找出他們的主要貢獻，將正確答案的「代號」寫在每一題前面「畫線空白處」。

注意： 乙欄每一個答案可能用一次、一次以上或完全不用。

甲欄	乙欄
__K__ 1. Freud（佛洛伊德）	A　人本心理學創始者之一
__I__ 2. Guilford（吉爾福）	B　創嘗試錯誤說
__L__ 3. Köhler（柯勒）	C　創智力群因論
__A__ 4. Maslow（馬斯洛）	D　行為學派創始者
__H__ 5. Spearman（斯皮爾曼）	E　完形心理學創始者
__G__ 6. Stern（史騰）	F　社會學習論創始人
__B__ 7. Thorndike（桑代克）	G　提出智力商數概念
__C__ 8. Thurstone（賽斯通）	H　提倡智力二因論
__D__ 9. Watson（華生）	I　智力結構理論
__M__ 10. Wundt（馮德	J　教育心理學之父
	K　精神分析論創始者
	L　創頓悟學習
	M　實驗心理學之父

上述 [例題17] 如果將甲欄的心理學家變成反應項，將乙欄的貢獻變成陳述項（前提），效果並無多大差別。

六、反應項目應依邏輯順序排列

反應項目應依數值大小、或字母次序、或筆畫多寡之邏輯順序排列，這項要求是要讓受試學生，迅速瀏覽找出正確答案，同時防止學生從反應項的排列檢測可能的線索，以免降低測驗結果的信度與效度。前述 [例題14] 與 [例題15]，反應項的人物名稱就是依照筆畫由少到多的次序排列；[例題17] 當作「前提」的人名，也是依照英文字母次序排列，閱讀相當方便。

七、應在指導語或說明中，指出前提與反應項的基礎

在「指導語」或「說明」中直截了當清楚告知學生「問的主題」（譬如：發明物）以及「目標答案」（譬如：人物）是什麼？一則避免模糊與混淆，二則學生不必再詳讀前提與答案，就可直接推理出答案，節省施測時間。同時應該考量低年級學生改用線條「連連看」，而不是要求他／她們寫上字或字母。

八、前提的陳述與反應項目宜在同一頁面

問題與答案全部出現在同一頁面，它的好處有三：（一）將可防止學生來回切換試卷頁面產生的干擾、（二）將可防止學生錯失出現在另一頁上的反應項目、（三）會增加學生作答的速度和施測管理效率。

例題18

說明： 下列甲欄文詞因為少了一句成語而辭不達意，請在右邊乙欄找出正確的成語，將「號碼」寫在每一題號碼前面的「括號」內。

注意： 乙欄每一個答案可能用一次、一次以上或完全不用。

甲欄	乙欄
（4）1. 讀書不可＿＿＿＿，須體會書中道理，才能有所得。	1　仁至義盡
（6）2. 上位者坐得正，下位者站得直，收到＿＿＿＿之效。	2　言近旨遠
（2）3. 作文不在長篇大論，貴能＿＿＿＿。	3　束脩自好
（3）4. 唯有＿＿＿＿者能做到「舉世皆濁，唯我獨清」。	4　囫圇吞棗
（7）5. 與其＿＿＿＿地活著，不如奮發向上，積極進取。	5　諷世勵俗
	6　風行草偃
	7　無所事事
	8　盤根錯節

事實上，[例題18]也可以採用填充題的方式來測量。

九、重新檢視審查檢核表

無論編製任何類型的試題，在初卷剛定稿時，都必須讓它擱置一下，讓我們有機會依據檢核表檢視初稿是否妥適，適時訂正。配合題檢核表列如表 8-3。

十、請其他科任教師指正

教師費心編寫題目，視野較窄，考慮有時不夠周詳；並且已習慣自己的寫作風格，即使是錯別字已看過三、五遍，自己仍然不會發現它是「錯別字」，其他老師一眼就看出來；自己沒想到的對應項，其他教師說不定可以提供一大堆。

表 8-3　配合題檢核表

檢核表

	是	否
1. 是否使用最適當的題目類型？	____	____
2. 指導語或說明是否指出配合的基礎或方向？	____	____
3. 指導語或說明是否指出反應項使用可超過一次？	____	____
4. 反應項擺在右邊或下面嗎？	____	____
5. 前提與反應項兩邊同性質嗎？	____	____
6. 每一項配對項目都在同一頁嗎？	____	____
7. 反應項的陳述比前提短嗎？	____	____
8. 前提項是否只有一個可能答案？	____	____
9. 是否避免語法上的辨認線索？	____	____
10. 反應項是否按照字母、筆畫或數字次序排列？	____	____
11. 反應項是否多出前提項三個？	____	____
12. 修訂後題目是否仍然切合預期的學習結果？	____	____
13. 寫好題目後是否讓它擱置在一旁等待修訂？	____	____
14. 寫好題目後是否先找來幾個學生試作討論？	____	____
15. 寫好題目後是否曾請命題高手指正？	____	____

資料來源：著者整理。

本章摘要

1. 測驗依照計分方法可分成：(1) 客觀測驗和 (2) 主觀測驗。

2. 評量依照反應方式可分成：(1) 選擇反應評量和 (2) 建構反應評量。

3. 是非題另外的兩個名稱是：(1) 二選一題目和 (2) 二元選擇題。

4. 答案可以符號、單字、短語作答的題目類型稱為補充題。

5. 補充題若提供數個答案就可變成選擇題。

6. 簡答題直接問詢式比不完整敘述句為佳。

7. 簡答題答案若涉及數量，宜指出測量單位。

8. 填充題正確答案的畫線處應等長。

9. 是非題不宜採用反向敘述，否定語句宜括號或用黑體字提醒。

10. 是非題正確答案數與錯誤答案數應約略相等。

11. 是非題正確答案的位置應隨機分派。

12. 配合題的反應項必須是同性質，且比前提至少多三項。

13. 配合題的反應項應做邏輯排序。

14. 配合題的前提在左，反應項在右為原則；或前提在上，反應項在下。

15. 題目初稿完成後宜先擱置在一旁，等待時機修訂或請高手指正。

16. 題目初稿完成後可以先找幾位學生共同討論。

自我評量

一、補充題：40%

1. 測驗依照計分方法可分成客觀測驗和_____。

2. 評量依照反應方式可分成建構反應評量和_____。

3. 是非題另外的兩個名稱是二選一題和_____。

4. 補充題若提供數個答案就可變成什麼題目類型？_____

5. 簡答題直接問詢式與不完整敘述何者為佳？_____

6. 簡答題答案若涉及數量，宜指出什麼？_____

7. 是非題若有反向或否定語句，應如何提醒學生？_____

8. 是非題的答案位置應如何安排？_____

9. 配合題的結構包括反應項和_____。

10. 在補充型題目中，需要考量邏輯順序的是什麼題目？_____

二、論述題：60%

1. 試說明簡答題的命題原則。

2. 試說明是非題的命題原則。

3. 試說明配合題的命題原則。

客觀測驗 II ──
選擇題

本章教學目標

研讀完本章，你／妳將能夠：

1. 描述選擇題的性質與特徵。
2. 瞭解選擇題的功能作用。
3. 理解選擇題的優缺點。
4. 編製選擇題題目。
5. 熟悉選擇題的命題原則。

客觀測驗題的主要功能，在測量比較簡單的事實性知識，但是實際上不止於此，像選擇題也能夠測量知識與理解層次。選擇題（multiple-choice forms）一般被認為是應用最廣的客觀測驗題，它可以用簡答題、是非題和配合題的方式，有效的測量簡單的學習結果；它還可以測量知識、理解以及應用領域的複雜學習結果。

第一節　選擇題的特徵

壹、結構

一個選擇題是由一個問題和一個建議的解決方案的列表所組成。問題可能使用直接詢問的方式或不完整的說明方式呈現，問題一般稱為「題幹」（the stem of the item）；解決方案的列表可能包括單詞、數字、符號和片語等，稱為「選項」（alternatives / choices / options）。選擇題的作答方式，通常是要求受試學生先閱讀題幹和選項，然後從選項當中選出一個正確答案或最佳答案作答。

題目的正確選項就叫做「答案」（answer），其餘的選項叫做「干擾項」或「誘答項」（distracters）或稱「誘餌」（decoys）；這些不正確的選項功能就如其名，使那些不知道正確答案的學生產生困惑分心，減少他／她們猜對的機會。

提供的選項只有一個正確答案者，這類型的選擇題稱為「正確答案型」（correct-answer type）；所提供的選項，都可能是答案之一，但是比較之下，還是有一個比較好的答案，這類型的選擇題稱為「最佳答案型」（best-answer type）。

貳、問題形式

題幹採用「直接詢問」語氣或採用「不完整敘述」，應考量幾個因素：

（一）直接問詢語氣的題目容易編寫，對低年級學生較自然，也較易形成問題。

（二）不完整敘述則比較簡潔，如果措辭精妙，同樣是精準的好問題。

（三）一般是先從直接問詢語氣開始，如果問題能夠保持清晰或更簡潔，再調整為不完整敘述的方式。

一、直接問詢式

例題 1

　　一戰結束後的《凡爾賽和約》，戰勝國之中沒有簽字的是哪些國家？

1. 義大利、奧地利　　　　　2. 荷蘭、比利時
3. 日本、俄國　　　　　　　④ 中國、美國

二、不完整敘述式

例題 2

　　一戰結束後的《凡爾賽和約》，沒有簽字的戰勝國是＿＿＿＿。

1. 義大利、奧地利　　　　　2. 荷蘭、比利時
3. 日本、俄國　　　　　　　④ 中國、美國

　　《凡爾賽和約》沒有簽字的戰勝國就是中國和美國，這是唯一的正確答案，其他選項皆錯誤，這種題型稱為「正確答案型」（correct-answer type）選擇題。事實上並非所有知識都能敘述得這樣清楚，而有一個絕對正確的答案，在簡單的知識觀點之上若採用「5W」（何人、何事、何時、何處和如何）做問詢時，答案可接受性是規則而不是例外。

　　譬如問到「為何」時，理由或答案可能有好多個，有些理由或答案比其他的為佳；問到「如何」時，有些程序顯然比其他程序好。因此，這方面的成就測量變成是在尋找「最佳答案」（best answer）而不是絕對答案。這類型的題目在測量需要理解、應用和解釋事實資訊時特別有用。但是必須記住，這些最佳答案必須經過專家認證同意，才容易為該最佳答案辯護。

三、最佳答案型

> **例題 3**
>
> 　　當你／妳開車不小心與機車擦撞，對方受傷倒地時，你／妳停車後第一個步驟應該怎麼辦？
>
> 1. 立刻上去救人　　　　　　　2. 立刻打電話報警
> 3. 立刻打電話叫救護車　　　　4. 立刻擺放故障三角架標誌
> ⑤. 立刻將現場拍照存證

　　這個題目在某一次全國大學校院訓輔主管交通安全研習會中，由警察大學主講教授命題，二百多位與會主管沒有人答對（包括著者之一在內）。事實上第一到第四個選項也都是非常重要的步驟，但命題教授認為第五個選項是「最佳答案」，可以確保日後訴訟過程中，對自己有利的證人、證據之傳喚與保存。當然，這個題目可能不適用於中學生，而且最佳答案可能仍有爭議，著者只是將它做為「最佳答案」的例證，並且是經過「教授專家」認證答案。當然，這種事件如果發生嚴重傷亡，雙方未能和解而提起訴訟，答案是由承審法官「判決」，終審判決定讞的答案是「正確答案」而不是「最佳答案」。

第二節　選擇題的功能與應用

　　選擇題是客觀測驗題目中最多彩多姿的多功能題目類型，可以測量從簡單到複雜的學習結果，尤其最適用於多數教材內容類型。由於選擇題的廣大適用性與多功能用途，許多標準化測驗獨鍾選擇題型。在課堂測驗的實務上，我們並不積極推薦它，無論選擇題有多廣大的適用性，像組織和表現觀念這種能力的學習結果，選擇型態的題目可說是無能為力。

　　因為我們無法說明選擇題的所有用途，只能將一般較常用來測量知識、理解、應用等學習結果呈現，至於更複雜的學習結果，在後面幾章中再行討論。

壹、測量知識結果

知識領域的學習結果，在學校教材中相當突出，選擇題型可以測量各類這樣的結果，例子舉不完，只能呈現一些測量學校教材中，知識結果的選擇題型的典型用途。

一、測量術語知識

以選擇題測量一種簡單而基本的學習結果就是「術語知識」（knowledge of terminology），為了達此目的，學生可以被要求選擇一個與所提供的語詞具有相同含義的語詞，或藉由選擇術語的定義，以顯示他／她們特定術語的知識。

例題 4

1. **下列哪一個字與「重」這個字同義？**
   （甲）新 （乙）再 （丙）大 （丁）還

2. **下列哪一個說明最能界定「重」字？**
   （甲）物體的質量 （乙）輕的對面 （丙）發生兩次
   （丁）相同事件

3. **「重足側目」這句話的「重」字是什麼意思？**
   （甲）想偷窺 （乙）礙手礙腳 （丙）抬高雙腳
   （丁）極其畏懼

二、測量具體事實的知識

另一種所有學校教材基本的學習結果，就是具體事實的知識，這在學習本身的權利很重要，它提供必要的發展理解、思考技巧和其它複雜學習結果的基礎。採用選擇題來測量具體事實有各種不同的方式，但「5W」（Who、What、When、Where、How）的問題（何人、何事、何時、何處、如何）最常用。我們將以下列例子來說明：

例題 5

1. 「誰」帶兵死守四行倉庫？

　　（甲）吉星文　（乙）張學良

　　（丙）戴雨農　（丁）謝晉元

2. 當時用「什麼」援助四行倉庫的守軍？

　　（甲）大砲機槍　（乙）裝甲運兵車

　　（丙）一面國旗　（丁）示威遊行抗議

3. 八百壯士死守四行倉庫的故事發生於「何時」？

　　（甲）民國 26 年　（乙）民國 27 年

　　（丙）民國 28 年　（丁）民國 29 年

4. 四行倉庫在「何處」？

　　（甲）上海外灘　（乙）上海虹橋

　　（丙）上海浦東　（丁）上海閘北

5. 八百壯士與四行倉庫最後「如何」落幕？

　　（甲）八百壯士最後壯烈成仁　（乙）死守一個月後奉命撤出

　　（丙）日軍屢攻不克知難而退　（丁）國軍大舉反攻守住陣地

三、測量原理知識

　　原理知識同樣是學校科目的重要學習結果，我們同樣能輕易的如同測量事實知識一樣，編製選擇題來測量原理知識。請看下列例子：

例題 6

1. 腳踏車前輪盤帶動後輪軸，是利用什麼原理製造成功的？

　　（甲）槓桿原理　　　（乙）折射原理

　　（丙）阿基米得原理　（丁）蹺蹺板原理

2. 下列哪一項敘述是在反射定律的性質之外？

　　（甲）入射線與反射線各在法線兩側

　　（乙）入射線等於反射線

> （丙）入射線大於反射線
>
> （丁）入射線、反射線與法線在同一平面上

四、測量方法與程序知識

另外一種常見而易於接受選擇題格式的學習結果，是方法與程序性知識。譬如：實驗程序、溝通的基本方法、計算與執行技巧、解決問題方法、管轄的程序，以及一般社會實務的知識等。在允許學生進行某一特殊領域的實地操作之前，先測量他／她們的程序知識（例如實驗程序），而另一方面，方法與程序性知識是重要的學習結果（例如管轄的程序性知識）。請看下列例題說明：

例題 7

1. **你／妳認為下列哪一種稀釋濃硫酸的方法最正確？**

   （甲）將等量的水與濃硫酸同時注入稀釋桶中。

   （乙）先將水注入桶中，再將濃硫酸慢慢注入稀釋桶中。

   （丙）先將濃硫酸注入桶中，再將水慢慢注入稀釋桶中。

   （丁）先將濃硫酸注入桶中，迅速將水注入稀釋桶中。

2. **中華民國總統提名大法官人選，須獲得誰的同意才生效？**

   （甲）立法院　（乙）司法院　（丙）考試院　（丁）監察院

3. **校長、主任、老師、學生要拍畢業團體照，誰最先坐（站）定位？**

   （甲）校長　（乙）主任　（丙）老師　（丁）學生

上述例子僅僅觸及選擇題衡量知識成果的表面例子。但是當你／妳開始教某特定科目時，許多其他用途將因而產生。

貳、測量理解與應用層次

客觀測驗題型通常用來測量知識領域相對簡單的學習結果，難以測量較高知識層次以上的學習結果；但是選擇題卻是十分適用於測量複雜的學

習結果。下列例題用來說明選擇題如何用來測量各種理解與應用的能力。

一、測量學生辨認事實與原理的應用能力

要確定學生所學是否已超越事實與原理的記憶力的常用方法，就是要求學生面臨一個新的情境，辨認正確的應用方法。應用題目除了測量理解能力外，還包括遷移學習結果，到從前未曾學過的情境之能力，因此題目可以設計用來測量相當高層次的理解能力。請看下列例題：

例題 8

1. 卡通人物<u>上派</u>最喜歡吃菠菜，依照食物屬性，他是什麼性質的動物？

　　（甲）草食性動物　（乙）肉食性動物
　　（丙）雜食性動物　（丁）他不是動物

2. 振雄看見小偷進入對面屋子偷東西，他想「我家又沒損失」就當作沒事一般。他的作為用下列哪一個評論最恰當？

　　（甲）明哲保身　（乙）姑息養奸
　　（丙）怯懦無能　（丁）視而不見

3. 下列哪一個說明最能解釋毛細現象原理？

　　（甲）大樹冬天落葉是因葉黃素太多所致
　　（乙）太陽在上面照射致使樹葉枯黃落葉
　　（丙）水分與養分透過樹幹供給樹葉營養
　　（丁）樹葉靠光和作用製造養分供給根莖

4. 下列哪一件事情最能代表「效益遞減定律」？

　　（甲）吸毒成癮　（乙）偷竊成癮
　　（丙）打電玩成癮　（丁）滑手機成癮

二、測量解釋因果關係的能力

要想測量學生是否真正理解事物，可以問學生各種不同事物相互之間，存在什麼「因果關係」？要測量這種能力，可以向學生呈現因果關係的問題，要他／她們辨認最可能的理由。請看下列例題：

> **例題9**
>
> 1. 晚上觀看星群，經過一段時間之後會怎麼樣？
>   （甲）排列方式改變，看到的方位和位置不變
>   （乙）排列方式不變，看到的方位和位置改變
>   （丙）排列方式與看到的方位和位置都不變
>   （丁）排列方式與看到的方位和位置都改變
>
> 2. 冰箱之所以能保存食物的原因是什麼？
>   （甲）沒有陽光照射，食物不會長黴菌
>   （乙）光線不足，不利黴菌生長
>   （丙）溫度很低，妨礙黴菌生長
>   （丁）光能與熱能不足，不利黴菌生長
>
> 3. 戰間期發生世界經濟大恐慌的原因與下列何事有關？
>   （甲）各國關稅壁壘政策　（乙）波斯灣石油危機
>   （丙）日本發動侵華戰爭　（丁）歐洲殖民帝國霸權衰落

三、測量辨識方法與程序的能力

在各種教材領域中，有另一種關於方法與程序方面重要的理解狀態，學生可能知道在執行的過程步驟之正確方法或序列，而不能解釋為什麼它是最好的方法或步驟序列。在理解的層次上，我們的興趣在於學生判斷特殊方法與程序的用途之能力。要測量這種能力可以使用選擇題，要求學生從各種解釋方法或程序中選擇最佳答案。請看下列例題：

> **例題10**
>
> 1. 在煅冶利劍過程中，把劍投入水中的理由是什麼？
>   （甲）讓它冷卻以免燙手
>   （乙）看蒸氣多寡判斷成敗
>   （丙）聽冷熱接觸嗤嗤聲大小，判斷成敗
>   （丁）為了增加金屬硬度

2. 臺灣近海船隻用拖網捕烏魚都是逆海流航行，為什麼？

　　（甲）捕烏船馬力足不受海流影響

　　（乙）魚游泳速度快，順流捕不到

　　（丙）若順流開拖網船可能會翻船

　　（丁）烏魚隨潮流而下剛好迎入網

3. 果樹的果實纍纍，果農疏果（把一些果實摘掉）的理由是什麼？

　　（甲）生產太多，恐賤價傷農　　（乙）物以稀為貴，可提高售價

　　（丙）確保品質與經濟效益　　　（丁）使生產與銷售供需平衡

第三節　選擇題的優點與限制

　　在測量學生的學習成就方法上，一般教師們廣泛地採用選擇題形式，因為它（一）能有效地測量知識與複雜的學習結果，（二）具備靈活性，（三）也沒有其他類型共同的不足特徵，（四）選項又比其它方法更結構化，可避免經常存在於簡答題項的分歧性和模糊性。請仔細看下列模糊性的簡答題如何轉化為明確的問題：

> **例題11**
>
> （差）　A. 粉碎曹操統一天下美夢的戰爭發生在_____。（赤壁）
>
> （良）　B. 粉碎曹操統一天下美夢的戰爭發生在何地？
>
> 　　（甲）淝水　（乙）赤壁　（丙）襄陽　（丁）九江

　　上述 [例題11] 之 A 是「陳述不完整式」的簡答形式，以填充題型命題。答案可以是（一）地點：「赤壁」；也可以是（二）朝代：「後漢」；（三）年代：「漢獻帝建安 13 年」或「西元 208 年」這些答案都不能排除。所以，這個不完整陳述的填充題可以說是個很差的題目，學生不知道該用地點或朝代或年代作答，簡單的說就是題意含混不清，未指出作答的正確方向。

　　將 [例題 11] A 改變成 B，用直接問詢式的選擇題型命題，明確指出要學生選擇地點，學生對選擇地點或朝代或年代的分歧或混淆不見了，學生知道作答方向，教師也容易評分。

例題12

（可）　是　㊀　A. 粉碎曹操統一天下美夢的戰爭發生在蜀建興 13 年。

　　　　　　　　B. 粉碎曹操統一天下美夢的戰爭發生在何時？
　　　　　　　　　㊜ 漢建安 13 年　（乙）蜀建興 13 年
　　　　　　　　　（丙）吳黃武 13 年　（丁）魏黃初 13 年

　　將 [例題 11] A 填充題，改變成 [例題 12] A 的是非題，圈選「非」可以得分；如有學生覺得好像不是 13 年而選「非」也可以得分，甚至於不知道發生在何年而猜測，也有二分之一的機會得分；因此得分不代表學生一定學到事實知識。

　　但反過來說，將它改變成 [例題 12] B 的選擇題之後，必須選擇正確答案才能得分，他／她必須理解這一戰才造成以後三國（魏、蜀、吳）鼎立的局面，才會選擇「（甲）」。

　　另外，我們也可以運用最佳答案型的選擇題，同樣能避免是非題缺乏品質的困難窘境，用它來測量各類型不是「絕對是」或「絕對非」的教材之學習結果，它是適當程度的問題（例如：最好的方法、最好的理由或最好的解釋）。

壹、優點

　　選擇題在實際應用上的最大優點如下：

一、可以評量各種學習目標

　　選擇題可以測量較低層次的記憶與事實性知識，也可以評量較複雜的理解、應用的方法與程序性知識的能力，可以說是一種多功能的題型，在成就測驗上特別受到一般教師的青睞。

二、計分與評定成績方便省時

無論是採用正確答案型或者是最佳答案型選擇題，施測簡單方便，計分容易，除了採用計分鑰之外，計分與計算分數可以機器或電腦計分，迅速客觀。

三、每一個題目的信度高於是非題

是非題的選項（答案）只有兩個，而選擇題的選項增加到四或五個，[1]學生猜對的機率降低，項目的信度自然增高。選項增加而項目信度增高的原理，就如同本書在第四章討論過的「增加測驗的長度（題目數量）可以提高測驗的信度」一樣的道理。但這種效應部分因「作答選擇題時間較是非題長」而抵銷。

四、比配合題不受同質性的限制

配合題是選擇題的另一種修訂的格式，它必須找到一系列相關的概念來形成前提與反應項，所謂「知音難覓」，在許多內容領域方面有時很難找到足夠的同質性材料來做配對；但每一題選擇題只測量一個概念，因此處處逢知音，資材易覓。

五、可避免產生作答反應傾向

採用是非題，當學生不知道正確答案時，有些學生會固定選擇答「是」或「對」，有些學生會固定選擇答「非」或「錯」；學生不知道選擇題的正確選項時，較少發生這種反應傾向的現象。

六、選項同時具有診斷的功能

教師若能審慎提供選擇題的選項，使得每一個選項看起來好像都是正確答案（最佳命題），對那些不知道正確答案的學生來說，不是「似是而

1　國內測驗學者曾經討論選擇題的答案／選項應該要有幾個，原先的結論是：選項有五個時，答錯不倒扣分；選項有四個時，答錯倒扣 1/4 分。後來以答錯一題扣 1/4 分，必須答錯四題才會扣掉一題的分數，為避免計分麻煩，最後結論是：選項在三個（含）以下時，採扣分公式 Scores $= R - W / (k - 1)$ 計分；選項在四個（含）以上時，不扣分。部分國外學者也持類似看法（Miller, Linn, & Gronlund, 2013）；但最近有學者研究發現：選項只有三個和選項有四個的效果相同（Rodriguez & Hadadyna, 2013）。

非」就是「似非而是」；學生選擇錯誤答案對教師來說，它就是一種事實錯誤或誤解的線索，提供教師做訂正與補救教學的依據。

七、最容易編製出高品質的測驗題目

題目性質可多面性，取材容易，題幹可以敘述完全，誘答項目又具有診斷功能，命題者若能慎重其事命題，比起是非題、簡答題或填充題以及配合題，更能編製出高品質的測驗題目。

八、選擇答案再加上選擇理由，具備診斷功能

如果在每一個選擇題後面附列一個「我選擇這個答案的理由是：」讓學生為這個答案辯護，教師就可以診斷學生是真正學到或誤解，效果絕對比只有選出正確答案或最佳答案為佳。但是，這樣會增加測驗時間，同時只適用於較高年級以上學生，因為它需要較高的表達能力。

貳、限制

雖然選擇題有許多優點，尤其是各種比較重要的大型考試，選擇題型都扮演相當吃重的角色，廣受青睞。但是，到目前為止，還沒有一種十全十美，完全適用於各學習領域的評量方法，因此選擇題也有它的一些限制或缺點：

一、不易評量高層次的學習結果

選擇題與其他形式的紙筆測驗一樣是紙上談兵，都僅限於語文層次的學習結果，問題是以語文的形式呈現給學生，可以避免無關緊要的因素出現在自然的情境中；至於應用的層次，學生被要求做語文的應用，不涉及個人行為在真實情境中的應用。簡而言之，選擇題和其他紙筆測驗一樣，在測量學生面對一個問題情境的時候，是否知道或理解該怎麼做；但是學生真正面對真實問題情境時會怎麼做，那可是在未定之天。

二、不適用於測量問題解決技巧與組織和表達理念的能力

選擇題和其他選擇類型的題目一樣，要求學生選出正確的答案，這些正確與誘答選項都是命題者精心設計出來，學生不必節外生枝去思考其他

可能解決的方案，因此不適於用來測量一些科學的問題解決技巧、也不適於測量組織與表現理念的能力，這些較高層次的複雜能力的測量，論述題或實作評量可能更適宜。

三、不易找到足夠具有誘答力的選項

選擇題有一項其他題目類型所沒有的缺點，那就是常找不到足夠具有誘答力的錯誤選項，尤其是低年級的學生，受限於語文能力與知識的限制，使得命題教師無法將教材內容遷移到新問題情境。學生按年級上升和擴大自己的詞彙量、知識和理解，似是而非但不正確的答案變得更加可用。因此，有經驗的命題者仍然會發揮創造力，設計最合理的干擾項做為選擇題的選項。

四、相對於建構反應題，無法避免猜測的因素

當題目難度適中時，會激發學生認真思考何者是正確答案；當題目難度超過個人能力時，以猜測作答的機會就開始升高。因此，誘答項目如果命擬得很好，對不確知答案的學生就是個迷失或陷阱，也可以降低猜對的機會。

五、偏重語文能力，不利弱勢學生

選擇題以語文命題，語文作答，指導語以語文說明，對語文有困難的學生不利。譬如，母語非中文的學生、交換學生、新住民的學生，有時是看不懂指導語的說明，有時是不懂題目的意義，以致影響測驗分數。因此，在正式測驗題目的前面，最好有一或兩個例題作答示範。

第四節　編製選擇題的建議

小心謹慎地編製選擇題，它的普遍適用性和卓越品質就能充分的實現。包括明確地說明問題，確認合宜的干擾項或誘答項，並除去與答案無關的線索。為了達成這個目的，在編製選擇題時，應特別注意下列事項（王文中等，2006；余民寧，1997；郭生玉，1999；McMillan, 2014; Miller, Linn, & Gronlund, 2013; Waugh & Gronlund, 2013）：

一、題幹須有意義，呈現明確問題

有些命題教師在選擇題的題幹說明不完全，因此題幹意義不明確，非得等到看完所有的誘答選項，才明白題目的意義與做答方向，浪費不少時間，如此變成錯把是非題編寫成選擇題。正確的選擇題命題方法，應該是在題幹呈現明確有意義的問題，沒有混淆、沒有疑義才對。請看下列例題：

例題13

（差） A. 南洋華僑

（甲）刻苦耐勞且省吃儉用 （乙）隨鄭和下西洋留下來
（丙）多來自福建廣東一帶 （丁）都是經商及貿易高手

（良） B. 南洋華僑多數從我國哪些省份移民過去？

（甲）山東和山西 （乙）江蘇和浙江
（丙）福建和廣東 （丁）四川和雲南

題幹說明不完全，導致誘答項異質性效果擴大，要湊足三、四個干擾選項很容易；反過來說，題幹陳述清楚不但所呈現的問題明確，同時改善選項的效果。

[例題 13] A 因為採用不完整的陳述句子，因此所問的問題不明確，選項的性質差異很大，容易變成「最佳答案型」而非「正確答案型」題目。

[例題 13] B 題幹敘述明白，是在詢問移民的省份，因此誘答項同質性很高。

選擇題的題幹，必須以直接問答式、完整說明問題所指的答案之具體方向，才能算是優良的選擇題。

二、題幹應盡可能簡潔精鍊

每一個題目應該簡單扼要，說明問題的具體要求、學生要做的反應方向；題幹已經出現的文辭不要重複出現在選項中，這樣使題幹明確簡潔精鍊，去除無關的材料，學生也可節省閱讀時間。請看下列例子：

例題14

（差）　A. 南洋華僑多數從福建移民過去，他／她們為什麼會在哪裡定居？

　　　　（甲）遠離暴政，追求自由　（乙）改善生活，尋找幸福
　　　　（丙）地理環境，類似故鄉　（丁）距離較近，返鄉方便

（可）　B. 南洋華僑何以福建人數最多？

　　　　（甲）福建人喜愛自由　　　（乙）福建人想改善生活水準
　　　　（丙）地理環境與福建類似　（丁）南洋距離福建較近

（優）　C. 許多福建人移居南洋主要在追求什麼？

　　　　（甲）民主自由　（乙）改善生活
　　　　（丙）類似環境　（丁）金銀財寶

　　從 [例題 14] 之 A、B、C 可以看出：

（一）[例題 14] A 之題幹陳述太冗長，選項長又多，包含兩個概念，因此學生必須花費許多時間去閱讀，才能選擇正確答案，是一個比較「差」的選擇題；

（二）[例題 14] B 題幹採直接問句，簡明扼要，學生一看就知道該怎麼反應，但選項中重複題幹的「福建」字眼，且文辭太長，只能算是「可」的題目；

（三）[例題 14] C 之題幹簡要，直指預期的學習結果，同時誘答選項簡單扼要，因此這是一個「優良」的選擇題。

　　從上述說明可以瞭解為何題目編寫初成，必須經過一段沉澱期，讓我們有機會重新審視修訂。另外，[例題 14] B 之選項重複題幹的「福建」字眼，此地認為是瑕疵，但在要求題幹與選項的文法語氣一致的情況下，不算是瑕疵；同時在測量問題解決時，一些無關的材料列入選項中也有其必要性，也不能視為瑕疵。

三、一個題目只能有一個正確答案，或明確的最佳答案

測驗題目中超過一個以上的正確答案，然後要求學生去選擇所有的正確選項有兩項缺點：

（一）這樣的項目，通常不過是以選擇題形式呈現是非題項的集合。他／她們沒有在題幹提出一個明確的問題，而答案的選擇需要一個「真」或「假」的心理反應，而不是選項的比較和選擇。

（二）因為選擇正確答案的選項的數量，每個學生都不一樣，滿意的評分方法，比大部分教師可能使用的方法更為繁瑣，必須向學生解釋。請看下列例子：

例題15

（差） A. **下列有關血液循環的敘述，何者正確？**

⟪甲⟫ 心臟舒張時，血液由血管流入心臟

（乙） 貧血是血小板太少造成

⟪丙⟫ 肺動脈內含二氧化碳較多

（丁） 微血管的血液流入血管

（良） B. **下列有關血液循環的敘述，何者正確？**

是 非 （甲）心臟舒張時，血液由血管流入心臟

是 非 （乙）貧血是血小板太少造成

是 非 （丙）肺動脈內含二氧化碳較多

是 非 （丁）微血管的血液流入血管

[例題 15] A 有兩個答案，教師要評分時就有兩種評分方法：

（一）兩個正確答案全部選對才算完整給 2 分，只選對一個答案不完整不給分；

（二）兩個正確答案，只要選對一個就給 1 分。

但是，如果學生選擇了 A、B 和 C 或 A、C 和 D 三個選項，要怎麼樣計分呢？ 1. 照樣給 2 分？ 2. 只給 1 分？ 3. 不給分？

因為這是單選的選擇題（single-answer multiple-choice items），如果一個題目有一個以上答案，評分相當複雜又繁瑣，解決的途徑有三種：

（一）依照「複選選擇題」（multi-answer multiple-choice items）的命題方式，將選項組成 (1) A＋B、(2) A＋C、(3) A＋D、(4) B＋C、(5) B＋D、(6) C＋D 等這樣的組合方式，選一個正確的組合和三個干擾組合做為選項，作答方式還是「四答選一」。

（二）在測驗指導語或測驗說明中，明確告訴學生該題或該類型題目的評分方法，讓學生選擇對他／她最有利的方式作答。

（三）將這類型題目改編成「集群式是非題」（a cluster-type true-false items），也就是以是非題的型態呈現，使計分方法簡化。請看上述 [例題 15] B 之示範。

四、不要直抄教科書或講義的正確答案

避免使用課本或講義相同的語言或文字做為正確的反應選項。這是因為句子斷章取義失去了意義，變成鼓勵學生死記硬背。宜改變措辭超越回憶層次知識的理解。

五、誘答項要寫得合理卻是錯誤

如果誘答項寫得明顯離譜錯誤，學生根本不會考慮它是正確答案，失去誘答功能；選擇題的意圖就是要讓學生鑑別何者是可能的答案，誘答項要能使準備不充分的學生覺得很合理。有一個很好的方法，以確定合理的干擾項：利用學生常見的誤解或錯誤，寫作干擾項吸引那些有誤解的學生。差勁的誘答項如：內容顯然是錯誤的、文法與題幹不一致、與正確答案完全相反的寫法。請看下列例題：

例題16

（劣）　A. 下列哪一個是美國最大城市？
　　　　（甲）洛杉磯　（乙）倫敦　（丙）紐約　（丁）柏林

（修正）　B. 下列哪一個是美國最大城市？
　　　　（甲）洛杉磯　（乙）芝加哥　（丙）紐約　（丁）匹茲堡

　　上述 [例題 16] A 的選項「倫敦」與「柏林」，一個在英國，一個在德國，很顯然不可能是美國最大城市的正確答案，誘答或干擾項只剩下一個，變成「二元選擇題」，就是「是非題」，即使不知道答案，也有二分之一猜對的機會。修正成 [例題 16] B 之後，四個大城市都在美國境內，合理許多了。

六、選項的長度不可透露正確答案的線索

　　理想上反應項或選項的文字或說明等長，但基於正確答案的詞句需要品質控制，要求精確無誤。因此，在編寫正確答案時，會說明得特別詳細，措辭常比誘答選項長，這不知不覺中又透露了正確答案的位置。如果不能縮減正確答案措詞的長度，有個辦法就是增長干擾選項（誘答選項）的長度，也把另外三個誘答選項陳述得更完整或包裝更吸引人，以達到誘答項目應有的功能，題目的信度與效度也會同時提高。請看下列例子的說明：

例題17

（差）　A.「一息尚存，永矢弗諼」這句話的含意是什麼？

　　　　（甲）只要有利息，穩賺不賠。

　　　　(乙) 發誓只要還有一口氣在，就永遠不會忘記。

　　　　（丙）若殺不死我，一定回來報仇。

　　　　（丁）再加利息，不再向你借錢。

（良）　B.「一息尚存，永矢弗諼」這句話的真正含意是什麼？

　　　　（甲）利息加本金，越滾越多，還不完。

　　　　(乙) 終身永誌不忘。

　　　　（丙）只要能夠活下來，此仇必報。

　　　　（丁）高利貸害人不淺，發誓此後不再借錢。

　　[例題 17] A 的正確答案，說明得比其他三個誘答選項詳細許多，凸顯（乙）是正確答案，其他三個選項失去應有的功能。訂正為 [例題 17] B 後，三個干擾選項的說明比正確答案還詳細，並且言之成理甚有吸引力，

充分發揮誘答的功能，如果沒有達成學習目標，就不易選擇正確答案，因此判定這是一個優良的選擇題。

七、所有選項的語法必須與題幹語法一致

誘答選項的語法與題幹一致，可以防止無關的訊息混入題目中，透露出答案的線索：

（一）若只有正確答案的語法與題幹一致，其他選項的語法與題幹不一致，就明顯暴露正確答案的位置；

（二）語法明顯與題幹不一致的選項，同樣暴露它是不正確的答案。因此，在編寫選擇題時，應特別注意題幹與選項語法的一致性。請看下列例子：

例題18

（差）　A. 電變壓器可以使用
　　　　（甲）讓直流電變為交流電　（乙）它將機械能轉換為電能
　　　　（丙）來降低交流電的電壓　（丁）來延長電力儲存時間

（良）　B. 使用電變壓器可以
　　　　（甲）將直流電變為交流電　（乙）將機械能轉換為電能
　　　　（丙）降低交流電的電壓　　（丁）延長電力儲存時間

[例題 18] A 將題幹與選項連接閱讀起來，（甲）和（乙）兩個選項不大通順，也是一種線索，學生稍微注意就知道它可能不是正確答案而加以排除，可能的答案只剩兩個，變成是「二選一的題型」；修正題幹的陳述方式以後，[例題 18] B 將題幹與四個選項連接閱讀起來，都很通順，沒有透露任何正確答案的訊息，不確實知道答案的學生最多只能憑猜測作答。

八、唯有重要學習結果，題幹才能做負面的陳述

絕大多數的測驗題目都是正面陳述問題，不採用反面說明，主要是怕學生過度重視這些「不」、「不是」、「至少」等負面字眼，因而測量到一些相對不重要的學習結果。因為教學目標重視的是重要的原理原則、重要的

解決問題的方法、重要的原因與結果的關係。教師會採用負面的說明去編寫題幹，主要是題幹呈現的問題寫得不夠明確所致，不是要測量的概念很難造成的結果。請看下列例題：

例題19

（差）A. 想想看，下面哪一種小動物「不屬於」昆蟲類？

（甲）蜜蜂 （乙）蚱蜢 （丙）蜻蜓 （丁）蜈蚣

（良）B. 下面哪一種小動物屬於節足類？

（甲）蜜蜂 （乙）蚱蜢 （丙）蜻蜓 （丁）蜈蚣

上述 [例題 19] A 題的題幹不夠簡潔，同時採用負面的說明；[例題 18] B 題經過修正後既簡潔又正面指出預期結果，算是良好的選擇題。

此外，有時在某些領域中，負面的訊息變成是有用的，例如開車走路不遵守交通規則，或不當的飲食習慣，都可能招致金錢或身體，甚至生命的不良後果，此時的負面問題陳述，不但無傷大雅，甚至可能避免不必要的傷害。請看下列例子：

例題20

（差）A. 下列哪一項「不是」健康的飲食方法？

（甲）少量多餐 （乙）多吃蔬果

（丙）吃宵夜 （丁）飯後散步

（良）B. 下列都是健康的飲食方法，「除了」什麼？

（甲）少量多餐 （乙）多吃蔬果

（丙）吃宵夜 （丁）飯後散步

九、測量理解層次，宜含新奇問題，但不宜多

要用選擇題測量學生理解層次的認知，可能需要相當程度的技巧與較新奇的情境。如果問題情境與學生在教室內常用的情境太相似，學生

可能會憑記憶來回應；如果情境太過新穎，又恐學生因缺乏足夠的事實資訊而答錯，尤其是那些他／她們尚未涉及或從未有過經驗的問題，即使問題的題幹再怎麼簡潔扼要，也不適於做為選擇題的命題資材。請看下列例子：

例題21

（不宜） A. 小明跟著爸爸去買一台電冰箱，談好售價是 24,000 元，如果付現金會有折扣。問：他爸爸只要付多少錢就可以將電冰箱運回家？

（甲）22,600 元 （乙）22,200 元

（丙）22,800 元 （丁）23,400 元

[例題 21] 至少有四個問題：

（一）題幹雖然說明很清楚，但文辭太冗長，最主要的關鍵是條件不足，到底「現金折扣」是多少％？沒有具體交代清楚，根本無法測量學生的數學運算技巧及理解折扣率的概念。

（二）民間付現折扣並非普遍化，不是常識，「5% 的折扣率」也有例外，譬如可高達 8%，因此所謂「正確答案」或是「參考答案」都會有爭議。

（三）並非所有學生家裡都在經商，知道這些「行規」的學生寥寥無幾，甚至於大部分學生根本很少接觸這類事情，事實知識不足以回答這個題目；而且現在許多產品都是按標價買賣，所以這個問題不宜做為選擇題目。

（四）選項涉及數目，未遵守邏輯順序排列，22,200 元應安排在「（甲）」選項，22,600 元應安排在「（乙）」選項。

十、誘答項必須似是而非，[2] 目的是在干擾正確答案

　　學生如果沒有達到預期的學習結果或準備不充分，干擾項對他／她們至少必須有吸引或分散注意力的效果，也就是前面一再提到的「每一個非正確答案（干擾選項或稱誘答項）都要如同正確答案一樣具有吸引力」，使未達成學習目標的學生，看到的每一個選項都是「似是而非」和「似非而是」，這才是優良的選擇題，如果誘答項與正確答案性質相去太遠，就不具備誘答或干擾的功能。請看下列例子：

例題22

（劣）　A. 美國的首都在何處？

　　　　（甲）巴黎　（乙）倫敦　（丙）華盛頓　（丁）馬德里

（差）　B. 美國的首都在何處？

　　　　（甲）洛杉磯　（乙）紐奧良　（丙）華盛頓　（丁）馬德里

（良）　C. 美國的首都在何處？

　　　　（甲）芝加哥　（乙）洛杉磯　（丙）紐約　（丁）華盛頓

（一）[例題22] A 之所以評鑑它為「劣」是因為四個選項當中，只有正確答案「華盛頓」在美國境內，其餘都是他國首府，因此正確答案就是唯一選項，應該改編成「是非題」。

（二）[例題22] B 之所以評鑑它為「差」是因為四個選項當中，有一個選項「馬德里」是在歐洲的西班牙，稍有概念的學生就會把它排除，

2　如何使誘答項目「似是而非」：
　1. 利用學生平時最容易犯的錯誤。
　2. 在題幹上採用與問題有關的冠冕堂皇的措辭（如：重要、萬萬），但勿常用。
　3. 採用能與測驗題目題幹產生語意聯想的字眼（如：專家、學者）。
　4. 模擬教科書的語句或傳播媒體語辭或青少年次文化語言。
　5. 採用學生因誤解或粗心的不正確答案（如：忘記將公尺轉換成公分單位）。
　6. 利用同質性的分心或與正確答案相似的答案（如：都是科學家）
　7. 誘答項目的措辭與題幹的措辭連成一氣，使誘答項更逼真。
　8. 誘答項目的字、辭、長度、複雜程度與正確答案在外觀上一模一樣。
　9. 誘答項目本身必須能夠自圓其說（合理卻錯誤）而不露馬腳。
　資料來源：修訂自 Miller, Linn, & Gronlund, 2013: 211.

選項只剩三個，不理想；不過，根據最近的研究發現：選項三個（誘答項兩個）與選項四個（誘答項三個）的效果相同（Rodriguez & Hadadyna, 2013）。

（三）[例題 22] C 之所以評鑑它為「良」是因為四個選項都在美國境內、大城市、經常上報紙新聞媒體，同質性高，因此是優良題目。

十一、應避免題幹與正確答案之間有言辭上的連結

通常出現在正確答案中的字辭，因為這些字辭看起來與題幹中某些辭句很類似，或可做字面上的聯想，常會提供給未達成學習結果學生一種選對答案的線索，在編寫誘答項目時應該盡量避免。請看下列例子的說明：

例題23

（差）A. 當你／妳在一般道路發生車禍時，應該就近向什麼機構報案？
（甲）附近警察派出所 （乙）轄區警察分局
（丙）縣市警察局 （丁）警政署

（良）B. 當你／妳在一般道路發生車禍時，應該立刻向什麼機構報案？
（甲）附近警察派出所 （乙）縣市刑警隊
（丙）附近民眾服務社 （丁）縣市消防保安大隊

[例題 23] A 的正確答案中（甲）附近警察派出所，「附近」與題幹「就近」的意義相似且有一個「近」字相同，學生只要稍微注意就可發現這意外線索。

修訂成 [例題 23] B 之後，將「就近」修訂成「立刻」就可避免提示線索，只有認識《交通道路管理條例》才能選對正確答案。

十二、正確答案的位置應隨機分派，且數量大致相等

命題教師在安置正確答案位置的時候，大致有三種趨勢：

（一）大部分教師喜歡將正確答案，固定擺在選項的中間位置（第二和第三），正確答案在第一個和第四個位置的機會較少；

（二）部分教師為了計分方便起見，正確答案有一定的邏輯順序，譬如：（甲）（甲）、（乙）（乙）、（丙）（丙）、（丁）（丁）；或（甲）（乙）（丙）（丁）、（甲）（乙）（丙）（丁）；或（甲）（乙）（丙）（丁）、（丁）（丙）（乙）（甲），……等等的順序；

（三）正確答案的位置隨機分派（random assignment），沒有規則可循。

第（一）種安置正確答案位置的趨勢，一旦被學生發現後，知識不足但猜對正確答案的機會大幅提高，高分數中潛藏一些「假分數」。

第（二）種安置正確答案位置的趨勢，一旦被學生發現後，測驗分數的高低變成沒有意義，教師無法判斷學生得高分是否真正達成教學或學習預定目標。

第（三）種隨機分派法，才是最理想的正確答案位置安置方法。另外，如果有二十題選擇題，（甲）、（乙）、（丙）、（丁）或 A、B、C、D 等四個選項的正確答案，最好都是五個或接近五個，以減低作答心理傾向（mental set）的影響。

十三、盡可能少用「以上皆是」或「以上皆非」做選項

有些時候命題教師在設計干擾選項時，實在想不出來第四個選項，只好將「以上皆是」或「以上皆非」當作第四個選項充數，這樣做的結果使題目的難度大大地增加，逼得學生要更加仔細考慮另外三個選項是否「皆是」或「皆非」。一般來說，這樣的命題方法並不恰當，很少人會使用。同時，「以上皆非」僅限於「正確答案型選擇題」，不適用於「最佳答案型選擇題」。請看下列例子：

例題24

（差） A. 下列哪一種「不」屬於軟體類動物？

（甲）蛤蠣 （乙）螺 （丙）蛙 （丁）以上皆非

（差） B. 下列哪一種屬於哺乳類動物？

（甲）穿山甲 （乙）蟒蛇 （丙）鱷魚 （丁）以上皆是

（可） C. 下列哪一種屬於昆蟲類動物？

（甲）蜻蜓 （乙）蜜蜂 （丙）蝴蝶 （丁）以上皆是

[例題24] A 採用直接詢問的否定陳述題幹，這種選擇題型只有在重要學習結果需要它，譬如為了健康、安全，避免發生危險（如學生在實驗室操作程序或交通駕駛）才會使用，否則就是誤用；[例題24] A 如果採用簡答類型可能更恰當。

[例題24] B 採用直接詢問的正面陳述題幹，當學生看到（甲）穿山甲是哺乳動物時，後面三個干擾選項根本不去閱讀就選擇（甲），其他選項包括「以上皆是」都失去了誘答的功能。這一題的選項次序調換一下還可使用。

[例題24] C 因為選項的同質性很高，（丁）以上皆是偶而使用，雖不滿意還可接受。

當你／妳命擬選項而誘答項或干擾項實在想不出第四個時，有幾個方法可供參考：

（一）先將該題目擱置在一邊，等到想出適當的第三個干擾項再用；

（二）為了配合其他選擇題目都有四個選項，這個題目就放棄不用；

（三）考慮 Rodriguez 和 Hadadyna（2013）的研究發現：誘答選項兩個與三個的效果相同，即使只有三個選項，而題目編寫都合乎編寫原則，該題目照樣採用。

十四、有其他更適合類型可用時，勿採用選擇題

要達成教學或評量的目的，有許多類型的題目都有同樣的功能，但是選擇題型就是受到多數人青睞。

（一）事實上，如果在測量學生的事實知識或意見，當它只有兩個可能的反應時，採用是非題反而更恰當。

（二）要測量數學與科學計算技巧和解決問題能力時，簡答題或填充題可能更適合。

（三）若問題具備同質性，而單一問題選項不足四個，改寫成配合題也很不錯。

（四）至於測量更複雜的組織、統整、建構和形成科學假設的能力，可能用以實作本位的評量題目。

簡而言之，應依據評量的目的與教材性質，因時因地制宜，勿拘泥於某一特殊形式的題目。

十五、直接詢問式題幹，優於不完整陳述式題幹

（一）選擇題型的題幹，最好採用正向直接詢問式陳述，整個問題的語句完整，意義明確，作答反應方向清楚，學生閱讀完題幹，就已完全清楚怎麼作答。

（二）反觀不完整敘述的題幹，學生閱讀完題幹，可能尚不清楚要怎麼回答問題，也就是題意未明，非得讀完所有四個選項，才確切明白題目的要求，延長反應時間，在命題時應該盡量避免這種命題方式。

表 9-1　選擇題檢核表

選擇題檢核表		
	是	否
1. 所採用的是否為最佳的命題形式？	____	____
2. 每個題幹是否均呈現一個富饒意義的問題？	____	____
3. 題幹是否僅包含一個主要概念？	____	____

表 9-1　選擇題檢核表　(續)

4. 題幹是否均採用正向的陳述句？　　　　　　　　　　_____　_____

5. 如採用負向字眼是否予以特別強調（括號或粗／斜體字）？　　　　　　　　　　　　　　　　　_____　_____

6. 選項的語法是否與題幹一致？　　　　　　　　　_____　_____

7. 選項是否簡潔扼要？　　　　　　　　　　　　　_____　_____

8. 選項的長度與格式是否相似？　　　　　　　　　_____　_____

9. 選項是否只有一個正確答案或最佳答案？　　　　_____　_____

10. 誘答項對低成就學生是否具備似真性？　　　　　_____　_____

11. 選項是否避免答案上的語文線索？　　　　　　　_____　_____

12. 語詞上是否依照字母或筆劃次序排列？　　　　　_____　_____

13. 數量選項是否依照小大順序排列？　　　　　　　_____　_____

14. 是否避免採用以上皆是或者以上皆非？　　　　　_____　_____

15. 每個選項的正確答案數是否接近相等？　　　　　_____　_____

16. 選項的正確答案位置是否隨機分派？　　　　　　_____　_____

17. 經過修訂後的題目，是否保持原意？　　　　　　_____　_____

18. 命題過程是否遵守選擇題命題建議事項？　　　　_____　_____

19. 題目初稿是否擱置在一邊等待時機修訂？　　　　_____　_____

20. 題目初稿是否請教命題高手指正？　　　　　　　_____　_____

21. 題目初稿是否找到一些學生試答並討論修訂？　　_____　_____

資料來源：著者整理。

本章摘要

1. 選擇題是成就測驗最常使用的題型，同時能評量簡單與複雜的學習結果。

2. 選擇題是由題幹與選項（誘答項）構成：題幹在前，選項在後。

3. 選擇題包括：(1) 直接問詢、(2) 不完整敘述和 (3) 最佳答案三種類型。

4. 選擇題可以測量知識結果：(1) 術語、(2) 事實、(3) 原理、(4) 方法與程序。

5. 選擇題可以測量理解與應用：(1) 區別事實與原理、(2) 解釋因果關係、(3) 方法與程序。

6. 選擇題的優點：(1) 可評量多種學習目標、(2) 計分評等方便、(3) 信度高於是非題、(4) 不受教材同質性限制、(5) 可避免反應心向影響、(6) 具診斷性功能、(7) 可編製高品質題目。

7. 選擇題的限制：(1) 不易評量高層次知能、(2) 不易評量問題解決與組織表現理念能力、(3) 不易找到有誘答力的選項、(4) 無法避免猜測、(5) 偏重語文，不利弱勢學生。

8. 選擇題命題原則：(1) 題幹明確簡潔、(2) 有正確或最佳答案、(3) 勿直抄課文、(4) 誘答項宜合理錯誤、(5) 選項長度宜相等、(6) 選項與題幹語法一致、(7) 重要結果才可反向敘述、(8) 測量理解題目新奇但不多、(9) 誘答項須有干擾力、(10) 題幹與選項避免連結、(11) 正確答案宜隨機分派、(12) 少用以上皆是或皆非、(13) 不必全用選擇題、(14) 直接訊問式優於不完整敘述。

自我評量

說明：下面是一些關於「選擇題」的描述，如果你／妳認為描述是對，請將該題目前面的「是」字圈起來；如果你／妳認為描述是不對，請將該題目前面的「非」字圈起來。作答錯誤將會「**倒扣**」分數。

一、是非題：40%

是　非　　1. 成就測驗最常使用的題目是選擇題。

是　非　　2. 選擇題猜測答對的機率比是非題低。

是　非　　3. 只能評量簡單的學習結果。

是　非　　4. 題幹與正確答案之語氣應相連結。

是　非　　5. 除正確答案外，其餘選項都是誘答項。

是　非　　6. 誘答項必須有干擾功能，要敘述得合理正確。

是　非　　7. 除正確答案外，干擾項的性質應相同。

是　非　　8. 正確答案的陳述宜特別詳細。

是　非　　9. 選項與題幹的語法應一致。

是　非　　10. 最少要有一個正確答案或最佳答案。

是　非　　11. 最佳答案型的選項可以全是正確敘述。

是　非　　12. 二元選擇題的誘答項有兩個。

是　非　　13. 重要的學習結果可以採用反向陳述。

是　非　　14. 直接詢問式與不完整敘述題型**無**優劣之分。

是　非　　15. 中間第二和第三個選項比較可能是正確答案。

是　非　　16. 測量理解題目宜又新奇又多。

是　非　　17. 只有兩個選項可用時，可以改用填充題評量。

是　非　　18. 學生語文能力**不**影響評量結果。

是　非　　19. 信度低於是非題。

是　非　　20 題幹在前，選項在後是個原則。

二、論述題：60%

1. 試舉例說明選擇題可以評量哪些理解與應用能力？

2. 選擇題的優點在何處？

3. 選擇題在應用上有何限制？

4. 舉出五種選擇題命題應注意事項。

Chapter
10
解釋題

本章教學目標

研讀完本章，你／妳將能夠：

1. 描述解釋題的用途。
2. 理解解釋題的優缺點。
3. 編製解釋題測驗。
4. 熟悉解釋題的命題原則。

學 校中複雜的學習成就，包括高級心理流程像理解、思考技巧和各種解決問題的能力，有些學者還認為應該擴展到建構反應，與其他類型的實作評量項目在內。

前兩章討論到：（一）簡答題可用來測量數學與科學的問題解決能力；（二）是非題可用來測量辨識因果關係的能力；（三）選擇題可用來測量各種理解與應用的能力。在在說明只要用心，一定能編製測量複雜成就的良好試題。要測量複雜的學習成就，就需要使用更複雜的客觀測驗題格式。複雜的學習成果，包括下面這些能力（Miller, Linn, & Gronlund, 2013）：

1. 應用原理原則的能力。

2. 解釋關係的能力。

3. 認識與陳述推論的能力。

4. 認識訊息的相關性的能力。

5. 發展與認識成立假設的能力。

6. 形成與認識有效的決論的能力。

7. 識別假設的結論的能力。

8. 認識資料的限制的能力。

9. 認識與說明重要問題的能力。

10. 設計實驗流程的能力。

11. 解釋圖、表和資料的能力。

12. 評估論證的能力。

上面這些能力可以分類為理解、推理、批判思考、科學思考、創造思考和問題解決等。高階思維技巧，由教育最重要的結果所構成，對學習結果至關重要，「解釋練習」的評量技術正好可以評量這些複雜的學習成果。

第一節　解釋題的性質

　　解釋題或稱「解釋練習」（interpretive exercise）也叫做「分類練習」（classification exercise），又稱為「關鍵型題目」（key-type item），由一系列基於共同模組數據的客觀測驗題所組成。這些資料可能是以書面材料、圖表的形式呈現。而有關的測驗題目會以各種不同類型的格式命題，但以選擇題與是非題形式最通用。學生有可能被要求辨識資料中的關係、認識有效的決論、評鑑假設與推論、檢驗資料的正當應用等等。

第二節　解釋題的功能與應用

　　與其他客觀測驗題相較，解釋練習有太多的格式無法全部列舉說明。以下所呈現的例子，是關於國民中、小學課程教材，用於測量複雜學習結果的題目類型，介紹材料的不同類型與不同的反應方法，說明解釋練習能測量的能力：

壹、認識推論的能力

　　在解釋書面資料，通常需要從所提供的事實，舉一反三，下面的練習在測量學生能夠從管道認識確證（真假）與無法推論的問題：

例題1

說明： 假設下列訊息為真，請依此事實做為推理基礎，得出推論。當然，正確推斷的數目有一定限制。

1. 如果依據訊息推斷，認為說法是真實的，請填寫「真」；
2. 如果依據訊息推斷，意味著它是不真實的，請填寫「假」；
3. 如果訊息無法推斷是真或假，請填寫「無」。

　　所有的推理僅可依據所給的訊息做為您應答的基礎。

　　用下列符號回答問題：

真－如果陳述可推斷為真實

假－如果陳述可推斷為不真實

無－如果無法做任何推論

仁智的<u>孫叔敖</u>

<u>孫叔敖</u>，又稱<u>蔿敖</u>，名<u>敖</u>，字<u>孫叔</u>；春秋<u>魏</u>國人，父<u>蔿賈</u>。<u>叔敖</u>幼時勤奮好學，尊長孝母，頗受鄰里喜愛。忽一日出玩，路見兩頭蛇，曾聞鄉里言「見兩頭蛇者死」，竊想吾今必死，唯恐再有他人受害，乃捧石擊之並深埋土中。返家獨愁，母問其故，乃將實情稟告。母慰之曰：汝心懷仁智，善終有報。及長，學識品德傳誦，<u>楚王</u>任為令尹，興水利、厚農業，民愛戴。囑其子<u>孫安</u>勿封官，受封偏遠瘠薄之地「寢邱」，子孫繁衍生息。

問題

（假）　1. <u>孫中山</u>先生與<u>孫叔敖</u>同宗。

（無）　2. <u>孫叔敖</u>父親早逝。

（無）　3. <u>孫叔敖</u>的母親受過良好教育。

（真）　4. 當時鄉下有許多迷信。

（無）　5. 兩頭蛇應該只有一條尾巴。

（無）　6. <u>孫叔敖</u>看見兩頭蛇可以不死，是因為善有善報。

（真）　7. 春秋戰國時期名符其實用人唯才。

（真）　8. 不求封官求封貧地，實因伴君如伴虎，乃自保之道。

（真）　9. <u>孫叔敖</u>並不是姓「孫」。

（無）10. <u>孫叔敖</u>大概知道他的兒子資質魯鈍。

資料來源：2015年4月1日著者改編自：http://www.bookstrg.com/ReadStory.
　　　　　asp?Code=RKchKYY22840。

貳、認識類化的能力

認識類化的能力是解釋資料最重要的核心問題，至少，學生必須能夠決定哪個決論是資料所能支持？哪個被否決？或既不能支持也不能否決？

資料可能是圖表、地圖、資料表和圖畫等型態，題目則可能是「是非題」或「選擇題」的格式。下面說明「是非題」的格式：

例題 2

表 10-1　七年來全國 15 歲以上人口婚姻狀況統計表

年度	男性		女性	
	離婚%	喪偶%	離婚%	喪偶%
2008	6.33	2.36	6.93	9.51
2009	6.58	2.37	7.17	9.61
2010	6.82	2.38	7.41	9.72
2011	7.02	2.38	7.61	9.83
2012	7.22	2.39	7.81	9.94
2013	7.40	2.40	8.01	10.07
2014	7.57	2.41	8.18	10.19

資料來源：整理自內政部戶政司（2015）。02-03人口婚姻狀況。取自http://sowf.moi.gov.tw/stat/year/list.htm。

說明：請仔細閱讀上列資料，然後依照下列說明的方法，回答問題：

S　如果上表資料支持該項說明，請圈選 S。

R　如果上表資料否決該項說明，請圈選 R。

N　如果上表資料既不支持也不否決該項說明，請圈選 N。

Ⓢ R N　1. 女性離婚率持續高於男性。

S R Ⓝ　2. 男性離婚意願低於女性。

Ⓢ R N　3. 女性喪偶率持續高於男性。

Ⓢ R N　4. 女性零歲餘命高於男性。

S Ⓡ N　5. 男性當鰥夫的可能性較高。

參、認識假設的能力

另外一種適用於解釋各類型資訊的學習結果，就是辨識需要做成結論或行動過程的非說明假設的能力。下列題目用來說明這種解釋練習題型：

例題 3

心理神經免疫學的研究者，徵求 96 位自願參與實驗研究的男性，要他們報告日常生活中正向與負向的事情。在他們報告之前，每一位受實驗者都服下一顆含有「兔白蛋白」（rabbit albumin）的膠囊，然後測量他們的唾液，確定每日免疫反應的強度。研究結果發現：令人愉悅的生活事件，會帶來較強的免疫反應；令人沮喪的生活事件，會帶來較弱的免疫反應。

決論：快樂是健康的一帖良藥。

試問：下列哪一個假設可得到這樣的決論？

甲　兔白蛋白是一種萬靈丹。

乙　情緒與免疫系統息息相關。

丙　生活事件不影響情緒。

丁　唾液會影響免疫反應。

資料來源：修改自王震武等，2008：384-385。

肆、認識資訊關聯的能力

對所有教材領域很重要的一種學習結果，在各年級教學都可測量的是：認識資訊關聯的能力，此地所呈現的練習，是為三年級的學生而作：

例題 4

小華抱著她的寵物貓到公園去玩，遇到一隻大黃狗對牠狂吠，嚇得牠爬上樹林深處不知所終。小華決定在公園佈告欄張貼尋貓啟事，請仁人君子幫她找到愛貓。啟事內容有數項，你／妳認為哪幾項對找到貓有幫助？

說明： 如果你／妳認為這一項內容對她有幫助，請圈選「是」。

如果你／妳認為這一項內容對她沒有幫助，請圈選「非」。

⊗是⊗ 非 　1. 貓是灰黑色。

⊗是⊗ 非 　2. 貓的名字叫「毛毛」。

　是 ⊗非⊗ 3. 貓的樣子很可愛。

　是 ⊗非⊗ 4. 貓會睡午覺。

⊗是⊗ 非 　5. 貓的四足是白色。

　是 ⊗非⊗ 6. 貓的體型不大。

⊗是⊗ 非 　7. 貓的尾巴特別短。

⊗是⊗ 非 　8. 貓的左眼部白色，右眼部黑色。

⊗是⊗ 非 　9. 貓屬於玳瑁品種。

伍、應用原理原則的能力

應用原理原則，可以表現在許多不同的方法上，在下列例子當中，學生必須能夠辨認解釋情境的原理原則，以及認識原理原則的說明：

例題5

有甲、乙、丙、丁等四個透明玻璃瓶，已知裝的是本氏液、亞甲藍液、碘液和葡萄糖液，因為標籤脫落無法辨認。不提供試紙，但提供吸管、試管、燒杯及酒精燈備用。

說明：下列實驗過程，如須使用化學變化原理，請圈選「是」；如不需要，請圈選「非」。

　是 ⊗非⊗ 1. 透明無色者是葡萄糖液（甲）。

　是 ⊗非⊗ 2. 黃褐色者是碘液（乙）。

　是 ⊗非⊗ 3. 藍色者是本氏液（丙）和亞甲藍液（丁）。

　是 ⊗非⊗ 4. 取 5ml 甲液，再將丁液滴進試管，隔水加熱，顏色不變。

⊗是⊗ 非 　5. 取 5ml 甲液，再將丙液滴進試管，顏色發生改變。

陸、應用畫報材料的能力

　　畫報材料在解釋練習方面有兩種有用的目的：一、它可以協助測量一些用畫報材料呈現像安置書面或圖表資料等學習結果，特別是對於低年級的學生或能以圖表明確傳達的觀念。二、畫報材料同樣能測量解釋圖表、漫畫、地圖和其他畫報材料的能力。

　　下面說明應用畫報材料的一些例子：

例題 6

　　一個人在不同情緒下的面部表情雖不相同，但多數人的情緒表達有一些共同特徵，請你／妳仔細觀察判斷下列表情代表什麼樣的情緒？

說明：下面有幾個圖案，代表一種情緒特徵，請在正確的答案代號打個圈。

　　甲☹　乙☺　丙😐　丁😀

　　甲　乙　丙　⑴丁　1. 哪個圖案代表心情平靜？

　　甲　②乙　丙　丁　2. 哪個圖案代表高興？

　　甲　乙　③丙　丁　3. 哪個圖案代表喜怒不定？

　　④甲　乙　丙　丁　4. 哪個圖案代表生氣？

　　[例題 6] 之畫報材料適用於較低年級學生概念的認識與理解能力。

例題 7

下圖是某一天晚上抬頭看到北方天空的星群。問：

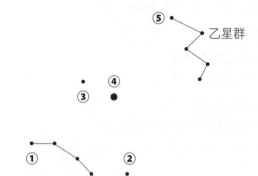

乙星群

⑤

④

③

甲星群

①

②

1. 北極星是圖中的第幾號星？ ___④___
2. 甲星群如何稱呼？ 北斗七星
3. 乙星群如何稱呼？ 仙后星座
4. 圖中哪一號星在相同位置永不移動？ ___④___

[例題 7] 畫報材料適用於小學高年級學生，概念的認識與關係理解的能力。

例題 8

下表是各種食用油脂肪酸分析結果。

	飽和脂肪酸%	不飽和脂肪酸%		
		omega-9	omega-6	omega-3
苦茶油	7	86	7	-
花生油	18	48	34	-
亞麻仁油	9	18	16	57
葡萄籽油	13	82	5	-
橄欖油	12	81	7	-
大豆油	16	26	51	7
麻油	13	40	47	-

請回答下列問題：

1. 最耐高溫的油？
   （甲）苦茶油　　（乙）亞麻仁油
   （丙）葡萄籽油　（丁）橄欖油

2. 該表的最佳標題是什麼？
   （甲）各種食用油分析表
   （乙）各種脂肪酸含量表
   （丙）食用油脂肪酸含量分析表
   （丁）食用油飽和與不飽和脂肪酸分析表

資料來源：修訂自再源油廠（2015）。**健康&美麗**。養生之道—〈亞麻仁油〉。臺灣：彰化。

[例題 8] 係為七年級以上學生而設計，課堂測驗時常可以使用這種詮釋練習測量學生概念與關係的解釋能力。這類畫報材料可以在許多出版品中摘錄，但須注意資料確足以正當解釋結果，同時必須遵守《著作權法》之相關規定。

第三節　解釋題的優點與限制

壹、優點

解釋練習題有許多優點（王文中等，2006；郭生玉，1999；McMillan, 2014; Miller, Linn, & Gronlund, 2013）：

一、能測量溝通媒介能力

知識快速擴展，導致各教材領域無法學習所有重要事實資訊，必須大量依賴圖書資料、參考材料、自我研究及解釋技巧。

二、能測量複雜的學習結果

解釋題比使用單一客觀測驗題，更能夠測量複雜的學習結果。如果是在證明學生思維和解決問題的技巧，就有必要將一些數據，納入在各類型的試題中，用以困惑學生。

三、可命擬加深加廣測驗題

解釋式題目可依據不同的材料複雜度，命擬由淺至深、由侷限範圍到擴展大範圍的題目，端視命題者用心程度而定。

四、受無關事實資訊的影響最小

學生有時因為他／她們不瞭解某些事實與情境的關聯性，無法證明他／她對原理原則的理解。這種反應的阻塞，與測量的目的並無直接的關聯，在解釋練習中應排除。在引進的材料中，我們可以提供學生證明理解、思考技巧與問題解決能力等所需的一般資訊背景。

五、利於辨識潛在結論的假設結果

一個解釋性練習最有效的是：學生不得隨意重新定義問題，或證明思維技能。這到底是好還是壞，完全依據所測量的具體結果而定。在一組客觀測驗題強迫學生只能使用所要求的心理過程，也因此使它能夠測量各自分離的問題解決觀點，以及採用客觀計分程序。

貳、限制

解釋練習與其他各類型的測驗題目一樣，有它的限制：

一、編寫困難又費時

若想擷取最新出版材料，又要與教學結果有關聯，就需要審慎的蒐尋，有關的資料通常必須重新編輯和修改，以使其更適合測驗的目的，因此，所花費的時間也相對的多。

二、須指出學習之具體表現

題目的編寫過程通常是循環式的，一再的編修介紹材料和訂正題目，直到滿意為止。對於解釋練習題編寫困難這方面，有三個積極的解套方法：（一）有許許多多這類型的題目，一再出現在各課程領域；（二）教學越強調複雜的學習結果，解釋練習題就越受重視，編寫解釋練習題的人就越努力去做；（三）解釋練習題在實務與經驗方面就越來越容易。

三、偏重閱讀能力

閱讀技巧較差的學生，會因閱讀材料難度受到妨礙，並且須花費許多時間去逐項閱讀題目。解決的方法有二：（一）將閱讀材料的難度控制在較低水準、（二）選項的說明盡量採用簡短的段落。但是，這樣只能解決部分問題，因為閱讀能力差的學生仍然是一個不利的因素，因此，在小學低年級或班上有許多閱讀能力差的學生，最好將介紹材料限定在畫報材料為宜。

四、無法測量解決問題的思路

解釋練習題可以有效地測量解決問題過程的觀點，但無法指出學生面對特殊情境時，能否整合和應用這些技巧。因此，與論文題及其他實作評量項目相較，它無法提供學生解決問題能力的診斷功能。

五、選擇題型只能測量認識層次

要測量界定問題、形成假設、組織資料、獲致結論的能力，必須另外採用實作評量項目。很明顯地，解釋練習題在測量學生與書面資料有效溝通、執行實驗、藝術創造工作、或對一個團體做口頭報告的能力方面，其效度並不穩定。然而，解釋練習題在測量複雜學習結果方面，確實是一種有效的技術。

第四節　如何編寫解釋練習題

在編寫解釋練習題時有三個主要工作：第一，選擇適當的介紹材料；第二，編寫一系列相關的測驗項目；第三，在編寫解釋練習題時，必須依據複雜學習結果，仔細分析介紹材料。要想編寫出高品質的解釋練習題，請遵照下列訣竅（McMillan, 2014; Miller, Linn, & Gronlund, 2013; Waugh & Gronlund, 2014）：

一、選擇與學習結果有關材料

解釋練習題必須能夠測量到具體的教學結果的成就，也就是與所要評量的學習結果有關的介紹材料。材料太簡單，變成在測量閱讀技巧；太複雜或與教學目標無關，變成在測量普通推理能力。最好是介紹材料與課程

內容有關，且足以誘發對課程目標的具體心理反應。同時，在課程目標上所強調的詮釋技巧份量，也需要加以考量。

二、選擇容易閱讀且饒富意義材料

在測量複雜的學習結果，要將閱讀能力的影響降到最低，就是設法使引用的介紹材料盡量簡明扼要。最好將文章摘要成有用的素材，或總結文章的關鍵也行；有時摘要比原表、圖形或圖畫更佳，注意不可省略解釋材料技巧的關鍵要素；材料必須具有豐富意義，且能引發學生興趣。

三、適合學生經驗與閱讀水準

各類型的詮釋練習都可以測量複雜的學習結果，但所採用的解釋類型必須符合學生的經驗；不宜引用對學生不熟悉的材料或圖表解釋類型，卻要他／她們辨識結論的正確性。同時，應該考量閱讀技巧問題，小學生最適宜畫報材料；而高年級學生最適宜畫報材料及低語彙負擔、語句較短的語文材料。

四、選擇新穎的材料

引用的介紹材料，對學生必須是新穎的材料，最好是與教室內所使用的有些相似，又在內容與格式上有些微差異的才是最佳材料。這些材料可取自教科書、報紙、雜誌和與課程內容有關的參考資料等加以修訂而來。

五、將材料修訂成更有解釋價值

介紹材料部分可不經修正即可使用，但大部分都需要做一些改編。技術性文章通常對事件的描述較長、較詳細；報紙與文章摘要通常較簡約，但是對事件的報告，為了吸引讀者的興趣，倒是特別誇張。雖然這些報告提供測量爭論有關判斷的能力、假設的需求、結論的正確性等等一個良好的素材，但是為了有效的運用，通常都需要經過修訂的程序，直到一個清晰、簡明的解釋練習的產生。

六、先分析材料，再編寫題目

在編寫解釋練習題，只能保留那些閱讀介紹材料後，才能做出想要解釋的試題。知識與解釋技巧，應由所測量的學習結果來決定，測驗題目必

須依據介紹材料，要求更高階的心理反應。

七、比照客觀測驗題編寫要領

解釋練習題的題目格式將決定編寫的原則，如果採用是非題或選擇題格式，編寫這類題目必須遵守它的編寫原則，採用修正格式，在編寫題目時應該再去回顧審查各類型客觀測驗題目的適用性；避免無關訊息的干擾與技巧上的缺失。

八、題目數量與材料長度相稱

要求學生去分析一個長篇大論的複雜材料，然後只回答一、兩個問題，這是無效率的作法。雖然無法指出材料多長需要搭配多少個問題，至少應該兩相平衡才是。同樣，我們希望引用的介紹材料簡潔扼要，測驗題目相對的多一些。

九、選項應具同質性且應相互排斥

關鍵類型題目通常在解釋練習題中使用，是選擇題的修正變型，它和配合題相似，使用一組選項。特別注意，用做關鍵的類別必須是同質性，它們全部必須與判斷的相似類型相關聯，同時在類別上未重疊；每一個選項必須提供一個單獨的類別或項目，因而它是一個分類的明確系統，每一個題目只有一個正確答案。

表 10-2　解釋練習題檢核表

解釋題檢核表	是	否
1. 這是否屬於最適當題型？	——	——
2. 所要解釋題材是否與教學目標相關聯？	——	——
3. 所要解釋題材是否適合學生課程經驗與閱讀水準？	——	——
4. 所要解釋圖畫或圖表資料是否得當？	——	——
5. 所要解釋題材是否帶點新奇（要求解釋）？	——	——
6. 所要解釋題材是否簡要、清晰且富饒意義？	——	——

表 10-2　解釋練習題檢核表　（續）

7. 問題是否直接依據介紹材料或要求學生解釋？	＿＿＿	＿＿＿
8. 所命擬題目數量是否合理？	＿＿＿	＿＿＿
9. 題目是否符合命題準則？	＿＿＿	＿＿＿
10. 關鍵題型的題目是否同質且未重疊？	＿＿＿	＿＿＿
11. 經過修訂的題目是否保留測驗原意？	＿＿＿	＿＿＿
12. 題目撰寫完成後是否等候適當時機修正？	＿＿＿	＿＿＿
13. 題目撰寫完成後是否找來幾位學生預試討論？	＿＿＿	＿＿＿
14. 題目撰寫完成後是否請老手教師指正？	＿＿＿	＿＿＿

資料來源：增訂自McMillan, 2014: 181.與Linn & Gronlund, 2000: 232.

本章摘要

1. 解釋練習題簡稱解釋題,也叫做分類練習題,又稱為關鍵型題目或主列表題目,由一系列基於共同模組數據的客觀測驗題所組成。

2. 解釋題可以認識:(1) 推論、類化、假設、資訊關聯的能力、(2) 應用原理原則、解讀與應用畫報材料等能力。

3. 解釋題的優點:(1) 訓練學生解讀與資料溝通能力、(2) 測量較複雜高層次認知能力、(3) 可編擬較深廣的測驗題、(4) 受無關訊息影響較小、(5) 能辨識潛在結論的假設結果。

4. 解釋題的缺點:(1) 編寫困難、(2) 題目必須指出學習結果之具體行為表現、(3) 易偏重閱讀能力、(4) 無法測量學生思考歷程、(5) 題目類多選擇題型只能測量認識能力層次。

5. 解釋題的編寫原則:(1) 選擇與所要測量的學習結果有關材料、(2) 選擇容易閱讀且饒富意義材料、(3) 適合學生經驗與閱讀水準、(4) 選擇新穎的材料、(5) 將材料修訂成更有解釋價值、(6) 先分析材料,再編寫題目、(7) 比照客觀測驗題編寫要領、(8) 題目數量與材料長度相稱、(9) 選項應具同質性且應相互排斥。

自我評量

一、論述題：100%

1. 解釋練習題的性質如何？

2. 解釋練習題能測量哪些能力？

3. 解釋練習題的優點在哪裡？

4. 解釋練習題的缺點在哪裡？

5. 試列舉五項解釋練習題的命題原則？

Chapter

11

論述題

本章教學目標

研讀完本章，你／妳將能夠：

1. 描述論述題的用途。
2. 理解論述題的優缺點。
3. 區分限制反應題與擴大反應題的區別。
4. 編製論述題。
5. 編製論述題計分量規。
6. 熟悉編製論述題的要點。

述題（essay questions）或譯「問答題」或「申論題」，屬於「建構反應型」（constructed-response type）題目。論述題提供學生一種自由反應的方式，最適宜評量學生形成問題的能力、組織、統整、評鑑觀念和資訊，以及應用知識與技巧的複雜能力。

　　儘管客觀測驗題有廣泛的適用性，還是有一些教學結果，未能設計出令人滿意的測量方法，包括像再認的能力、組織和統整理念、個人寫作表現能力、創造的能力。這種論述題不需編寫許多的反應項目，在測量論文、實作本位的結果評量，特別有其價值性。

第一節　論述題的形式與應用

　　論述題最清楚的樣貌就是自由反應，學生用自己的話自由建構、組織、與呈現他／她們的觀念。這種自由雖然增強論述題之價值，但評分困難也會使它的功能失效，淪為測量事實資訊的知識。涉及概念化、建構、組織、統整、相關聯、和評鑑觀念能力的學習結果，需要自由反應與獨創性，採用論述題測量最恰當。

　　論述題所提供的自由反應，不是全有或全無的問題，而是程度的問題。其中一端，限制的如同簡答客觀測驗題一樣，只需要一個或兩個句子就已足夠；而另一端，則幾乎給予學生完全自由的去建構他／她們自己的反應。論述題目可以簡單的分成兩個類型：「限制反應論述題」和「擴展反應論述題」。

壹、限制反應題

　　限制反應題（restricted-response questions）通常是限制內容與反應，內容通常被限定在已經討論過的主題；限制反應的格式通常會在問題中指出。請看下列例子：

> **例題1**
>
> 1. 李白在〈黃鶴樓送孟浩然之廣陵〉一文與張繼在〈楓橋夜泊〉一文中，舉出所提到的共同景物與共同感受各是什麼？（七年級國文科）
> 2. 上星期五我們全校師生到南投日月潭做校外教學活動，請各舉二樣生物和非生物。（五年級自然科）
> 3. 在邁向開發國家增加國民生產毛額之際，應避免經濟成長所帶來的負作用。請具體指出經濟成長的兩種負作用。（九年級公民與道德科）
> 4. 蘇俄的面積大於美國一倍以上，每年卻需自美國進口大量穀物，試舉出兩種最主要原因？（九年級地理科）
> 5. 試指出八年對日抗戰與國共內戰在性質上的兩點主要差異？（九年級歷史科）

　　上述 [例題1] 之 5：如果這個題目曾經在最近於教室內明確的討論過，所測量到的結果，只是學生對材料的理解，而以自己的話語表達出來而已；若對學生是一個全新的材料，論述題目所測量到的將是一種高層次的思考能力。

　　另外一種限制反應論述題與解釋練習題稍微不同的是：它是以是非題型或選擇題型代替解釋練習題，下面就是一個例子：

> **例題2**
>
> 　　國內醫學界有一個共識，吸一手菸與二手菸都有害健康，衛生福利部乃頒佈禁菸令，凡公共場所都禁止吸菸。一些反對禁菸人士就抗議：吸菸禁令侵犯個人吸菸自由選擇權。
>
> 試問本文的意旨是什麼？
> （甲） 指出你／妳是否同意最後劃線一個語句的部分。（是）（否）
> （乙） 支持你／妳的論點。理由是：_____。
> （丙） 專家與民眾各有立場。（是）（否）

限制反應論述題比擴展反應論述題更具結構性，在一些特殊領域中測量資料的解釋與應用特別有用。由客觀解釋練習題所測量的學習結果，也都可由限制反應論述題來測量。它的差別在解釋練習題是由學生去選擇答案，而限制反應論述題則需要學生去供應答案。

貳、擴展反應論述題

一、自由反應

　　擴展反應論述題（extended-response questions）允許學生去選擇他／她們認為有關的事實資訊、依照他／她們的最佳判斷去組織答案、去統整與評鑑他／她們認為最適合的觀念。這種自由使得他／她們能夠證明他／她們分析問題、組織觀念、用自己的話語描述、發展一致的說法之能力。這種自由，雖證明了創造性表達與其他高階技巧能力，卻也使擴展反應論述題，在測量更具體的學習結果變成無效，並且引發評分困難（Linn & Gronlund, 2000; Miller, Linn, & Gronlund, 2013）。下列這些問題是自由反應論述題的範例：

例題 3

1. 如果讓你／妳免費旅遊臺灣本島景點一週，條件是折斷一隻鸚鵡的雙翼，你／妳接不接受？請發表你／妳的想法。（九年級國文科）
2. 辛棄疾的〈西江月〉與岳飛的〈滿江紅〉這兩首詞，就詞的風格上有何差異，請發表你／妳的看法？（九年級國文科）
3. 2014 年的太陽花學運對臺灣的民主政治有何重要影響，請抒所見。
4. 樹上有十隻麻雀，獵人開槍打下一隻，樹上還有幾隻麻雀？請說出你／妳的答案，並且說明你／妳的思維或理由。

二、評分

　　思考與問題解決技巧，學生必須將所需的知識與理解交融在一起發揮功能，教師與測驗專家都同意，擴展反應論述題所要評量的複雜行為，不能以一般客觀的方法評量。除非審慎的選擇問題與評分程序，否則很難為測量辯護其評分的不可靠性。

三、學習結果測量的比較──摘要

　　限制反應論述題與客觀解釋練習題，都可以測量複雜的學習結果，主要的差別是：客觀解釋練習題要求學生選擇答案，而限制反應論述題要求學生供應答案；比較之下，擴展反應論述題在測量像組織、統整、評鑑和表達觀念的能力，它們可以用來測量書寫技巧以及理解與應用教材內容知識的能力。

　　表 11-1 是解釋題與論述題所測量複雜的學習成果類型的對比。論述題的反應自由是程度的問題，因此，限制反應論述題與擴展反應論述題在功能上常會重疊。

表 11-1　論述題與客觀解釋題所測量的複雜學習結果類型	
評量項目的類型	**能夠測量的複雜的學習成果之例證**
客觀解釋練習題	有能力去── 1. 辨認因果關係。　　　　5. 辨認有效的結論。 2. 辨認原理原則的應用。　6. 辨認不成文的假設。 3. 辨認爭論的相關性。　　7. 辨認資料的限制。 4. 辨認成立假設。　　　　8. 辨認程序是否適當。 （基於學生選擇答案能力的相似結果）
限制反應論述題	有能力去── 1. 解釋因果關係。　　　　　5. 形成有效的假設。 2. 描述原理原則的應用。　　6. 說明所需的假設。 3. 呈現爭論的相關性。　　　7. 描述資料的限制。 4. 制定站得住腳的假設。　　8. 解釋方法與程序。 （基於學生供應答案能力的相似結果）
擴展反應論述題	有能力去── 1. 介紹、組織和表達觀念。　　5. 編寫創造性的故事。 2. 統整不同領域的學習結果。　6. 解釋概念或原理原則。 3. 創制原創形式。　　　　　　7. 說服讀者 4. 做總結（如寫作故事總結）。 （基於學生為特殊目的寫一篇論述文的能力之相似結果）

資料來源：引自Linn & Gronlund, 2000: 240.

第二節　論述題的優點與限制

　　無論是限制反應論述題或擴展反應論述題，所要測量的大多數是屬於高層次認知領域的知識與技能，但是，光是論述題不足以保證真正能測量到高層次的能力，題目對所要測量的能力是否恰當是個關鍵，論述題並非所有評量類型的最佳題型。綜合各家意見，論述題的優缺點大致如下（McMillan, 2014; Miller, Linn, & Gronlund, 2013; Waugh & Gronlend, 2013）：

壹、優點

一、能測量較複雜的學習結果

　　使用論述題並不能保證測量得到複雜的成就。因此，論述題必須和客觀測驗題一樣小心編製，與複雜成就有關的課程目標，必須根據具體學習結果加以界定。論述題必須以措辭要求學生，從事有針對性的思維能力。

二、強調思維統整與應用及問題解決技巧

　　客觀解釋練習題，可以設計用來測量各種不同的複雜成就，但是在著手一個問題的統整和應用這些技巧的能力時，最好還是用擴展反應論述題來測量為宜。

三、能直接評鑑寫作技巧

　　在某些情況下，可以結合教材知識與理解的評量，來評鑑具體的寫作技巧（例如：數學與科學原理原則、觀念等的溝通）；在另外的情況下，寫作技巧的評鑑，可能是主要的目的（例如：在一個敘說故事或寫作機制中發展性格的技巧）。

四、編寫容易，教師愛不釋手

　　在很短的時間內，就能編寫出好幾個論述題，對忙碌的教師具有吸引力的功能，然而這個明顯的優點往往容易誤導，因為在強調編寫容易的同時，它通常指的是揮灑自如，很少考慮課程目標的問題。

五、對學習貢獻的潛在優勢

　　論述題可以直接提供學生學習經驗，例如為擴展反應論述題預備一個反應程序；而對學習效果的貢獻可能是間接的。在論述題中，無論學生什麼樣的預期反應模式，通常都應該符應並鼓勵有效的學習活動。

貳、限制

一、評分主觀

　　論述題最普遍的限制，是評分的不可靠性，依據多年來的研究顯示，同一份書寫論述的答案，交由不同的教師評分，會得到不同的分數；同一份答案由同一位教師，在不同的時段評分，也會出現不同的分數。評分者之間的信度差，詳細探討其原因，不外是未能明確辨認對於要測量的學習結果，以及未能建立良好的評分流程與標準所致。

二、評分時缺乏指導方針

　　評鑑論述題目，未能適當辨認對於要測量的學習結果，以及未能建立良好的計分規則，就如「盲人摸象」一樣，一個強調事實知識，一個強調觀念組織，一個強調寫作技巧；即使三方面都認為已經達成不同的學習結果，彼此計分分歧，其實也沒有什麼好驚訝。未能適當注意學習結果和計分規則是主要原因，如果能夠明確界定所要測量的學習結果，將能夠大大增加評分信度；精確的設計問題，小心遵守計分規則，熟練計分實務，也有助於提高評量的信度。

三、評分費時

　　如果很審慎的評閱論述題答案，提供學生有助益的回饋，即使只有幾頁的答案，也需要數小時的評分時間。假使班級學生人數多，又問了好幾個擴展反應論述題，想要嚴謹評分勢不可能。唯一的解決之道就是：除非客觀測驗無法測量的學習結果，才使用論述題目；並且，在一份測驗中不要命擬太多論述題，就會有較多時間評閱論述題的答案。

但是，在受試學生人數很少時（例如，碩、博士班），評分費時可能不是問題，相對於客觀測驗題的命題時間，兩相比較下難分軒輊。

四、內容樣本代表性低

一個測驗裡面所能容納的論述題目非常有限，這種不適當的抽樣，使得在測量事實資訊的知識顧此失彼，應該改用客觀測驗題來測量，而保留擴展反應論述題目去測量複雜的學習結果。

要想論述題能取得具有代表性的樣本，就是將整個學年不同時段實施的論述題評量結果累積成證據，蒐集成一個檔案，可視為其他重要的評鑑與溝通的功能（Miller, Linn, & Gronlund, 2013）。

第三節 對編製論述題的建議

要想改良論述題，必須特別注意兩件事：一、如何編寫論述題以喚起所需要的學生反應；二、如何評分才能獲得可靠的評量結果。學者專家對於編寫論述題的建議如下（王文中等，2006；余民寧，1993；陳李綱，1997；陳淑美，2002；McMillan, 2014; Miller, Linn, & Gronlund, 2013; Waugh & Gronlund, 2013）：

一、限制使用條件

限制論述題僅用於：無法以客觀測驗題滿意測量的學習結果。客觀測驗題的優勢是效率與信度高，但當客觀測驗題不適於測量學習結果時，非論述題莫屬。有些複雜的學習結果，像這些關於組織、統整、觀念的表達，除非使用論述題測量，否則將會被忽略。

二、題目確屬主要學習目標

一旦所要評量的思考目標確定，題目的措辭就必須明確指出，需要使用哪些特殊技能來回答問題，這種限制反應題專注於單一的思考技巧較容易達成。擴展反應論述題，評分標準可以配合所要評量的技能。剛開始編寫題目配合教學目標時，有一個好方法就是可以上網路教學平台，蒐尋一些現成的題目做為參考，或參考本書著者編製的表 11-2 的範例。

三、測量重要學習技能

　　論述題須測量內容標準或教學結果裡面所清楚界定的成就。例如，要測量應用原理原則的能力，就應該簡要說明問題，要求學生展現他／她們對概念的理解或展現一種特殊的技巧。每一個論述題都必須小心設計，要求學生證明在所要的學習結果內界定的成就。

　　極端自由的擴展反應論述題很難編製問題，這種困難部分可因指出所要評鑑的答案之基礎而克服。請看下列例題：

例題 4

　　限以三千字篇幅，論述「個人隱私權」的意義與重要性。

※ 評分依據：

文詞通順（20%）、文章結構（20%）、立論基礎（30%）、說服力（30%）

　　告知學生，他／她們應該特別注意文詞、結構、立論與說服力等，就是界定學生的工作，使計分標準明確，並能鎖定一組特殊學習結果。當然，只有這些指導不能保證學生一定表現適當的行為，唯有當學生被教過相關技巧及如何統整它們，這些指導才能視為他／她們所想要的目的。

四、明確指出學生的任務

　　編擬的問題若包含了模棱兩可的措辭，可能就無法傳達給學生，因為學生對問題會有不同的解讀，而做出一堆大雜燴的回應。因為它無法決定何者不正確或脫靶反應，只因為誤解和缺乏成就，其結果是比毫無價值更糟。請看下列例題：

例題 5

（差）　為什麼黑面琵鷺每年遷徙來臺灣？

（優）　提出三個可以解釋黑面琵鷺每年遷徙到臺南七股過冬的假設？指出其中最可能的一個假設，並陳述其理由。

澄清問題的方法之一，就是盡量讓它具體化，因為限制反應題要改寫到所預期的反應已明白確定為止。上述 [例題 5] 的修定題目，明白具體指出學生的反應方向或應該執行的任務。當然，也有可能學生提出的假設不合理或不正確。澄清擴展反應論述題目的最佳途徑，應是給於學生關於意圖反應類型的明確方向。再思考下列問題：

例題 6

（差）　比較中國國民黨與民主進步黨的差異。

（佳）　試比較國民黨與民進黨當前對大陸服貿政策，何者較符應臺灣未來發展的需要？限三千字以內，以具體例證支持你／妳的論點。

※ 評分標準：

文詞順暢性 20%、立論正當性 40%、例證說服力 20%、結構完整性 20%。

（一）[例題 6] 未修正前的問題，沒有提供學生任何作答反應的基礎，也缺乏評分的參考標準，因此可能造成學生各自解讀問題：有的學生認為很簡單，模仿某個電視名嘴的立論，三言兩語就交差了事；有的學生可能引經據典，長篇大論。

（二）[例題 6] 修正後的問題，清楚地限定在對大陸的服貿政策範圍、論述的長度、內容與格式，甚至評分標準等，既未破壞論述題的功能，又給予充分反應的自由，堪稱佳作。

五、指出每一題的作答時間限制

（一）題目少些，每一題答題時間多些

　　命題時教師都必須估計滿意的回答每一題，大概需要多少時間。在分配作答的時間時，應記得遲緩的學生，都認為所給的時間不夠。最好的方法是論述題少一些，給學生作答的時間多一些，以免對某些學生不利。

（二）將每一題作答時間限制，告知學生

　　分配給每一題作答的時間限制應告訴學生，以便他／她們可以用自己的步調來應對每個問題，而不是測試時間結束時「還有一個問題未作答」。

原則是：

1. 如果測驗的題目同時包括客觀測驗題和論述題，必須告知學生每一部分可用來作答的時間大約是多少，口頭通知或直接在試題上註明都可行。

2. 但也不要太強調時間，以免引起學生作答的焦慮，而妨礙學生正常的表現。

3. 最好就在介紹性發言時強調「絕對有充足的時間作答」，或許會消除任何可能出現的焦慮。

六、避免使用自選題

論述題經常會面臨一個實務的問題，那就是給予超過想讓學生回答數量的論述題目，然後允許學生選擇其中數題作答。例如：命題教師出六題論述，告知學生可以選擇其中三題作答。學生也很喜歡這種方式，因為他／她們可以選擇自己最有把握的題目作答。在學習評量上並不推薦使用可自選的問題，原因是：

（一）如果學生可以自由選擇題目作答，明顯地變成他／她們在做不同的測驗，而教師是在評量他／她們不同學習結果方面的成就。

（二）採用自選題會影響測驗結果的效度——當學生知道老師要出這種多選三或多選四的論述題之後，學生會進一步預先準備幾個問題，縮小閱讀範圍，精煉答案的組織與結構，甚至於獲得高分，卻破壞了學生成就的測量，不用說大家也知道這就是所謂的「投機」或「偷雞」行為，在教育方面是不被鼓勵的行為。

七、指導學生寫作的技巧

論述題的作答有很大的比例靠寫作能力，必須先教導學生思考與寫作技巧，才可能出現高水準的學習成果與成就。教師在平時就應該指導學生：如何去選擇有關概念、如何比較有關觀念、如何組織、運用、分析、綜合和評鑑觀念、如何將這些觀念組織成嚴謹的論述文。在平時將一些論述題目的答案評分標準加以分析，以例證補充證據，文法與標點符號、造詞與文章的起、承、轉、合，一方面教導學生，一方面讓學生練習，將能提升學生論述題的作答寫作水準。下面表 11-2 提供一些論述題例子，做為一般教師命題之參考。

表 11-2　各類型論述題目命題範例

論述類型題目範例（1）

解釋

1. 為什麼老年人最容易患白內障？

2. 為什麼許多年輕人都愛做追星族？

3. 人生有四喜，何以「洞房花燭夜」擺在最後喜？

4. 為什麼說「水往低處流，人往高處爬」？

比較

1. 〈慈烏夜啼〉一文中最能代表「孺慕之情」的是哪兩句話？

2. 比較辛棄疾〈西江月〉與岳飛〈滿江紅〉文章風格之差異何在？

3. 選擇甲地與乙地舉辦跨年慶祝活動，孰優孰劣？

4. 民國 8 年的五四學生運動與民國 103 年的太陽花學生運動，在性質上有何異同？

因果關係

1. 1929 年發生世界經濟大恐慌的主要原因是什麼？

2. 民國 103 年連續發生食用油安全事件，其影響如何？

3. 太陽花學運和 2016 年總統及立法委員選舉這兩個大型活動有什麼關聯性？

證明

1. 你／妳認為哪一位師長最受歡迎？為什麼？

2. 解釋為何你／妳同意或不同意學生必須穿學校制服？

3. 說明為何有人明知山有虎，偏向虎山行？

4. 解釋為何有些色藝雙全的影歌星，在婚姻路上卻坎坷難行？

類化

1. 下列現代化武器是模擬哪些原理製造出來……？

2. 「居安思危」之於「苟且偷安」；猶如「飲水思源」之於……？

3. 依據下列資料做出至少三個類比……？

4. 劉鶚之〈老殘遊記〉猶如「誰」之〈官場現形記〉？

推論

1. 下一任總統是蔡英文女士當選，未來臺灣與中國大陸的關係將會如何？

2. 當臺灣的水庫都壽終正寢後，臺灣本島的民生用水會怎麼樣？

表 11-2　各類型論述題目命題範例　（續）

3. 臺灣的警察權日漸式微，最可能的結果會怎麼樣？

4. 假使將五權憲法修正為三權憲法，我們的民主政治會怎麼樣？

5. 如果女（男）朋友結婚，「新郎（娘）不是我」，結果會如何？

總結

1. 《品泉》一文的主旨在⋯⋯

2. 說明你／妳看完《雨人》（達斯汀霍夫曼、湯姆克魯斯主演）這一部電影的主要感想是⋯⋯

3. 看完《倚天屠龍記》這部武俠小說，你／妳對男主角張無忌的主要評語是⋯⋯

4. 發生「阿帕契女王事件」，你／妳對國軍軍紀的看法是⋯⋯

論述類型題目範例（2）

說服

1. 撰寫一份競選模範生海報，請全校同學全力支持你／妳。

2. 撰寫一份申請書，請學務處撤銷記過處分，改以勞動服務替代。

3. 撰寫一封信給最近感情受挫的同學，鼓勵他／她勇敢地站起來，再創新人生。

應用

1. 如果你／妳登山迷路了，你／妳要如何自救，請說明你／妳的想法或理由？

2. 請應用「物極必反」原理，寫一首《勸世歌詞》。

3. 請說明日常生活情境中，用了哪些原理原則解決生活問題？

分析

1. 嫌犯說他／她帶父親去遊山玩水，但他／她父親卻溺斃在淺水小溪，請指出疑點⋯⋯

2. 請說明國民黨 2016 年總統及立法委員選舉慘敗的主要原因？

3. 為何這麼高壯的人在抽血檢驗時，臉色變白、渾身發抖？

4. 看完《天龍八部》這部武俠小說，描述一下男主角段譽的愛情觀⋯⋯

綜合

1. 撰寫一份產品行銷企劃書，證明⋯⋯

2. 撰寫一份研究成果報告，顯示⋯⋯

表 11-2 各類型論述題目命題範例 (續)

3. 寫一封情書，向對方表白……

評鑑

1. 評述武俠小說《天龍八部》中「悲劇英雄」蕭峰的性格……

2. 評述《倚天屠龍記》結局的合理性？

3. 述說你／妳自己的長處與缺點……

4. 評估你／妳住處環境的優缺點……

5. 評估學校考試的優缺點……

創造

1. 請盡量想出一枝鉛筆的不尋常用途？

2. 有人拿兩顆黑色石頭放進口袋，要你／妳保證抽出來是「白色石頭」時，如何解套？

3. 想像如果你／妳有張無忌的「乾坤大挪移神功」，你／妳將……？

4. 如果你／妳幸運中了「大樂透」彩金 10 億新臺幣，你／妳會……？

資料來源：著者編製。

論述題命題完成後，最好還是依據下列檢核表，審查題目的適當性：

表 11-3 論述題檢核表

檢核表

	是	否
1. 所採用的是否為最適當題目類型？	___	___
2. 題目是否測量到推理技巧目標？	___	___
3. 題目是否具體明確？	___	___
4. 是否告知學生作答時間如何分配？	___	___
5. 題目是否涵蓋較高層次學習結果？	___	___
6. 是否避免採用自選題？	___	___
7. 是否告知學生評分標準？	___	___
8. 是否遵照論述題命題建議事項命題？	___	___

表 11-3　論述題檢核表　(續)		
9. 題目命擬完成後是否先擱在一旁待機修訂？	＿＿	＿＿
10. 題目修正後是否仍然保留原意？	＿＿	＿＿
11. 初稿是否敦請較有經驗教師惠予指正？	＿＿	＿＿
12. 是否預先找幾位學生預試並討論？	＿＿	＿＿

資料來源：著者整理。

第四節　論述題評分標準

　　教師在評量論述題之前，如能訂定明確的評分標準，可以提高評量結果的信度與效度。學生若知道如何應對會被打什麼分數，就有可能反思和澄清概念，知道教師期望的是什麼，學生就有可能會集中努力在老師預期的方向。

　　評量完一個問題後，做初步檢視，依據初步審查幾個範例，可以鑑定出最清楚對應於「評分量規」（scoring rubrics）的水準。將其他學生的答案跟選出的「定錨」（anchor）或範本的反應做比較，就能提升學生答案評分的比較性與公平性。

　　在一個評分量規裡，所描述的分數或水準是很重要的，它在性質上不僅是判斷的，結果反應也是明確的。分數的信度、比較性和公平性，都可因為評分量規描述得很明確而提高。

壹、限制反應論述題的評分量規

　　限制反應論述題的評分指南，從教師編寫的預期反應的例子切入，最容易構建起來。例如，學生被要求「**寫出三個國共內戰的原因（15%）**」，教師必須先建構可接受的原因的系列表，最多僅從列表三個理由其中的一點，提供給學生做示範。同時，教師必須規範：

（一）三個理由都寫出來，並能充分解釋，得 15 分。

（二）三個理由都寫出來，只能充分解釋兩個理由，得 13 分。

（三）三個理由都寫出來，只能充分解釋一個理由，得 11 分。

（四）三個理由都寫出來，不會解釋，得 9 分。

（五）寫出兩個理由，也能充分解釋，得 10 分。

（六）寫出兩個理由，只能充分解釋一個理由，得 8 分。

（七）只寫出兩個理由，不會解釋，得 6 分。

（八）只寫出一個理由，也能充分解釋，得 5 分。

（九）只寫出一個理由，不會解釋，得 3 分。

（十）未作答者，得 0 分。

如此，評分量規備載，評量分數精確、客觀又公平，雖然程序看起來繁瑣，評分時間反而縮短，利多弊少。

貳、擴展反應論述題的評分量規分析

分析評分量規（analytic scoring rubrics）或稱「分析特質評分量規」（analytic-traitrubric），其中每一個標準接受一個獨立的分數。如果採用分析的評分量規去評量體操，每一項標準如柔韌性、平衡和位置將分別計分。這樣的評分量規為學習者提供更好的診斷訊息與回饋，使教學中的形成性評量更有用。學生可以更加清晰看到自己各方面的長處和弱點。他／她們能夠將準備和努力與各項評量相連接。然而，分析評量需要更長的時間來創建和計分。

以下介紹幾則評分量規供做參考：

一、NWREL 五點量規

美國西北地區教育實驗室（NWREL）分析量規，被用於寫作的評量，包括五個面向：（一）目的、（二）組織、（三）細節、（四）語音、（五）語法。

表 11-4　NWREL 五點計分量規

NWREL在「組織面向」的五分計分量規範例

「增強組織和展現中心思想或故事情節。訊息的順序、結構或呈現，讀者必須仔細閱讀文本。」

1 分　細節似乎適合它們放置在那裡；次序是合乎邏輯的、有效的。

2 分　誘人的介紹吸引了讀者；一個令人滿意的結論，讓讀者有決斷的感覺。

3 分　起頭控制得很好，筆者知道何時緩下來，如何精心鋪陳，以及何時加快步伐，繼續前進。

4 分　合理的轉折，清楚地表明如何連結想法。

5 分　組織圓滑流動，讀者很難想像。

資料來源：Education north west. Retrieved from http://www.nwrel.org/eval/toolkit/traits/index.html. (April 9, 2015)

二、Wolf 和 Gearhart 的五個面向計分量規

由 Wolf 和 Gearhart（1997）所設計的「五個面向計分量規」適用於小學教師評量學生「敘說文」（narrative essay）的寫作，五個面向如下：

表 11-5　Wolf 和 Gearhart 五個面向評分量規

1. **主題**——包括考慮到它是明示或暗示的程度，是說教或發人深省的程度。
2. **人物（性格）**——包括其中的人物（性格）是平的和靜態的、或圓和動態的程度。
3. **環境**——包括環境是單純或多功能、僅是背景的一部分或故事的要點的程度。
4. **情節**——包括情節是簡單或複雜、平靜無奇或表現衝突的程度。
5. **溝通**——故事是基於上下文連貫或讀者自己想像、是文字或符號的程度。

資料來源：轉引自Miller, Linn, & Gronlund, 2013: 247.

三、擴展反應論述題的綜合評分量規

綜合評分量規（holistic scoring rubrics）意如其名，每個類別的量尺包含幾個標準，產生一個分數，給出一個總的印象或評價。它的編製迅速並

且比分析的評分量規在評量論述題更快捷，雖然教師可以在試卷或報告用「眉批」（marginal notes）或「註解」做為學生的回饋，但它未提供學生作答反應，到底何處是優點、何處應改進的回饋機制。

綜合評分量規應如分析評分量規一樣，必須要有分數或精心設計的學生反應特徵的說明，譬如得到「優異」的成績或「有前途的，但有很大的缺點」的成績。像美國的「全國教育進步評量」（The National Assessment of Educational Progress, NAEP）對寫作評量，採用「六分綜合評分量規」如表 11-6 所示。

表 11-6　NAEP 寫作評分量規

分數	得分描述
6分	**廣泛闡述**：一個反應顯示在文字的各個元件的控制程度高。與給定的 5 級分的論文相比，這些額定 6 級分在內容上與 5 級分相似，但組織更好，寫作更清楚，很少缺陷。
5分	**詳盡**：發達和詳細的回應，可能已經超越了任務的基本要素。
4分	**開發**：以包含必要的元素任務的反應，但可能發展不平衡或不詳盡。
3分	**微創開發**：學生提供的是短暫的、模糊的、有點混亂的任務反應。
2分	尚未開始學生就開始反應，但並沒有因此在縮寫、混亂或任務脫節。
1分	針對題目相關的任務的訊息很少。

資料來源：Applebee, Langer, & Mullis, 1994: 204.

第五節　論述題評分注意事項

改進論述題答案的評分信度，從測驗實施前就已開始：第一個步驟是：決定所要測量的學習結果；第二個步驟是：依照學習結果與關於希望學生做何反應的問題說明；第三個步驟是：評分量規的說明。

唯有教師與學生都瞭解自己應該執行的任務，可靠的評分才有可能出現，問題設計與說明不當，無法補償評量答案效率於萬一。

當編製論述題的前置作業都已準備妥適，下述建議當能增進評分的信度（McMillan, 2014; Miller, Linn, & Gronlund, 2013; Waugh & Gronlund, 2013）：

一、提前準備預期答案的輪廓

這應包括：（一）要（重）點、（二）準備評量答案（如組織）的特徵、（三）每一項的配分。例如：

（一）限制反應論述題若有三個假設，就必須預先準備一個可能的列表，每一項要給多少分？

（二）若是擴展反應論述題，答案的要點或觀點就必須先做成題綱。

（三）此外，事實知識的正確性、例證的相關性、組織技巧、表達的技巧等等，必須指出這些特徵每一項給多少配分。

預備一個評分量規，提供一個評量學生答案的普遍基礎，使每個問題在整個得分保持穩定性。

二、使用最適當的評分量規

前面提過用於論述題目的評分量規，有分析型與綜合型兩類，分析型評分量規，在一個時間點聚焦在一個特徵上，在提供學生關於他／她們工作的具體回饋方面，有很大用處；而綜合型評分量規，則聚焦於全面性理解，而非寫作技巧的評量，這方面特別有用。

三、剔除與學習結果無關的因素

有數個因素會影響到答案的評分：（一）可讀性、（二）拼寫、（三）標點和（四）整潔。當我們在評量答案的內容時，應盡量避免這些因素影響判斷。如果這些因素也在分數考慮之列，主要內容應單獨給一個分數，這些次要特殊因素另給一個分數。但是，我們應盡量避免這些因素污染，使得分數反映其他學習結果的成就。

四、每次只評量一題答案

有一個關於論述題評分不可靠的因素，就是從一份報告評分完畢，再到下一份報告的評分，優劣標準會有所改變：

（一）一份平均水準的答案與幾乎完美的答案相比，它當然是「普通水準」；

（二）但當它與一份差勁的答案相比，它變成是「高水準」的答案。

（三）有一個比較理想的方法就是，先將第一題所有的答案都評分完畢後，將報告重新隨機排序，然後再評閱第二題，第二題評分完再評第三題……，直到所有問題評分完畢。

五、評量答案時盡可能匿名

教師平時對每一個學生所形成的一般印象，是評量論述題分數的一個偏見來源。這種月暈效應是影響課堂教師評分可靠性最嚴重的威脅之一，非常難抵銷。

假使可能的話，在評完所有學生的分數之前，學生的身分應隱匿（國內各項正式考試，均將准考證號碼加或減 N 號再彌封），最簡便的方法是請學生將姓名寫在背面；如果無法取消學生的身分又怕熟悉學生筆跡，那就必須在意識上努力去淘汰這種判斷評分的偏見。

六、重要決定應有兩次以上的獨立評量

有時論述題的評量用途，是用來決定給予學生獎勵、獎助學金、特殊訓練、畢業等等，在此情況下，必須有兩位以上「合資格人士」（competent persons）單獨來評分，而且評分結果應相互比較。之後任何重大的差異已圓滿仲裁（最好是由第三位合資格人士評分），獨立評分可以再平均成更可靠的結果。

七、避免假分數

有些時候學生會借助寫作技巧、普通常識等，對於不暸解的論述題長篇大論，但內容卻是文不對題或雞同鴨講，有些評分者認為「沒有功勞也有苦勞」，多少會給一些分數，導致「假高分」。學生會以一些「唬人」的技巧來爭取一些「同情分數」。

譬如：「重新將題目抄寫一遍」、強調「它扮演一個重要角色」、「這乃是當務之急」、「大家都耳熟能詳」、「希臘哲學家柏拉圖的名言」、「胡適之先生曾經說過」等等不一而足，評分者有時也來不及或無從查證而給予若干分數，這樣的評量結果，有些學生的成績是「假分數」。

要想根絕這種情況的發生是不太可能，但是如果論述問題的措詞或說明清楚明確，再使用精心設計的「計分鑰」或「評分量規」，當可減少假高分或同情分數發生的機會。命擬論述題時應以下列檢核表審查題目的恰當性：

表 11-7　論述題評分檢核表		
檢核表		
	是	否
1. 是否在評量前預先準備答案題綱？	＿＿＿＿	＿＿＿＿
2. 所採用的分析或綜合計分量規是否恰當？	＿＿＿＿	＿＿＿＿
3. 作答與寫作的方向是否明確？	＿＿＿＿	＿＿＿＿
4. 每次是否只評定一題的分數？	＿＿＿＿	＿＿＿＿
5. 每次評完一題後是否將試卷重新隨機排列？	＿＿＿＿	＿＿＿＿
6. 是否預先要求學生將姓名寫在試卷背面或匿名？	＿＿＿＿	＿＿＿＿
7. 是否告知學生錯別字與試卷不整潔要扣分？	＿＿＿＿	＿＿＿＿
8. 是否鼓勵學生答案有新創見將加分？	＿＿＿＿	＿＿＿＿

資料來源：著者整理。

本章摘要

1. 論述題或稱問答題或申論題，屬於「建構反應型」題目。

2. 論述題最適宜評量學生形成問題的能力、組織、統整、評鑑觀念和資訊，以及應用知識與技巧的複雜能力。

3. 論述題包括：(1) 限制反應題、(2) 擴展反應題與 (3) 實作本位評量。

4. 限制反應題可以是：(1) 簡答題或 (2) 選擇題形式；若為選擇題形式，只能測量較低層次的學習結果。

5. 擴展反應題的最大問題在於評分的信度較低。

6. 論述題的優點：(1) 可測量複雜學習結果、(2) 強調思維之統整與應用、(3) 強調解決問題的能力、(4) 能直接評量寫作技巧、(5) 編寫容易、(6) 對學習的潛在貢獻。

7. 論述題的限制：(1) 評分不可靠、(2) 評分缺乏指導方針、(3) 評分費時、(4) 內容抽樣代表性低。

8. 論述題編製原則：(1) 限制使用條件、(2) 喚起學習成就、(3) 指出具體反應、(4) 告知各題時間限制、(5) 避免自選題、(6) 指導學生寫作技巧。

9. 論述題評分原則：(1) 預先準備答案、(2) 採用適當評分量規、(3) 排除無關因素、(4) 每次評一題、(5) 受試匿名、(6) 重大決定須有二位以上評分者、(7) 避免假分數。

自我評量

一、論述題：100%

1. 試比較限制反應題與擴展反應題在功能上有何差異？

2. 試舉出論述題的五個具體優點。

3. 試指出論述題有何明顯限制。

4. 試提出編寫論述題的五點具體建議，並支持你／妳的觀點。

5. 什麼是假分數？如何避免？

6. 計分量規在論述題評分上有何功能？請述其詳。

7. 論述題一定能測量學生的複雜學習結果嗎？是否有例外情況？

8. 教師該不該指導學生的作答技巧？請各抒己見。

9. 你／妳認為評閱學生論述題，學生匿名有無必要性？

10. 在哪些情況下需要動用兩位以上的評分者評量學習結果？

Chapter
12

教師自編成就測驗

本章教學目標

研讀完本章，你／妳將能夠：

1. 描述教師自編成就測驗的配置程序（包括排列題目與準備指導語）。
2. 描述實施教師自編成就測驗的程序。
3. 描述評鑑教師自編成就測驗的程序。
4. 進行項目分析。
5. 解釋項目分析結果。
6. 建立題庫。

當教師的教學或學習評量計畫、相關測驗題目的編寫和評分量規準備就緒之後，接下來就必須開始審視及編輯題目、準備清晰的指導語或作答說明、實施測驗並解釋結果。教師可以自行運用簡單的方法，分析學生的反應，建構一個有效試題與作業檔案，來改進學習評量。

「評量計畫」的良窳，影響學習評量的效果甚鉅，它必須清楚描述教學目標、評量的內容範圍、作答的方向、意圖學生學習的成果等等。評量若想達成預定的教學目標，就必須依據下列順序進行：（一）先確認所要評量的學習結果、（二）謹慎選擇適當的題目類型、（三）編寫與學習結果有關的題目或作業、（四）準備作答說明與計分量規、（五）選擇最適時間實施測驗、（六）審慎客觀計分、（七）審視學生反應、解釋結果，並（八）做成績報告。

教師實施學習評量的主要目的，在蒐集教師有效教學與學生有效學習的證據；有效的學習成就評量，始於教學目標的確認，終於評量結果的解釋與運用。評量的效度也是始於評量計畫，甚至於在測驗題目最終修訂確認後，就已經建立效度，但是後續的測驗實施、計分、試題反應分析、結果解釋與運用，都有助於評量效度的證據與保證。試題反應分析結果，一方面提供修正試題的品質；二方面瞭解學生是否真正學到所教，提供學生調整學習方法之參考；三方面提供教師調整教學方法與步調之依據。

第一節　編寫教師自編測驗

理想上我們希望每一位教師，都受過電腦專業訓練或多少都具備一些簡易的電腦軟體操作能力，會將每一次課堂測驗的題目保留累積，形成「題庫」（item bank），題庫中的每一個題目，何時編寫、何時使用、何時修訂、難度指數（通過率，P）多少、鑑別度指數（D）多少等等資訊完備。有了題庫，教師可以依實際需要與目的，隨時利用電腦儲存與提取，編輯重組試題，既方便省事，對教師是一大福音。教師自編成就測驗的過程，大致可以歸納為下列幾個步驟：

壹、編寫試題

　　無論教師是否精通電腦或軟體使用，課堂使用的教師自編測驗（teacher made tests）的建置，都必須經過一定的程序。首先第一個步驟，就是編寫試題：編寫試題之前，應詳閱評量計畫（含目的、範圍），然後依據雙向細目表，命擬撰寫適當的題目題型；遵照各類題型的命題原則，以及命題應注意事項，編寫題意清晰簡潔的題目：

一、如果使用傳統的「索引卡」

（一）正面記錄：1. 科目名稱、2. 單元名稱、3. 教學目標、4. 學習結果、5. 適用年級、6. 編寫時間、7. 修正時間、8. 題目等內容。

（二）背面記錄：1. 施測時間、2. 學生人數（含高分組人數與低分組人數）、3. 反應結果（含高、低分組各選項人數及未做答人數）、4. 題目的難度指數（P）、5. 題目的鑑別度指數（D）、6. 備註、7. 評註意見等項目。其中不同的施測時間，可能記載該題目在不同時間經過修正之後的題目樣貌、題目的難度指數與鑑別度的變化等訊息。

二、如果使用電腦文書處理

　　可以使用「Word」檔建置一個如表 12-9 題目分析紀錄檔，每編寫一個題目，就可以使用一個複製的「題目分析空白紀錄檔」，內容就如前述索引卡，但不必分成正面與反面。

貳、審查試題

　　本書在前面第十和十一章曾經強調過，試題編寫完成後，必須先放在顯眼易見處，以便隨時審查檢視修正題目。教師無論再怎麼謹慎，所編寫的試題能夠完全符合各類型題目的命題原則，又能夠完全遵照該題型命題應注意事項，達到百無一失的境地，即使是命題老手也是不可能的任務。

　　為了使試題更完美無瑕，初編試題完成後，可依循下列三個途徑：（一）將試題擱置在一旁等待審視，隨時修訂；（二）探求專家效度；（三）與學生共同討論。

一、審查試題

從教師的教學目標與學生的學習結果來檢視試題的恰當性，可以提升試題的品質與效度。

（一）試題的類型與所欲測量的學習結果是否適配

譬如只是簡單的記憶與理解的學習結果，採用客觀的是非題、選擇題或填充題是適當的題型；如想測量應用、分析、組織、評鑑的能力，宜採用建構反應題型的問答或論述題。

（二）所欲測量的能力與教材內容是否搭配

每一個題目都應該符應雙向細目表的內容規範，否則就必須重新修正調整。

（三）題目的陳述是否清楚合理

題意不清、模稜兩可或語意太難的語句應予修正，因為試題是用來測試包含各類不同能力的學生。

（四）句子結構是否清楚簡潔

避免冗長、贅詞出現，陳述過於詳盡，一方面耗費閱讀時間，二方面容易犯「言多必失」。

（五）試題的答案是否有一致的結論

客觀測驗題應避免爭議性的問題，應有正確答案或最佳答案，否則應採用論述或申論題。

（六）試題中是否涵蓋兩個以上概念

除非是做比較分析或區別事實與想法，一個題目最好是只包含一個主要概念；當兩個概念同時出現且一正一反時，非但學生作答困難，計分也困難。

（七）試題中是否洩漏正確答案的線索

若屬選擇題型，選項描述過度詳細或與題幹使用相同的描述語詞，都容易透露正確答案的位置，命題時宜仔細審視。

（八）試題是否避免種族歧視或角色刻板印象

涉及主流文化與少數族裔的議題，或一些刻板印象的問題，儘量避免編寫成題目，若為導正視聽，文字或措詞應特別謹慎。

二、探求專家效度

我們常聽到「不識廬山真面目，只緣身在此山中」，教師自己覺得很得意的傑作，說不定其他同科目的教師，一瞥眼之間就發現好幾個破綻。因此，教師編寫好試題之後，可以敦請任教同科目教師或更有經驗的教師，幫助審查題目。以「選擇題」為例，過程如下：

（一）將初編試題敦請諮詢同科目或老手教師若干位，審查題目的適當性。

（二）每一個題目（含題幹與選項）後面附列 1. 適當、2. 修正後適當、3. 不適當等三個選項，並在選項底下附列「請說明修正意見」。

表 12-1　試題審查範例

例題 1

廣告上宣稱為「臺灣第一香」的廟會慶典活動在什麼地方？

□ A. 臺中大甲鎮瀾宮　　☑ B. 臺南西港慶安宮

□ C. 屏東東港東隆宮　　□ D. 雲林北港朝天宮

您認為該題目：□ 1. 適當　　□ 2. 修正後適當　　□ 3. 不適當

修正意見：＿＿＿＿＿＿＿＿＿＿＿＿＿＿＿＿＿＿＿＿＿＿＿

（三）審查題目收回後，計算題目的「專家效度」（experts validity, EV），也有人直接就稱它為「內容效度指數」（index of content validity, CVI）。

EV ＝選擇「適當人數」÷ 諮詢總人數。

（四）1. EV ≧ .80，表示該題目適當可用；2. .79 ≧ EV ≧ .60，表示該題目經過修正後適當可用；3. EV ≦ .59，表示該題目不適當，應予以刪除淘汰。

（五）假設總共諮請 5 位科任教師及 3 位課程與測驗學者專家共 8 人審查指正後，收回的結果如下表：

表 12-2　試題審查結果範例

> **修正後題目：**「臺灣第一香」是指哪個地方的廟會活動？
>
> 　　　□ A. 臺中大甲鎮瀾宮　　☑ B. 臺南西港慶安宮
> 　　　□ C. 屏東東港東隆宮　　□ D. 雲林北港朝天宮
>
> **結果：** 1. 適當＝ 7 人　 2. 修正後適當＝ 1 人　 3. 不適當＝ 0 人
>
> **修正意見：** 題幹贅詞太多，宜修正為「『臺灣第一香』是指哪個地方的廟會活動？」
>
> **註：** EV ＝ 7÷8 ＝ 0.875；0.875 ＞ 0.80，適當，可以採用為試題。

經過上述過程之後剩下來的題目，大致上已經可以做為「預試卷」試題，可以進行預試、項目分析步驟。

三、與學生進行討論

教師在編寫試題的時候，多數是從教師的觀點出發，很少考慮到學生各方面的條件與需求。為了使試題能符應學生的能力與需求，教師在試題編寫完成後，可以預先抽選 6 位任教班級學生（高、中、低程度各 2 位），先試答試題，然後與這 6 位學生共同檢討每一個題目：

> （一）教師意圖學生做出什麼樣的反應？
> （二）學生對題意的解讀是否與教師一致？
> （三）學生對題目難度的感覺如何？
> （四）題目的遣詞用字是否符合學生閱讀能力？
> （五）題目是否在課堂中教過？
> （六）學生對題目有何具體建議？

教師依據與學生檢討結果，參酌其他教師意見之後，再將試題做必要之修正。

第二節　預試與項目分析

　　經過上述審查試題、探求專家效度及與學生進行討論三個程序完成的試題，大致已臻「課堂評量」（classroom assessment）的要求，就可以用來評量學生的學習結果。接下來就是**如果教師想使「課堂評量」，更進一步達到「教師自編成就測驗」水準，就必須進行該份試題的「預試」與「項目分析」工作**。項目分析工作的主要目的，在簡化精要試題、挑選優良試題、淘汰評量功能不彰與無效的題目。

壹、預試與資料建檔

一、預試

　　舉行預試（pretest）的主要目的，是要依據學生的作答反應，來判斷：（一）試題是否具備「區分能力高下」的功能，以及（二）每一個題目與整份試題的功能作用是否一致。因此，將上述符合「課堂測驗」的試題加上作答說明與配分之後，應隨機抽取一至兩班（約 50-60 人左右）教師所任教的班級接受預試。預試試題與答案卷最好分開，學生在各個題目的反應結果（或分數），可以使用「SPSS Statistics 20」資料編輯視窗建檔（可參閱謝廣全、謝佳懿，2014: 2-2, 29），然後進行項目分析。

二、項目分析

　　進行項目分析（item analysis），就是要審查題目是否具備區別能力高下的作用：一個題目若是已學會的學生大部分答對，未學會的學生大部分答錯，這個題目就具備區別能力高下的作用，就可以做為「成就測驗」的試題。題目功能的高下，可以依據下列統計量數來判斷：（一）臨界比分析、（二）難度指數分析、（三）鑑別力分析、（四）選項分析／誘答力分析。

（一）臨界比分析

臨界比（critical ratio, CR）分析，也有人稱為「決斷值分析」，是指「高分組成績的平均數與低分組成績的平均數的差異（$M_高 - M_低$）」，與「兩平均數差異的標準誤（$SE_{M_高 - M_低}$）」的比，是否超越「臨界比（CR）」？其計算方法如下：

$$CR（或 t）=（M_高 - M_低）／（SE_{M_高 - M_低}） \qquad 公式（12-1）$$

上式中

　　CR 　＝臨界比（或稱決斷值）（SPSS 報表以 t 表示）

　　（$M_高 - M_低$）＝高分組平均數與低分組平均數的差數

　　（$SE_{M_高 - M_低}$）　＝兩個平均數差異的標準誤

「高分組」係指測驗總分最高的 27% 的學生；「低分組」係指總分最低的 27% 的學生。高、低分組的標準從 25%-33% 都有學者採用，而以 27% 最普遍，SPSS（社會科學統計套裝軟體）的高低分組亦設定為最高與最低的 27%。

計算出來的臨界比／決斷值，如果它的顯著性（level of significance, p）p 值，達到 .05 以上水準（p ≦ .05），就表示該題目具有「區別能力高下的作用」，是一個優良的題目；若 p 值未達 .05 水準（p > .05），該題目缺乏區分功能應予以淘汰。

表 12-3 是四個選擇題預試 [全班人數 N = 40；高分組人數 = 40×27% = 11（人）=低分組人數] 的結果。

第一題的「臨界比分析」結果如下：

CR = 3.63636 / .70418

　　= 5.164（p = .000 < .001）

上述結果表示：第一題高分組的平均數，顯著高於低分組平均數（p < .001），題目具有區別成就能力高低的作用，是一題優良題目，應予以保留。其餘三題的分析結果，詳見表 12-3 所示：

表 12-3　臨界比分析示範

		變異數相等 Levene 檢定		平均數相等的 t 檢定				
		F 檢定	顯著性	t	自由度	顯著性	平均差異	標準誤
第一題	變異數相等	38.400	.000	5.164	20	.000	3.63636	.70418
	變異數不等			5.164	10.000	.000	3.63636	.70418
第二題	變異數相等	5.560	.029	3.796	20	.001	3.18182	.83820
	變異數不等			3.796	17.101	.001	3.18182	.83820
第三題	變異數相等	.000	1.000	3.689	20	.001	3.18182	.86252
	變異數不等			3.689	20.000	.001	3.18182	.86252
第四題	變異數相等	.751	.396	1.754	20	.095	1.81818	1.03659
	變異數不等			1.754	19.882	.095	1.81818	1.03659

　　從表 12-3 中可以看出：第一題到第三題的顯著性（p）全部達到 .001 顯著水準，表示這三個題目具有優良區辨學習成就高下的功能，應予以保留；第四題的顯著性 p ＝ .095 ＞ .05，不顯著，表示該題目不具備區辨學習成就高下的功能，應予以淘汰或刪除。

　　表 12-3 係使用「SPSS Statistics 20」資料編輯視窗建檔，進行獨立樣本 t 檢定，由 SPSS 所列印出來的統計報表。如果使用一般計算器用人工處理，必須使用上述公式（12-1）計算 t 值或稱 CR 值，然後採用「臨界區」（critical region, CR）法，決定該試題是保留或刪除。這兩者都必須有「教育統計學」的基本知能才能勝任。因此，許多課堂測驗多未經過「臨界比分析」這道程序，在品質上自然遜於「教師自編成就測驗」的水準。

（二）難度指數分析

　　「項目難度指數」分析的主要目的，在辨識試題的難易程度，一方面檢視它的功能，一方面可以做為編排試題先後次序的依據。

所謂「難度」就是指一個試題的通過比率，亦即「該試題答對人數與總作答人數的比值」，以「難度指數」（index of difficulty, P）表示。計算難度指數有兩種方法，請看下列例題：

例題 2

（一）某試題總作答人數是 N = 40 人，答對人數有 R = 36 人；

（二）高分組（40×27% = 11 人）答對有 11 人 = P_H，低分組（11 人）答對有 9 人 = P_L。則該題目的「通過率」或「難度指數」為：

> (1) P = R / N　　　　　　　　　　　　　　　　　　　　　公式（12-2）
> 　　　= 36 / 40
> 　　　= .90（或 90%）

> (2) P = (P_H+P_L) / 2　　　　　　　　　　　　　　　　公式（12-3）
> 　　　= [(11 / 11) + (9 / 11)] / 2
> 　　　= (1.00 + .82) / 2
> 　　　= .91（或 91%）

上述兩個公式中：

R　代表答對人數。　　　　　　　N　代表作答總人數或全班人數。

P_H　代表高分組答對百分比。　　　P_L　代表低分組答對百分比。

　　兩種計算方法所得結果有 .01 的誤差：以公式（12-2）計算的結果最正確，但它必須檢視全班 40 份試卷才得到結果；以公式（12-3）計算的是「近似結果」，只須檢視 22 份高、低分組學生的試卷，就可得到近似結果。

　　通過率或難度指數的值越高（譬如 P = .90），表示題目越容易；反之，難度指數的值越低（譬如 P = .20），表示題目越困難。難度指數 P = 1.00 或 P = 0，都代表該題目沒有任何鑑別作用。P = .50 是最理想，但是，成就測驗不可能全部選擇 P = .50 的題目，否則全班成績無法達成教學或學習目標 [成就測驗採用標準參照評量（預定 60 分為及格）之故]。

　　通常，難度指數的 P 值大多介於 .05 到 .95 之間。

（三）鑑別力指數分析

鑑別力是指一個測驗題目，能不能夠將程度高與程度低的學生區辨出來。鑑別力指數（item discrimination index, D）的計算方法如下：

$$D = P_H - P_L \qquad\qquad 公式（12\text{-}4）$$

以上述 [例題 2] 難度指數分析的資料為例：$N = 40$，$P_H = 11/11 = 1.00$，$P_L = 9/11 = .82$；則項目鑑別力指數 D 為

$$D = 1.00 - .82$$
$$= .12$$

鑑別力指數 D 值越大，區辨能力高下的作用越高，反之越低。學者對於題目的鑑別力指數 D 值有如下規範：

表 12-4　常模參照測驗鑑別力評鑑標準	
D≧.40	非常優良
D≧.30-.39	優良
D≧.20-.29	尚可，通常須修正
D＜.20	刪除

以上述標準而言，該 [例題 2] 試題難度指數 $P = .91$，太容易；鑑別力指數 $D = .12$，太低；因此，該題目宜刪除不採用。

（四）選項分析／誘答力分析

選項分析的目的，在瞭解所提供的干擾項，能否誘使尚未精熟或尚未學會的學生選擇該答案，以降低猜對的機率。判斷選項是否有效或有誘答力的標準有二：

1. 該誘答選項至少有一位學生選答；
2. 低分組學生選答該選項人數，多於高分組人數。

請看下列兩個例題分析：

表 12-5　試題選項誘答力分析範例 A（N = 80）

組別	選項					難度指數 P	鑑別力指數D	結論
	甲	乙	丙*	丁	未答			
高分組（$n_{高}$＝22）	2	1	18	1	0			優良
低分組（$n_{低}$＝22）	5	3	8	5	1	.59	.46	保留

註：丙* 代表正確答案。

依據表 12-5 試題選項誘答力分析範例 A 分析結果：1. 三個誘答項都有學生選答、2. 三個誘答項低分組選答人數多於高分組、3. 低分組在三個誘答項的選答人數很接近。題目難度指數 P = .59，鑑別力指數 D = .46，顯見是一個優良的選擇題題目，應予以保留。

表 12-6　試題選項誘答力分析範例 B（N = 80）

組別	選項					難度指數 P	鑑別力指數D	結論
	甲	乙*	丙	丁	未答			
高分組（$n_{高}$＝22）	0	14	6	2	0			修正或刪除
低分組（$n_{低}$＝22）	0	10	6	5	1	.55	.19	

註：乙* 代表正確答案。

依據表 12-6 試題選項誘答力分析範例 B 分析結果：1.「甲」誘答項沒有任何一位學生選答，顯見該誘答項無效；2.「丙」誘答項高分組選答人數與低分組人數一樣多，顯見該誘答項須修正，或採用「最佳答案題型」。題目難度指數 P = .59，不錯；但鑑別力指數 D = .19 太低，顯見不是一個優良的題目，應予以修正或刪除。

第三節　編輯正式測驗

經過臨界比、難度指數、鑑別力指數與誘答力分析共四道項目分析手續之後（課堂測驗通常省略此道程序），保留下來的就是有效的測驗題目，再經過下列程序就可以成為正式的「教師自編成就測驗」，可以用來評量學生的學習成就。

一、編排試題

同類型試題的編排，遵循「由易而難」的原則，依照各個題目的難度指數 P 值之高低順序編排：難度指數 P 值高（難度低）的題目排在前面，難度指數 P 值低（難度高）的題目排在後面。

如果一份完整的測驗還有其他主客觀試題，原則上依照下列次序編排：（一）是非題、（二）選擇題、（三）配合題、（四）填充題、（五）簡答題、（六）解釋題、（七）論述（問答）題（含計算、實驗、解釋、證明或申論）。試題編排次序原則上也是遵循由易而難、由「簡單而複雜」的原則。

二、撰寫測驗指導語或作答說明

每一類型試題的目的與功能可能並不相同，因此作答方法也不盡相同，教師必須在每一類試題前面，說明這類型題目的測試目的、希望學生做什麼反應，都應該在學生作答之前做明確的說明或指導。

依據題目的性質：（一）有些題目有所謂的正確答案或最佳答案（如能力測驗或難度測驗）、（二）有些題目雖然也有正確答案，但評量的重點是「速度」（如文書測驗或校對測驗）、（三）有些題目根本沒有所謂的正確答案，選擇不同的答案或選項，都有它不同的意義（如興趣、態度或人格測驗）。因此，指導語或作答說明必須有所區別。上述三種性質的「測驗指導語」示範如下：

表 12-7　測驗指導語／作答說明範例
測驗指導語／作答說明
（一）下面這些問題，是想瞭解你／妳對於一些科學原理的知識和理解的程度。每一個題目後面都附列四個可能的答案，請你／妳仔細思考後，選出一個正確的答案或最佳答案，將它的代碼寫在答案卡上該題號右邊的空格內。每一題 3 分，答錯不倒扣分，計 45 分。

表 12-7　測驗指導語／作答說明範例（續）
（二）下面這些問題，是想瞭解你／妳處理文書事務的準確性。每一個題目後面都附列四個答案，請你／妳仔細核對，找出一個與「左邊號碼」完全相同的答案，將它的代碼寫在答案卡上該題號右邊的空格內，時間限制是 6 分鐘。沒有人能在規定的時間內做完所有的題目，但是請你／妳盡量去做，做的速度不但要快，而且要正確。請準備！預備，開始（主試者同時計時）。
（三）下面這些問題，是想瞭解你／妳個人的興趣與態度，問題都略嫌簡短。既然每個人都有自己的看法，答案的選擇自然不同，無所謂「對」或「錯」的分別。因此，作答時不必費時考慮，應當順其自然，依照自己的反應選答，坦白表達自己的興趣與態度，不必考慮到老師與其他同學的意見與立場。

　　上述三種不同的測驗指導語或作答說明：第一種適用於課堂「成就測驗」（正確答案型或最佳答案型均適用）；第二種屬於速度測驗，有嚴格的時間限制；第三種指導語適用於「情意評量」的標準化興趣、態度與人格測驗。一般而言，如果是中學以上學生，接受課堂評量的機會與經驗都已相當豐富，各類型題目應該如何作答，大概都耳熟能詳，因此，指導語也可以不必寫得那麼詳細。

三、計分量規與標準（參考）答案

　　正式試題編排完畢，測驗指導語也撰寫完備，接下來就應該準備「計分量規」。有關計分量規的編製已在前面第十一章示範，此地所強調的是「評分標準」。如果一份測驗只包含一種類型的題目，那麼就只有一個「評分標準」；如果一份測驗包含數種類型的題目，可能必須撰寫數個評分標準。原則如下：

表 12-8　評分量規範例
評分量規
（一）**是非題、選擇題（單選）、多重是非題、配合題、題組等的評分標準**：評分標準就是準備一份參考答案，若確定參考答案沒有疑義或爭論，參考答案就是標準答案。

表 12-8　評分量規範例 (續)
（二）**多重選擇題的評分標準**：明確劃分 (1) 全部答對給全（滿）分、(2) 答錯一個給 1/2 分、(3) 答錯二個給 0 分。
（三）**填充題的評分標準**：(1) 文言文與語體文意完全吻合者給全分、(2) 錯別字一字扣 1 分、(3) 錯別字二字給 0 分。
（四）**簡答題的評分標準**：(1) 答對全部概念給全（滿）分、(2) 答對 1/k 概念給 1/k 分（k＝概念數或答案數）、(3) 錯別字每兩個字扣 1/k 分、(4) 濫竽充數答案文不對題，不給分。
（五）**論述（問答）題的評分標準**：(1) 概念、立論、解題過程或結論正確，給 1/2 題分、(2) 舉證、解釋、結果正當有說服力，或作品完整，給 1/2 題分、(3) 概念、立論、解題過程或結論有二分之一正確，給 1/4 題分、(4) 舉證、解釋、結果正當有二分之一說服力，或作品完成二分之一，給 1/4 題分、(5) 文不對題但能自圓其說者，可考慮給 1/4 題分或不給分。

　　經過項目分析後保留下來的有效題目，依據題目難度，由易而難次序排列，加上測驗指導語（作答說明）後，就是一份正式的「教師自編成就測驗」，可以用來評量學生的課堂學習成就，再依據計分量規評分，然後依據評量計畫，做成成績報告。

四、實施測驗與計分

　　教師自編測驗編製完成，依照既定計畫通知學生實施測驗日期（避免在學校重要活動或放長假的前後）如期舉行。

（一）實施測驗

　　在實施測驗之時，應注意下列事項：

1. 測驗正式進行後，不宜多做說明或交代其他事項或分派其他作業。

2. 盡量減少不相干因素干擾測驗的進行。譬如他班學生在教室外窺視、學校指派班級幹部集合開會等。

3. 已經要開始測驗，學生才要詢問教材內容的疑難問題，應在測驗完成後才予以解答，以免影響測驗之進行。

4. 教師應在教室行間巡視，避免作弊情事發生。

5. 除非題目印製不清楚，否則不宜回答學生個別問題。

6. 應確實遵守測驗時間限制，不宜延長時間給「再給我一分鐘」的學生。

（二）計分

　　試卷的設計方式大致有兩種：第一種是試題與答案同在試卷上、第二種是試題與答案分離式。傳統試卷大多試題與答案同卷設計，題目多或題目類型多時，成本既高，計分也較費時；分離式的試卷可使用多次，計分時也比較方便，又比較經濟。

　　如果成就測驗都能有教師自編測驗的「計分量規」，計分自能得心應手；尤其是試題類型只包括是非、選擇、多重是非、題組和配合題時，都有標準答案，可以預先製作「計分鑰」，計分更為方便。其他類型題目則依照計分量規評分，最主要的是教師評分應持客觀、公平與公正的態度。切記，**絕對不可以請班長（或班代表）或成績優秀學生，代替老師評分或計分，這樣是違反評量的倫理。**

　　如果是隨堂測驗或形成性評量，其評量目的與學習成就評量不同，通常不需要動用評分量規。教師自編成就測驗如果再提供「測驗程序」、「效度」、「信度」以及「常模」等資訊，就可以達到一份「標準化成就測驗」的水準。

第四節　建立題庫

　　教師自編成就測驗實施於任教班級後，經過計分手續，每一份試卷的作答反應，可以登錄鍵入「SPSS Statistics Data Editor」（社會科學統計套裝軟體資料編輯視窗），再進行第二次項目分析，計算相關的統計量（如全班平均數、標準差、每一題題目難度指數、鑑別力指數、臨界比分析、誘答力分析、信度分析等），並將每一個試題分析結果，登錄在 SPSS 的 Word 檔上，如表 12-9：

表 12-9　試題分析紀錄表

科目：國三（九年級）國文　　　　　　單元：詞曲
目標：使學生辨識詩、詞、對、曲，引發學生欣賞詩詞興趣
編寫日期：2015/6/12　　　　　　　　修訂日期：2015/6/12
題目
001　　〈虞美人〉這首詞的創作者是誰？
　　　　A.杜甫　B.柳宗元　C.李後主　D.宋徽宗　E.韓愈

試題分析紀錄

施測日期	學生人數 N=45	次數					未答人數	總數	指數	
		選項							難度 p	鑑別度 D
		A	B	C	D	E				
2014/12/9	$n_{高分組}$＝12	1	1	8	1	1	0	12	.50	.33
	$n_{中等組}$＝21	4	4	8	2	1	2	21		
	$n_{低分組}$＝12	2	2	4	3	0	1	12		
2015/6/9	$n_{高分組}$＝12	0	1	10	1	0	0	12	.625	.42
	$n_{中等組}$＝21	3	3	9	2	2	2	21		
	$n_{低分組}$＝12	2	2	5	3	0	0	12		
	$n_{高分組}$＝									
	$n_{中等組}$＝									
	$n_{低分組}$＝									

評註意見：答案 E 韓愈是唐宋八大家之古文名家，而非詩詞名家，無誘答功能應予淘汰。

　　教師有了試題分析紀錄表，每一次編寫的試題實施測驗之後，均可將結果登錄在紀錄表，逐漸累積各類型試題（須建立不同類型試題分析紀錄表）之後就成為「題庫」，因應不同的教學進度與評量範圍，教師只須從題庫中挑選符合評量範圍內的試題重新編輯，就可再次編輯成一份正式的評量試題。

本章摘要

1. 教師實施學習評量的主要目的，在蒐集教師有效教學與學生有效學習的證據。

2. 有效的學習成就評量，始於教學目標的確認，終於評量結果的解釋與運用。

3. 試題反應分析結果：(1) 一方面提供修正試題的品質；(2) 二方面瞭解學生是否真正學到所教，提供學生調整學習方法之參考；(3) 三方面提供教師調整教學方法與步調之依據。

4. 「索引卡」之正面記錄：(1) 科目名稱、(2) 單元名稱、(3) 教學目標、(4) 學習結果、(5) 適用年級、(6) 編寫時間、(7) 修正時間、(8) 題目等內容。

5. 「索引卡」之背面記錄：(1) 施測日期、(2) 學生人數（含高分組人數與低分組人數）、(3) 反應結果（含高、低分組各選項人數及未做答人數）、(4) 題目的難度指數（P）、(5) 題目的鑑別度指數（D）、(6) 備註、(7) 評註意見等項目。

6. 專家效度或內容效度指數 EV 在 .70 以下的題目不採用。

7. 高、低分組的標準從 25%-33% 都有學者採用，而以 27% 最普遍。

8. 題目的難度指數 P＝（高分組答對率＋低分組答對率）÷2。

9. 題目的鑑別指數 D＝高分組答對率－低分組答對率。

10. 題目的鑑別指數 D＜.20 以下的題目鑑別力太低，應予以刪除。

11. 試題編排次序遵循「由易而難」、由「簡單而複雜」的原則。

12. 臨界比／決斷值分析，若 CR（或 t 值）的顯著性達到 .05 以上水準（p ≦ .05）的題目保留；未達顯著水準（p ＞ .05）者淘汰。

13. 選項的誘答力標準有二：(1) 該誘答選項至少有一位學生選答、(2) 低分組學生選答該選項人數，多於高分組人數。

14. 將試題分析結果做成紀錄，可以累積成題庫，並能隨時編輯與修訂。

自我評量

一、選擇題：每一小題 4 分，計 40 分。

請圈選下列問題的正確答案之代號；答錯不倒扣分數。

1. 下列哪一項資料應登記在「索引卡」之正面？

   (A) 學生人數　(B) 施測日期　　　(C) 鑑別力指數　　(D) 單元名稱

2. 下列哪一項資料應登記在「索引卡」之背面？

   (A) 難度指數　(B) 科目名稱　　　(C) 教學目標　　　(D) 測驗題目

3. 項目分析高分組與低分組的人數採用哪個百分比最普遍？

   (A) 25%　　　(B) 27%　　　　(C) 30%　　　　(D) 33%

4. 若高分組通過率 $P_H = .85$，低分組通過率 $P_L = .35$，則該題目的難度指數 P 是多少？

   (A) .50　　　(B) .55　　　　(C) .60　　　　(D) .65

5. 高分組通過率 $P_H = .88$，低分組通過率 $P_L = .45$，則該題目的鑑別力指數 D 是多少？

   (A) .33　　　(B) .43　　　　(C).53　　　　(D) .67

6. 某題目 P = .77，D = .42，該題目評鑑結果如何？

   (A) 優良題目　(B) 佳作題目　　　(C) 尚可題目　　(D) 應予淘汰

7. 某題目 P = .86，D = .16，該題目評鑑結果如何？

   (A) 優良題目　(B) 佳作題目　　　(C) 尚可題目　　　(D) 應予淘汰

8. 某題目有四個選項，(1) 低分組選擇正確答案人數比高分組多、(2) 四個選項都有人選擇、(3) 高低分組各有一人未作答、(4) 難度指數 P=.80。這個題目評鑑結果如何？

   (A) 優良題目　(B) 佳作題目　　　(C) 尚可題目　　(D) 應予淘汰

9. 某教師實施總結性評量，題目包括選擇題、解釋題和論述題，他／她需要準備幾個評分量規？

   (A) 一個　　　(B) 二個　　　(C) 三個　　　(D) 四個

10. 某教師實施形成性評量，題目包括選擇題、填充題、解釋題和論述題，他／她需要準備幾個評分量規？

    (A) 不用   (B) 二個   (C) 四個   (D) 六個

二、論述題：每一題 15 分，計 60 分。

1. 試述分析試題作答結果有何作用？
2. 試述試題審查的要點。
3. 實施測驗時宜遵守哪些原則？
4. 試寫作一則「態度測驗」的測驗指導語。

Chapter
13

實作評量

研讀完本章，你／妳將能夠：

1. 描述實作評量之性質、內涵。
2. 理解實作評量之優點與限制。
3. 描述實作評量之學習目標。
4. 辨認限制反應與擴展反應實作評量之區別。
5. 建構實作評量。
6. 說明建構實作評量應注意事項。
7. 區別分析式與綜合式評分量規之任務差異。
8. 建構實作評量之計分量規。
9. 建構評定量表及檢核表。

論述題或問答題測驗，是實作本位評量最普通的例子，但還有好多其他形式，包括藝術作品、科學實驗、口頭報告，以及用數學去解決真實世界的問題等。所強調的不僅是「知」，還有「行」、「過程」以及「產品」等。

論文寫作與論述題在評量上有相當大的差異。例如：選擇一個主題、蒐集資訊、準備草案、尋求批評和修改，都是重要的寫作，與論述題測驗所測量的目標不同。許多高價值的學習結果，強調在真實環境下的真實表現，這種情形尤其是在藝術與音樂、職業與工業課程，如汽車修護、木工或打字等特別明顯。每一樣實作本位的評量，都是想測量某些理想的學習結果。

實作評量提供教師同時評鑑「過程」或所用「程序」（例如蒐集資訊和操作工具），以及從實作工作結果得到「產品」有效性的一個基礎，它有多樣的表現和問題解決方法，需要做最佳的判斷。問題的形成、觀念的組織、多種證據類型的統整和原創性，都是實作評量重要的面向，不適於採用傳統的紙筆測驗（Miller, Linn, & Airasian, 2013）。

第一節　實作評量的內涵

壹、意義

一、實作評量

實作評量（performance assessment）是實作本位評量（performance-based assessment）的簡稱，係透過一些明確標準和量規的計分，來證明一個學生在創造一種產品、構建一個回應或做演示的技巧或能力。這個理念是學生運用他／她們的知識和技能，可以簡單到鍵入一個字母，或者複雜如創建一個遙控機具。強調的是學生用自己的知識和技能，製作自己的工作來執行任務的能力。在某些情況下，它是一個演示，如唱歌、彈鋼琴、或體操表演。在其他情況下，這種能力是透過一個作品表示，如完成一篇報告或一項設計。

實作本位評量有幾個共同的特徵（Frey, 2014; McMillan, 2014）：

（一）實作評量的題目是補充型，學生必須補充反應（解釋、判斷、下定義）而不是選擇，而這些反應是建構或執行。

（二）學生必須使用重要的和實質引人入勝的想法和推理能力；評量目的在評鑑傳統紙筆測驗所無法測量的能力。

（三）學生執行、創作、建構或生產的程序或步驟可以被直接觀察到。

（四）事先已訂定評分標準，使用清楚標準與評分量規。

（五）需要真實的實質的工作，沒有唯一的正確答案。

二、選擇評量／另類評量

實作評量有時也稱為「選擇評量」（alternative assessment）或「另類評量」，但這些術語並不能交互使用。選擇評量／另類評量是在凸顯它與傳統紙筆測驗和大多數客觀測驗的對比性，包括認何一種觀察、表演或展覽、口頭報告、檔案、晤談和計畫等等評量方法。這類評量方法大抵用於情意領域與動作技能領域的評量。

三、真實評量

實作評量有時也稱為「真實評量」（authentic assessment）。真實評量強調在直接檢驗一個學生，在真實世界情境下，面臨問題時實際應用知識與技能去解決問題的能力。真實性（authenticity）其實是程度的問題，它在判斷完成任務或工作的性質以及工作的脈絡（資源的取得、選擇與限制）。例如，俄文溝通技巧的「高真實評量」，傾聽一個學生去俄羅斯訪問時的語言溝通真實感很高，但這樣的評量對一個俄文教師顯然很不實際。在語言教室內教師與學生之間，或學生相互之間的模擬口語互動，雖然沒有那樣真實，卻更為實用。

根據研究，真實評量有下列九個特徵（Frey, Schmitt, & Allen, 2012）：

（一）是一種實作本位的任務（作業）。

（二）是一種認知的複雜任務（作業）。

（三）是一種答案或作品的辯護。

（四）是一種形成性評量。

（五）包括與他人合作。

（六）瞭解計分標準。

（七）採用多元指標計分。

（八）是一種精熟的、標準參照導向。

（九）本質上涵蓋實作與形成性評量。

雖然真實性通常只是近似，但它是實作評量的一個重要的目標，提供現實的情境可以使問題更吸引學生；幫助教師評估學生可以在這一個範圍內解決問題，是否可以解決另一種這樣的問題（即類化能力）。因此，理想上應盡可能的增加任務的真實性程度。

實作評量就如論述題一樣，主要是用於無法以客觀測驗題來測量的那些學習結果，實作評量比較適合去測量結構較鬆散的問題之應用，例如強調辨識、蒐集、組織、統整、資訊評鑑和獨創性（如：哪裡是開書局的最佳地點）。學習結果包括產品創造（寫一封信、畫一幅畫）或口頭或身體表現（如發表演講、修理引擎、使用科學工具等）也很重要。

貳、類型

實作的工作或任務可以因實作受到限制的程度而有很大的差別。例如，打字測試，可能會被完全格式化，以鍵入字母的數量衡量其成就。創造雕塑的工作，對於一個學生可能採取的辦法，或產生的藝術品的本質，可能幾乎完全不受約束。也就是從嚴格限制反應到幾乎完全自由反應，大多數的實作工作，落在連續體這兩個極端之間。因此，實作評量可以分成：一、限制反應實作評量，與二、擴展反應實作評量兩種類型。

一、限制反應實作

限制反應實作任務（restricted-response performance tasks）在定義上相對狹隘，在教學上比擴展反應實作評量更聚焦，預期的反應類型的限制通常也會被指出來。限制反應實作評量，有時候從一個簡單的選擇題或簡答題或填充題開始，然後擴展問到學生做此選擇的理由進行解釋，有時還要

解釋何以不選其他答案的原因。如果學生能提出重大的理由為答案辯護的話，通常在第一階段選擇不同答案都會給全（滿）分。以下是限制反應實作作業的一些實例：

表 13-1　限制反應實作評量範例

例題 1

1. 用一張 A4 紙裁製摺疊「兩架紙飛機」。
2. 請用日語說出「歡迎佐藤先生蒞臨指導」。
3. 颱風與龍捲風相比，下列敘述何者錯誤？（請圈選正確答案並說明理由）
   （甲）颱風範圍較大，中心風速較強。
   （乙）龍捲風中心氣壓較低。
   （丙）龍捲風發生時間較短。
   （丁）颱風必須在海上形成。
   （並請同時說明你／妳選擇該答案的理由＿＿＿＿＿＿＿＿＿＿）
4. 八年對日抗戰期間，我國在外交上亦喜亦憂，請問：
   喜的是哪些事？＿＿＿＿＿＿＿＿＿＿＿＿＿
   憂的是哪些事？＿＿＿＿＿＿＿＿＿＿＿＿＿
5. 寫出兩句勸人戒菸的完整句子。
   (1)＿＿＿＿＿＿＿＿＿＿＿＿＿＿＿＿＿＿＿＿
   (2)＿＿＿＿＿＿＿＿＿＿＿＿＿＿＿＿＿＿＿＿
6. 請仿照範例，用「事例」及「比喻」，表現酸、甜、苦、辣、澀五味。

事例	比喻	味道
吟詩缺乏靈感	吃了青柿子	澀

事例	**比喻**	**味道**
（毛遂自薦被拒	碰一鼻子灰	苦）

7. 作一幅對聯：上聯是「穿冬衣，戴夏帽，胡度春秋」；
   下聯是？（「從南來，往北去，不是東西」）。

資料來源：著者整理修訂。

此外，要求學生寫一封求職信、製作早、中、晚三個時段血壓或脈博記錄圖、分辨兩種液體中哪一種含糖等等，都是限制反應實作評量的好例證。

限制反應實作評量與擴展反應實作評量的優缺點，與限制反應論述評量和擴展反應論述評量相似：

（一）限制反應實作評量的題目較具結構性、測驗時間較短，也因此可以命擬較多的題目或工作，評量的範圍較廣，較容易計分，內容代表性較高；

（二）反過來說，在評量解決問題的技巧、資訊的統整、與獨創性的能力方面，擴展反應實作評量較具價值性。

二、擴展反應實作

擴展反應實作任務（extended-response assessment tasks），要求學生從不同資料來源，去蒐尋提供給他／她們的資料以外的資訊，譬如他／她們必須使用圖書館或網路資訊、進行觀察記錄、從實驗中蒐集和分析資料、進行調查研究、操作工具或設備、烘焙麵包、設計服裝、彩繪、雕塑等等。他／她們的目的與使用的過程均可觀察，也是評量很重要的一部分，生產的作品有各式各樣不同的形式，例如製作圖表、拍照或繪畫、製作模特兒等。

產品製作的發展過程可能歷經數天，包括修訂、調整等程序在內。這樣的彈性，使學生能夠證明他／她們選擇、組織、統整和評鑑資訊與觀念的能力。但有得也有失，包括效率差、涵蓋內容領域的廣度損失，以及增加評量實作作品的難度等。下面是一些擴展實作評量的例子：

表 13-2　擴展反應評量範例

例題 2

1. 給你／妳一套繪畫道具，請繪製一幅「螳螂捕蟬，黃雀在後」圖。
2. 準備並發表演講，以說服人們採取行動來「拒絕吸二手菸」。

3. 給你／妳一套縫紉機具，15 尺長度毛海布料與 12 尺絲絨布料，設計裁縫一套摩登西裝。

4. 有人與你／妳打賭，從他／她口袋拿出一個硬幣拋擲十次，如果十次全部出現正面，贏你／妳 100 元；如有一次出現反面，賠你／妳 1,000 元。賭局成立，結果你／妳輸了 100 元。請問：(1) 他／她是不是「賭神」？(2) 你／妳要不要再繼續賭下去？為什麼？(3) 你／妳有什麼良策？請為你／妳的決定做辯護。

5. 給一段直徑 10cm 長度 15cm 的鐵材，使用 NC 車床，製出一個軸承。

6. 給學生連續觀看《楊氏太極拳新架》教學 DVD 影片，每次 30 分鐘。觀看七次後，要求學生演練前五式套路：攬雀尾　單鞭　提手上式　白鶴亮翅　摟膝拗步。

資料來源：著者編製。

　　實作評量不同於客觀測驗，它要求學生以實際表現（演）來證明他／她們的能力，證明他／她們不只是知道，而且還會做，這兩者之間有時有很大差異。因為從「知道」到「會做」之間可能還有模仿、練習與精通的過程。譬如：

（一）演奏二胡──即使你／妳知道 F 調的時候，左手四指按壓粗弦會發出什麼不同音調，按壓細弦會發出什麼不同音調，但你／妳仍然可能無法演奏悅耳的臺灣民謠《望春風》或《月夜愁》。

（二）甚至於某人熟練《楊氏太極拳新架》85 式，碰上歹徒從背後勒住他／她的脖子時，也可能不懂如何使用其中某一式或連環二式來解危脫困？

（三）司機發覺汽車方向盤左右搖擺，不知該如何處理？（應校正輪胎平衡）或汽車前輪胎內側過度磨損該如何？[將前束（toe-in）角度調小）] 這和汽車修護科學生雖會使用電腦診斷汽車的毛病，卻不一定能夠正確有效的修好汽車毛病的道理一樣。實作評量就是在觀察和評估這些技巧，它們也傳達「實際表現是重要的」這個訊息。

實作評量要想發揮它的最大效用，必須慎選工作項目，記載執行方法的分數，辨別所要測量的複雜技巧，所編製的任務或作業需要學生去證明這些技巧，並對結果過程與作品進行評鑑。實作評量有如其名，是在測量學生去執行符應重要教學目標的工作之能力：「限制反應實作任務」較常聚焦在具體的技巧，「擴展反應實作任務」更有可能涉及問題解決與各種技巧與理解的統整。

第二節　實作評量的優點與限制

壹、優點

採用實作評量來測量複雜的學習結果的優點，綜合各家意見如下（王文中等，2006；余民寧，1997；McMillan, 2014; Miller, Linn, & Gronlund, 2013）：

一、教學目標清楚明確

實作評量可以清楚地傳達涉及學校內、外在自然環境下複雜的表現的教學目標，採用盡可能與教學目標切合需要表現的工作，提供教學標靶，從而激勵複雜的理解與技巧的發展，通常，實作評量工作難與優秀的教學活動加以區分。

二、能測量複雜的學習結果

實作評量比選擇反應和建構反應評量，更適合評量複雜的學習目標，能評量傳統紙筆測驗所無法測量的複雜學習能力與技巧，就如前面所強調過的「知道如何做不等於真的會做」，或很少做得好。例如，以紙筆測驗測量學生「知道如何有效理財」，並不等於傳遞「測量學生有效理財的能力」的訊息，這是兩碼子事情，就如經濟學教授也可能不是最會賺錢的人。

三、提供多元、具體的標準

教師必須能識別判斷成功的多元、具體的標準，並且應在評估前將這些標準分享予學生，讓學生們可以應用他／她們所學，從學生執行一項工

作中，提供評量執行過程或程序以及結果所製造出來的產品的方法。

四、現代學習理論的體現

現代學習理論不是將學生當作片面知識的接受者，而是將學生視為意義建構的主動參與者。依此觀點，新資訊必定被主動的轉化與統整於學生先前的知識，高品質的實作評量，將需要的背景知識考慮在內，並讓學生參與意義的主動建構，此種學習是知識的創作增生而非累積而已（Miller, Linn, & Gronlund, 2013）。

五、具備系統效度的教育實務

學生不僅知道要評量什麼，也被告知評量的標準和好表現的指標，評量方式有實質正面效果，具備系統效度。從評量結果的解釋、後果與情境相關的角度來看，它能促進學習動機和創造學習機會；同時，評量方式直接影響教育系統中課程與教學的改變。

六、評量作業能類化至真實情境

實作評量作業可做為優良教學典範，不會扭曲教學與學習過程；同時，教導這些評量作業，可增加學生將所學類化到真實情境的機會，並且這些作業與工作本身，非常值得學生去努力學習。

七、全方位的評量

在模擬的或自然的情境中評量學生的成就，具體要求學生統整知識應用條件，提供可用以決定學生真實能力的資訊。實作評量的情境本質是整體的、連續性的和全方位的評量。實作評量對其他類型推理的、口頭的和運動的技巧，提供一種更自然、直接和完整的評量。

貳、限制

採用實作評量有很多優點，但是也受到一些實質的限制（王文中等，2006；余民寧，1997；McMillan, 2014; Miller, Linn, & Gronlund, 2013）：

一、評定結果信度不穩定

實作評量其判斷和打分數是主觀的、繁瑣的,測量誤差大,只有一個評分者,容易受教師偏見及其他因素的影響,信度不穩定。教師相互之間的評量結果,與相同教師在不同時間的評量結果,都不是很穩定。因此,對意圖評量的學習結果之工作項目,必須特別謹慎,用來評定實作工作的評分量規或計分鑰,必須在評量實作工作項目的同時發展出來。

在評量實作表現時,如果能夠對所要測量的結果做清楚的定義、妥善制定各項工作項目、並仔細定義和遵守評分量規,應能大大地增進評分的穩定性、不同學生表現所分配分數的可比較性,以及評量的公平性等。

二、評分費時費心

根據研究,實作評量這種格式,通常是教師獨力完成而不是集體合作,需要相當的時間和精力來使用,評分花費很多時間與心力。同時,評量時需要給予學生充分的時間,讓他/她們有機會去執行每一項工作。但是重要的證據顯示,在一項工作上的表現,要類推到另一項所要評量的工作表現或學習結果,證據基礎相當薄弱。

三、影響班級經營

在教師採用實作評量時,一方面必須參加研習以熟悉評量作業方式,級任教師或任課教師必須找人代理代課;評量進行中需要志工協助照顧已評量及未評量學生,教師與學生的每日接觸與訓練也會因實作評量而減少甚或中斷。

四、經濟效益差

依據 Madus 和 Kellaghan(1993)的研究,英國與美國實作評量的經驗發現:所需經費超過一般測驗評量費用十倍以上,同時,進行一項實作評量,教師花在計畫評量、資料蒐集、施測、評分與記錄的時間接近 90 小時。以一班 36 人計,實作評量須要花費半個學期的時間,降低教學品質,不符經濟效益。

五、能力評定易產生偏誤

當評量作業越接近沒有定義時，表現結果就容易受到認知策略與學生不同背景的影響，能力評定因評量目標與表現行為缺乏連貫而易產生偏誤，不但提高評量間的社會歧見，也會導致錯誤的教學與課程設計。

六、作業樣本缺乏代表性

建構一個好的任務或作業、發展一個評分標準和量規、實施任務、觀察學生，用評分量規對表現或作品評分，費時甚鉅。同時，因為必須花許多時間來評量學生實作成績，因此學生的成就和能力的抽樣就會相對減少，造成作業樣本代表性不足，推論範圍受到一定的限制。

第三節　實作評量的學習目標

實作評量主要用於四種類型的學習目標：（一）深度理解、（二）推理、（三）動作技能，和（四）作品。深度理解和推理包括深入與複雜推理關於什麼是已知的，和更新、更複雜的應用知識與技能方式；技能包括學生精通推理、溝通和動作技能任務；製作完成的作品，如期末報告（論文）、計畫和其他學生運用自己的知識和技能的作業或任務。

壹、深度理解

實作評量的深度理解聚焦在知識與技能的應用，學生回應構建以獨特的方式展示思想的深度和意義的新情況的微妙之處。要求學生透過知識和技能的應用，展示他／她們的理解。

貳、推理

推理也是大多數實作評量的本質之一，學生必須運用推理技巧做為他／她們技術與建構產品的證明。很典型地給予學生一個疑難問題去解決，或根據所提供的訊息，要求做出一個決定或其他結果，譬如網路資訊或讀

者投書。他／她們必須運用認知程序，如分析、綜合、批判思考、推論、預測、類化和假設檢定等能力。

參、技能

除了推理技能之外，學生尚須證明溝通、表演和動作技能。以下分別加以討論（McMillan, 2014）：

一、溝通和表演技能

學習目標的焦點在溝通的技巧，包括學生的閱讀、寫作、說話和傾聽的表現。以閱讀來說，學習目標可以分成「過程」——學生在閱讀前、中、後是怎麼樣？而「產品」——學生從閱讀中獲得什麼結果？

（一）**閱讀技能目標**——閱讀技能目標包括從音素意識技能（如解碼，語音意識），到需要的理解和認識（如區辨、上下文脈絡線索、推理、排序）的技能。

（二）**寫作技能目標**——寫作的目標包括：1. 明確目的、2. 組織的統一和連貫性、3. 正確的用法（時態的形成、協議、選詞）、4. 技巧（拼寫、大小寫、標點符號）、5. 語法與句子構造。

（三）**口語溝通技能目標**——口語溝通技能的典型目標如下：1. 身體表達——眼睛接觸、姿勢、面部表情、手勢與肢體動作、2. 聲音表達——發音、清晰、聲音的變化、音量、節奏和速率、3. 口語表達——重複、組織、歸納、推理、觀念和思想的完整性。

二、動作技能

辨識動作技能學習目標有兩個步驟：第一個步驟是清楚描述所需的身體活動——發展相應的技能或特定任務所需的技能；第二個步驟是辨識完成動作的水準——使用動作技能分類法，分成幾個不同層次來判斷。

肆、產(作)品

實作評量作品是所完成的工作，譬如：幾年來學生的論文、報告和計

畫。這些作品更引人入勝和真實，採用了更加系統、有明確標準和量規來
計分。例如，在音樂方面，學生可以創作和演唱一首新歌來證明他／她們
在音樂方面的熟練度與知識。

第四節　建構實作評量

　　學習目標一旦確立，方法也決定採用實作評量，接下來就是開始編製
完整的實作工作或任務。第一步是鑑定或辨認學生應執行的實作任務；第
二步是描述學生所要執行的任務之有關脈絡；第三步是編寫給學生具體的
問題或提示。茲將過程分別說明如下（McMillan, 2014）：

壹、鑑定實作任務

　　實作任務是個別或全體學生在實作評量中被要求完成的工作或作業，
該任務可以有各不相同主題和複雜程度。依據任務複雜的程度，可以區分
兩種類型：（一）限制反應類型實作任務，以及（二）擴展反應類型實作任
務。

一、限制型實作任務

　　限制型任務目標，係針對狹義定義的技能與相對簡單的反應，任務具
體有結構性。學生可能被要求定義一個答案，指出何以另一個答案錯誤，
告知他／她們如何做、畫個圖表、構造一個直觀圖或流程圖、或者展示自
己一些其他方面的推理。雖然限制型實作任務的實施與計分，比起擴展型
實作任務省時省力，卻也較少具備真實評量的特徵。

二、擴展型實作任務

　　擴展型實作任務比限制型實作任務複雜、縝密與費時得多（詳見表
13-3 例證），通常是小組合作完成任務，其作業或任務通常需要學生使用
各種資訊來源（例如觀察、圖書館、網際網路）。須要判斷哪一種資訊最有
關聯，作品須經過好幾天甚至幾星期給予修正的機會，也使學生得以應用
不同的技能，較易於統整不同內容領域與推理技能。

表 13-3　限制型與擴展型實作任務範例	
限制型	**擴展型**
1. 從提供的資料繪製一個多邊圖。 2. 用韓語說出菜單上有些什麼菜。 3. 閱讀一篇報紙社論並回答問題。 4. 檢閱城市區劃圖，並指出修改何處將鼓勵更多的商業開發。 5. 旋轉一個硬幣十次，預測下十次會如何？請解釋為何會這樣？ 6. 聽 TVBS 新聞並說明是否相信該政論節目「立場公正」？ 7. 構建一個海報，講解花的結構。 8. 唱一首民俗歌謠。 9. 一分鐘打 40 個字，錯字少於 2 個。 10. 用大剪刀修剪欄杆旁的七里香。 11. 背誦岳飛的《滿江紅》。 12. 寫一篇關於保護森林免被轉化為耕地的重要性報告。	1. 製作一個簡報並演示。 2. 設計一個伸展台並估計材料工程費用。 3. 規劃到中歐旅遊，包括行程與預算。 4. 進行一次歷史重演（例如，太陽花學運）。 5. 診斷並修理一輛汽車前輪胎搖頭抖動。 6. 為 iPhone 6s 設計一個廣告活動。 7. 出版一份時事週刊。 8. 設計一座親子公園。 9. 創建設計一個商業華城廣告。 10. 寫作一首鄉村歌曲。 11. 制定一項計畫來處理廢棄物。 12. 設計執行一項研究，以確定哪個大賣場貨品「物廉價美」。

資料來源：著者編製。

貳、準備任務說明

　　實作評量需要將具體化的任務給予學生，使之符合良好實作評量的標準，這須透過製備「任務說明」（task description）來完成。任務說明的目的在提供一個藍圖或細目規格，以確保必要的條件得到滿足，該任務是可測量的，而且它會引起預期的學生的表現。任務說明與實際提供給學生的問題或提示活動形式與措辭是不一樣的，它更像是一個教案。

　　任務說明應包括以下內容（McMillan, 2014）：

一、實作任務說明

實作任務說明包括：（一）目標：被評量的內容和技能目標、（二）行動：學生活動的說明、（三）人員：是團體或個人、（四）人力資源：是否允許幫助、（五）物力資源：所需要的資源、（六）指導者：教師的角色、（七）實施過程、（八）評分標準。

二、思考學生會如何反應

提供具體任務之後，就要預先考慮學生會如何反應？（一）會諮詢專家、利用圖書館資源、做實驗嗎？（二）允許他／她們合作或是單獨作業？（三）允許哪一類型的協助？（四）有足夠的時間去完成活動嗎？

三、檢視可用資源

一旦將任務加以說明，也考慮到學生可能的反應，接下來就必須提供完成這些任務所需要的資源：（一）所預備的材料和資源，可一體適用於所有的學生嗎？（二）評量前還需要獲得什麼資源？

四、教師角色

教師在實作評量過程中的角色，必須：（一）諮詢學生或給他／她們一些想法、（二）熟悉和充分準備教師應扮演的角色、（三）規劃實施程序。

五、計分程序

最後一個步驟就是確認計分程序：（一）評分是否能配合評量目標？（二）評分可用時間是否適當？（三）需要請專業人士評分嗎？（四）是否切合實際？

設計實作任務的一個有效方法是：（一）思考你／妳曾經在班上教過些什麼？（二）它的結構是否反映課堂教學的本質？你／妳所要求學生做的是什麼？他／她們對提供的任務是否有些熟悉？

參、準備實作任務的問題或說明

給予學生的問題應根據任務來說明，目的在：一、清楚地標示最終

結果或產物是什麼?二、概述允許和鼓勵學生做什麼?三、並向學生解釋將用於判斷產品的標準。一個很好的問題或提示還提供了一個上下關聯脈絡,可以幫助學生理解任務的意義和相關性。

上述三個步驟順利完成後,接下來就是進行實作任務的檢核工作,實作任務檢核表如表 13-4 所示:

表 13-4　實作任務檢核表		
檢核表		
	是	否
1. 是否涵蓋多元的、重要的學習目標?	____	____
2. 有多個正確的資源可用嗎?	____	____
3. 實作任務真實嗎?	____	____
4. 實作任務內容豐富嗎?	____	____
5. 實作任務有清楚界定嗎?	____	____
6. 任務具有挑戰性和鼓勵,促進個人毅力決心嗎?	____	____
7. 評分標準與任務共享嗎?	____	____
8. 包括完成任務的條件嗎?	____	____
9. 任務涉及到與他人的互動嗎?	____	____
10. 對某些學生有任務偏見嗎?	____	____

資料來源:McMillan, 2014: 224.

第五節　編製實作評量應注意事項

要發展高品質的實作評量,有效地測量複雜的學習結果,一開始就要考量實作任務的發展,然後設法改進評分的方法。關於編製實作評量應注意事項,綜合學者意見如下(McMillan, 2014; Miller, Linn, & Gronlund, 2013; Waugh & Gronlund, 2013):

一、強調複雜的認知技巧與表現成果

實作評量的工作項目，光是有趣並不足夠，必須從重要的學習結果中發展而來，既然以實作為基礎的任務，通常都需要學生投入大量的時間，那就不適用在費時較短的方法之測量。

二、選擇重要學習結果的內容與技巧

現代學習概念強調內容與技巧的相互依存關係，在一個教材領域中問題解決，與另一個領域並不完全相同，內容與過程相互獨立。因此，辨識學生用在執行實踐任務的內容，與資源的範圍就很重要。課堂作業提供知能的自然基礎，再選擇一些更重要的任務，使學生有機會做更多的研究，以擴大自己的知識基礎。

三、實作任務必須真實

實作任務必須真實，避免假設性的問題。真實任務攸關真實世界與真實生活脈絡，研究顯示真實性有很廣闊的視野，引發許多議論。Wiggins（1998）提出判斷真實性的標準有六：（一）是現實的；（二）需要判斷與革新；（三）要求學生做題目；（四）複製或模擬成年人在工作場所、市民生活和個人生活的環境脈絡所進行的測試；（五）評量學生以高效率和有效利用知識和技能的項目，進行判斷一項複雜任務的能力；（六）允許有適當機會排練、諮詢資源，並獲得反饋和改進性能和產品。

四、剔除與預期目的無關的技巧

實作評量關鍵聚焦在評量的意圖，與評量目的無關的其他技巧或能力，應盡量排除。如果在評量學生應用數學去解決日常生活中的實際問題的能力，就與閱讀能力無多大關係；如果上述評量任務需要大量的閱讀，會破壞評量的公平性，就會降低結果解釋的效度。

五、提供必要的鷹架，使學生瞭解任務與期待

挑戰性的工作如做實驗、蒐集資訊、形成假設、評估自己在解決問題的進展等問題，並不能憑空解決，學生必須有一些解決問題的先備知識與技巧，這些先決條件可以是先前教學的自然結果，但也可以內置到評量作

業或任務。例如，舉行預評（pre-assessment）活動不只可以介紹作業或任務，同時可以確認學生是否具備工作的基本知識，是否熟悉所要使用的材料或設備。

六、建構任務來評量多元學習目標

實作任務包含重要的多元學習目標領域，各領域所涉及的內容和技能目標都不相同：評量的內容可以同時包括知識與理解，或涵蓋推理與溝通技巧任務在內。例如，學生必須使用推理與溝通技巧，寫作並報告一篇論文，並且思考與綜合其他資訊回答所提問的問題。

七、編寫工作指南，明確指出學生的任務

結構化的測驗情境，需要提供明確的測驗指導或說明，模糊的說明可能會導致多樣化的表現，變成無法公平與可靠的評量它們。許多實作本位的任務，給學生很大的自由度去探索、以不同的方法去碰觸問題、並提出了新的解決方案。

八、依據評分量規，清楚地傳達實作評量的期望

在編製實作評量的工作項目，必須依據評分量規的綱要，將評量的標準與學生應該做出什麼具體的反應，在指導語或題目中清楚的告知學生，讓他／她們知道問題或工作的方向，幫助學生抓住重點，也幫助傳達學習結果的優先等級。

九、建構任務幫助學生成功

優良的實作評量包括教學與評量的互動，學生需要一些學習的榜樣，當你／妳提問問題、提供資源並提供反饋，最有可能可以提高學生精通的機會。這是一種積極的介入學生學習的教學，不是單純地提供訊息給學生，讓他／她們被動的接受。

十、評量作業說明清楚，告知學生具體表現

以可被具體觀察、可測量、可量化的名詞或術語，說明學生的預期表現，並告知評量結果的用途，讓學生有機會做最佳表現。

十一、透過思考學生會怎麼做，以確定任務可行

先思考如果這個任務交給教師自己做會怎麼做？需要什麼資源？需要多少時間？採用什麼步驟？這項任務對學生來說必須是真實的，這取決於教師自己的專業知識與意願，以及成本、設備、材料和其他可用的資源，使每一個學生都有同樣獲得成功的機會。

十二、作業／任務允許有不同的解決方法

如果一個實作任務正確建構完成，超過一個以上正確答案非但可能而且更希望是這樣。實作任務並不鼓勵演練出唯一的解決方法，教師應鼓勵多元求解的可能性，要求學生證明並解釋他／她們的假設、計畫、預測和其他反應。不同的學生所採用反應任務的途徑可能完全不同，創作更是認知學習的最高層次目標。

十三、任務須有挑戰性與模擬性

教師希望學生積極利用知識技能，參與數天或數週的任務。教師也想讓學生自我監督，想想自己的進步。如果任務很有趣且發人深省，教師又瞭解學生的長處與缺點，並且熟悉哪一類主題可以激勵學生，就能促進學生對任務的持久性。

十四、限制競爭性任務

實作任務有時具有競爭性，容易引起紛爭，如果能在界定相關脈絡、法規和規章的約束情況下進行是最好。依照 Borich 和 Tombari（2004）的意見，實作任務具有競爭性時，教師必須做一些必要的限制，這些限制包括：（一）完成任務的時間、（二）可以參考的資料、（三）可諮詢的對象、（四）可使用的設備、（五）計分標準。

第六節　評分量規

測驗學者 Stiggins（1987）主張要發展有效的實作評量，最重要的是製作實作效標細目表（specification of performance criteria），提供反饋給予學生。用於判斷學生實作的效標，其結果是否可靠、公平和有效等等都是

關鍵問題。評分量規的細目，從選擇和發展編製工作之初就已開始，教師與學生都必須瞭解這些量規或標準；標準能幫助釐清對學生的期待並傳達教學目標與標準。此外，它們還協助指導、提高信度、公平對待每一項表現，以及關於每一個學生成就結論的效度之判斷過程。協助指導工作過程，和獲得產品兩項主要方法是靠評分量規或評定量表和檢核表。

壹、評分量規

「評分量規」（scoring rubrics）或稱「計分規準」，是一套學生反應和表現的實作標準的應用指引。它是包括實作的語文描述或學生的反應，區分實作之間是高階的、精通、部分精通以及開始實作的水平各方面。可分為「分析的評分量規」和「綜合的評分量規」兩個類別，已分別在第十一章討論過。

一、分析的評分量規

需要分別鑑定實作的不同面向或特徵時，採用分析的評分量規。譬如，一個科學實驗結果的書面報告，可以依據事實正確性、分析的品質、以及哪個結論是否合理的程度來評定。一篇文學批判可以依據文章的組織、觀念的品質、表達的清晰度與機制來評定。分析的評分量規可以提供好幾個不同分數，顯示學生不同領域或面向的優勢與限制做回饋。

二、綜合的評分量規

提供整體實作的不同水準的描述，整體的評分量規是有效的，更直接的符應成績分配所需的整體的一致判斷，但它們沒有為學生提供實作優勢和劣勢的具體反饋。一個評分量規可以包含一個評定量表在內，但它同時提供符應量表上每一個分數點的特徵或實作的描述。評分量規將用來做為評定實作的標準，因此必須描述得很明確。

另一種「通用評分量規」（generic scoring rubrics）可以很容易地適合於評定各種實作任務。通用評分量規可以區分：「模範性表現」和「能幹的表現」之間、「有小瑕疵尚令人滿意的表現」和「具有嚴重缺陷的表現」之間的差異。

下面表 13-5 是關於通用評分量規的一個範例：

表 13-5 通用評分量規範例（四年級數學科適用）

通用評分量規

解釋的品質

6＝能做優秀的解釋（完整、清晰、無歧義）

5＝能做良好的解釋（合理地清晰、完整）

4＝可接受的解釋（問題完整，但解釋可能含有輕微瑕疵）

3＝需要改進（在正確的軌道，但可能有嚴重瑕疵）

2＝不正確與不適當的解釋（顯示對問題不瞭解）

1＝不正確與不做解釋

答案與解釋分開評定

答案

4＝正確

3＝大部分或部分正確

2＝不正確但做合理的嘗試

1＝未回答

解釋

4＝完整、清晰、合邏輯

3＝基本上是正確的，但不完整或不完全清楚

2＝模糊或不清楚，但有可取之處

1＝無關、不正確、或未做解釋

資料來源：引自Miller, Linn, & Gronlund, 2013: 266.

用於指導評分的水準數與語文描述，因情境互異而不同。譬如說，將學生的評分與解釋分為三個水準：

5 分：**完全答對型**——學生能指出正確答案，並且能合理解釋是他／她親自動手實驗觀察的結果；

3 分：**部分答對型**——學生能指出正確答案，但無法說明他／她用什麼來
支持答案；

1 分：**錯誤答案型**——學生選擇錯誤答案或雖選擇正確答案卻做出矛盾的
解釋。

三、學生量規

除了「評分量規」之外，教師應該再設計一種「學生量規」（student rubric）來防止學生單純的複製答案，而是提供學生瞭解教師對學生各項期望的程度，分享學生「什麼是高品質或低品質的答案或作品」，讓學生參與設計學生量規，使他／她們在接受實作評量之前，預先知道什麼是高品質的作業或作品，可以使學生與教師獲得數項益處（Russell & Airasian, 2012: 232）：

（一）認識表現的標準，使學生瞭解對他／她們的作業或任務期待是什麼？好的作業或作品是什麼樣子的訊息？

（二）認識標準，讓學生將表現和產品放在重點和結構上，他／她們知道教師期望他／她們什麼，因此能夠集中在學習與證明合宜的知識與行為；

（三）標準限定於較窄範圍內，節省教師評量作業分數與教學過程的時間；

（四）學生參與確認重要的教學過程與作品表現標準，預覽作品產出過程與好作品的特徵及範例，使學生有參與感及所有權感。

教師必須向學生解釋：什麼是量規（規準或標準）？為什麼要使用它？它怎麼能夠改進學生學習與評定等第？同時，在剛開始使用時，標準不要訂得太多，三或四個標準就已足夠；每一項標準的分數訂為 2 至 3 分。學生利用量規去改進作品，教師也需經多次修正，直至師生都覺得已很妥善為止。

各領域或各學科的學生量規設計、學習、練習使用之後，學生漸漸就有具體的作品或表現出現，為教學與學習之目的，將它有系統的蒐集，內容全部屬於學生的作品，就是「學生檔案」；內容全部屬於教師的教學計畫或作品，就是「教師檔案」。

第七節　評定量表

評定量表（rating scales）通常僅限於對每一個水準做品質判斷（例如：優秀、良好、一般、差）或記數頻率判斷（例如：總是、經常、有時、從未）。評分量規與評定量表的區別，通常在評分量規添加描述後，評定量表的判斷品質變得模糊。

壹、特徵

評定量表允許觀察者沿著一個連續體（continuum）去判斷表現，提供一種關於一項或多項表現的特徵，轉換資訊比較彈性的方法（例如：整體品質、測量適切性、結果摘要的適當性）。評定量表由一組被判斷的特徵或品質組成，其中也有一些量表指出每一項屬性出現的程度，評定格式的本身只是個報告的設計，它在評量學生學習與發展的價值上，全靠它細心準備以及使用的適當性。

評定量表：一、它必須符應所要評量的學習結果；二、它的使用必須限定有充分機會進行觀察的領域範圍。如果這兩個原則能被正當的應用，評定量表將扮演數個重要的評量功能：（一）它可以直接觀察到具體的實作項目；（二）它將提供一個共同的參考架構，以此來評定所有學生的相同一組特性的表現；（三）提供觀察判斷記錄一個簡便的方法。

貳、類型

評定量表有各種格式，但大部分都屬於下面所要討論的這些類型，每種類型都會用兩個維度（面向）來說明：

一、數字評定量表

最簡單的評定量表就是「數字評定量表」（numerical rating scale），評定者核對或圈選一個數字，指出所呈現的一種特徵的程度。最典型的是一系列數字中每一個數字給予語文的描述，從一個特徵到另一個特徵都保持恆定。在某些情況下，它僅僅表明，最大的數值是高（譬如是 5），最小的

數值是低（譬如是 1），其他的 4、3、2 則代表中間值。下面是一則數字評定量表的例子：

表 13-6　數字評定量表範例

例題 3

說明：此次五年二班參與全校壁報比賽，獲得全校高年級第一名，老師想瞭解一些同學對製作壁報的貢獻。1 ＝代表表現差、2 ＝代表參與部分製作、3 ＝代表用心但不特出、4 ＝代表努力且有好表現、5 ＝代表全心投入貢獻最大。請依據你／妳的觀察與判斷，認為這個同學的表現最適合哪一個情形，把代表的數字圈起來。

1. 你／妳認為○○○同學參與製作壁報的時間量如何？
    1　2　3　4　5
2. 你／妳認為○○○同學參與製作壁報用心投入的程度如何？
    1　2　3　4　5
3. 你／妳認為○○○同學參與製作壁報的實質貢獻如何？
    1　2　3　4　5

二、圖形評定量表

圖形評定量表（graphic rating scale）的顯著特點是：每一項特徵後面都跟隨著一條水平線，評定的方法是在水平線上審查它應該擺在哪個位置，一組類別沿線鑑定具體的位置，請看下面的例子：

例題 4

指出某生對全班話劇公演所做的貢獻，在水平線下適當的描述下面打 √。

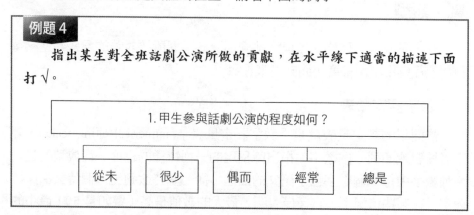

1.甲生參與話劇公演的程度如何？

| 從未 | 很少 | 偶而 | 經常 | 總是 |

▲圖 13-1　圖形評定量表範例

　　圖 13-1 這種圖形評定量表，因為每一種特徵的分類描述完全相同，因此有學者稱之為「恆定選擇量表」（constant-alternative scale）；如果各個特徵之間的類別各不相同，就稱之為「變化選擇量表」（changing-alternative scale）。

　　雖然在圖形評定量表的線，能夠評鑑它的中間點，使用單詞辨別類別並沒有比使用數字有更大的優點。關於「很少」、「偶爾」、「經常」這些術語的含義，評鑑者之間並沒有達成一致的共識。所需要的是實作的描述，更具體的指出學生擁有這些受評定的特徵到達何等程度（Miller, Linn, & Gronlund, 2013）。

三、描述的圖形評定量表

　　描述的圖形評定量表（descriptive graphic rating scale）用短語描述，來鑑定圖形量表的分數位置。該描述是學生的行為在沿著量尺不同階段的縮略草圖，在一些量尺上，只界定中間與頭尾；另有些量尺則每一點都有描述的短句。經常提供用於評註的空間，以使評定者澄清他／她的評等。請看下列 [例題 5]：

　　這種描述的圖形評定量表，實作項目描述得越具體，越能夠使評定過程有更大的客觀性與正確性。為了幫助評分，量表的各部分最好都添加上去，譬如分為五個類別或五個等級評分，每一個分數點都應該描述清楚明確，既可節省評量時間。又可提高信度，一舉兩得，何樂而不為。

例題 5

　　選出妳認為最適合各項題目的描述，在下面五個描述中圈選一個作答。如有任何評論，請寫在「評註」的空白處。

1. 在班上同學討論校外教學地點發生嚴重歧見時，○○○同學參與討論的程度如何？

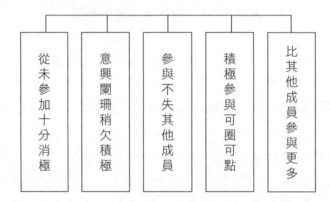

| 從未參加十分消極 | 意興闌珊稍欠積極 | 參與不失其他成員 | 積極參與可圈可點 | 比其他成員參與更多 |

評註：

2. ○○○同學提出的觀點與討論主題相關聯的程度如何？

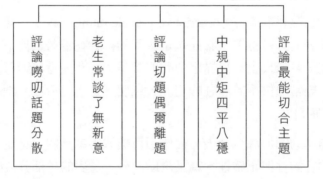

| 評論嘮叨話題分散 | 老生常談了無新意 | 評論切題偶爾離題 | 中規中矩四平八穩 | 評論最能切合主題 |

評註：

▲圖 13-2　描述的圖形評定量表範例

參、評定量表的應用

　　評定量表可用於評定廣泛的學習結果以及發展的各個方面。由於使用方便之故，可以把它分成兩個評量領域：一、過程或程序評量；二、產品或作品評量。

一、過程或程序評量

　　在許多領域，成就是透過學生的表現特異性來表達。包括演說、操作實驗設備、歌唱、演奏樂器、各種身體的熟練動作（例如：打一套「虎鶴雙形拳」）。這些活動不會有可評量的作品，簡答或固定反應測驗就不適用；通常實作的本身，其過程或程序必須經過觀察與判斷。

　　因為在評量過程或程序時，評定量表聚焦於所有學生相同的實作方面，並且又有一個共同的量尺紀錄判斷，所以它特別有用處。如果依據具體的結果備妥評定的格式，也可以將它視為一個優秀的教學設計。

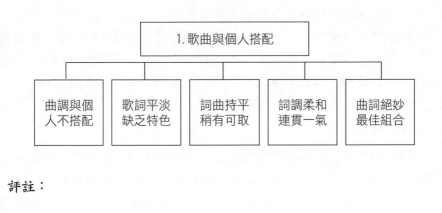

```
例題 6

　　請沿著水平線評定學生的演唱能力，在每一項特徵的五個描述中，
選擇一個你／妳認為最適當的描述打 √。「評註」後面提供你／妳對該生
的任何評論與建言。

甲、歌曲選擇（含音域廣度、難度，與個人特質）


                        ┌──────────────────┐
                        │  1. 歌曲與個人搭配  │
                        └──────────────────┘
         ┌───────────┬───────────┼───────────┬───────────┐
    ┌────────┐ ┌────────┐ ┌────────┐ ┌────────┐ ┌────────┐
    │曲調與個 │ │歌詞平淡 │ │詞曲持平 │ │詞調柔和 │ │曲詞絕妙 │
    │人不搭配 │ │缺乏特色 │ │稍有可取 │ │連貫一氣 │ │最佳組合 │
    └────────┘ └────────┘ └────────┘ └────────┘ └────────┘


  評註：
```

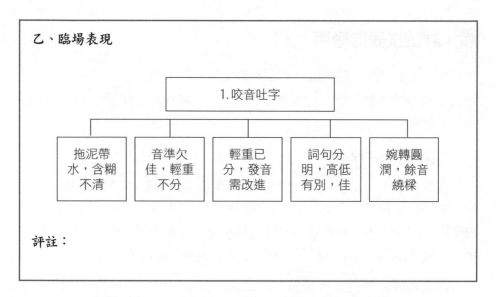

乙、臨場表現

1. 咬音吐字

| 拖泥帶水，含糊不清 | 音準欠佳，輕重不分 | 輕重已分，發音需改進 | 詞句分明，高低有別，佳 | 婉轉圓潤，餘音繞樑 |

評註：

▲圖 13-3　某中學七到九年級音樂科演唱評分量表

　　圖 13-3 是某中學音樂科演唱評分量表，分成兩部分：（一）第一部分格式致力於歌曲選擇（含音域廣度、難度）與個人特質；（二）第二部分格式是關於如演唱時的儀態、動作、眼神接觸、音調、音色和咬音吐字。當然，教師在發展這樣的評定量表時，一定會考量到測量演唱能力最妥適的特徵，以及學生的年級水準。

二、作品評量

　　當學生的表現結果是一些作品，所要評量的不是過程或程序。例如，寫作一篇主題報告的能力，最好是以主題的品質來評量，觀察學生的實際作品。但像打字、實驗室的操作、木工等，在初期最好是評估程序，等到基本技巧熟練後期，再評量產品。作品的評定可以提供多方面領域的評量資訊，例如：用來評估書法、圖形、筆記本、學期報告、實驗結果報告、以及工藝課程作品等。

　　有時必須依照作品的整體品質而非分開的樣貌來判斷作品，可能將作品與一個「作品量表」（product scale）相比較。一個作品量表是一系列作品樣本，經過分級，代表不同的品質程度。例如，做書法評定時，將該書

法作品沿著書法樣本量尺逐一比對，直到品質兩相匹配為止，學生的書法作品依照量尺上的分數值給定。

肆、評定錯誤

任何評量，即使評定人員再怎麼細心，還是免不了會發生一些錯誤，包括個人偏誤、月暈效應和邏輯謬誤等，分別說明如下：

一、個人偏誤

評定結果發生個人偏誤（personal bias errors）有三種情況：

（一）**慷慨偏誤**——評分量規雖然自低到高，無論是以數字表示或語文描述或圖文並茂，有些評定者一直都以較寬鬆樂觀的態度，喜歡高分組那一端，因此實作評量分數比較高，這種個人誤差就稱為「慷慨偏誤」（generosity error），譬如有些教師全班成績以 80 分為最低分數屬之。

（二）**嚴苛偏誤**——有些教師則採取低分的一端，全班最高分不超過 80 分，這種個人誤差就稱為「嚴苛偏誤」（severity error）。

（三）**趨中偏誤**——有一些教師評量大部分取量尺的中間值，稱為「趨中偏誤」（central tendency error），分數很集中，譬如全班成績都在 80±2 分左右。

發生這種個人偏誤，可能有幾個原因：

（一）某些學校為避免學生中途流失，會直接或間接暗示教師採寬鬆高分政策，並以學生對教師的教學評量為續聘與否的主要依據，教師如果任教班級太多學生成績不及格，教師不是被請到校長室喝咖啡就是不續聘，在流浪教師充斥的社會，教師不得不慷慨誤差。

（二）國民教育延長到十二年之後，那些不適於進一步做高深學術研究的學生，依照畢業名校教師的標準，確是在量尺的低分端，並不一定是嚴苛偏誤。

（三）至於趨中偏誤這是大勢所趨，世界級比賽如跳水、體操、溜冰等比賽，也都是去頭截尾，取中間分數的平均值做為選手的最後成績。

個人偏誤容易造成三個負面的影響：

（一）個人評量信度與效度受質疑，相同一個受試者的身心特質或同一件
作品，評量結果出現極大差異；

（二）被評為同等級的作品，在實值上的差異卻有天壤之別（如低海拔
「特等茶」品質≠高海拔「特等茶」品質；1 日圓≠1 美元≠1 歐
元）；

（三）至於趨中偏誤造成的結果，表面上是作品程度整齊，也可能是無法
明顯區別程度高低所致。

二、月暈效應

評定者如果對受試者的某一種特質有好的觀感或印象，對其他特質也
會給予較好的評價；反之，第一印象不佳也影響到其他特質的評價，這種
現象就稱為「月暈效應」（halo effect）。教師應避免因性別、個人美醜、宗
教、種族、職業或社經地位之差異而產生月暈效應；比較可行的方法是：
盡量在評定之前，能隱匿受評者身分地位，但主要還是評分者的心態能否
保持公平公正。

三、邏輯謬誤

由於評分者本身對某些特質之間，有其一貫的信念或假設，因此作
業或作品評定的結果，不是特別相似就是差異特大，這種評定結果就稱為
「邏輯謬誤」（logical error）。譬如，有些教師認為長得比較眉清目秀的學
生，都比較聰明或用功，或字體寫得比較端正的學生，品性也比較好，在
此情況下的評量結果，可能差之毫釐失之千里。這種缺失可以經由評分量
規的細心設計，與實作任務的明確說明而改進。

伍、有效評定的原理原則

要想改進評定結果，一定要慎選所要評定的特徵，設計評定的格式，
考量可以使用的實際條件。由於評定量表有數種類型，雖然教室評定量表
類多使用圖形評定量表，但應用原則差異不大，以下是針對所有評定量表
應用時，應該遵守的原理原則（McMillan, 2014; Miller, Linn, & Gronlund,
2013; Waugh & Gronlund, 2013）：

一、應評量教育上重要的特徵

評定量表和其他評量工具一樣,都應該評量符應學校教育目標與學習結果。因此,剛開始編製或選擇評定量表時,應該先將預期學習結果中,最重要的特徵列在指導方針上。當這些特徵能做出明確說明或描述其具體表現後,再選擇適合的評定格式、能評定的特徵,做為實作工作或任務的項目。

二、確認所要評量的學習結果之任務

選擇這些實作項目的特徵對評量的意圖是個關鍵,若清楚確認學習結果,有助於為學習結果建立各種不同水準的評定優先順序,也可以降低無關因素的影響。當多項學習結果與實作任務相連結,對應每一項結果分開評定,可提供學生有價值的回饋。

三、評定可直接觀察到的特徵

要直接觀察學生作業,涉及兩項問題:1. 這些特徵必須發生於學校情境內,使教師有觀察到的機會;2. 必須是教師清楚可見的特徵。像一些公開的班級討論、清晰的口齒、用事實支持自己的論述等,都很容易觀察也是很可靠的評定。

四、量規上的特徵或分數應明確界定

評分量規界定越清楚,分數界定越明確,評定結果的信度與效度一定比較高。使用圖形評定量表,一方面清楚描述特徵的具體表現,二方面指出哪種具體特徵應得到哪一個分數,可以解決量尺界定模糊所造成的困擾。

五、採用最適合評量目的與項目的評分量規

綜合式評分量規給予每一項表現一個獨立的分數,整個量尺大約採用4 到 6 分,依據實際表現以及與評分量規的標準比較後,做整體的判斷評分,效率高且能轉換成分數或等第。分析式評分量規因為它將重點聚焦在需要改進的表現上,因此較具診斷價值,它很明確底區隔每一項特徵或面向,以便做成可靠的評定。

六、應提供三到七個評定點數（位置）

　　評定量表通常採用奇數點，或 3 分、或 5 分、或 7 分，而以五點量表最普遍。越是重要的判斷點數越少（3 分），太多點數也無太大價值，因為我們沒有那樣精細的能力，去分辨 3 分與 4 分的差異，或 4 分與 5 分的差異。

七、逐項評定

　　評定完一項特徵或任務，再進行下一項，這樣的作法與評量論述題的要點相同，主要是評分者能清晰記得量規上的標準描述與分數，確保評分的一致性。此外，較不容易受到評定者個人偏誤，以及前後受試者相互比較的影響。

八、盡可能作業匿名受評

　　評定者有時會將一項特徵的優點或缺點，無限上綱擴大解釋，產生月暈效應，影響評量的公平性。可行的方法之一是：學生將姓名製作或寫在作業或作品背面，或僅使用數位較多的學號，甚或糊名。當然，一般教室或課堂評量或客觀測驗題就無如此必要大費周章。

九、若結果做重大決定，應有多位評定者

　　若依據評定結果發給獎學金、升級、畢業證書、入學許可等，對受評學生的影響重大甚至久遠，宜比照重大比賽規準，多幾位評審，捨棄最高與最低分，取其餘評審分數之平均數，這樣既可靠又公平公正；它的代價是花費許多時間、人力與經費。

第八節　檢核表

　　檢核表（checklists）是一種表現標準的書面列表，當一個學生的表現受觀察，或作業受判斷，觀察者依據檢核表上所列出來各項表現標準，判斷學生表現或作品符合標準的程度。它的外貌與用途類似評定量表，兩者之間的主要差異在於所需的判斷類型：

一、「**評定量表**」可以指出某個特徵是否出現或某種行為出現的頻率；

二、 而「**檢核表**」要求做一個「是」或「否」的簡單判斷，基本上它是記錄某種特徵是否出現，或有無採取行動的一種方法。如果評鑑的重點在特徵的程度或發生的次數，就不應該採用檢核表而用評定量表。

表 13-7　國小一年級數學檢核表範例
檢核表

說明：圈選「是」或「否」指出學生確有此種技巧。

是　否　1. 能辨認 0 到 10 的數字。

是　否　2. 能從 0 數到 10。

是　否　3. 能將物品從 1 到 10 分成一堆堆。

是　否　4. 能辨識基本圖形（圓形、正方形、長方形、三角形）。

是　否　5. 辨認硬幣（1 元、5 元、10 元、50 元）。

是　否　6. 能比較物件並辨別大小、長短、輕重、高低。

是　否　7. 能將 10 個物件依序說出第一、第二、⋯⋯第十的順序。

是　否　8. 能抄寫 1 到 10。

是　否　9. 能告訴 30 分鐘內的時間。

是　否　10. 能辨識面積的二分之一。

資料來源：修改自Linn & Gronlund, 2000: 283.

　　檢核表在小學階段很有用處，因為許多課堂評量是依賴觀察而非測驗，簡單的檢核表可以評量小學初始階段學生的數學技巧精熟度，表 13-7 是國小一年級數學檢核表，每一個領域的預期學習結果，都說明得清楚明確，只要在每一個特徵或項目前面加上「是」或「否」即可。

　　檢核表在評量那些可分割成一系列明確的具體行動的表現技巧也相當有用，表 13-8 是十年級學生「口頭報告檢核表」的範例，實際上的操作表現已分成一系列明確的步驟，審查者或教師逐項核對，受評學生的表現是否圓滿達成要求。必要時也可以加入一些常見錯誤動作來比對。

表 13-8　　十年級學生口頭報告檢核表範例

例題7

檢核表

日期：10/12/2015	姓名：李○○

請仔細觀察受試者的實際表現，在適當的選項上打√，可多選。

一、肢體表達

_____ 甲、站得挺直，面向同學觀眾

_____ 乙、面部表情能隨音調的高低改變而變化

_____ 丙、眼睛隨時注視觀眾的反應

_____ 丁、儀態端莊穩重

_____ 戊、態度輕佻欠穩重

二、音調表達

_____ 甲、語調穩定清晰可辨

_____ 乙、能以不同的語氣強調重點處

_____ 丙、音量足以傳播全場觀眾

_____ 丁、語調平淡無奇缺乏吸引力

_____ 戊、有氣無力聲若蚊鳴

三、言語表達

_____ 甲、能選擇準確的語詞來表達意思

_____ 乙、能避免不必要的重複

_____ 丙、能以完整的句子說明自己的想法或觀念

_____ 丁、能邏輯地組織資訊

_____ 戊、能總結要點做成決論

資料來源：著者編製。

　　上述口頭報告檢核表範例，是一種表現過程的評量，但是，檢核表也適用於學生作品的評量，教師只要將作品評量的特徵描述清楚，設定評量特徵的類別，必要時再加上所考量的品質重點與所佔比例，就可構成一份

實用的作品檢核表，它可以歷經一段時間一再重複使用，來診斷表現的優勢、缺點與改變。

第九節　學生參與評量

　　無論是課堂評量或重要考試，所有的試題或作業大多數都是與教學目標相關聯，絕大部分都是從教師或命題者的觀點或角度來思考，因此類似論述或解釋題目，有時候學生的反應或答案錯誤，並非學生不夠精熟或沒有學到，而是命題者或教師在命題時，措辭含混不清或太過籠統，因此學生的解讀與教師的原意有所出入，造成「雞同鴨講」所致。

壹、優點

　　學生參與學習過程或作品的評量，有幾項好處：

一、　對師生雙方面都是一種回饋：學生真正體會教師的意圖或目的，教師瞭解學生的思考過程；

二、　學生上課時會注意教師的教學重點；

三、　教師更瞭解個別學生的優勢與缺失；

四、　師生共同參與，激勵雙方教與學的動機，更容易達成教學目標。

　　學生參與作品評量，並不僅限於使用評分量規或其他評量工具；如果讓學生參與發展評量工具，教師召集班上學生共同討論「什麼是最佳品質的作品」，他／她們就可以協助發展最適當的評定量表或檢核表。

貳、聯合招生的啟示

一、命題有關人員

　　在高中、高職聯合招生，以及大學聯招的年代，闈場內實際參與命題過程的有五類人員，以高職聯招「國文科」為例：

（一）高職國文科教師一人，負責命題；

（二）大學國文科教授一人，負責指導命題；

（三）國中國文科教師一人，接受諮詢國中階段的國文教學；

（四）教育測驗與評量（目前已改稱「學習評量」）專業教授一人，各科命題總諮詢與校閱；

（五）高職一年級（下學期升二年級）學生 6-8 人，接受預試、試題討論。

二、命題過程

（一）當國文科試題由高職國文科教師初步命題完成，先讓學生接受預試測驗、評分，然後國文科教授及兩位國文教師與學生們舉行第一次試題討論，包括題目意圖是否清楚、難度如何、修辭如何、題目類型等。

（二）經過討論修正後，進行第二次預試、評分，再進行第二次試題討論，再修訂後，送交教育測驗與評量（學習評量）教授審核，是否合乎各類試題命題原則。

（三）若需做任何修正，學習評量教授會再召集命題教師們協商，做最後確認、定稿，交付印製試卷。

（四）命題教師必須再編製一份複本試題，以備不時之需。但通常命題教師在編製試題時，都會事先加倍命題以便製作備份試題（複本）。

自此過程中，學生雖未親自命擬題目，但提供命題教師回饋，經由這樣程序編製的試題，可以將題目的爭論性降至最低。根據 Miller、Linn 與 Gronlund（2013）的意見，學生參與評量設計的發展，具有特殊的教學價值：

（一）它透過引導學生更仔細考慮作品的性能或品質，轉而指導學習；

（二）它具有動機激勵作用，因為學生會對準他／她們幫助定義的工作目標，盡最大的努力，做最佳演出。

本章摘要

1. 實作本位評量簡稱 (1) 實作評量，也稱 (2) 選擇評量、(3) 另類評量與 (4) 真實評量。

2. 實作評量要求學生去對教師指定的任務，建構一個原初的反應（表演或作品），然後由教師去判斷計分。

3. 真實評量包括一個實作任務，很近似學生必須去面對的真實世界的情境。

4. 實作評量依據建構學習理論，統整教學與學生成就的評量；發展多元的判斷成功實作的標準。

5. 實作評量分成：(1) 限制反應實作，與 (2) 擴展反應實作兩種類型。

6. 實作評量目的在測量傳統紙筆測驗無法測量的複雜的學生學習能力。

7. 有效的實作評量：(1) 使學生從事有意義的活動、(2) 促進學生的思考技能、(3) 證明他／她們應用所學的能力。

8. 實作評量的學習目標：(1) 深度理解、(2) 推理、(3) 動作技巧，和 (4) 作品。

9. 實作評量的限制是：(1) 執行任務的時間、(2) 可使用的資源、(3) 計分的偏見、(4) 信度低，以及 (5) 缺乏將知識概化到較大領域的可能性。

10. 評分量規是一套學生反應與表現的計分標準。

11. 分析式評分量規能評量多面向能力，可以提供好幾個不同分數，顯示學生不同領域或面向的優勢與限制做回饋。

12. 綜合式評分量規做總體式評量或評定，只有一個總分數，無法提供學生優勢與限制方面的回饋資訊。

13. 溝通技巧的學習目標包括 (1) 閱讀、(2) 寫作，與 (3) 說話。

14. 動作技能目標包括 (1) 身體活動（精細動作、整體動作、複雜運動）、(2) 視覺、(3) 語言與聽覺。

15. 產（作）品目標是完整的學生作業，如論文、研究報告和計畫等。

16. 表演目標包括口頭表演與做報告。

17. 有效的實作任務特徵是：(1) 有多元目標、(2) 統整重要的內容與技能、(3) 有真實世界的背景脈絡、(4) 有賴教師的協助、(5) 是切實可行的、(6) 有多種解決方法、(7) 具挑戰性與模擬性、(8) 包括評分量規。

18. 實作任務的說明或描述需要：(1) 清楚地指出目標、(2) 學生的活動（任務或作業）、(3) 所需的資源、(4) 時間限制、(5) 教師角色、(6) 實施程序，與 (7) 計分程序。

19. 實作評量可以採用 (1) 評定量表、(2) 檢核表，和 (3) 評分量規評分。

20. 評定量表是對實作作業做：(1) 品質判斷與 (2) 頻率判斷。

21. 高品質的評分量規的標準：(1) 強調重要的學習結果、(2) 評量的形式（分析或綜合）能配合評量目的、(3) 可以直接觀察、(4) 可理解的、(5) 任務被具體清楚界定、(6) 甚少謬誤、(7) 切實可行。

22. 評定量表所可能發生的評定錯誤包括：(1) 個人偏誤、(2) 月暈效應、(3) 邏輯錯誤。

23. 評定量表所可能發生的個人偏誤包括：(1) 慷慨偏誤、(2) 嚴苛偏誤、(3) 趨中誤差。

自我評量

一、選擇題：40%

1. 辨認下列有關實作評量的任務描述，指出何者屬於限制實作（RP）？何者屬於擴展實作（EP）？將其「**英文簡寫**」寫在每一項任務答案前面的空白處。

   _____ A 綁鞋帶

   _____ B 為某都市規劃一個公園

   _____ C 建造一間小木屋

   _____ D 解釋氣象圖

   _____ E 製播一則胃藥廣告

   _____ F 閱讀一份財務日報表

   _____ G 用筷子夾生雞蛋

   _____ H 以模特兒人體模擬 CPR

2. 辨認下列有關實作評量的描述事項，指出何者屬於優點（Ad）？何者屬於缺點（Da）？將優點或缺點的「**英文簡寫**」，寫在每一項答案前面的空白處。

   _____ A 資源激勵

   _____ B 統整教學與評量

   _____ C 學生自我評量

   _____ D 評分

   _____ E 推理技能

   _____ F 積極學習

   _____ G 採用效標

   _____ H 題目數量

3. 辨認下列技能哪些屬於精細動作（FM），整體動作（GM），複雜動作（CM），將動作的「**英文簡寫**」，寫在答案號碼前面的空白處。

   _____ A 組成新的起動器

   _____ B 跟著畫一個剛才老師所畫的老虎圖片

   _____ C 揮筆寫英文「大寫字母草書」

＿＿＿＿＿ D 改變跑步步幅，以適應不平整的路面

＿＿＿＿＿ E 縫製襯衫的鈕扣

＿＿＿＿＿ F 外科顯微手術

＿＿＿＿＿ G 打排球的「扣殺」動作

＿＿＿＿＿ H 演練楊氏太極拳「金雞獨立」式

4. 限制反應實作任務優於擴展反應實作任務之處在於它

＿＿＿＿＿ A 包括許多教學目標

＿＿＿＿＿ B 效度較高

＿＿＿＿＿ C 信度較高

＿＿＿＿＿ D 容易判斷表現

5. 實施實作的任務之前先指定實作結果，其主要優點是它們可以

＿＿＿＿＿ A 幫助學生瞭解教師的期望

＿＿＿＿＿ B 預防偏見溜進計分中

＿＿＿＿＿ C 替教師減少評分負擔

＿＿＿＿＿ D 限制學生表現的範圍

6. 當一個特殊的程序不需產生產品時，評量的焦點應放在何處？

＿＿＿＿＿ A 作品

＿＿＿＿＿ B 程序

＿＿＿＿＿ C 程序與作品

＿＿＿＿＿ D 教學效能

7. 從所提供的一系列資料建構一個圖表，這屬於什麼例證？

＿＿＿＿＿ A 一種限制實作任務

＿＿＿＿＿ B 一種擴展實作任務

＿＿＿＿＿ C 一種性向測驗題目

＿＿＿＿＿ D 一種知識任務

8. 在實作評量過程中，診斷學生理解深度的一種方法是

＿＿＿＿＿ A 評量的焦點在作品的產出

＿＿＿＿＿ B 要求學生解釋每一個步驟的目的

_____ C 不准學生使用任何工具、設備或資材

_____ D 要求學生執行相反次序的步驟

9. 為準備一個實作評量的環境時，應為學生創造一些什麼活動等待執行？

_____ A 與實作任務有關的活動

_____ B 與實作任務無關的活動

_____ C 允許學生與受過實作評量的學生互動

_____ D 允許受過實作評量的學生觀察

10. 最適合用來評量各種實作任務的「評分量規」是哪一種形式？

_____ A 分析的

_____ B 綜合的

_____ C 通用的

_____ D 整體的

二、限制反應論述題：20%

1. 試列舉五項「真實評量」的特徵。

2. 試列舉五項「編製實作評量」應遵守事項。

3. 簡述採用評定量表所可能發生的個人偏誤情況如何？

4. 試說明評定量表與檢核表最主要的差異何在？

三、實作評量：40%

1. 建構一個評定量表來評量體操項目「高低槓」。

2. 建構一個評定量表來評量「晚禮服設計」。

3. 設計一個評量國民中學學生的「生活秩序競賽」檢核表。

4. 請依李臨秋作詞、鄧雨賢作曲之臺灣民俗歌謠《望春風》曲調，重新填一首曲名為《喜相逢》的歌詞三段。

Chapter

14

檔案評量

檔案評量是實作評量的一種擴展應用，它包括學生作品或表現的多元樣本。將一個學生在求學期間一些有意義的、重要的學習過程、作業、作品及表現，有系統的蒐集裝訂成冊，這就是檔案，可以做為教學、學習以及學習評量之用。

檔案可以被界定為「**蒐集和評量學生形成性和總結性評量資料，以證明朝向達成學習目標的成就水準邁進，或顯示達成學習目標的一種有目的和系統的程序**」（McMillan, 2014: 246）。雖然你／妳曾經聽過「檔案評量」這個術語，把它當做實作評量，但是檔案不是一種評量類型，它是學生任務的有意的蒐集，包括明確的與預先決定的內容選擇、計分標準以及學生完成任務的自我回應方針。

第一節　教師教學檔案

在成人教育方面，檔案被用來做為學生個人資料的集成，憑著這些資料證明他／她們擁有的生涯經驗，記載正式教育之外的學習成果；有些大學甚至以檔案的表現，可以抵免入學後若干相關課程的學分。另外，像美國全國專業教學標準基金會（NBPTS）也以檔案做為申請教師證的必備條件；許多州的早期教師職涯，也必須提出教學檔案（包括教學錄音、錄影帶）及其他教師工作相關佐證資料，才能取得初級證書（Miller, Linn, & Gronlund, 2013: 283）。國內各大學、研究所碩、博士班之推薦甄試入學與資格審查，學生學習檔案也都是必備文件。目前，高級中學與高級職業學校校務評鑑，主評項目三、〈課程教學〉分項（五）「有效教學」的參考效標：教師能有效引導學生學習，達成教學目標；其評鑑的「資料來源2.」就是「教師教學檔案及教學計畫」。高級中學校務評鑑手冊對「**教師教學檔案**」的說明如表 14-1。

表 14-1　高級中學教師教學檔案標準

一、**目的**：用來瞭解教師教學與專業精進之情形。

二、**說明**：

　1. 內容以近三年來個人在校任教、服務與進修研究為主。各學年（期）若未更新調整，可不必重複臚列呈現。

　2. 內容以包含下列諸項為原則：

（一）**課表**（含兼課、輔導課、重補修）。

（二）**任教科目教學資料**：如教學（學習）目標、教學大綱（計畫）、教學進度表、教學活動設計、教學媒體應用、自編教材、補充教材、評量紀錄等。

（三）**教學省思**：對教學計畫執行結果、學生反應、學生成績……等檢討與改進。

（四）**教室經營**：對特殊學生的掌握與輔導紀錄、參加學生輔導管教知能研習紀錄……等。

（五）**進修、研究及出版紀錄**：包括學校與業界進修證明、發表的文章、申請的專利、得獎、著作、個人專業成長文件及績優事實資料。

（六）**各類服務證明**：擔任教師外之其他職務，如校內行政職務、校內及校外服務證明、獲得的感謝狀等。

資料來源：國立高雄師範大學高級中學學校評鑑中心（105）。**104年度高級中等學校評鑑校務評鑑表**。教育部國民教育及學前教育署委辦，國立高雄師範大學承辦。高雄市。

第二節　學生檔案的性質

壹、性質

　　大部分的實作評量都要學生去創作一個單一的作品或表現。「檔案」（portfolio）或稱「卷宗」、「資料夾」或「檔案錄」，是一種擴展式實作評量，包括學生多樣作品或表現的樣本在內。「檔案」這個術語衍自攝影師、模特兒與藝術家等的作品蒐集、萃聚和展示他／她們的精心傑作。在教室

中蒐集學生的表現，以展示學生的作業或一段時間內的成就，包括有目的的蒐集工作或作業範例，這些範例可以證明重要的學習目標的成就，或記錄隨時間增長的進展情形。檔案的內容必須與學生的學習目標緊密相關，並須提供幫助教師對學生學習形成決定的資訊（Russell & Airasian, 2012）。

貳、內涵

一個檔案是一種有目的的蒐集學生在某一個或更多個領域的努力、進步和成就的表現，蒐集過程必須包括學生參與選擇內容、選擇的標準、選擇優點的標準、以及學生自我回應的證據在內（Paulson, Paulson, & Mayer, 1991）。檔案可以提供形成性和總結性評量的資訊，就某種意義來說，一方面是因為它們代表不同的單位或步驟的發展過程，總結性評量的集合，提供了學習進路上所形成的反饋（Afflerbach, 2007; Almasi & Fullerton, 2012; Chang & Tseng, 2008; Tubaishat, Lansari, & Al-Rawi, 2009）。檔案提供了一個學生正在進行的工作的樣品，例如小考、測驗、創造寫作、老師和同伴的評論。它們可以是不同的形狀和尺寸，以容納各種材料，有時是文件夾、活頁簿、007手提箱，或更多的現代電子文件。

檔案被視為隨時間的轉移，教師從教學的角色，轉而進入成為老師和學生之間的夥伴角色的一種方式。它們反映了對學生表現的評量，從規範、測驗評分的量化方法，轉變成更標準本位的、真實的、質性的方法。

參、特徵

檔案的一般特徵如下（Frey, 2014: 165）：

一、它們以人為本位，屬於質化性質和整體分析。

二、強調正面的產品（雖然也包括一些未完全完成的作品）。

三、學生參與檔案內容與標準的選擇。

四、提供豐富多樣化的作品。

五、反映學生隨時間的推移之不同時段的作品與進展。

六、提供自我評量的回饋機會。

肆、類型

　　檔案至少具備三個功能：文件功能、評鑑功能與展示功能；而其類型有二，茲分述如下（McMillan, 2014）：

一、文件檔案（documentation portfolio）

　　文件檔案在展示學生的作業以說明成就，通常是針對教育標準，包括：

（一）紀念或展示檔案（celebration or showcase portfolio）——學生選擇和代表他／她們最得意和最引以為傲的作品。因為每一個檔案的完成都是獨一無二且個別呈現，鼓勵自我回應與自我評鑑；但也因為每一件檔案的內容與結構獨特，也造成計分困難與花費時間。

（二）能力或標準本位檔案（competence or standards-based portfolio）——這種檔案，精熟或能力的標準必須預先界定清楚，以便用來提供所達成的成就目標的實作水準之證據。

（三）計畫檔案（project portfolio）——計畫檔案的焦點是一個例證或學生能力的說明，主要是做展示，提供學生在不同時段的工作與進步的詳細訊息；包括好的與壞的工作彙編，以及學生完成工作或作品之後的教師評量或學生自我評量。

二、成長檔案（growth portfolio）

　　成長檔案顯示隨著時間的推移學生能力的改變，是蒐集學生不同時段的作業，以顯示技能如何改進。多數的實例是由教師選擇或預先確定的。

　　無論檔案的目的是什麼，做為一個評量工具，當學生能夠反思自己的工作，並評估自己的進展情況時，它會影響學生的學習（Afflerbach, 2007; McDonald, 2012）。檔案並非學生所有作品儲存的倉庫，其目的是反映確定與特定的學習目標，這個明確的特定目的，聚焦在檔案中所蒐集的作業樣本，直到學生蒐集大量的作業在檔案中之後，才算告一段落。

第三節　檔案的目的

　　檔案必須與教師的教學目標，以及與學生的學習目標相結合，因此，作品或作業的選擇，應該適當地加以指導：哪些項目該加或該減，全都依據檔案的目的來決定。但是由於檔案有許多種不同的用途，目的當然有別，在進行檔案評量之前，必須面對這個嚴肅的議題加以定義與考量。

　　依照學者們的意見，檔案依照它們的用途，可以分成下列幾種目的：（一）教學與評量、（二）目前成就與進展情形、（三）最佳表現與記錄過程、（四）成品與工作。茲將檔案的目的分別說明如下（McMillan, 2014; Miller, Linn, & Gronlund, 2013; Russell & Airasian, 2012）：

壹、教學與評量目的

　　一個優良的評量是整體有效教學的一部分，因此檔案同時做為教學與評量的目的，並不相互衝突或排斥。

一、評鑑學生作業以促進學習

　　所選擇的作品不必太在意可比較性，應該教導學生製作出最能代表自己水準的作品放在檔案中。將檔案變成是教師教導學生學習如何評鑑自己作品技巧的方法之一，因此，作品也應該包括學生對自己作品的評論與反思、同儕的意見和教師的評閱修正意見，以便學生能內化標準，發展成為一位獨立的學習者。

　　此外，檔案也是學生與家長、甚或未來升學學校、職業上雇主之間溝通的工具，它呈現學生在學校中學過些什麼、學會了什麼的具體成果。

二、評量學生的學習現況

　　必須考量評量的時段，在教學中做「形成性評量」，瞭解學生對哪一個領域的教材精熟？哪一個領域的教材還待加強？可能必須蒐集半個或一個學期的作品。

三、診斷學生解決問題技巧

如英文語法的動詞與副詞、時態的變化等能否區分清楚；解決物理與數學問題的「診斷性評量」，則平時練習、計算過程、習題等草稿可不能少。

四、學期結束之總結性評量

必須蒐集一個學期或一個學年所有相關作品（業），含可比較性的作品在內，做為評量學生等第的部分依據。當檔案用來證明學生的成就、取得獎學金或畢業文憑，此所謂的高風險目的，就有必要告知學生，要將哪些重要的作品明細放置在檔案中，同時必須包括評分標準在內。

貳、目前成就與進展目的

一、目前成就

假如檔案的主要目的在目前成就（current accomplishments），那麼內容就僅限於一段短時間內已經完成的作品，譬如月考，是學習一個月的成就表現。

二、學習進展

若將重點放在個人的學習之進展（learning progress），內容就可能包括較長一段時間內的好幾個版本的作品，包括原始大綱、初稿、修正稿、自我反省、同儕意見、教師評語及正式作品等等。

參、最佳表現與過程紀錄目的

一、展示型檔案

如果學生檔案只蒐集一種他／她自己認為最能代表自己特長的最佳工作範本，就稱為「展示型檔案」（showcase portfolios）；不包括構思的過程、草創文件或其他不成熟作品，只保留單一完整作品在內即可。

二、文件型檔案

若蒐集一系列成就的組合文件，就稱為「文件型檔案」（documentation portfolios），它蒐集許多未達到範本水準的工作樣品，目的在提供學生學習的廣度與深度的紀錄，以及學習過程所遭遇的困難、個人的優勢與缺點等資訊。

肆、成品與工作目的

一、工作檔案

有時蒐集檔案是為指導學生的學習活動，做形成性評量，因此做動態發展的蒐集學生各項未完成的作品，包括學生的問題、注意事項、大綱、初稿、自評、修正和最後作品，這種檔案就稱為「工作檔案」（working portfolios）。它不但可提供教師調整教學的回饋，最重要的是學生在工作進展中，若他／她的想法、觀念不正確或缺乏理解，並不會受到任何的懲罰，這在鼓勵學生自由表達意見與觀念非常有用，因此更能提供學生修正作品回饋的機會。

二、成品檔案

若只是表示為某一些特殊觀眾所提供的作品已經完成，這種檔案就稱之為「成品檔案」（finished portfolios），僅是代表在做某一種用途之前的作品集合。例如求職或申請入學檔案，早在準雇主或準就讀學校看到檔案時，申請人早已完成並付郵寄出多時，如果再有其他特殊用途，檔案的內容可能又須經過修正調整，因此，它也適合總結性評量之用。

第四節　檔案評量的優點與限制

檔案很容易與教學整合在一起，有助於增進學生評鑑自己作品的技巧，發展獨立學習的能力。因此教師應鼓勵學生將自己對作品的感想、同儕的建言與修正經過放在檔案中。檔案有其優勢，也有其限制，茲分述如下

（McMillan, 2014; Miller, Linn, & Gronlund, 2013; Russell & Airasian, 2012）：

壹、檔案評量的優點

一、 包含班級教學的作品，容易與教師教學活動整合。

二、 可以顯示學生典型能做的作業或作品。

三、 可以監控學生歷經時間的推移其進展與改善情況。

四、 可以幫助學生反省與評鑑自己作品的優缺點。

五、 可以執行同儕審查與評量作品，激發學生力爭上游。

六、 讓學生自己負起目標設定與進度控制的責任。

七、 提供診斷學生表現特徵的有用資訊。

八、 給予學生學習和生產的所有權。

九、 提供師生合作評量，檢討、修正、調整教學與學習的機會。

十、 提供學生思考什麼是各領域的優良作品範例。

十一、與家長溝通學生學習作品例證及學習進展情形。

十二、提供以學生主導的「教師、學生與家長研討會」之機制。

十三、重點在改善學生的學習，不在與其他學生做比較。

十四、作（產）品可為教師用於個別化的診斷。

十五、充分的靈活性和適應性。

　　檔案並非學生所有作業或作品堆積的倉庫，而是為某一種特殊目的而蒐集有關的作品，它的最大貢獻是給予學生及其家長或監護人，重新審視和反思學生已經產出作品的機會。蒐集學生的作品在檔案組合中，保留隨後讓學生自己回顧、反思、示範和分級並加以適當指導，可以鼓勵學生思考，並隨著時間的推移，比較他／她們的不同時段的學習進境。

貳、檔案評量的限制

　　大部分檔案評量的限制，都與時間及需求有關，分列如下：

一、　準備資料、建置檔案費時費事，增加學生作業負擔。

二、　不同用途檔案需要不同作品項目，建構檔案指引不易。

三、　檔案資料龐大，整理、放置、管理需要空間與人力。

四、　檔案類型多元，缺乏明確標準與評分量規，評量信度低。

五、　改變教師教學與學生學習角色，適應不易。

六、　太嚴格的標準以及太窄化的作品項目，降低評量結果的效度。

七、　學生可能對應該收納哪些內容，未能做出最佳決定或選擇。

八、　對學生作品抽樣常導致降低概括功能。

九、　常與無組織、無特殊目的的作品組合資料夾或文件夾混為一談。

十、　作品項目常遺漏註記日期，無從評量其進步與成長。

十一、教師須接受專業訓練才能勝任。

　　　美國自從 2001 年 NCLB 法案通過後，檔案評量開始退燒；臺灣本土則 7-9 年級（國中）較重視，稱為「生涯規劃檔案」；部分國民小學教師也會對表現優異的低年級學生，指導他／她們蒐集製作檔案；高中職參加大學推甄學生，學校會指導學生製作「升學計畫檔案」。顯然，我們的「評量方法學」落後一大截，人家已不太流行的評量方法，我們才開始發燒發熱。

　　　為了充分發揮檔案評量的優勢，減少檔案評量的限制，有必要加強檔案評量的標準、項目、評分量規與建置使用步驟，提升檔案評量的信度與效度，促進教學與學習效果。

第五節　檔案的項目指南

　　　檔案可用於教學與評量、展示目前成就與進展情形、呈現最佳表現與記錄過程、靜態成品與工作進展等目的。檔案目的必須清楚明確才能提供學生建置發展檔案的基礎。但是，只有目的而缺乏適當的「檔案指南」（potofolio guidelines），無法發展出優良的檔案。

壹、檔案指南的性質

　　檔案指南主要在告知學生：教師期望學生有些什麼就夠，不必太過約束，盡可能讓學生保有一些彈性，以免扼殺學生的創造力、妨礙自我反思以及為自己學習負責的教育目標。規定太詳細會造成學生茫無頭緒，不知道該將什麼項目置入檔案中；如果太含糊，學生不知道評鑑標準與項目，置入太多與評量無關或不具價值的作品，無法顯示他／她們重要學習成果，又失去建置檔案的目的。

貳、檔案指南的內涵

　　因此，檔案指南至少應該指出下列事項（Miller, Linn, & Gronlund, 2013: 290-291）：

一、　建置檔案的用途：是為教學與評量？目前成就與進展？最佳表現與過程紀錄？或成品與工作之目的？

二、　由誰來評量檔案：教師？同儕？家長？專家？

三、　哪些作品、作業類型適宜置入檔案中（目錄）。

四、　評鑑檔案的標準（計分量規）。

五、　有哪些觀眾會看到或接觸檔案？

六、　檔案的具體形式（尺寸、紙本、錄音錄影 DVD、電子文件、模型作品）。

七、　檔案的時限（開始製作到完成作品時間）。

八、　製作人（獨立完成／集體創作）。

九、　科目類別：單科或合科設計。

十、　封面設計規範。

　　瞭解上述事項，學生才能決定僅蒐集已完成的作品？或需將初階大綱、草稿或初胚、修正過程、中間階段以及最後完成階段的作品蒐集完備。知道作品可接受項目，才能決定書面資料、照片或圖表、錄音錄影帶

或 DVD、電子文件、實品等是否納入檔案。此外，檔案指南尚需指出作品是獨立完成或是小組合作完成、蒐集哪一段時間內的作品、是單科或綜合性作品、檔案封面設計規範等等。

參、檔案的主要項目

檔案的主要項目可以歸納如表 14-2 所示：

表 14-2　學生檔案的主要項目
媒體：錄影帶、錄音帶、光碟、圖片、藝術品、簡報、計算機程式。
感言：計畫、目標說明、日記、部落格、自我回應。
個人的工作：測驗、刊物、日誌、實驗報告、作業、論文、歌曲創作、地圖、海報、攝影。
團體工作：合作學習課程、團隊績效、啦啦隊排練、合唱練習。
工作進展情況：毛胚和定型（草稿、修正稿與定稿、展示、工作中的問題、小說寫作構思）。
製作人：○○○／○○○製作小組
製作期間：始自　年　月　日至　年　月　日止
回饋：含自我反思、同儕評估建言、教師指導評語。

資料來源：修改自Russell & Airasian, 2012: 233.

肆、檔案範例

一、範例一

表 14-3　某國民小學低年級學生學習檔案範例
目錄
一、**我是誰**：含姓名、父母親（含職業）、兄弟姊妹與小時候生活照。
二、**我的學習單**：含生活主題、德育生活、訪談紀錄、節慶與參觀學習單等。
三、**學習心得報告**：看圖說故事、讀書心得寫作、日記、綜合活動。

表 14-3　某國民小學低年級學生學習檔案範例（續）
四、**學習評量成績通知單**：各學科與活動等第之成績單。
五、**作品**：圖畫、作文、稿件及競賽作品。
六、**競賽與獎狀**：校內外各種競賽成績（含獎狀與證明文件與照片）。

資料來源：著者蒐集。

二、範例二

表 14-4　某國民中學學生生涯輔導檔案範例
目錄

壹、我的成長故事

一、自我認識——

二、職業與我——

貳、各項心理測驗結果

一、性向測驗——

二、興趣測驗——

三、個人想法——

四、家長期望——

五、教師輔導小組建議——

參、學習成果及特殊表現

一、我的學習表現（成績單）——

二、我的經歷（班級幹部、社團活動）——

三、參與各項競賽成果（證明、證書或獎狀）——

四、行為表現獎勵紀錄——

五、服務學習紀錄——

六、生涯試探活動紀錄——

七、其他——

肆、生涯統整面面觀

一、我的人格特質——

二、我的性向（專長）——

三、我的生涯興趣——

表 14-4　某國民中學學生生涯輔導檔案範例（續）

四、我的工作價值觀——

五、家人對我未來職業的期待——

六、透過職涯試探，我對學程或群科的興趣——

伍、生涯發展規劃書

一、個人因素——

二、環境因素——

三、資訊因素——

陸、其他生涯輔導紀錄

柒、附錄：國中技藝教育十三職群與相關測驗對應分析結果

資料來源：著者蒐集。

三、範例三

表 14-5　國立○○高級中學學生學習檔案範例

目錄

壹、成長學習

一、學生個人簡歷

二、自傳

三、讀書計畫

四、心理測驗資料（含性向、興趣、學習與讀書策略）

五、學習單

六、其他

貳、學習成果

一、在校成績證明

二、學習心得報告（一般學科）

三、實習心得報告（專業學科）

四、專題製作（實習作品、作業、小論文）

五、其他

參、活動學習

一、社團經歷

表 14-5　國立○○高級中學學生學習檔案範例（續）

　　二、幹部經歷

　　三、服務學習紀錄

　　四、國內參觀學習經歷

　　五、國際教育旅行參觀學習經歷

　　六、其他

肆、競賽成果

　　一、文藝競賽（含獎狀、證書）

　　二、技能競賽（含獎狀、證書）

　　三、體育競賽（含獎狀、證書）

伍、檢定與證照

　　一、語文能力檢定

　　二、數理能力檢定

　　三、特殊才能檢定

　　四、其他技術證照

陸、願景學習

　　一、生涯探索相關資料

　　二、生涯規劃相關資料

　　三、選課自我探索單

　　四、師長建議

　　五、同儕意見

　　六、本人意見回應

　　七、其他

柒、檔案檢核表

　　一、檔案規格（封面、目錄、檢核表）

　　二、成長學習

　　三、學習成果

　　四、活動學習

　　五、競賽成果

　　六、證照

　　七、學習願景

資料來源：修訂自張明敏、岳俊芳（2015）。**生涯檔案製作範本**。國立竹北高級中學。臺灣：竹北。

第六節 檔案與學生角色

　　檔案的優劣涉及學生參與選擇作品及學生自我反省作品的問題，通常教師必須將想要達成的教學目標，給予學生清晰的指導方針（編製指南），選擇的檔案項目才能符應使用目的。

　　下面圖 14-1 是檔案項目封面範例；圖 14-2 是自我評鑑表格範例：

學生姓名：_____製作日期：_____	學生姓名：_____製作日期：_____
項目陳述：	項目陳述：
學生意見：	自我評估：
選擇此項目的理由：	我想做什麼：
請注意：	我已做什麼：
其他意見：	我學到什麼：
教師評語：	我覺得最得意的是什麼：
教師姓名：_____批閱日期：_____	還需加強與修正什麼：
項目優點：	教師評語：
應加強事項：	
其他意見：	教師姓名：_____批閱日期：_____

　　▲ 圖 14-1 檔案項目封面範例圖　　　　▲圖 14-2 自我評鑑表格範例

資料來源：引自Miller, Linn, & Gronlund, 2013: 299-300.

　　圖 14-1 檔案項目封面範例和圖 14-2 自我評鑑表格,指出檔案指南可以幫助學生選擇適當的項目置入檔案中,並且要他／她們陳述選擇該項目的理由,最重要的是提供學生自我反省反饋的機會,讓學生從嘗試錯誤中學習到真正能夠理解、應用、綜合與評鑑的學習成果。

第七節 檔案評量計畫與檢核

壹、計畫

　　設計檔案從評量的目的明確概念化開始,包括具體目標及檔案的使用(Seitz & Bartholomew, 2008):

一、學習目標與標準

　　檔案最適宜用來評量作品、技能與推理目標,尤其像閱讀、寫作及解決問題等多面向的技能特別實用。它具有豐富的自我反思,如果批判性思維是一個重要的目標時,學生還能開發後設認知和決策能力。

二、使用

　　檔案的目的將影響評鑑的內容與標準,例如主要的目的在記錄典型的學生的工作和進展,檔案將高度的個別化。它往往是由教師和學生選擇相對鬆散的樣本組合而成,加上學生和教師的評價在內。由於學習目標是典型的表現,因此有許多的項目來代表不同程度的實作水準,不必是學生最佳的作品或作業。

三、計畫與實施步驟

　　檔案評量計畫與實施程序以圖 14-3 表示,對於計畫與實施的建議以檢核表的形式列如表 14-6:

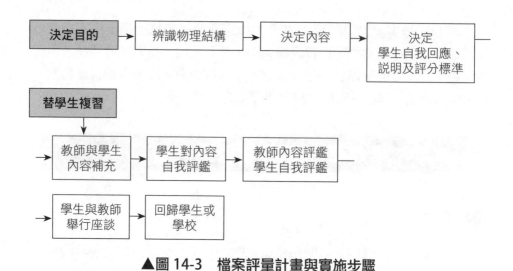

▲圖 14-3　檔案評量計畫與實施步驟

資料來源：修改自McMillan, 2014: 251.

貳、檢核

　　檔案評量從計畫開始，經過師生參與決定實施之後，應進行檢核以便適時發現哪個步驟或環節有所缺失，以利調整修正。檔案評量計畫與實施步驟綜合檢核表如表 14-6 所示：

表 14-6　檔案評量計畫與實施綜合檢核表		
（一）檔案評量計畫檢核表		
	是	否
1. 學習目標是否明確？	——	——
2. 檔案的使用目的是否明確？	——	——
3. 所持有的資料物理結構是否適當且易於評量？	——	——
4. 選擇內容的程序是否明確？	——	——
5. 內容性質與目標是否搭配？	——	——
6. 學生自我回應的說明與問題是否明確？	——	——
7. 是否建立評分量規？	——	——

表 14-6　檔案評量計畫與實施綜合檢核表 (續)		
(二) 檔案評量實施檢核表		
	是	否
1. 學生對於檔案及其使用是否足夠瞭解？	＿＿＿	＿＿＿
2. 學生是否瞭解檔案的重要性？	＿＿＿	＿＿＿
3. 學生是否能負起選擇內容的責任？	＿＿＿	＿＿＿
4. 工作樣本的數目是否足夠也不致太多？	＿＿＿	＿＿＿
5. 是否包括一個內容目錄表？	＿＿＿	＿＿＿
6. 是否提供具體的自我評鑑問題？	＿＿＿	＿＿＿
7. 內容檢核表是否完備？	＿＿＿	＿＿＿
8. 個別項目與全部內容的計分量規是否明確？	＿＿＿	＿＿＿
9. 是否提供個別的教師評語？	＿＿＿	＿＿＿
10. 是否包括學生與教師座談？	＿＿＿	＿＿＿

資料來源：修改自McMillan, 2014: 251, 255.

第八節　評鑑標準與應用

　　評鑑標準是評量檔案的依據，它不僅澄清教師的教學目標，也為學生與家長澄清教學與學習目標。清楚的評鑑標準，可以使學生知道他／她們被期望表現什麼，作品將會如何受評鑑。發展檔案的評鑑標準應從檔案的目的開始，個別檔案的分析式評分量規適用於形成性評量目的；綜合式評分量規適用於總結性評量目的。

　　評鑑標準至少應包括：一、評鑑向度／面向，和二、評分量規。譬如「寫作檔案的評鑑標準」可以分成：（一）觀點、（二）連結、（三）證據、（四）語態、（五）慣用法等五個向度；採用「五點量表」評分量規，表14-7是寫作檔案的評鑑標準範例。

表 14-7　某高中「寫作」檔案評鑑標準範例	
向　度	五點量表
1. **觀點：**清晰明確，對議題深切理解	5　4　3　2　1
2. **連結：**起承轉合貫通一氣，組織嚴謹	5　4　3　2　1
3. **證據：**具說服力，能支持論述與結論	5　4　3　2　1
4. **語態：**各篇寫作發人深省且討喜	5　4　3　2　1
5. **慣用法：**外觀、樣式、文辭、語法合度	5　4　3　2　1

資料來源：著者編製。

　　檔案的最大特徵是它歷經數天、數週、數月甚或數年（如畢業檔案或申請大學入學檔案）的發展，因此，檔案評量是一種「動態評量」方式，除了特殊用途目的之外，尚可做為教師與學生、家長溝通的重要媒介。教師可以觀察學生進展的情形，家長可以瞭解其子弟在學校各方面的表現，而學生則可以從嘗試錯誤中改變行為，知與行合一。

第九節 電子檔

　　在電子化／數位化的年代，資料的研發、儲存和回報可以電子化／數位化，因此傳統的檔案評量可以電子檔（eportfolios）的型式，收集數位化的作品，透過網路來存儲和管理。學生與教師能夠將儲存的資料與其他學習活動和目標做連結。如此可鼓勵學生分析資訊，用新方法與資訊連接，並與他人合作。

　　電子檔最明顯的優點是，它鼓勵和實現了多媒體元素的使用。此項特色有利於激勵學生採用獨特的材料來反應個人特色。學生對檔案的所有權更高，同時能提升自我效能感和自尊。電子檔可以達成傳統紙本檔案無法做到的功能，例如在網頁上新增連結、連結影片、聲音、其他同學的作品、部落格、以及掃瞄的文件，可從多種資料來源整合證據。學生能利用超連結功能儲存、修改、以及重複使用這些證據（McMillan, 2014: 263）。

　　要使用電子檔案取決於：(1) 有足夠的硬體和／或在線存取，(2) 教師與學生有充分的能力使用處理電腦訊息，(3) 足夠的技術支持。儲存空間可以是在網絡伺服器上、光碟或者在教室裡的電腦。呈現作品的方式尚有幾種不同的電子格式、數位化和數位平台。電子檔並非用來展示個人成就成長的最佳方式，卻是展示學生的作品和計畫的最佳方法（McMillan, 2014: 264）。以電子檔案取代紙本檔案只是一個時間遲早的問題而已。

本章摘要

1. 將一個學生在求學期間一些有意義的、重要的學習過程、作業、作品及表現，有系統的蒐集裝訂成冊，這就是檔案，可以做為教學、學習以及學習評量之用。

2. 檔案可以被界定為「蒐集和評量學生形成性和總結性評量資料，以證明朝向達成學習目標邁進，或顯示達成學習目標的一種有目的和系統的程序」。

3. 教師教學檔案包括：(1) 課表；(2) 教學資料；(3) 教學省思；(4) 教室（班級）經營；(5) 進修、研究與出版紀錄，和 (6) 服務證明等。

4. 檔案的特徵有：(1) 以人為本位、(2) 強調正面的產品、(3) 學生參與檔案內容與標準的選擇、(4) 作品多樣化、(5) 反映不同時段作品與進展、(6) 提供自我評量的回應機會。

5. 檔案至少具備三個功能：文件功能、評鑑功能與展示功能。

6. 檔案依照用途，可以分成下列幾種目的：(1) 教學與評量、(2) 目前成就與進展情形、(3) 最佳表現與記錄過程、(4) 成品與工作。

7. 檔案指南（說明）應指出下列事項：(1) 建置檔案的用途、(2) 由誰來評量檔案、(3) 檔案目錄、(4) 評鑑標準、(5) 誰會看到或接觸檔案、(6) 檔案的具體形式、(7) 檔案的時限、(8) 製作人、(9) 科目類別、(10) 封面設計規範。

8. 檔案的主要項目包括：(1) 媒體、(2) 感言、(3) 個人工作、(4) 團體工作、(5) 工作進展情況、(6) 製作人、(7) 製作期間，和 (8) 回饋。

9. 檔案評量計畫的步驟：(1) 決定目的；(2) 識別物理結構；(3) 決定內容；(4) 決定學生自我回應、說明及評分標準；(5) 教師與學生內容補充；(6) 學生對內容自我評鑑；(7) 教師內容評鑑、學生自我評鑑；(8) 學生與教師舉行座談，和 (9) 回歸學生或學校。

10. 評鑑標準至少應包括：(1) 評鑑向度／面向，和 (2) 評分量規。

11. 檔案的最大特徵是它歷經一段時間的發展，因此，檔案評量是一種
「動態評量」方式。

12. 電子檔案可以利用網路多媒體，將紙本檔案數位化儲存在網路平台、
電腦或硬碟，隨時存取補充、修正、快速存取、提煉和再利用。

自我評量

一、選擇題：每個答案 1.5 分，計 60 分。

1. 指出下列哪一些是採用檔案評量的優點（A）？哪一些是缺點（D）？
   將其優、缺點的「代碼」寫在各項描述前面的空白畫線上。

   ＿＿＿＿＿＿＿ 甲、由學生選擇內容

   ＿＿＿＿＿＿＿ 乙、計分方法

   ＿＿＿＿＿＿＿ 丙、師生合作

   ＿＿＿＿＿＿＿ 丁、監控學生進展

   ＿＿＿＿＿＿＿ 戊、訓練教師製作檔案

   ＿＿＿＿＿＿＿ 己、概括性

   ＿＿＿＿＿＿＿ 庚、學生自我評鑑

   ＿＿＿＿＿＿＿ 辛、不與其他學生做比較

2. 試選出為達成下列目的，最好採用紀念（CE）、能力（CO）、成長
   （G）或計畫（P）檔案。請將正確答案的代碼寫在各項描述前面的畫
   線上。

   ＿＿＿＿＿＿＿ 甲、顯示學生任務或作業

   ＿＿＿＿＿＿＿ 乙、為學生決定他／她的最佳作品

   ＿＿＿＿＿＿＿ 丙、顯示學生在教室內實作的能力

   ＿＿＿＿＿＿＿ 丁、指出班級在某重要目標的進步

   ＿＿＿＿＿＿＿ 戊、打成績

   ＿＿＿＿＿＿＿ 己、顯示學生的進步

   ＿＿＿＿＿＿＿ 庚、顯示學生的最大能力

   ＿＿＿＿＿＿＿ 辛、顯示個人的改變

3. 選出下列關於檔案評量「限制」的正確描述，在該選項前面的空白線
   上打「√」號。

   ＿＿＿＿＿＿＿ 甲、給予學生生產所有權

   ＿＿＿＿＿＿＿ 乙、需要空間與人力

   ＿＿＿＿＿＿＿ 丙、增加學生作業負擔

   ＿＿＿＿＿＿＿ 丁、監控學生進展

_____ 戊、降低概括功能

_____ 己、評量信度低

4. 下列哪些項目屬於「教學資料」，在該項目前面的空白線上打「√」號。

_____ 甲、自編教材

_____ 乙、學習目標

_____ 丙、學生回應

_____ 丁、學生成績

_____ 戊、媒體應用

_____ 己、輔導紀錄

5. 為達成下列左邊各項目的，應使用右邊哪些檔案，請將其代碼寫在該目的前面的空白線上。每一種檔案可能使用一次以上或者完全不使用。

目的	檔案
_____ 甲、顯示個人最佳表現	A. 工作型
_____ 乙、個人所遭遇困難、優缺點	B. 展示型
_____ 丙、個人學習過程與進展	C. 長期型
_____ 丁、瞭解學生目前成就	D. 短期型
_____ 戊、求職或入學申請	E. 成品型
	F. 文件型

6. 將左邊下列描述或示例，與右邊適當的實施檔案評量步驟配合。每個步驟可能使用一次以上或者完全不使用（增修自 McMillan, 2014: 266）。

具體任務	正確步驟
_____ 甲、用來評量七年級寫作樣本的量規	A. 替學生複習
_____ 乙、謝老師每週與學生座談兩次	B. 學生自我反思
_____ 丙、學生提問如何反思的問題	C. 補充內容
_____ 丁、教師編製概述檔案評量的基本開銷	D. 教師評鑑
_____ 戊、準備檔案內容表	E. 師生座談會

_____ 己、學生選擇三個工作樣本

_____ 庚、包括概述與自我反思的檢核表

_____ 辛、編製計分標準與評分量規

二、論述題：每一題 10 分，計 40 分。

1. 試述電子檔案的優勢與限制。

2. 檔案依照用途，可以分成哪幾種目的？

3. 試說明檔案指南應涵蓋哪些事項？

4. 檔案評量實施檢核表應涵蓋哪些事項？

Chapter 15

非認知傾向與技能之評量

本章教學目標

研讀完本章，你／妳將能夠：

1. 描述非認知傾向與技能之內涵。
2. 瞭解非認知傾向與技能之重要性。
3. 瞭解態度、價值、動機、自我概念、自我效能、人際關係之學習目標。
4. 描述觀察法的類型。
5. 選擇觀察行為的特徵。
6. 進行行為抽樣與時間抽樣。
7. 進行實際觀察與記錄。
8. 瞭解觀察法應注意事項。
9. 描述軼事記錄的使用。
10. 描述軼事記錄的優缺點。
11. 編製建構軼事記錄。
12. 瞭解態度的意涵與成分。
13. 描述與建構李克特式態度量表。
14. 描述自陳量表法及其優缺點。
15. 建構自陳量表。
16. 描述同儕評定法及其優缺點。
17. 編製知人測驗並說明計分方法。
18. 編製社交測量並繪製靶型圖。
19. 論述採用同儕評定法應注意事項。

學習的範疇分為認知、情意和動作技能三個領域，有關認知領域的評量，前面所討論過的紙筆客觀測驗、論述題與實作和檔案評量已大致完備。但是，學生的情意與技能學習結果，同樣非常重要，它們大多數與知識的、理解的和思考技能所須具備的資訊有很大區別，有些學者（McMillan, 2014; Miller, Linn, & Gronlund, 2013）稱它為「非認知的傾向」（noncognitive dispositions）和技能，也應該系統地由教師加以評估。用「傾向」這個詞彙的廣義意義大抵是指態度、信仰和價值觀，是學生性格的一部分。技能在這方面是指人際和內省（如自我調控，認識自己的情緒狀態）（McMillan, 2014）。有些並不是用傳統的紙筆測驗來評量，例如表15-1所列結果，有必要使用另類的評量方法。

表 15-1　非認知的（情意）與動作技能領域的另類評量方法	
學習成果	**代表性的行為表現**
技能動作	演說、寫作、傾聽、朗讀、做實驗、繪畫、演奏、舞蹈、工作技巧、研究技巧和社會技巧。
工作態度	有效的計畫、運用時間、使用設備、利用資源、具有原創性、創造性、堅忍性與可靠性之特質。
科學態度	敞開胸懷、展緩判斷、對因果關係的敏感性、探究到底的決心、求真求行求變。
學業自我概念	自承任何科目都可以學習、願意嘗試新與難的問題。
社會態度	關心他人福祉、尊重法律、尊重他人財物、社會議題的敏感性、關心社會制度、願為改善社會做努力。
個人興趣	表現在教育、科學、娛樂、機械、職業各方面之意願。
鑑賞	對大自然、美術、音樂、歌劇創作、編織、陶塑、體育技能及社會貢獻等方面表達滿意與欣賞。
調適	與同儕和師長及父母的關係、對毀譽與權威的反應、挫折的容忍力、情緒穩定性及社會的適應能力。

資料來源：引自Miller, Linn, & Gronlund, 2013: 309.

　　正向的非認知傾向在取得學業的、職涯的和生活上的成功是必備條件。學生也同樣需要像負責任感、能統整、能自我監控、與他人合作共事、堅持面對障礙、以及其他一系列的態度、人格特質、價值觀和技能。根據研究，當學生享受自己在做什麼，看到了結果的價值時，他／她們對解決問題會更深入。學生在一個良好的氛圍和情緒下更能關注資訊、想辦法記住它、認真地排練它和應用它。太多的焦慮會干擾學習；最佳表現需要最大程度的覺醒（Rivers, Hagelskamp, & Brackett, 2013）。

　　積極正向的班級氛圍比消極的氛圍更能促進學生的參與和學習，從實務經驗上，教師瞭解到對自己學習越有信心的學生，越喜歡學校的功課；對學習持積極態度的學生，能尊重別人，更容易受激勵並參與學習。

　　在教育上何以這些類型的特質不將它考慮列為學習目標，並且很少有人系統化地加以評量，主要的原因有三個：

一、　特別是在高年級，學校教育是按教材組織的，認知教材目標總是最多，並且有些人認為態度與價值的發展，是家庭教育的責任。

二、　很難對態度、價值、自我概念、自我統整、興趣和適應性這些特質下定義，很難對每一種特質的性質取得共識。

三、　非認知傾向與技能的評量，通常立基於學生的自陳報告，困難重重，許多潛在的錯誤來源常導致低信度與缺乏效度證據。

　　積極正向的非認知傾向與技能之重要性有六：一、促進有效的學習；二、是成為我們社會參與和富有生產性的成員；三、為職業與職業滿意度與生產性做準備（例如，工作態度與習慣、學習的意願、人際關係技巧）；四、使目前與未來的學習動機最大化；五、預防學生中途輟學；六、促使學生咸信他／她們是有能力的學習者（McMillan, 2014: 269-270）。

　　積極正向的與消極負向的非認知傾向與技能，對於學生在校內、外以及往後的就業與生活，都有重大與深遠的影響，表 15-2 是成功學習與失敗學習所造成的影響一覽表（Stiggins, 2007）：

表 15-2　成功學習與失敗學習的影響一覽表

成功學習	失敗學習
有希望的、樂觀的	絕望的、悲觀的
積極的態度、感覺積極正向	消極的態度、感覺消極負向
尋求挑戰、希望更成功	避免挑戰、希望避免更失敗
尋求與利用回饋	視回饋為批評
自信、增權賦能	不確定、困窘阻礙
從事／經營、重視學習	脫離／脫逃、避免學習
求新求變、即刻應變、充滿朝氣	墨守成規、處變不驚、死氣沉沉

資料來源：修改自R. J. Stiggins (2007). Assessment through the student's eyes. *Educational Leadership, 64*, 25.

第二節　非認知傾向與技能及其學習目標

　　所謂非認知傾向係由一系列內省的態度、興趣、性情與人格特質所組成，這些特質是用來對比認知學習，它們支持與影響學習。傳統上都以「情意的」（affective）來稱呼「非認知的」（noncognitive）特質。

壹、非認知傾向與技能之內涵

　　態度、價值、自我概念以及其它非認知的特質涉及思考與信念，涉及更多的情緒與感受。茲將非認知的特質與技能及其意義摘要如表 15-3：

表 15-3　非認知的特質與技能及其意義摘要表

特質	意義
態度	對贊成或不贊成特定情境的概念、對象、機構或個人的反應傾向。
興趣	個人對某些類型的活動的偏好。
價值	重要性、價值、或模式的有用性或行為和生存的最終狀態。
自我監控	在行進軌道上、在任務上和評估工作的自覺意識。

表 15-3　非認知的特質與技能及其意義摘要表 (續)	
正直	個人在行動上誠實與真誠。
動機	渴望並願意從事行為和參與的力度。
自我效能	學習能力的自我知覺。
自尊	對自己的態度、自尊程度、有所為或自我概念的可取性。
適應性	應付改變條件的能力與意願。
人際關係	人際互動的性質與在團體情境中的功能。
利他主義	幫助他人的意願。
毅力	面對困難與阻礙願意繼續嘗試下去。

資料來源：引自McMillan, 2014: 270.

貳、非認知傾向與技能之學習目標

一、態度的學習目標

態度是「一種內在的狀態與信念，影響學生喜不喜歡做什麼；這種內在的狀態是對一件事情、情境、個人、一組對象、一群人或一般環境的一些積極正向／消極負向或贊成／不贊成的反應；信念是態度的一部分，聚焦在價值或重要性」（McMillan, 2014: 272）。

態度是個體在面對社會事件時，以其對該事件的認知與情感為心理基礎所表現的一種相當一致且持久的行為傾向。態度由三種成分組成：（一）一種描述價值的「認知的」成分、（二）一種對事物正向或負向感覺的「情感的」成分、（三）對參與或從事一項活動的意願或期望的「行為的」成分（張春興，2007：301-302）。對人事物的態度可以只有一種成分，但是，態度如果同時具備三種成分，此種態度最穩定也最強。例如，甲生「認知」自然科學很重要，他在「情感上」很喜歡它，並且在「行為上」很認真研讀自然科學。態度的學習目標就是要學生學習養成積極正向的三個態度成分。

二、價值的學習目標

價值一般被視為是預期的或思考的最終的存在狀態或行為的方式。最終的存在狀態是我們與我們社會所要的一些條件或觀點，像有一個安全的生活、世界和平、自由、快樂、社會接受與聰慧。行為方式反應在我們每日生活上所認為妥適的和必須的存在，例如，誠實、開朗、有事業心、有愛心、有責任心與慈悲喜樂助人之心。

Popham（2008）和McMillan（2014）建議一些令人讚許且無爭論的學生的價值學習目標是：誠信、正義、自由、善良，加上寬容、堅毅、忠誠、尊重、勇氣、善和忍。

三、動機的學習目標

在學校教育情境下，**動機**可以界定為「**學生從事嘗試學習的程度**」，這包括學生學習的激發、努力的強度、承諾和堅持。動機是有目的地從事學習，去精通知識與技能，認真學習和重視學習機會。**期望成功與行動的價值**是影響動機的兩個因素，期望是學生的自我效能，是學生對於達成成功的自我感覺；價值是表現的重要性之自我感覺，也就是學生是否能看到行動的任何價值。

動機的學習目標應針對學生的（一）自我效能——使學生相信自己有能力學習某些知識與技能，和（二）價值——並相信學習這些知識與技能很重要；或者使學生相信自己有能力學習這些活動通過一些考驗，並且知道這些活動通過考驗相當重要（McMillan, 2014: 274）。

四、自我概念的學習目標

每一個人對自己各方面（例如，體態、面貌、興趣、才幹、為人處事）都有一個描述，它就是「自我概念」（self-concept）或「自我想像」（self-image）。此外，我們每一個人在各方面還有自視、自我肯定和自我價值，這就是「自尊心」（self-esteem）；因此，自我概念與自尊心是彼此密切相關。甲生自我概念是長得又矮又胖，但他／她自覺無所謂、舒坦，接受這樣的描述或稱謂；乙生同樣的長像，其自我概念卻覺得自卑、不舒服或低自尊。

　　要評量學生的自我概念，應摒除全面性的自我概念與自尊目標，將直接與學業學習有關的「學業自我概念」或「學術能力的自我概念」抽離出來，更能清楚瞭解學生成為一個學習者的有效的自我概念（McMillan, 2014: 275）。譬如將目標設定在課程或教材，所得自我概念結果必更有用。

五、自我效能的學習目標

　　自我效能是「一個學生相信他／她能夠學習一個特定的任務或知識領域」。這些都是自我覺知他／她們能達到學習目標的信心水準。學生會估計他／她們如果有足夠的努力，認為他／她們能夠完成和成功的程度。持積極的自我效能感的學生，更有可能持續並繼續參與學習；而低自我效能感的學生，往往會放棄或迴避他／她們認為是困難的任務。

　　學生若將成功歸功於自己的能力和努力，失敗歸諸於努力不夠，這些內在歸因幫助學生對未來學習建立積極的自我預期。自我效能感的重點是「可以實現什麼」，而不是「將會實現什麼」，不是一種意圖的信仰（Bandura, 2006）。

　　自我效能感是學習和動機的核心，積極的自我效能感，對未來的學習和與許多 21 世紀的技能，是非常重要的關鍵。自我概念與自我效能感可能是特定任務的、有關功能的不同領域。我們可以有一個積極的自我效能感去學習數學，但對於學好英語卻信心薄弱。我們可能發現一些學生他／她們自己相信有能力，但由於其他原因不保證做的很好。

六、人際交往技能的學習目標

　　人際交往技能涉及社會關係的本質，學生人際交往能力涉及到學生彼此間以及與教師的社會關係的性質。它們構成了一套交往的複雜技能，包括識別和適當應對社會線索。同伴關係、友誼、自信、合作、協作、親社會行為、同情、另類的觀點和解決衝突，這都是社會關係的本質，可以被指定為人際交往技能的學習目標。

　　社會交往是建構知識、主動學習和深刻理解的關鍵因素（Borich & Tombari, 2004）。在社會交往互動過程中，學生有時被迫調整思路，以適應不同的觀點，捍衛自己的理念，並為自己的意見辯護。這個過程中鼓勵深

度而不是膚淺的理解和保持學生參與。同樣，互動可以促進良好的推理，和透過觀察解決問題的策略，給予和承擔隨之而來的任務。

第三節 觀察法

評量學生非認知傾向與技能有許多種方法，最早採用的是觀察法。所謂觀察法（observational method）是指在自然情境中，透過感覺器官及有關的工具以蒐集研究資料的歷程（周文欽，2004），在教室中直接觀察學生的行為反應，可以評量學生多方面的認知與情意的學習與發展；非正式的觀察如軼事記錄，也可以轉換成學生表現的有意義資訊。同儕評量對於學生社會行為與發展，提供最真實的表現；學生自我評估的自陳報告，讓教師能夠瞭解學生的需求、興趣、態度與人格特徵，有助於教師的班級經營。

觀察包括注意一個學生完成一件特殊任務，或傾聽學生對所指定作業的反應。透過觀察，教師可能發覺到某個學生與團體的互動少、心不在焉、坐在位子上不到 3 分鐘等等。教師必須經常關注班上的學生是否用心聽講、或竊竊私語、或打瞌睡；有時甚至於必須注意是否有破壞性或危險的情況發生。教師利用觀察，可以搜尋一些特殊的行為，例如：甲生社會行為必須強化、乙生過度好動、丙生有引人注意傾向、丁生在繪畫方面有特殊才能的表現等等。

壹、觀察的類型

觀察評量有兩種基本的方法：一種是質化性觀察，另一種是量化性觀察：

一、質化性觀察

質化性觀察（qualitative observations）可以描述行為及其關聯性（即前因與後果），這種觀察法通常未事先預定觀察的行為、觀察的時間及其關聯性，而是觀察者監測情境，用一種敘說的、最普通的方式記憶觀察所得，一般所謂的「軼事記錄」（anecdotal records）就是採用質化性觀察，它包括對行為的完整描述，以及行為發生的前因與後果，比量化性觀察來得更精準。

二、量化性觀察

量化性觀察（quantitative observations）所強調的行為，是以量化的方法來記錄。透過觀察測量行為出現的頻率來解釋行為的原因。進行實際觀察有五個步驟是：（一）明確定義行為及其客觀性、（二）具體指出行為的特徵、（三）發展和設計記錄的程序、（四）具體界定觀察的時間與地點、（五）發展出評估觀察者之間評量一致性的程序。超出這些明確的特點，行為觀察可以有許多不同的面向：

（一）量化性觀察若**依照場所區分**，可分成：1. 自然情境觀察（natural setting observation）和 2. 人為實驗情境觀察（artificial laboratory setting observation）；

（二）若**依照結構區分**，可以分成：1. 結構性觀察（structured observation）和 2. 非結構性觀察（unstructured observation）；

（三）**依照觀察者的角色區分**，可以分成：1. 非參與者觀察（non-participated observation）與 2. 參與者觀察（participated observation）。

綜合各家不同分類方法，觀察研究大致有下列方式（王文科、王智弘，2006；周文欽，2004；簡春安、鄒平儀，2004；McMillan, 2014; Miller, Linn, & Gronlund, 2013; Salvia, Ysseldyke, & Bolt, 2013）：

（一）現場觀察 vs. 輔助觀察

1. **現場觀察**（live observations）──是單靠觀察者本身的感覺，不靠其他儀器輔助觀察，此種觀察方式若不及時記錄，經過一段時間之後，容易發生遺忘與記憶歪曲現象。

2. **輔助觀察**（aided observations）──行為可以在事發當時或在事發之後，使用可以慢放或快放的視聽設備來記錄行為，稱為輔助觀察；輔助觀察記錄可以保持較長久時間，且不易發生錯誤。

（二）侵擾 vs. 非侵擾觀察

1. **侵擾性觀察**（obtrusive observations）──被觀察者知覺自己被觀察。例如，一個實習指導教授出現在教室後面，任課教師與班上學生都知

道他／她們正在接受觀察；像錄影設備加上紅光出現，很明顯的，觀察正在進行中。

2. **非侵擾性觀察**（unobtrusive observations）──是指被觀察者並不真正知道他／她們正在被觀察，觀察者可能偽裝或刻意隱藏位置，從遠處以望遠鏡或使用隱藏攝影機或麥克風。採用非侵擾性觀察有兩個好理由：

   (1) 人們在他人注視下不願意從事某些類型的行為：例如，反社會、犯罪或非法行為，這些類型的行為在公開監測下是不會發生的，必須暗中進行觀察。

   (2) 觀察者的出現可以改變觀察情境中的行為：例如，一位校長站在一位實習教師的課堂，進行年度評鑑，學生會誤以為校長在注視他／她們而對教學反應更踴躍；教師認為校長會加分而比平常更勤於寫板書，並給予學生更多的正向強化。

   觀察也可消除某些行為類型，譬如，百貨公司或書店裝設閉路電視攝影機和視頻監視器在明顯的地方，防止行竊。除非觀察者已完全卸下心防，自然地工作，否則不該採用侵擾性觀察（Salvia, Ysseldyke, & Bolt, 2013: 73）。

（三）實驗觀察 vs. 自然觀察

1. **實驗觀察**（contrived observation）──是指被觀察者（如學生）事前被引入或指定做什麼工作或表現什麼行為的情境中接受觀察。例如，一個家長可能會被告知在比賽中不能與被觀察目標兒童對話或指導。由於被指定的當事人或被觀察者知道有人在注視或觀察他／她，因此表現有別於平常，或特別賣力，也可能發生膽怯或緊張。

2. **自然觀察**（naturalistic observation）──不是在一種實驗、刻意的情境下，是個人在日常情境中的自然表現或典型表現。例如，特殊玩具不增加或拿出遊戲室，在人數多而玩具不足的情境下，觀察兒童有何種行為表現（如攻擊、搶奪或妥協行為）。

（四）參與者觀察 vs. 非參與者觀察

1. **參與者觀察**（participated observation）──是指觀察者參與被觀察者的活動，隱藏觀察的角色，不讓被觀察者察覺自己在接受觀察。因此，被

觀察的行為也是一種自然的或典型的行為表現；例如，全班負責打掃廁所，教師也和學生一起掃廁所，從中觀察學生的行為表現。

2. **非參與者觀察**（non-participated observation）——是指觀察者在觀察行為表現時，觀察者並不在現場，而在遠處或隱密處以輔助儀器（如望遠鏡、攝錄影機）觀察、記錄行為，被觀察者並不知道受觀察，所表現的也是自然的典型的行為。

（五）非結構化觀察 vs. 結構化觀察

1. **非結構化觀察**（unconstructed observation）——通常是開放的，未採用檢核表或評定量表來記錄所觀察的行為，譬如「軼事記錄」。教師知道觀察的重點特質是什麼，只觀察一些較有特殊意義和罕有行為，並且不借助任何儀器設備。

2. **結構化觀察**（constructed observation）——結構化觀察，需要更多的時間來製備用於記錄目的的清單或評定量表。這種格式上面臚列正面和負面的行為，以方便快速輕鬆地進行檢查。

　　「檢核表」的格式簡單明瞭，所要觀察的行為都列在表上，你／妳只要在每個行為旁邊檢查指出行為出現的頻率。頻率可以回答指示「是」或「否」，「有觀察」或「無法觀察到」。圖 15-1 是教室行為檢核表的範例。

學生姓名：＿＿＿＿＿＿　日期 ：＿＿＿＿＿＿　時間：＿＿＿＿＿＿

行為	從未	很少	有時	大多數	幾乎總是
爭奪一本圖畫書					
至少連續伏案睡覺5分鐘					
與其他同學妥協交換玩具					
協助同學清掃地板					
和其他同學討論功課					

▲圖 15-1　教室行為檢核表範例

行為發生的次數，也可以透過某種評定量表（總是、經常、有時、很少、從不）來評估。評定量表用來描述經過一段長時間的行為。圖 15-2 是綜合檢核表的範例。

學生姓名：＿＿＿＿＿＿＿＿　　日期：＿＿＿＿＿＿＿＿　　地點：＿＿＿＿＿＿＿＿

記錄者：＿＿＿＿＿＿＿＿

	甚少	有時	經常	未觀察到	備註
情緒技能					適當自我察覺與控制
表達情緒					
瞭解他人情緒					
控制生氣					
非肢體語言					
脫離現場					
社交技能					表現亮眼受歡迎
傾聽他人敘說					
主動協助					
與人合作					
溫文有禮					
排難解紛					
豪爽慷慨					
工作習慣					克服一些困難工作
努力刻苦					
不屈不撓					
準時無誤					
求真求實					
小心謹慎					

▲圖 15-2　綜合評定量表範例

資料來源：修訂自McMillan, 2014: 284.

貳、如何定義行為

行為通常是依據它的地形、功能和特徵來下定義；一個在環境中的行為，它的功能無法直接觀察到，而特徵和行為的地形可以直接測量（Salvia, Ysseldyke, & Bolt, 2013）。

一、行為方式

行為方式（behavioral topography）——是指一個行為被執行的方式。例如，行為目標是打排球的「扣殺」，我們的主要興趣是甲生的扣殺姿勢，我們觀察到他用左腳蹬地跳高、上身後仰，然後用腰力配合右手，由上向下快速將球擊下（正確動作）；而乙生完全不一樣，他用左腳蹬地跳高後，只用右手的力量擊球。

二、行為功能

行為功能（function of behavior）——是指該行為發生的原因或目的。行為的原因無法直接觀察，有時會依據行為人解釋行為的原因去判斷；有時候可能必須依據行為的後果去推論。一般認為行為的功能有五：（一）社會注意或溝通、（二）進入有形或首選活動、（三）逃避、延宕、減輕或避免厭惡的工作或活動、（四）逃避或避開某些人，及（五）內部刺激（Alberto & Troutman, 2005）。

參、測量行為特徵

無論是要觀察個人的行為或測量某一類行為，都是根據行為的四個特徵：一、持續時間，二、延遲時間，三、行為頻率，和四、行為強度。這些特徵能夠直接測量（Shapiro & Kratochwill, 2000; McMillan & Schumacher, 2006）：

一、持續時間

持續時間（duration）——是指具有分開的開頭和結尾的行為，是評估其行為持續的時間長度。行為持續的時間通常有兩個標準化的計時方法：（一）平均時間（average duration）和（二）全部時間（total duration）。

譬如，在 30 分鐘的默讀活動中，甲生離開座位四次，分別是 2 分鐘、4 分鐘、7 分鐘、和 3 分鐘，因此，他的離座行為平均持續時間為 (2 + 4 + 7 + 3) / 4 = 4 分鐘；而其離座總持續時間為 (2 + 4 + 7 + 3) = 16 分鐘。將總持續時間除以觀察總時間 [(16 ÷ 30) = 0.53]，所得的持續時間比率，通常被稱為「行為的發生率」（prevalence of the behavior）。

二、延遲時間

延遲時間（latency）──指的是發出執行信號和個人開始行動之間的時間長度。譬如，老師要求學生安靜不要講話，乙生繼續和旁邊的學生講了 10 秒鐘才安靜下來；從要求信號發出到安靜下來不講話這段時間，總共是 10 秒鐘，這就是延遲時間。評估延遲時間，該行為必須要有一個開始與終結。

三、行為頻率

行為頻率（frequency）──是指某特定行為，從觀察開始到觀察結束，該行為出現的次數。當行為是在不同的時段計量，頻率通常轉化為比率。採用比率可使觀察者比較不同時段與不同環境下行為發生的機率。例如，20 分鐘內離席四次，轉換成 1 小時有十二次。學者 Alberto 和 Troutman（2005）建議在兩種情況下不要採計行為頻率：（一）行為發生的比率太高的話，計數不易精確（例如，許多刻板行為，如走路數電線桿，可能會出現幾乎不斷），以及（二）當行為發生在延長的一段時間內（例如，合作遊戲中長時間遊戲壟斷的過程）。

四、強度

強度（amplitude）──指的就是行為的影響力。在許多情形下，強度可以做精確測量（譬如採用噪音器），但是，教室中所採用的是評估方式，就沒有那麼準確。例如，使用評定量表來評估行為的強度，「哭」可能被縮放為「啜泣」、「抽泣」、「哭泣」和「尖叫」。強度也可以依據對他人主觀與客觀的衝擊來評估，例如，「打人」的客觀衝擊可區分為「沒有明顯的身體傷害」、「造成瘀傷」和「引起出血」；更主觀的對他人內在衝擊的評估，例如一個學生的「哼聲」，可以區分為「未干擾到他人」、「干擾到鄰座學生」、「干擾到毗鄰教室」等。

一般做行為觀察，大多在觀察行為特徵出現的「頻率」以及從行為開始到結束之間的「持續時間」。

肆、如何抽樣行為

無論哪一種評量過程，如果範圍有限且方便，會全方位評量，否則就會進行抽樣評量。抽樣行為有幾個重要的面向，包括：一、行為發生的關聯性；二、行為發生的時間，和三、行為本身。

一、關聯性

當一種特殊行為變成干預的目標時，評估各種情境下的行為相當有用，通常上下關聯的抽樣是有目的的而非隨機的。例如，我們可能想知道為何婷婷在教室中的口語表達，與參加全校演講比賽的表現判若兩人？在各種不同情境中的一致與不一致表現，提供什麼事件可能發生在什麼行為的場合的有用資訊。

背景差異造成某種行為發生與否，提供一個關於「背景事件」（setting events）（亦即，環境事件——設定為活動表現發生的機會）與「區辨刺激」（discriminative stimuli）（亦即當一種行為被強化後會持續出現，雖原有刺激消失仍會繼續發生該行為）的有用假設。在區辨刺激制約之下所帶來的行為，通常是一種修正行為的有效方法。例如，學生被教導在教室或走廊要小聲討論。

二、時間

除了少數犯罪行為外，除非發生超過一次以上，否則該行為不值得一提。行為隨著時間的推移復發，稱為「保持」或「穩定」（stability），在一個人的一生中，有幾乎無限次表現出特定的行為，而且，有可能無法也確實無此必要去持續觀察一個人的一生。任何單獨一次的觀察都僅是個人行為方面的一個樣本而已。

時間抽樣（time sampling）總是需要建立時間塊，在進行觀察的這段期間，稱為「觀測時段」（observation sessions），它包括一個連續的時間（如一個上學日或上課日），但更常用的是不連續的時段（如每一學期的週五，或每日午休時間）。

三、持續記錄

觀察者可以持續記錄整個觀察期間，行為特徵發生的次數，乘上行為持續時間（次數 × 持續時間）。

如果觀察期間太長，持續抽樣變成費時又侵擾，此時有兩個選擇：（一）採用評定量表，並（二）採用時間抽樣。

（一）**採用評定量表**：評估學生行為發生的持續時間、延宕時間、頻率與強度，請看下面的範例：

---

* 持續時間：該生上課時間滑手機時間有多久？

　　　　　□ 3 分鐘以下　　□ 3-6 分鐘　　□ 7-10 分鐘　　□超過 10 分鐘以上

* 延宕時間：該生聽到老師的指示後，要多久才達到要求？

　　　　　□ 3 秒鐘以下　　□ 3-6 秒鐘　　□ 7-10 秒鐘　　□超過 10 秒鐘以上

* 出現頻率：該生上課打瞌睡的情況有多頻繁？

　　　　　　□總是如此　　□常常發生　　□很少發生　　□從未發生

* 行為強度：該生所表現的攻擊行為方式如何？

　　　　　　□反諷漫畫　　□ 貼反對標語　　□口頭漫罵　　□動手動腳

（二）**採用時間抽樣**：持續時間和頻率都在延長的觀測間隔作系統抽樣，抽樣的方法有三種：1. 整體等距抽樣、2. 局部間隔抽樣、3. 瞬間抽樣。

等距抽樣（interval sampling）是指觀察期間將被觀察的行為，分成相等的間距，觀察間距等長，但觀察與記錄之時間不必等長。常用的等距抽樣與記錄類型有三類，分別說明如下：

（一）**整體等距抽樣**（whole-interval sampling）：一個行為只有當它出現在整個時間間隔的才予以計分（記錄），因此，此行為必須從該時段開始就發生，一直到該時段結束才終結。

（二）**局部等距抽樣**（partial-interval sampling）：與整體等距抽樣很類似，差別在於局部等距抽樣是行為發生在任何一個觀察時段，都予以計分（記錄），不論它發生的時間早或遲於觀察間距。

（三）**瞬間抽樣**（momentary time sampling）：是最有效的抽樣程序，觀察期間區分成等距的時間小間距（譬如每隔 10 秒或 15 秒），如果一個行為發生在上一個間距的最後一刻，被記錄為「發生一次」；如最後一刻未發生也記錄「未發生一次」。

一般認為整體等距抽樣及局部等距抽樣，在估計持續時間與出現頻率方面欠準確，瞬間抽樣在估計短時段的觀察相當準確，採用短時距抽樣的持續記錄，是估計行為出現頻率的最佳方法。

伍、抽樣行為

教師與心理學家可能對一種特殊行為感到特別興趣（如領導），當觀察者看見重要目標行為或行為本身很重要的時候，才會去觀察該特殊行為。

觀察行為通常可以分成兩種類型：一、「可取的行為」——我們試圖要增強它，這類行為包括所有學業成就（如，算術計算技巧與科學知識）和親社會行為（如，順從行為和禮貌用語）；二、「不可取的行為」或代表失能的情況——這些行為是危害的、刻板的、很罕見的、很不得體的，我們試圖消弱它（Salvia, Ysseldyke, & Bolt, 2013: 77-78）：

（一）危害行為

危害行為（harmful behavior）是自我傷害行為或危害他人身體，總是干預的目標。自我傷害行為包括撞頭、自殘或自我擊打、抽菸及吸毒。對他人的行為危害，包括：直接造成傷害（如，揍、刺、毆打）和喜歡傷害他人（如，將其他學生推撞樓梯或地板、欺凌或口頭煽動發生肢體衝突）。不尋常的攻擊行為可能也是干預的目標，這些學生被稱呼為粗暴或惡霸。過度的攻擊行為可能是身體的也可能是言語的，除了造成身體傷害之外，攻擊行為有高比率可能會導致孤立社會侵略者。

（二）刻板行為

刻板行為（stereotypic behavior）或刻板化（例如，用手拍打、搖晃和某些言語表達，如不適當的尖叫聲），是超越文化規範行為的領域之外。這樣的行為標誌著他／她們是一個不正常的人，引起受過訓練的心理學家或未受過訓練的觀察員去關注的學生，刻板行為常是被干預的目標。

（三）偶發或不理想的行為

發展不完全的行為，特別是該行為與心理發展有關（例如，走路踟躕），常是被干預的目標。當這些行為的發展有可能促成合宜的功能性技巧或社會的接受時，就會被干預。「塑造」常用於發展缺乏的行為，而「增強」用於增加行為發生的頻率，這種行為是出現在一個學生的活動節目表之內，但表現的速率太慢。

（四）在不恰當場景的正常行為

許多行為在很特殊的場景表現屬於恰當，但在另一個場景下表現會被視為不正常或不恰當。通常造成不恰當場景的行為問題屬於缺乏刺激控制（lack of stimulus control），這通常被稱為「私有」（private）的行為，排斥和性活動是兩個例子。干預的目標不是要消除這些行為，而是要侷限在社會適當的條件下。在操場賽跑與吆喝是可接受也是正常的行為，但在教室中則屬破壞行為。

陸、觀察步驟

為了在做決定時能取得正確與有效的觀察資料，小心準備是很重要的，要進行系統的觀察有五個預備步驟（王文科、王智弘，2006；周文欽，2004；Salvia, Ysseldyke, & Bolt, 2013）：

一、定義目標行為

注意事項有三：（一）使用觀察術語描述行為的定義、（二）避免引用內部流程（例如，理解或欣賞）、（三）說明所要測量的行為特徵（例如，延宕時間或出現頻率）。

二、選擇關聯行為

至少有系統地觀察目標行為的三個關聯性（背景）：（一）涉及指稱的麻煩行為，例如閱讀教學、（二）相似的行為，如數學教學、（三）不相似的行為，如體育教學。

三、選擇一個觀測時間表

（一）選擇觀察時段：在學校情境中的觀察時段，通常配合一個教學時段或在教學時段內的某一時間區塊（例如，在小組閱讀教學的中間 15 分鐘）。

（二）採用連續或不連續觀察：選擇採用連續或不連續觀察，是依據可用資源與所要觀察的行為來決定，當所觀察的是罕有行為或該行為必須停止（例如，身體攻擊），連續觀察記錄是方便且有效的。

（三）多數教師與心理學家，較喜歡採用不連續觀察和短暫性的時間抽樣，觀察其他行為（Salvia, Ysseldyke, & Bolt, 2013: 79）。

　　採用不連續觀察時需要有一些設備協助做精確記錄，最普通的設備是錄音機、錄影機和手機。

四、發展記錄程序

　　觀察記錄也需要計畫（Salvia, Ysseldyke, & Bolt, 2013: 79-80）：

（一）觀察少數學生的稀有行為，採用簡單的觀察程序；

（二）行為若能連續觀察與計數，使用記錄板或手腕計數器；

（三）採用時間抽樣時，每個觀察階段都必須記錄。

　　因此需要某些觀察記錄格式，最簡單的格式包括辨別資訊（例如，目標學生姓名、觀察者姓名、觀察的日期和時間、觀察始終、長短等）與兩個記錄欄位。

（四）第一欄記錄觀察時間的長度，第二欄給觀察者記錄是否每一間距都發生該項行為。

　　更複雜的記錄表格，可同時記錄數位學生的數種行為。如同時觀察數種行為時，必須將行為分類編碼（例如，「離開座位」編碼為 1；「在座位上沒有做功課」編碼為 2；「在座位上做功課」編碼為 3）。

五、選擇觀察的方法與工具

　　選擇人工觀察或電子儀器觀察，全看資源的可用性，當環境與背景條件適宜電子儀器記錄時，並保證可以連續觀察時，採用「電子儀器觀察」；如有受過觀察訓練，且能正確記錄目標行為的人員，則採用「人工觀察」。

表 15-4　四位學生兩樣行為觀察記錄表範例

觀察者：王○○老師
日期：9/21/2015
觀察時段：10：20到10：50
觀察時距：每隔15秒鐘
觀察活動：默讀科學報告

學生姓名：	編碼：
S_1＝吳○發	1＝離開座位
S_2＝賴○財	2＝在座位上沒有閱讀報告
S_3＝趙○燕	3＝在座位上閱讀報告
S_4＝李○水	4＝沒有機會觀察

	S_1	S_2	S_3	S_4
1				√
2			√	
3	√			
4		√		
…				
29				
30				

資料來源：著者編擬。

柒、觀察法應注意事項

　　觀察法有各種不同的觀察方式，也各有其優勢與限制，使用觀察法蒐集資訊宜注意下列事項：

（一）界定所要觀察的行為或是活動的具體特徵，避免蒐集到一些無關的訊息。

（二）一次只觀察一種或少數幾種特定行為特徵，才能獲得精準資訊。

（三）一次只選定一段時間，如課間、午休或早自修時間，可節省時間與人力。

（四）盡量在自然情境下觀察（特定診斷觀察除外）典型行為表現，減少被觀察者發覺造成的誤差。

（五）每一次的觀察應該即時記錄或事後及時補充記錄，以免記憶扭曲或遺忘重要資訊。

（六）觀察的要素：時、地、人、事、意義或結論應全部到位。

（七）多用視聽設備協助觀察記錄，保持資訊之正確與完整。

（八）教師應接受觀察訓練，以便能善用觀察策略，提高觀察結果與解釋之效度與信度。

表 15-5 是採用觀察法評量非認知傾向與技能檢核表（修訂自 Costa & Kallick, 2004）：

表 15-5　觀察非認知傾向與技能檢核表

觀察檢核表

	是	否
1. 是否提前確定要觀察的具體行為？	___	___
2. 是否記錄學生的姓名、時間、地點和所在位置？	___	___
3. 是否記錄（描寫）所觀察的主要行為？	___	___
4. 是否將行為描述與結果解釋分開處理？	___	___
5. 是否同時記錄正向行為與反向行為？	___	___
6. 是否對每一個學生做多次觀察？	___	___
7. 是否在觀察後於最短時間內加以記錄？	___	___
8. 是否選用預先準備的紀錄格式？	___	___
9. 是否使用一些精密的攝錄影設備？	___	___
10. 如果是侵擾式觀察是否徵得當事人同意？	___	___

第四節　軼事記錄

教師如果仔細觀察學生在教室內外的許多活動，一定可以獲得很多關於學生的學習與行為發展的有意義資訊。但是，直接觀察所提供的也可能是不完整的圖像，除非觀察到的行為表現能夠正確地記錄下來，並且能累積足夠的有意義資訊，否則事後回憶可能受到遺忘、干擾或記憶扭曲的影響發生偏誤，比較簡便的方法就是採用「軼事記錄」（anecdotal records），可以降低選擇性記憶的問題。

壹、如何運用軼事記錄

軼事記錄是教師在學校和教室情境中，非正式的觀察到學生表現出一種有意義的行為，立刻做事實性的描述，甚至進行解釋性記錄的過程。表15-6是軼事記錄的腳本與格式範例：

表 15-6　軼事記錄範例

班級：九年三班　　學生：林〇〇

日期：11/23/2015　　時間：11：20-11：30　　地點：教室

事件

上數學課，正在複習「二元一次方程式」，老師寫好版書，回過頭突然發現李〇〇在哭泣。問她「為什麼哭泣？」李〇〇用手指著鄰座的林〇〇說：「他打我。」問林〇〇：「你為什麼動手打人？」林〇〇面朝窗外不回答問題。加重語氣要林〇〇站起來，再次問他：「你為什麼動手打人？」林生滿臉不屑地回答說：「她又沒有受傷，大驚小怪幹嘛？」然後立即衝出教室。

解釋

學生時有相互打罵嬉鬧情形，林生時常打斷教師上課，已轉介接受輔導中心「晤談」兩次，對數學課一直持消極抗拒態度；此次因教師要他站起來回答行為原因，自知理虧卻又想保持自尊，以更激烈言語與行動因應，面臨更棘手問題。

資料來源：著者回憶整理修訂。

　　軼事記錄通常適用於學生的情意學習領域，尤其是社會適應問題；許多學習領域的特殊表現，也有賴軼事記錄提供非正式的補充資訊。但是，無論軼事記錄多麼有用，它絕對無法含納學生所有的學習與行為表現，因此，必須先確定軼事記錄到底應該包括哪些面向？哪些主題或哪些行為表現？才不致於淪為流水賬。

貳、觀察與記錄行為

　　瞭解學生行為表現一般都是依據研究或觀察的目的而定。軼事記錄所記載的並非一般的預期行為，而是一些意料之外、稀有、突發或對特殊需要協助學生有特別意義的行為。因此，做軼事記錄可有幾個步驟進行：

一、　針對無法以其他方法評量的行為或活動為記錄範圍。

二、　排除合理與預期的行為。

三、　在限定時間內，僅記錄少數幾種行為。

四、　針對罕有、特殊、意料之外或具特殊意義的行為。

五、　勿過度針對特殊需要協助學生之特殊行為。

　　除非沒有更客觀或更有效的方法去評量結果，否者沒有必要採用軼事記錄。軼事記錄屬於非正式的觀察，學生在不受侵擾的自然情境下所表現的行為，最能顯露他／她們真正態度、習慣、興趣與適應型態，這些結果很難以其他方法評量。

　　所以，軼事記錄想獲得的資訊，是在各學習領域中具代表性的學生行為反應。例如，小學教師在課間活動時，發現是哪些學生在帶領活動、哪些學生被孤立排斥、哪些會互助合作？中學自然科教師在實驗室中，注意到哪些學生在實驗過程中態度吊兒郎當、粗心大意？工作習慣隨便、輕忽器材設備？班會時間議題討論時，哪些學生的價值觀以及時政評論值得特別注意？

　　不尋常的行為表現，例如：放學後那個班上的「開心果」怎麼逗留在校園徘徊？一個大過不犯、小過不斷的學生，怎麼今天安安靜靜地在做功課？一個沉默寡言的學生，這次討論卻是大鳴大放？怎麼那個「放羊的孩

子」幫助一個盲人過馬路？這些反常的行為，對於診斷與輔導學生的行為問題，特別具有意義。

由於值得記錄的行為類型實在太多，學生人數又眾，教師不可能「完封」所有具有特殊意義的學生行為，因此，軼事記錄應侷限在少數特殊有意義的行為、少數學生甚或某特定時段，比較實際可行。

參、軼事記錄的優點與限制

一、優點

軼事記錄是一種非正式的觀察法，教師只要有心，簡單易行，它的優點如下：

（一）描述的是真實行為

一個人知道自己正在別人觀察注視下，所表現出來的行為，與自然情境下的行為表現，可能大異其趣，所謂人前人後或口是心非即是說。一個功課優良的學生可能在下課時間「霸凌」功課差的學生；駕照的交通法規考試滿分者，也有可能是「紅綠燈僅供參考」者；滿口為社會福利卻是個自私自利者，所在皆是。

（二）蒐集重要的異常行為證據

軼事記錄蒐集到一個挑皮搗蛋的學生，做了扶助弱小的好事；一個數學功課甚差的學生，居然很有音樂天份；一位資優生居然衛生習慣很差；這些行為很難用其他評量方法去發現。

（三）觀察低年級學生特別有用

年級低的學生表達能力，受到一些限制，但所表現的是比較自然純真的行為，容易觀察記錄。

（四）可以抵銷月暈效應的影響

許多教師常將學生的行為擴大效果，譬如，認為功課好的學生其他行為一定不錯；功課差的學生行為不會好到哪裡去。軼事記錄可以讓教師從不同的面向去評量學生更真實的一面。

二、限制

軼事記錄評量學生罕有和特殊行為特別有用，但也有它的限制：

（一）持續記錄耗時

軼事記錄雖然可以限定時間、限定特殊行為來降低教師的工作負荷量，但若持續記錄仍然是一件耗時的工作。解決的方法是經由教師集體討論軼事記錄記載的合理範圍與數量，以免影響正常的教學工作。

（二）難以保持客觀

教師難免對學生有些期待、偏誤與先入為主，容易從「優等生」身上看到好的行為特質，「劣等生」身上看到不佳的行為特質。因此，教師應接受觀察訓練以減少軼事記錄的誤差。

（三）眼見不一定是真

一般人總認為眼見是真，但實際上如果被觀察者發現自己正在被觀察中，所表現的行為可能失真；另外，可能觀察者只看到一齣戲的後半部（果）而未看到前半部（因）。

例如，一位功課好的學生利用下課時間，將一位功課差的學生的考卷從抽屜中拿出來「示眾」，讓功課差的學生傷了自尊，教師走進教室正好眼見功課差的學生，忍不住被羞辱而動手打了功課好的學生。又如，某國中教師第五節課進教室，親眼瞧見一位女同學持美工刀刺傷一位男同學，但教師並未看到五分鐘前，該男同學將一把泥沙放進該女同學的便當盒中（中部某國中實際例證）。因此，教師在解釋軼事記錄時應很謹慎，勿過度自信並無「老眼昏花」或具有「千里眼」神功。

（四）行為樣本稀少，勿過度解讀

軼事記錄所記載的是稀有而深具意義的行為表現，有時此種行為如曇花一現，從此杳如黃鶴。有些學生在某些場合沉默寡言，卻在另一個場合辯才無礙；有些學生數目字計算可比擬電腦精準快速，但其他功課平平；也有些在學業上是資優生，跳遠卻跳不進「沙坑」。學生行為多樣化且隨時間推移，軼事記錄在補充其他評量資料之不足，若要提供學生適應行為之解釋與建議，宜累積更多、更完整的學生各方面之資訊。

肆、軼事記錄應注意事項

軼事記錄有它的方便與優勢，也有它的限制。為了發揮它的功能，在使用軼事記錄時，宜注意下列事項（Gronlund, 1976; Linn & Miller, 2005）：

一、預先練習撰寫軼事記錄

教師先從練習觀察學生自習與下課時間的活動或行為開始，每天僅記錄一件軼事，反覆檢查檢討紀錄，經過一段時間練習之後，再進行正式的軼事記錄。

二、先決定觀察類型，留意不尋常行為

僅記載無法以其他方法進行有效評量的有意義行為，並且特別留意獨特與稀有行為，對某一個學生行為改變之特殊價值與意義。

三、盡可能排除月暈效應

如果教師秉持「好的學生再差也不會差到哪裡去」與「差的學生再好也好不到哪裡去」，那麼，性別、種族、社會階層及其他種種偏誤皆無法避免。在解釋觀察與記錄行為時，應確實保持客觀求真的態度，去追尋行為的真正意義。

四、充分觀察記錄，以顯露行為的真義

雖然我們所重視的是行為的表現，但它是一種反應結果，一定要有刺激在先，才有反應在後。刺激可以是人，也可以是環境或情境。在記錄行為表現時，應該同時記載行為發生當下的情境，才能瞭解行為背後的原因與意義。輕蔑的一句「對不起啦」和誠摯的一句「對不起」的意義並不相同；德華「用力拍打」富城的肩膀，「兩人相視哈哈大笑」和「兩人扭打成一團」的意義也不相同。有因才有果，不同情境下相同的行為，所代表的行為意義也可能不相同。

五、盡速將觀察結果記錄

教師的學校任務繁多，要求觀察行為後立刻記載是強人所難，但是延宕的時間越長，由於遺忘及記憶扭曲現象，漏掉的重要細節會越多，記載

的內容所代表的重要意義也越少；事件在發生後當天，能夠記錄最佳。

六、每件軼事僅記錄單一事件

將軼事發生的情節簡要描述，使其具備意義即可，不必過度詳述細節，也不可記錄兩件軼事，除非兩者之間有密切的關聯性。

七、事件描述與短評，兩者宜分開

事件描述是做事實性記錄，短評是對於事件的暫時性分析或解釋，不能兩者混合在一起。少數一、兩次軼事記錄，不容易看見真正的意義；短評有時必須累積幾次之後，才提出解釋與推論。

八、不描述一般性、評鑑性與解釋型軼事原則

軼事記載的是較特殊、對某些個別學生具特殊意義的事件；在資訊未蒐集完整前不宜妄下論斷、不做猜測或推論。

九、應同時記錄正面與負面行為

教師比較關心那些干擾教學與教室秩序的行為，因此在界定軼事行為時，負面型行為居多，因而軼事記錄多為負面行為反應；事實上一些不引人注意卻與學生學習與發展息息相關的正面行為一樣重要。

十、累積較多軼事記錄，再行解釋或推論

軼事記錄既然是記錄偶發、特殊、罕有行為，只有少數一、兩次行為表現，有時意義不明確，據此解釋與推論行為所代表的意義，有時失之毫釐差之千里。因此，如能累積較多次軼事再進行行為的解釋與推論，當可減少偏頗的結論。

表 15-7 使用軼事記錄評量非認知傾向檢核表		
軼事記錄檢核表		
	是	否
1. 所觀察記錄的是否為不尋常行為？	____	____
2. 每次是否僅記錄一件行為？	____	____

表 15-7 使用軼事記錄評量非認知傾向檢核表(續)

3. 行為描述與解釋是否分開記錄？ ＿＿ ＿＿

4. 行為發生後是否盡快紀錄？ ＿＿ ＿＿

5. 是否同時記錄正向與反向行為？ ＿＿ ＿＿

6. 是否避免記錄者之偏見？ ＿＿ ＿＿

7. 是否避免月暈效應之影響？ ＿＿ ＿＿

8. 是否累積多次軼事後再進行解釋或推論？ ＿＿ ＿＿

資料來源：著者整理。

第五節　態度量表

壹、態度的意涵

態度（attitude）有超過百種以上的操作性定義：

（一）Pettey 與 Cacioppo（1981）定義態度為：對特定對象之一般性與持久性的正面或負面的感受。

（二）Eagly 與 Chaiken（1993）則將態度定義為：經由個體對事物喜歡或不喜歡的評價，表達對特定個體或事物的心理傾向。

（三）態度常被界定為喜歡或厭惡一組刺激的反應傾向；態度一詞經常與社會刺激以及帶有情緒意味的反應連在一起，它通常涉及價值判斷（危芷芬，2006）。

（四）態度是個體在面對社會事件時，以其對該事件的認知與情感為心理基礎，所表現的一種相當一致且持久的行為傾向（張春興，2007）。

（五）態度包括三種成分：1. 認知成分——個體對該事件的認識、記憶、理解等心理傾向；2. 情感成分——個體對該社會事件，在情感上帶有好惡及價值評判等心理傾向；3. 行為成分——個體根據其認知與情感對該社會事件表現出反應的行為傾向（張春興，2007；葉蕭科，2007）。

貳、態度量表

態度也是一種重要的學習結果，教師如果使用自陳量表法，來測量班級學生在某些班級活動、聯課活動或教師的教學態度，以及學生的學習態度，都是非常實際有用的作為。

態度量表（attitude scale）係由一系列的活動內容或社會事件的問題敘述所組成，受試者必須對這些敘述，表達他／她們喜不喜歡或同不同意的意向和強度，然後將每一位填答者所有的題項反應分數加總，計量整體態度總分，做為對某種事件的態度指標。

態度量表有三種主要類型：一、賽斯通式量表（Thurstone-type scale）；二、葛特曼式量表（Guttman-type scale）；三、李克特式量表（Likert-type scale）。

參、李克特式量表

一、反應項

李克特式量表通常將反應分成五類：（一）非常同意（strongly agree, SA）、（二）同意（agree, A）、（三）無法決定（undecided, U）、（四）不同意（disagree, D），和（五）非常不同意（strongly disagree, SD）。

二、正、負向陳述的問題計分

正向陳述問題從「非常同意」計 5 分，到「非常不同意」計 1 分；反向陳述的問題計分時，從「非常同意」計 1 分，到「非常不同意」計 5 分。

三、通用性

上述三種類型的態度量表，以「李克特式量表」的計分方法最方便，總分就代表受試者對某種社會事件或行為的態度，因此又稱為「加總量表」（summative scale），廣被採用，又稱為「五點量表」（5 point scales）。

表 15-8 是設計用來評量中學生對學校學生事務措施的態度量表。

表 15-8　中學生對學校學務措施態度量表					
說明： 　　各位同學，下學期開始，本校對於學生在校期間的各種行為將重新規範，為了配合學校的發展願景，也能符應同學的實際需要，誠懇地希望同學們表達出你／妳們的想法與看法，你／妳們的寶貴意見，學校將會慎重評估與採納。 　　下面總共有十個問題，每個問題後面都附有五個答案，請選擇最符合或最接近你／妳看法的答案，在□內打√。					
	非常同意	同意	無法決定	不同意	非常不同意
1. 每週一舉行一次升旗典禮	□	□	□	□	□
2. 學生應推派代表參加學校行政與校務會議	□	□	□	□	□
3. 學生重大獎懲會議，學生會長與當事學生應出列席	□	□	□	□	□
4. 學生可留長髮但不得染髮、燙髮	□	□	□	□	□
5. 學生不得穿拖鞋、涼鞋到校上課	□	□	□	□	□
6. 上課時間手機必須關機或設定為靜音	□	□	□	□	□
7. 學校福利社不販售含糖飲料	□	□	□	□	□
8. 學校不得公佈學生成績，但應提供個別學生查詢	□	□	□	□	□
9. 學校任何措施應以學生發展為前提	□	□	□	□	□
10. 校長每一個月舉行一次班代表座談會	□	□	□	□	□

資料來源：著者編擬。

　　態度量表的題項，可以採用正向與負向的陳述，正向與負向題項數最好相同，有時，在眾多正向陳述題目中穿插少數幾個負向陳述，以偵測受試者是否誠實／合作作答。但是依據著者的經驗，這些題目在項目分析時，通常會遭到淘汰。

　　態度雖然包含行為的成分，由態度也可以預測一部分行為，但是態度並不等於行為，決定一個人行為的不只是他／她怎麼看這件事、喜不喜

歡這件事，還得看他／她有沒有達成目標的本事；他人的支持、環境的因素，在解釋態度測量結果時，這些因素都應該考慮在內。表 15-9 是編製使用態度量表的檢核表：

表 15-9　使用態度量表評量非認之傾向檢核表		
態度量表檢核表		
	是	否
1. 所評量的是否為具體的行為？	＿＿＿	＿＿＿
2. 所評量的是否為多數人所關心的議題？	＿＿＿	＿＿＿
3. 是否使用最適當的評量格式？	＿＿＿	＿＿＿
4. 是否採用匿名作答？	＿＿＿	＿＿＿
5. 題幹描述是否簡潔扼要？	＿＿＿	＿＿＿
6. 是否避免負面與絕對語氣的描述？	＿＿＿	＿＿＿
7. 是否避免一題包含兩個分歧概念？	＿＿＿	＿＿＿
8. 是否採用簡短的問卷調查方式進行？	＿＿＿	＿＿＿
9. 措辭是否盡量保持中立中肯？	＿＿＿	＿＿＿
10. 是否預先告知應答者有關結果的用途？	＿＿＿	＿＿＿

資料來源：著者編製。

第六節　自陳量表

　　教師所觀察到的學生行為表現，有時是片面或是表面的訊息，有時只知道行為事件的結果，無法瞭解當事學生心理的感受或行為的原因。如果讓學生自己報告，有機會自己述說他／她們內心的感覺與想法，有助於教師對學生態度、興趣、價值觀、人格特徵的完整圖像的理解。當然，教師的觀察判斷與學生的自陳報告（self-report）可能會有所差異，而此種差異可能也是一種評量的重要訊息。自陳量表（self-report inventory）可包括晤談（interview）和自我評量（self-rating）。

壹、晤談

　　最早與最為人所熟知的直接獲取他人資訊的方法是「晤談」（interview），經由面對面的溝通瞭解他人。這種方法的優點有三：

一、 具有較大彈性——晤談可以釐清問題、追尋線索，使當事人有機會解釋、修正或補充他／她的答案或資訊。

二、 晤談者在晤談過程中能夠仔細觀察受晤談者的反應，例如，當事人的感覺與情緒表現、是面對問題或逃避問題。

三、 晤談既是蒐集資訊，也是分享經驗，諮商晤談就是以此為治療基礎。

　　但是，晤談有兩個很大限制：

一、 費時、費力又花錢；

二、 從每個人獲取的資訊內容與標準不同，不易比較。

　　因此，個人晤談常以自我報告的問卷（questionnaire）或訪談表（inventory）取代（Miller, Linn, & Gronlund, 2013: 319）。

貳、自陳量表

　　自陳量表又稱「自我報告技術」（self-report technique），是指一種問卷式的人格測驗，量表中列有許多陳述性的題目，受試者可按題目中所述適合自己情形者選答。自陳量表中的題目，均為假設性的行為或心理狀態，其陳述方式多採用第一人稱。通常是在測量受試者的特質、喜好、態度以及情緒狀態，因此答案沒有對或錯的分別，選擇不同的答案就代表不同的意義。

一、作答方式

　　自陳量表填答時多半採用兩種方式（朱錦鳳，2010；張春興，2007）：

（一） 第一種方式稱為「李克特式量表法」（Likert's scale），是逐題評定式，由受試者在每題之後所列的 (1) □是、(2) □不一定，與 (3) □否之三者或五者之中，選擇合於自己的陳述作答。例如，「卡氏十六種人格因素測驗」（Cattell's 16PF）。

（二）另一種方式稱為「葛特曼式量表法」（Guttman's scale），是讓受試者在兩種類型陳述中，強迫選取其一。例如，「愛德華斯個人興趣量表」（Edwards Personal Preference Schedule, EPPS）。

表 15-10　自陳量表範例二則

範例 1 Cattells' 16PF

閱讀敘述後將最接近你／妳的感覺的答案打 √。

	是	不一定	否
1. 我覺得當眾演說很不自在。………………………………	☐	☐	☐
2. 我覺得拒絕他人是一件不容易的事。…………………	☐	☐	☐
3. 我有時會產生無名的恐懼感。…………………………	☐	☐	☐
4. 我樂於分享我愉快的經驗。……………………………	☐	☐	☐
5. 我對自己的表現感到很滿意。…………………………	☐	☐	☐

範例 2 EPPS

請在每個配對敘述中，圈選最符合你／妳的情況。

A. 我喜歡在人多的地方工作。

B. 安靜的在書房看書是一件愉快的事。

　◎　　　　◎　　　　◎

A. 能夠指出他人的缺失使我對自己更有信心。

B. 我常常檢討自己本身的言行舉止。

　◎　　　　◎　　　　◎

A. 看見霸凌事件，事不關己，避之大吉。

B. 我喜歡打抱不平。

　◎　　　　◎　　　　◎

資料來源：著者摘錄修訂。

二、優點

（一）可以測量一般研究方法所無法從外表觀察或測量的非認知行為。

（二）非認知傾向無法做客觀測量，由學生自我報告比教師從外表觀察或
推測可能更真實。

（三）可以比照客觀成就測驗方式測量，省時方便且資訊多元。

三、限制

由於自陳量表的問題形式很多都是假設情境，雖然在指導語或作答
說明中，強調誠實作答可以幫助瞭解自己，但受試者若未身歷其境，即使
想要誠實作答也是有所困難。因此，自陳量表受到了一些限制（危芷芬，
2006）：

（一）作假偽裝與社會讚許問題

如果受試者知道測量結果將做為爭取「許可」的主要依據，譬如申
請入學或求職時，雖然量表在指導語中強調「問題沒有對與錯的分
別」，但事實上許多題目都會顯露一些社會期許反應（social desirability
response）或社會高接受性的線索（世稱「媚俗」），因此，受試者可能
會「假裝很好」或選擇可以塑造良好印象的答案；但若是違規犯過甚或
犯罪，為逃避責任或刑責，可能刻意表現不適應而「假裝很糟」，須要
勞動大醫院精神科的精神狀態鑑定。

（二）印象修飾問題

有些學生因為不瞭解自己、自我欺騙或不願面對自己的缺陷，想要給人
好印象，拼命選擇表面「好」的答案；另外，有些學生可能需要引人
注意、受到關懷或協助解決問題，因而選擇令人討厭的答案，表現出比
實際更不適應的反應，以尋求心理諮商或心理治療，造成量表的效度減
低。這些受試者為達成特定影響所做出的假反應，稱為「印象修飾」
（impression management）。

（三）反應定向與反應風格問題

反應定向（response sets）是指受試者對題目的反應，採取一貫的「默
認」方式，有些人總是選擇回答「是」或「對」，屬於「永遠說是的
人」；而量表的另外一端則是「永遠說否的人」。

另外，有些受試者則總是選擇那些罕有或不尋常的反應傾向，稱為「偏差」（deviation），因而必須在量表中加入一些檢測偏差的「測謊題」，稱為「監控鑰」（control keys）。反應定向的默認與偏差變成廣泛而持久的性格特徵之後，就稱為「反應風格」（response styles）。

（四）個人特質與情境問題

心理特質到底是固定的特徵或可類化，心理學上仍在持續爭論。人們在攻擊、依賴、順從、誠實與對待權威的行為特徵上，確實顯現情境的特定性。但在某些情境中也可能表現兩極化。例如，一個在教室中功課好又循規蹈矩的學生，在下課放學後卻表現極度乖離放肆的行為；一個靈精的學生在正式的場合溫文有禮，在遊戲活動中卻相當活躍。自陳量表所獲得的資訊不能做為重要決策的唯一依據，人在情境中與環境相關聯，隨情境之變化而改變其行為。

自陳量表假定人們會真實表達意見，但有時並不然，一般人總想在別人心目中留下好印象，不願意暴露自己的挫折、失敗、弱點、壞習慣、奇怪的想法和偏見。因此在指導語中，必須特別強調它是在幫助受試者瞭解自己和改善自己，取得良好的投契關係，使受試學生卸下心防誠實作答；同時也應考慮解釋結果可能的偏差，且在必要時受試學生可以匿名作答。

四、效度量表

自陳式量表為了檢測受試者是否誠實作答，會在題目中夾雜一些題目，來偵測受試者是否作假或符合社會期望，稱為效度量表（validity scale）或測謊量表或自我防衛量表（self-defense mechanism scale）。

效度量表有三種設計方式：

（一）第一種方式是「重複題項」設計——同樣一個題目出現在兩個不同的地方，然後檢視作答的一致性，以判定該次測量結果是否有效。通常相同題目的作答結果，若一致性未達三分之二者，將視為無效卷不予計分。

（二）第二種方式是「社會期許量表」設計——以一般人經常會發生的行為測量受試者，如果他／她都否認有過那些行為，次數超乎尋常，

就可判斷他／她在符應社會期許，判定問卷無效。例如：「**從小到現在，我從未說過一句謊話**」（有可能嗎？），受試者回答「是」之類。因此，社會期許量表也稱為「頻率量表」。通常，社會期許量表答案超過三分之二者，視為無效卷不予計分。

（三）第三種方式是「**測謊量表**」──測量結果與受試者有利害關係時，受試者為維護自己權利，會「假死／假活」或「裝好／裝壞」：

1. 為求職或取得資格時，受試者的作答反應比真實情況好，高估真實情況，稱為「裝好／正向作假」（faking good），目的在爭取機會。

2. 為逃避刑責，犯嫌的作答反應比真實情況糟，低估真實情況，稱為「裝壞／負向作假」（faking bad）。許多涉貪罪犯想藉接受心理諮商、治療或保外就醫，也常藉負向作假而達到目的。

表 15-11　使用自陳量表評量非認知行為傾向檢核表		
自陳量表檢核表		
	是	否
1. 所採用的是否為最適當的評量格式？	＿＿＿	＿＿＿
2. 是否採用匿名作答？	＿＿＿	＿＿＿
3. 是否有標準答案？	＿＿＿	＿＿＿
4. 是否有嵌入監控鑰或測謊題？	＿＿＿	＿＿＿
5. 題目是否為假設情境？	＿＿＿	＿＿＿
6. 是否採用第一人稱命題？	＿＿＿	＿＿＿
7. 是否採用現在式語氣？	＿＿＿	＿＿＿
8. 是否預先告知做答者有關結果之用途？	＿＿＿	＿＿＿

資料來源：著者編製。

第七節　同儕評量

　　有經驗的教師在教室中，直接觀察學生的表現，例如學生的口語表達能力、寫作能力、書法品質以及實驗操作等等，都能夠做有效的判斷與解釋。但是，像學生的誠實、合作、社會關係等行為，如果沒有學生同儕提供評估做為補充，光靠教師本身的觀察與判斷，有時不僅失真，而是失之毫釐差之千里。

　　學生們在校日，無論是教室內、外的活動，都在其他同學的觀察中，學生相互間既無上下從屬、也無利害關係存在，所表現的是典型的、自然不做作的行為，有時他／她們的觀察與評價，比教師的觀察與判斷更真實。將學生的「同儕評量」（peer appraisal）納入評量計畫中，更能瞭解學生社會互動的實際狀況與優缺點。

　　學生也可以像教師一樣，使用正式的評定量表來評量同學的學習活動和一般行為表現，譬如，口頭報告、演說、歌唱、藝術、誠實、合作等表現。當然，評量的程序必須簡化，並且評量結果一方面是做為教師評量學生的一種參考補充資訊，一方面做為輔導學生的參考依據。同儕評量較常使用的兩種方法是：（一）知人測驗，和（二）社會測量法。

壹、知人測驗

　　知人測驗（guess-who tests）原稱「猜人技術」（guess-who technique），由於有一個「猜」字，恐遭誤解，因此早經譯作「知人測驗」——就是向受試者陳述一些行為的描述，令受試者想想看，在他／她們的團體中，誰的行為表現和這些描述最適合或最接近，然後將他／她們的姓名，填寫在有關描述的後面，再依據各個受試者被提名的次數，評量其在各種特質上表現的程度（謝廣全，1971），也稱為「提名量表」（nominating scale）。這種同儕評量方式，唯有一個團體的成員固定，彼此相處一段時間且相互熟識才可進行，新構組成的團體不適用。

一、問題準則

知人測驗採用兩種準則：（一）休閒準據：涉及心理團體（psycho-group），強調的是人際親暱的需要，例如，「你／妳寧願誰坐在你／妳旁邊？」（二）工作準據：涉及社會團體（sociogroup），強調的是達成團體目標所扮演的角色，例如，「你／妳願意和誰一起工作？」或「你／妳寧願跟誰一起做實驗？」

在實施知人測驗時，問題的提出通常伴以簡要說明，說明時要注意下列事項（Linn & Gronlund, 2000; Miller, Linn, & Gronlund, 2013）：

（一）限定問題的範圍——讓受試者在範圍內選擇適當對象。

（二）提示測驗的目的——指出測驗結果可能做為重新編組的依據，使受試者認真填答。

（三）告訴受試者他／她們的答案將不讓第三者知道，以使受試者安心選答。

（四）知人測驗的題項可以採正、負向描述。

正向描述行為，如：你／妳比較喜歡誰？負向描述行為，如：你／妳不希望誰坐在你／妳旁邊？但是，負向的問題容易引起受試者的疑懼、憎恨、焦慮和不安；因此，學者們多認為最好不用，如果要使用，在修辭上必須特別小心。

（五）可以採用強迫選擇法（force choices）——一定要提出足夠的人選（如表 15-12），也可以採用自由選擇法（free choices）——有則提名，無則免提名或不足額提名。

著者曾經以表 15-12「知人測驗」去測量高中學生之人際關係。正式量表分成三部分：第一部分是受試學生的基本資料；第二部分是作答指導；第三部分是測量人際關係的題項。採用一般計分法：每一個受試者（學生）在每一個題項上被提名一次計 1 分，八個題項的分數加總，就是該學生的人際關係總分數；總分數越高代表該學生在班上的人際關係越好，越低表示越差（謝廣全，1973）。

表 15-12　知人測驗範例

第一部分：基本資料（略）

第二部分：作答指導

　　本測驗的目的，在考察你／妳有無知人之明，也就是考察你／妳對於本班同學所做的各種評判，和一般人的評判是否相符？

　　下面有八個問題，每一個問題都提到一種條件。請你／妳先想一想，在全班同學當中，哪三個人最具備這種條件？然後把他／她們的姓名寫在這個問題下面的空格。最適合的人選填在第一格，其次的填在第二格，再次的填在第三格。每一格都要填寫，不可空下一格。在適當的時候，也可以填寫自己的姓名，不必有所顧忌。

第三部分：

1. 誰在班上的人緣最好？

　(1)＿＿＿＿＿　(2)＿＿＿＿＿　(3)＿＿＿＿＿

2. 誰最慷慨豪爽，隨時樂意幫助別人？

　(1)＿＿＿＿＿　(2)＿＿＿＿＿　(3)＿＿＿＿＿

3. 誰最公正，所提意見能為多數人接受？

　(1)＿＿＿＿＿　(2)＿＿＿＿＿　(3)＿＿＿＿＿

4. 誰最友善，容易與同學和樂相處？

　(1)＿＿＿＿＿　(2)＿＿＿＿＿　(3)＿＿＿＿＿

5. 誰最信任別人，從不表示懷疑的態度？

　(1)＿＿＿＿＿　(2)＿＿＿＿＿　(3)＿＿＿＿＿

6. 誰最能讚賞別人的成功而不嫉妒？

　(1)＿＿＿＿＿　(2)＿＿＿＿＿　(3)＿＿＿＿＿

7. 誰的反應最能符合團體的期望？

　(1)＿＿＿＿＿　(2)＿＿＿＿＿　(3)＿＿＿＿＿

8. 誰最能站在別人的立場替他人設想？

　(1)＿＿＿＿＿　(2)＿＿＿＿＿　(3)＿＿＿＿＿

資料來源：謝廣全（1973）。**臺灣地區高中學生人際關係之比較研究**（44-45頁）。國家科學委員會研究補助論文。

二、計分方法

（一）一般計分法

受試者（學生）在每一個分項上被提名一次計 1 分，將各題項上被提名的次數加總，就是該受試學生該項行為的總分；總分越高代表該項行為的表現越特出，總分越低代表該項行為的表現越不理想。但是，如果同時評量兩種完全不同的行為特質，而題目又分成正向描述與負向描述，總分應分開計算；同時，高分與低分的解釋也應區別。對於較低年級學生，不宜同時評定兩種行為特質，更不宜採用負向描述。

（二）加權計分

如果採計提名順序，應「加權計分」（weighted scoring）：第一人選計 3 分、第二人選計 2 分、第三人選計 1 分。採用一般計分結果與採用加權計分結果，稍有差異：一般計分結果，全班總分的變異性較小；加權計分結果，全班總分的變異性較大。

貳、社會測量法

社會測量法（sociometric technique）又稱「社會計量技術」，主要用於評量學生在班上被接受的程度與團體的結構模式（即大團體中的小團體的組成分子、成員在團體中的地位等等）的一種方法。它的測量程序十分簡單——只要學生挑選從事某項活動時的同伴即可。

社會測量法和知人測驗一樣，必須用於相互熟悉的小團體成員。表 15-13 是著者所編製的社會測量法範例（謝廣全，1973）。比較完整的社會測量法和知人測驗同樣包括三部分：第一部分是受試學生的基本資料、第二部分是作答指導（說明或注意事項）、第三部分是測量社會關係的題項。

一、原則

社會測量法有關選擇（提名）的重要原則如下（Linn & Gronlund, 2000; Linn & Miller, 2005）：

（一）是一般的班級活動，是真實的選擇。

（二）選擇的基礎與限制應該說明清楚。

（三）所有學生都有相同的自由參加活動的機會。

（四）每位學生的選擇結果應予以保密。

（五）選擇結果應做為班級或團體組織再造之用。

社會測量結果，可以依據被選擇的總次數來判斷學生在班級中被接受的程度，被提名的總次數越多表示越受歡迎，次數越少表示越不受歡迎。另外，可以依據每一個題項的內容或活動，繪製「社會關係圖」（sociogram）或稱為「靶型圖」（target sociogram）。

二、靶形圖

靶形圖的作法如下：

（一）畫四個同心圓，從圓心畫一直線貫穿四個同心圓。

（二）依據學生被選次數分成四個階層（圓圈），最高次數層的學生號碼在最內圈，最低次數層的學生號碼在最外圈。

（三）男生號碼在左邊，女生號碼在右邊（也可以反過來用）。

（四）第一個選擇用實線箭頭「→」，第二個選擇用短線箭頭「--►」，第三個選擇用點線箭頭「┅┅►」。（最好不要超過三個選擇，否則圖形會很複雜）

表 15-13　社會測量法範例

第一部分：基本資料（略）

第二部分：作答說明

在本班同學當中，你／妳平時一定有一些比較喜歡的同學，共同在一起做功課或遊戲，我們為瞭解這個情況，請你／妳誠實地告訴我們，在全班同學當中，哪些人你／妳最喜歡跟他／她們在一起生活或工作？也希望知道你／妳究竟喜歡哪些人來參加你／妳所喜歡的活動？當我們瞭解這種情況後，我們將盡量依照你／妳的期望來安排。

請注意：所填寫的姓名以本班同學為限，每一題都必須填滿三個人，不可遺漏。字體要端正，不可潦草。

第三部分：

1. 在全班同學當中，你／妳最喜歡與哪幾位同學交往？

　（1)_____　　(2)_____　　(3)_____

表 15-13　社會測量法範例 (續)
2. 如果放假的話，你／妳最喜歡與哪幾位同學一起去玩？
(1)_____　　(2)_____　　(3)_____
3. 如果安排宿舍的話，你／妳最希望與哪幾位同學住在同寢室？
(1)_____　　(2)_____　　(3)_____
4. 如果去野外露營的話，你／妳最希望與哪幾位同學編在同一組？
(1)_____　　(2)_____　　(3)_____
5. 如果你／妳舉辦活動的話，你／妳最歡迎哪幾位同學來參加？
(1)_____　　(2)_____　　(3)_____
6. 如果你／妳家在拜拜宴客，你／妳最想邀請哪幾位同學來參加？
(1)_____　　(2)_____　　(3)_____

資料來源：謝廣全（1973）。臺灣地區高中學生人際關係之比較研究（41-42頁）。國家科
學委員會研究補助論文。

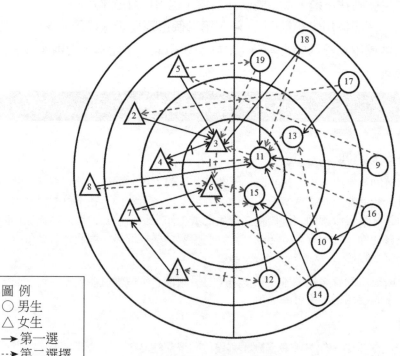

圖　例
○ 男生
△ 女生
→ 第一選
⇢ 第二選擇

▲ 圖 15-3 靶型圖範例

資料來源：著者繪製。

三、關係

（一）個人關係類型

從靶型圖中將會發現數種關係類型圖：

1. 星型（star）──被多數人選擇；

2. 環型（circle）──甲選乙，乙選丙，丙選甲；

3. 鏈型（chain）──甲選乙，乙選丙，丙選丁；

4. 成對型（pair）──兩人互選；

5. 孤立型（isolate）──沒有任何人選他／她。

（二）組織類型

另外，整個靶型圖代表一個班級或團體的組織型態：

1. 散沙型（scatter）──沒有明星型人物；

2. 超級明星型（superstar）──只有一位明星人物；

3. 互聯網型（network）──有數位明星，明星相互間有連結；

4. 性別分裂型（gender discrete）──男生與女生隔離分裂，不相往來。

一個團體或班級組織中，以互聯網型組織最健全。

四、社會測量在教育上的應用

社會測量法與知人測驗的用途如下：

（一）**瞭解個別學生在班級中的社會關係是**：1. 被拒絕（rejected）→ 2. 被忽視（neglected）→ 3. 受爭議（controversial）→ 4. 普通（average）→ 5. 受歡迎（popular）的程度；

（二）**瞭解班級團體的組織型態**：1. 瞭解群體中最受歡迎的人、2. 群體中有無非正式小群體、3. 瞭解群體內部的人際關係整體狀況。

社會測量所得到的結果可用來安排學生的分組事宜：分組時，應由較受團體孤立或拒絕的學生開始，先安排這些學生所喜歡的人與之同組，以便容易建立社交關係。另外，運用這種方法瞭解一個群體內的人際關係狀

況，相對比較節省時間，被廣泛運用於工廠、機關、學校等團體，在各方面的人際關係測量和人員選拔、人事推薦等。

五、同儕評量應注意事項

同儕評量固然可以使教師獲得學生學習與發展的更完整資訊，在實際應用上應注意下列事項，才能獲得實際助益：

（一）以固定的班級為評量單位，人數不宜太多，相互之間必須熟識。

（二）問題宜採正向描述，負面性質的描述易引發較多負面影響。

（三）年級低的學生可以用「猜猜看」字眼（例如，有一個同學最愛說笑話，猜猜看是誰？）；但是較高年級學生，宜將猜猜看的字眼改成「想想看」。

（四）應確實將評量結果保密，以免引起學生相互猜忌，尤其是同時採用負面描述題目時為然。

（五）盡量設法依照測量結果，滿足學生的願望，而以孤立型的學生為優先。

（六）設法使社會接受度較差學生，有為班級服務的機會，改變同儕對他／她們的刻版印象。

（七）先指導幾個學生成明星型人物，再組織那少數幾個明星型人物，輔導班級學生發展網狀型團體組織，有助教師的班級經營。

（八）個人的社會地位是會改變的，即使同樣的分數，如其成員成分不同，未必具有同樣的意義。個人當前的社會地位可以預測他／她以後在同一團體中的地位。

（九）證據顯示：孤立者有深度的心理問題，有些領袖人物帶有內在焦慮，有朋友的人比沒有朋友的人較有安全感。

（十）社會測量法的侷限性是：選擇模式並不能說明選擇的理由與原因，選擇數據只表明表面性的關係，不能解釋其中的因果關係。同時，未能提供那些害羞和退縮學生的有關訊息，這些學生因他／她們在團體中沒有聲望，在提名過程中被忽略所致（Miller, Linn, & Gronlund, 2013: 319）。

表 15-14　採用同儕評量法評量非認知行為傾向檢核表		
同儕評量檢核表		
	是	否
1. 學生相互間是否熟識？	＿＿＿	＿＿＿
2. 問題是否採用正向敘述？	＿＿＿	＿＿＿
3. 是否採用匿名評量？	＿＿＿	＿＿＿
4. 是否預先告知學生評量結果會確實保密？	＿＿＿	＿＿＿
5. 是否預先告知學生評量結果之用途？	＿＿＿	＿＿＿
6. 是否採用最適當的格式？	＿＿＿	＿＿＿
7. 是否採用最適當的計分方式？	＿＿＿	＿＿＿
8. 是否真會盡量依照測量結果滿足學生願望？	＿＿＿	＿＿＿

資料來源：著者編製。

第八節　興趣與人格之測量

　　採用自陳量表也可以測量一個人的興趣以及人格特質，因此，教師可以自編或以已出版的興趣量表或人格測驗，去評量班級學生的各種學業與職業興趣或者是學生的人格特徵。

　　依據學者 Miller、Linn 和 Gronlund（2013）的意見，一個人的興趣在 17 歲之前尚不穩定，要使用興趣量表時，必須格外謹慎。國內十二年國民教育的學生年齡，也大約在 18 歲以下，並且現在各級學校、坊間出版的標準化心理測驗，都由各校輔導室之輔導教師負責實施、計分、解釋與管理，一般科任或專任教師不必負責標準化心理測驗的實施，因此，本書暫時略去興趣測量一節。

　　採用自陳法測量人格特徵有三大技術上的限制：（一）作答者容易作假、（二）作答者不容易自我覺察而是自我防衛、（三）題意模糊不清，可能扭曲結果（Miller, Linn & Gronlund, 2013: 325）。並且，先進國家如美

國,國會調查與家長開始提出「侵犯隱私權」的議題,對學校與教師是否有權詢問學生有關私人問題質疑,許多學校例行的人格與適應量表的實施,已幾乎歸零。同時,一般教師大致上也無法自編人格測驗,學校中的標準化人格測驗也是由各校輔導室受過專業訓練的輔導教師負責實施、計分、解釋與管理,本書的重點在學習評量,同時,份量已足敷一個學期教學之用,因此,本書同時略去人格測量一節。

本章摘要

1. 情意領域與動作技能領域的學習，又稱為「非認知的傾向和技能」學習，包括態度、興趣、價值、動機、自我概念、社會關係、人格特質與動作技能。

2. 非認知傾向的學習不受重視的原因：(1) 一般人認為它是家庭的責任；(2) 難下定義，難取得共識；(3) 源自學生自我報告，信度與效度低。

3. 態度的學習目標：正向的認知、情感與行為具備。

4. 價值的學習目標：誠信、正義、自由、善良、堅忍。

5. 自我概念的學習目標：自尊、自我價值與自我肯定。

6. 自我效能的學習目標：培養一定可以實現的自信心。

7. 人際交往的學習目標：適當辨識與應對社會線索，合作與親社會行為。

8. 觀察的兩種基本的方法：(1) 質化性觀察、(2) 量化性觀察。

9. 觀察的五個步驟：(1) 明確定義行為、(2) 指出行為特徵、(3) 設計記錄程序、(4) 界定觀察的時間與地點、(5) 發展評量一致性的程序。

10. 結構化觀察會採用檢核表或評定量表幫助記錄觀察。

11. 觀察根據行為的四個特徵：(1) 持續時間、(2) 延遲時間、(3) 行為頻率，和 (4) 行為強度。

12. 抽樣行為的面向，包括：(1) 行為發生的關聯性、(2) 行為發生的時間，和 (3) 行為本身。

13. 時間抽樣的方法有三種：(1) 整體等距抽樣、(2) 局部等距抽樣、(3) 瞬間抽樣。

14. 觀察的行為分兩類型：(1) 可取的行為，宜增強；(2) 不可取的行為，宜消弱。

15. 軼事記錄是教師在學校和教室情境中，非正式的觀察到學生表現出一種有意義的稀有行為，立刻做事實性的描述，甚至進行解釋性記錄的過程。

16. 態度包括三種成分：

(1) 認知成分——個體對該事件的認識、記憶、理解等心理傾向。

(2) 情感成分——個體對社會事件，在情感上帶有好惡及價值評判等心理傾向。

(3) 行為成分——個體根據其認知與情感對該社會事件表現出反應的行為傾向。

17. 態度量表的類型：(1) 賽斯通式量表、(2) 葛特曼式量表、(3) 李克特式量表。

18. 晤談法的優點有三：(1) 澄清解釋問題、(2) 觀察來談者（當事人）的反應、(3) 分享經驗。

19. 同儕評量常使用的方法：(1) 知人測驗、(2) 社會測量法。

20. 人際關係的類型：(1) 星型、(2) 環型、(3) 鏈型、(4) 成對型、(5) 孤立型。

21. 社會組織的類型：(1) 散沙型、(2) 超級明星型、(3) 互聯網型、(4) 性別分裂型。

22. 採用自陳法測量人格特徵有三大限制：(1) 作答者容易作假、(2) 容易造成自我防衛、(3) 題意模糊不清，可能扭曲結果。

自我評量

一、配合題：30%

1. 將左列學習性質選出右邊正確的學習目標。每一項目標可能使用一次或一次以上，也可能完全不使用。

   _____ (1) 合作與解決衝突　　　　　　A. 態度

   _____ (2) 學生對自己的看法　　　　　B. 價值

   _____ (3) 誠實和正直　　　　　　　　C. 動機

   _____ (4) 品格教育　　　　　　　　　D. 自我概念

   _____ (5) 認知與情感成分　　　　　　E. 社會關係／協作

   _____ (6) 學生期望能做好事情　　　　F. 教室環境

   _____ (7) 溫暖的教室　　　　　　　　G. 自我效能

   _____ (8) 認為自然科很重要但不喜歡它

   _____ (9) 從事和參與

   _____ (10) 仁慈、尊重和容忍

2. 仔細思考左列所描述的觀察方式，選出右列正確觀察法名稱，將代碼寫在各描述項前面的空格處；右列選項可能使用一次或一次以上，也可能完全不使用。

   _____ (1) 老師帶頭打掃教室　　　　　　A. 現場觀察

   _____ (2) 班長被指定去帶領同學踢足球　B. 參與觀察

   _____ (3) 只靠眼睛與耳朵看學生吵架　　C. 輔助觀察

   _____ (4) 校長站在教室後面觀看老師上課　D. 非侵擾性觀察

   _____ (5) 老師使用錄音機收錄與學生晤談　E. 實驗觀察

   _____ (6) 老師使用望遠鏡觀看學生課間活動　F. 自然觀察

   _____ (7) 老師舉辦教學觀摩

   _____ (8) 學生參加演講比賽

   _____ (9) 學校舉行班際生活競賽

3. 試指出左列行為描述是觀察什麼行為「特徵」所做的結論？在右邊選出正確的答案代碼，寫在各描述項前面的空格處；右列選項可能使用一次或一次以上，也可能完全不使用。

_____ (1) 黃三郎的回答總是慢半拍　　　　A. 行為強度

_____ (2) 李一雄從未安靜超過三分鐘　　　B. 持續時間

_____ (3) 鄭水木把全班搞得雞犬不寧　　　C. 行為頻率

_____ (4) 王玉燕已經哭了 5 分鐘　　　　　D. 延遲時間

_____ (5) 單冰冰平均 35 秒就看窗外一次

_____ (6) 秦無雙被老師叫三次才醒來

_____ (7) 范不群將韋萬發的手扭傷瘀青

二、填充題：20%

1. 抽樣行為的面向包括行為發生的：關聯性、時間，和什麼？_____

2. 時間抽樣法包括：整體等距抽樣、局部等距抽樣，和什麼？_____

3. 態度成分包括：行為、情感與什麼？_____

4. 態度量表的類型包括：李克特式、賽斯通式和什麼式？_____

5. 晤談法的優點是：澄清問題、觀察反應和什麼？_____

6. 人際關係的類型有：星型、環型、成對型、孤立型，和什麼型？_____

7. 社會組織的類型有：散沙型、超級明星型、性別分裂型，和什麼？_____

8. 自陳法測量人格特徵的限制是：易造成自我防衛、可能扭曲結果，和什麼？_____

9. 團體或社會組織以哪一種類型最佳？_____

10. 人際關係以哪一種類型最差？_____

三、論述題：50%

1. 試舉出五種非認知的特質。

2. 試舉出五種價值學習目標。

3. 試舉出五種人際交往技能的學習目標。

4. 試說明非侵擾性觀察的使用時機。

5. 試舉例說明行為的發生率。

6. 何謂不得體的行為？試舉三例說明。

7. 試舉五種使用觀察法應該注意事項。

8. 試說明軼事記錄在使用上有哪些限制？

9. 試舉五種軼事記錄應該注意事項。

10. 試說明使用自陳式量表有哪些限制？

Chapter

16

成績評量與報告

研讀完本章，你／妳將能夠：

1. 理解成績評量所涉及的困難問題。
2. 理解教師評量成績的哲學觀之由來。
3. 理解成績哲學所涉及的概念。
4. 理解成績等第的功能。
5. 熟悉成績的比較類型。
6. 熟悉成績等第的各種型式。
7. 熟悉成績等第如何分配。
8. 熟悉現行中小學成績通知書（單）內涵。

早期的成績評定，是根據一種以 100 為絕對基準的百分比分數來評量，稱為「百分點量表」（100-point scale）或簡稱「百分數」。經過多年來的研究發現，兩個教師之間對於分配成績的意見相左的情況，屢見不鮮；但是成績或等第對於學習生涯卻扮演相當重要的角色，教師是否能在評量學生成績時將這樣大的差異剔除？因此，教育學者逐漸開始揚棄百分點量表，採用由小到大的分類量表（尺）。

第一節　成績評量的難處

依照教育行政機構的規定，每一所學校的所有教師都被要求一定要評量學生的成績。評分是評量的一種形式，學校也會要求教師們定期判斷學生們的表現。

教師不但必須蒐集學生學習狀況的相關資訊，還必須對學習品質給予判斷。對學生的學習品質下判斷或評論即為「成績評量」（making the grade），一般都稱為「打分數」（grading），它是將考試分數以及描述性評量的內容轉化為標記（marks）或文字等第（letters），用以代表每個學生的學習和表現。成績評量是一項專業又重要的責任，對學生會產生重要的影響。教師可以提供單次測驗的成績，或用一個成績以代表數個測驗的總結性評斷（Russell & Airasian, 2012）。

某生在數學成就上的測驗成績是 85 分，到底是代表「優等」、「普通」、還是「不佳」的表現呢？在還未將這個成績與其他學生進行比較之前無從論斷。成績的高低或好壞是比較的結果：

一、　與某些表現的標準做比較而獲得結論：例如，60 分為及格標準，甲生在 100 題是非題答對 85 題，得 85 分，成績及格。

二、　與其他同班學生所獲得的分數做比較而獲得結論：例如，全班平均分數是 70 分，乙生得 85 分，百分等級 88，是不錯的成績。

三、　與自己比較：跟自己其他各次的成績做比較，才知道成績是進步還是退步而獲得結論。

評分的目的都在向學生、家長以及其他人溝通學生的學習表現。教師評量成績要客觀、公平，不能用以懲罰、獎賞某些教師個人偏好的學生。由於成績評定沒有一定的格式或標準，所以「打分數」說容易也是，說困難也有原因。

壹、成績格式多樣化

呈現成績的書面判斷的格式，非但各校之間不同，各等第之間也不同：一、有些學校要求教師以「字母等第」（letter grades）；二、有些學校要求教師以「標準本位的成就分類」（standards-based achievement categories）；三、有些要求以「百分數」（percentage）或其它的數字等第（例如，85-89、90-94）；四、有些要求以「特殊技能或目標檢核」；五、有些要求以「教師書面的敘說描述學生的成就與缺點」的形式來記錄學生的各項表現；六、有些學校甚至要求教師在成績報告上書寫關於學生各項表現的「評語」（comments）；七、有些學校要求教師對學生的「學術科目」與「社會適應」分別評分；可以說評分的方式琳瑯滿目。而最被廣泛採用的是「字母等第」，這是小學高年級、中學、技術本位與目標本位評定等最主要的評分系統，也用於幼稚園與小學低年級（Russell & Airasian, 2012: 251）。

美國各州、各地區及各校的教師與家長激烈的辯論，有的偏愛「結果導向」（product-oriented）（例如 A、B、C、D、F）；有的偏愛「過程導向」（process-oriented）的檢核表。各區、各校對於成績的格式要求甚不一致，也無標準的格式，但無論是哪一種評分格式，成績或等第都是依據教師的判斷。國內各級學校的成績單格式，倒是相當一致（詳本章第八節）。

貳、成績的內涵多樣化

無論採用常模參照或效標參照方法評定成績，都涉及是否包括成就或學習以外的學生其他的特點在內。教師所評學術成績有時還包括學生其他方面的表現（Frey, 2014: 310-311）：

一、 努力：成績可用於獎勵努力用功的學生，這種理念認為強化好的在校行為，學生會變好，並且在教室內、外會更成功。但是想測量「努力」是出了名的難，因為它難以界定也難以看見；其次，成績幾乎絕大部分是被期望用來代表學習，因此採計努力為成績易招致誤解。

二、 能力：學生的能力水準各異，一些老師依據學生有能力以及他／她們表現的個人潛能評定成績。這種方法的缺點仍然是效度的議題，因為「潛能」在心理學與教育方面是最難建構與測量的特質。

三、 改善：學生大舉改善學習表現，幾乎被定義為學到最多，因而合理認為改善最多的學生應該得到最高成績。但是，如果學生從一開始就是高成就者，那麼他／她就沒有多大的改善空間了；如果他／她們先隱藏實力，改善的空間大增，評定進步的成績就大佔便宜。

四、 勤惰：也有些教師將勤惰納入成績方案的一部分，甚至有些學校將缺席當作懲罰與成績考察相連結，然而「出席」並不是教學目標或發生學習的指標，只是有些人認為它在情意與技能的學習上，扮演一個重要的角色而予以考慮。

參、公平性問題

確定成績等第時，必須顧及「公平性」的問題。到底教師只須專注一個學期來已經蒐集到的成績和考試分數來計算學生的成績等第，或也應考慮到學生的獨特需求、情況和問題？這涉及教師能否站在一個完全客觀的或冷靜的基礎來做判斷。尤其是等第分配，是公開且非常認真嚴肅的，對學生產生真正的後果，會影響學生的教育、職業或家庭的地位。

有些學生以成績定義自我形象，成績評低有可能造成負面的影響；但也不能讓表現不佳的學生文過飾非，以為在校表現一切良好。學生與家長會依據成績單設定未來的學業抱負水準或期望；但是有些科目的成績只是反應學業表現，並未包含其他優良的特質在內，可是家長與學生對這種不完整的分數異常重視。對於不同母語、文化差異、少數族裔、身心障礙學生是否考慮到他／她們的特殊需求，都涉及成績公平性的議題。

肆、教師的訓練與素養

　　教師的評分標準會改變，分數形式也會改變。甚至以後不會再以「分數」稱呼也不一定。但教師給予評判的基本程序、以及傳遞學生表現的溝通仍將存在。無論何種格式的成績，在社會上受到大眾的重視，評定成績的過程必須嚴謹。但是，教師所受的基本訓練以及評分哲學差異甚大。

　　綜觀教師對於評定成績或等第感到困難，不外下列因素（Brookhart, 1999; Russell & Airasian, 2012）：

一、　很少教師正式受過訓練如何去評定學生的成績。

二、　各縣市或各校校長很少指導或要求評定成績的策略或期望。

三、　教師知道學生與家長都很在意成績，甚至於質疑或受到挑戰。

四、　教師決定成績時，若忽視個別學生需求和特點，則難以提供良好的教學。

五、　教師擔負雙重角色：判斷的、訓練的關係 vs. 幫助的關係。

六、　防止學生的個人情況、特點和需求，扭曲有關學術成果的判斷。

七、　成績或等第的判斷的、主觀的性質，證據一直沒有定論。

八、　評定成績或等第缺乏普遍可接受的策略。

伍、評分是一種評判

　　學習評量雖然都有個普遍性的標準，但仍相當依賴教師的判斷；給分時教師握有相當的自治權，但亦需謹慎行事。教師的判斷需要兩件事：一、被評分者資料（考試成績、書面報告、實作評量分數）；二、評比的標準，以便將一些資訊轉換為給分的判斷（何種程度的表現值得拿甲、乙、丙、丁）。

　　「評判」（judgment）意味著教師握有證據可以給予決定，所以教師會蒐集不同的證據來幫助下評論或決定，只是證據很少是完整或絕對的，證據愈多愈好，而且教師必須注意分數的信度與效度。評分的目標在於獲取足夠的學生學業表現之有效證據，讓分數的評斷公平、傳達學生的學術表

現，並有證據支持。因為成績是重要的公開評判，成績的產生應該主要基於正式的證據，如考試成績、報告、以及實作評量。發展成績系統時應將下列三件事情謹記在心（Russell & Airasian, 2012: 258）：

一、 教師應該拿學生的表現跟什麼標準比較？

二、 教師應該將學生的哪些表現納入成績裡面？

三、 評分的時候，不同的證據如何決定其影響的輕重？

第二節　教師對成績等第的判斷

在評鑑和分配等第的過程，需要教師做出許多專業判斷決定，這些決定是基於個人價值系統上的若干不同的議題，但最主要的是判斷過程的客觀性。

壹、客觀性

衡量學生成績最主要的標準必須客觀，當學生在某一課程得到一個「甲等」，應該是他／她已經掌握或精熟課程內容；而一個「丁等」代表學生未能達到熟練的最低水平。評分的客觀性非常重要，因為成績具有重要的用途：學校班級的安置、大學入學許可和獎學金等等都倚重成績的等第；成績也影響個別學生的認知，影響學生的學習動機。

教師專業判斷所給的成績是否客觀，外人很難判斷也無法去改變。成績評定是否客觀，教師可以在評估之前進行判斷（例如考試項目的難度，評量包括什麼在內），以及在評估完成之後判斷（例如，評論述題和作文題目分數）。進一步的判斷是能否結合不同的評量得分來確定成績，（例如，評量如何進行加權，如何處理臨界分數）。教師涉及專業判斷的成績評量和分等第的一些典型問題如下（McMillan, 2014: 344）：

一、 所評定的成績是否與其他教師的成績意義等同？（例如，你／妳評定的成績「乙等」與另一位教師所評的「乙等」是否相同的表現水準？）

二、 所評定的成績是太嚴格或太寬鬆？

三、 成績中該包括學生的努力和進步嗎？

四、 學生應參與評定成績嗎？

五、 哪些評量結果該加權與合併？

六、 最後的成績應該呈現哪種分配型態？

七、 如果學生大部分不及格怎麼辦？

八、 如果學生測驗成績不錯，但是不繳交作業或作品，該怎麼辦？

關於上述問題，沒有直截了當或簡單正確的答案，雖然各縣市或學校已建立各自的評分指南，但其中的範圍和剛性，學校之間和地區之間的差異很大。最終總是任課教師要依據他／她們本身的訓練、學生的年級水準，和獨特的學習脈絡，用自己的判斷來解釋這些評分準則，並且保有相當的靈活性。

貳、評分計畫

一、主要的問題

教師在發展自己的評分計畫（grading plan）時，必須考量下列問題：

（一）**等第的定義**：1. 每個等第符號代表什麼意思？ 2. 不及格是什麼意思？

（二）**等第的要素**：1. 哪些表現要素需納入成績中？ 2. 有哪些部分應計入最後成績？

（三）**成績計算**：1. 班上成績應該如何分佈？ 2. 應該如何將哪部分的成績進行組合？ 3. 要用什麼方法分配成績？

（四）**成績哲學**：1. 是否考慮重新審查臨界（關鍵）案例？ 2. 哪些因素可能影響成績哲學（McMillan, 2014）。

當我們理解成績是基於不同目的或功能，以及採用的比較標準的類型後，這些問題才能得到最好的回答。到最後，教師需要使用最能滿足評量主要目的的方法和比較。教師必須理解：這些判斷是主觀的、直覺的，沒有唯一正確的方法或一套專業化的決策過程或規則。教師可以使用一個成

績量尺，計量學生的測驗和表演分數，然後計算成績，這過程卻必須正確與客觀。

二、教師如何決定成績

近年來將學習評量與績效責任掛勾的結果，導致客觀的評分慣例和教師的主觀專業判斷的價值之間，產生了緊張關係。正視教師內在的價值觀和信仰是必要的，這樣可使教師的評分與最重要的教學／學習過程目標一致。因為教師希望所有的學生都獲得成功，他／她們可以給額外的分數，使學生從低分拉高成績。由於學生個別差異的原因，教師可以使用不同類型的評量，所以每個人都有獲得好成績的機會。可以使用實作評量，因為它們比選擇題測驗更有效地激勵和吸引學生，並讓學生們參與評分。

第三節 教師的成績哲學

成績是什麼？如何決定？代表什麼意義？依照教師們的意見，成績有下列四種來源：

一、 教師們在學生時代所親身經歷的政策或做法。

二、 教師們本身的教與學的個人哲學。

三、 各教育行政單位或年級水準對成績與報告的政策。

四、 在大學本科系師資培訓方案所學到的成績與報告（Guskey & Bailey, 2009）。

壹、常模參照與標準參照成績

成績的哲學涉及下列四個重要概念，那就是：常模參照、標準參照、效度與信度。一項測驗或一個作業上的表現，可以依據：一、與其他學生比較的結果來解釋，是為常模參照法；二、可以與某些基準、標準、客觀性與期望相比較，是為標準參照法。表 16-1 是常模參照與標準參照的客觀比較。

表 16-1　成績與評量之常模參照與標準參照的比較

標準參照	常模參照
所有學生可以得一個甲等。	只有某些學生可以得甲等。
所有學生可以全部獲得成功（及格）。	某些學生必定不成功或不及格。
一個學生的表現是好是壞，係依照學生自己的實際表現。	一個學生的表現是好是壞，係與其他學生的表現比較的結果。
評量主要是設計來評估學習的精熟。	評量主要是設計來區別學生相互間的差異。
形成性評量使學生瞭解與課堂目標相較，他／她們做得有多好。	直到別的學生做完，才知道自己做得好不好。
教師在實施評量之前已先知道，基於教學目標的內容，該評量是否公平。	教師必須等到實施評量之後，看到評量的難度，才知道是否公平。
等第通常是依據教師所選擇的一個全距的分割點，決定學生的等第。	等第通常是基於學生執行高於或低於特定分數的比例。
表現的品質標準，在實施評量之前，已由專家（教師）經過慎重考慮重要的課堂教學目標，預先選擇。	表現的品質標準的選擇是隨機的，與樣本受試者的水準有關。

資料來源：修改自Frey, 2014: 307.

　　標準參照的成績評量方式，是由教師預先設定精熟標準，學生的成績能否達到標準，就看他／她們的表現結果，有可能全部精熟。成績若依據常模參照的方法決定，在評量之前就已經知道有些學生必定不及格。

貳、成績的效度與信度

　　效度與信度的問題，與教師選擇成績評定方法所持成績哲學有關。成績評量的效度，是指成績被解釋的價值性與適當性。一個成績系統是否具備良好的效度要考慮的是：一、成績是否真正體現理論上的建構效度、二、是否公平代表具備內容效度。例如，如果成績是代表課程的學習評量（如，數學、國文），那成績是否代表重要的教材？是否反映作業和評量的相對重要性而給了正確的權重（weighted）？

成績信度主要是：一、「內在一致性信度」與二、「評分者內信度」的議題。如果單一測驗的分數與團體的評量結果表現相一致，就可以將許多不同部分的評量或是作業，組合成單一廣泛的成績指標，來代表學生的表現。

評分者內信度，被視為帶有主觀成績的性質。通常，傳統的紙筆評量的「評分者內信度」較高；實作本位的評量之「評分者內信度」稍低。要解決實作本位的評量主觀評分問題，可能必須使用計分量規和其他預先界定的、組織嚴密的一套具體的評分規則或標準（Frey, 2014: 308）。

第四節　成績與等第的功能

為什麼要評定成績？成績對學生意味著什麼？學生會受到什麼影響？成績對其他利益相關者（例如，父母、或教育官員、或學校行政人員）意味著什麼？雖然一般認為評定成績，可以對學習和動機產生積極的影響，但現實是，成績有不同的預期和非預期的影響。

綜合學者們的意見，成績等第的功能和影響如下（Frey, 2014; McMillan, 2014; Miller, Linn, & Gronlund, 2013; Russell & Airasian, 2012）：

一、提供回饋

評定成績的第一項功能是：提供回饋給學生。例如，一位教師看完了一篇學生的〈新加坡的旅遊報告〉，教師在報告上評價每個段落細節的總結，這樣就可以回饋學生瞭解自己的優勢和弱點。較詳細的反饋意見，對學生會產生正向積極的影響，並讓學生們知道如何學習和做準備，使他／她們的表現更精確。

但是，教師不可能為每個學生的等第分配或測驗結果，提供詳細的評註意見，只能慎重判斷，什麼樣的回饋方式對學生最有用。有一些形式的回饋，可能對學生的成績有負面影響，這種回饋的評語可能是太模糊或不清楚所致（Marzano, 2006; Brookhart, 2013）。「太多的紅色墨水」（用紅筆打×或評語太多）甚或可能會阻礙或對學生動機產生負面的影響（Frey, 2014）。

二、做為比較的基礎

評定成績的第二項功能是：提供某些其他不同事項做為比較的基礎。有三種不同的比較形式：（一）個別的學生參照、（二）常模參照，和（三）標準本位參照。基本上這樣的區分其癥結歸結為「我們何時分配成績？我們究竟要跟什麼比較？」這問題。這是一個重要的區別，因為它不但隱含「教師教什麼，學生學什麼」，而且涉及教育公平的議題。

（一）**個別的學生參照成績**（individual student-referenced grading）——依據與該生先前的表現或能力傾向做比較，而給予學生一個成績或等第，稱為「個別學生參照」或「自我參照」成績。這種成績將學習定義為「行為的改變」，使用「個人最佳目標」（personal best goals），學生表現出最大的進步，將獲得最高等第或成績（Liem, 2012）。

（二）**常模參照成績**（norm-referenced grading）——透過與其他學生成就的比較來打成績，被稱為「常模參照成績」或「相對成績」（relative grading）。一定比例的學生將獲得甲等、乙等、丙等以及「不及格」，沒有指出有多少的學生「精通」或多少百分比的學生「正確答對題目」。

（三）**標準本位成績**（standards-based grading）——即依照表現的水準來取得成績，現在通常簡稱為「標準本位」或「標準參照」（standards-referenced），多年來都稱為「效標參照」（criterion-referenced）。在該方法中，不與其他學生成績做比較，而是與一些預定標準的表現做比較（例如，60 分為及格標準）。

三、激勵動機

評定成績的第三個功能是：激勵學生學習動機。研究顯示：當學生認為自己的成功歸因於內部的可控制的因素（內在歸因），或知道是什麼導致了成功的信念時，學生的學習動機會增強。教師可以幫助學生看到自己的努力與他／她們得到的成績兩者的關聯性，以強化學生咸信他／她們的成績係努力的結果而不是運氣，這有助於建立個人的自我效能信念。

四、教學用途

　　評定成績與成績報告最主要的目的在：促進學生學習與發展成長。成績報告在教學上的功能是：（一）澄清教學與學習目標、（二）指出學生在學習上的優缺點、（三）提供學生個人－社會發展的相關訊息，和（四）激勵學生的學習動機。

　　日常作業、非正式測驗、教師自編測驗等學習評量，可以有效回饋與促進學生的學習；累積學生作業、計畫、作品的學習檔案，可以具體指出學生的進步情況。一份綜合學生成績報告單非但呈現學生的學習結果，同時指出優點與缺失，最能激勵學生的學習動機。

五、行政與輔導用途

　　如果成績報告單夠詳細，涵蓋認知、情意與動作技能的學習領域，既有一個學習領域的百分數成績，又有等第，在行政上可以做為升級、畢業、獎學金、申請更高層級學校、就業等之參考依據。輔導人員也可據此成就與發展報告，協助學生規劃教育與職業生涯，調整學生個人的適應方式。

六、向家長或監護人報告

　　向家長或監護人報告其子弟在校學習表現，可使：（一）家長瞭解學校的教育目標，提高與學校合作的意願；（二）提供子女表現成功、失敗，與特殊問題之訊息，讓家長鼓勵支持子女；（三）瞭解子女優缺點，幫助子女規劃教育與職業生涯。

第五節　成績的比較類型

　　成績是對一個學生的表現品質所做的判斷，但不可能以抽象方式做表現的判斷，必定涉及比較的問題。一樣事物必須與其他事物或標準做比較，才能顯示它真正的意義；學生成績同樣必須與其他學生成績相比較，才知道成績的高下。

　　班級中學生的學習表現，可以拿來與許多基礎做比較，而後定出成績等第：

一、 與其他學生的表現做比較。

二、 與預先界定的「好」或「壞」的標準做比較。

三、 與學生自己的能力水準做比較。

四、 與學生先前的表現（改善或進步）做比較。

五、 與部定或各縣市所定標準做比較。

根據研究，大部分教師採用第一、二種比較方式評定成績，第四種大多用於診斷學習困難（Brookhart, 1999）。以下分別說明各類型的成績等第：

壹、常模參照成績（與其他學生比較）

常模參照分數來自於該生與班上或同年級其他學生的比較結果，高的分數意指該生得分高於班上其他人，低的分數則相反。當老師說：「勝次比英三聰明」，「王太郎比鄭三雄認真學物理科」，「李大鵬完成數學練習題的速度比班上任何人都快」，此時教師做的是「常模參照」的比較。在常模參照的評分模式下，無論學生表現得多好，卻沒辦法讓每一個人都獲得高分。這個評分系統的用意在於讓學生們被分配在分數曲線上，分數不代表這個學生實際的表現好壞。例如，某生一百題的考題答對四十題，卻是全班答對題數最多的人，他就能獲得「甲上」；而某生一百題的考題答對八十題卻可能得到「丙等」，因為其他答對八十一題以上的學生人數很多。

這種評分方式會影響學生的努力和態度。舉例來說，那些分數持續墊底的學生，其努力與學習皆未被計入分數當中；對一直都得高分的學生則影響較少。使用常模參照評分時，學生的分數依賴同學之間的表現而定，這有可能減少學生合作的意願和相互依賴，因為一個人的成功意味著別人的失敗或成功的機率減少。

貳、標準參照成績（預設標準）

教師可以比對學生與預先設定的表現標準，表現標準定義學生收到特定成績時需要達到的程度或分數。所有達到該程度的學生皆拿到相同的成

績，沒有人數限制。駕駛執照考試即為一例，考試分為筆試與路考，筆試部分通常是多個選擇題，假設答對 70% 可以通過，則 70% 為表現標準。應考人只需比對這個表現標準，無關乎其他應考人考到的分數。這種評分方式可能全部的人都達到標準、或沒有人會通過考試或標準。

將學生成就與預設的表現標準比較來評分的方式稱為標準參照成績（criterion-referenced grading）或絕對成績（absolute grading）。因為學生不是彼此比較，所以同一個考試可能所有的人都得高分或低分。標準參照評分是學校最常使用的評分系統，用以決定表現標準的準則可以是表現本位（performance-based）或百分數本位（percentage-based）：

一、表現本位標準

表現本位標準（performance-based criteria）詳細列出學生獲取特定分數必須要表現出來的行為或能力。舉例來說，有些教師採取「契約成績」（contract grading），教師與學生協商作業的品質和份量，學期末當學生達到標準時可以獲得認可的成績。又如，學生的功課包含口頭報告，此時可設定更直接的表現標準來評分。教師將觀察報告的進行，並專注於表現標準表（計分量規）上列出的項目給予分數，表 16-2 是預設的表現標準的範例：

表 16-2　口頭報告表現標準範例	
A	學生始終看著聽眾，站姿直立，維持目光接觸；聲音清晰且音量足夠，說話速度適中；報告內容符合邏輯且說明完整；結論簡潔、摘要完整。
B	學生經常看著聽眾，站姿直立，有目光接觸；音量足夠，但速度以及清晰度不穩定；報告內容有條理但經常性重複；偶爾用字不佳；結論摘要不完整。
C	學生看起來不安；有些目光接觸和表情上的改變；音量不穩定且無法讓全班都聽到，有些發音模糊；報告內容鬆散、重複，內有許多不完整的想法；結論摘要不好。
D	學生肢體動作讓人分心，很少目光接觸或調整音調；發音模糊，音調單一，音量頂多讓前幾排的人聽到，講話速度忽快忽慢。報告內容不分主要、次要項目；沒有結論。

資料來源：修改自Russell & Airasian, 2012: 262.

二、百分比本位標準

百分比本位標準（percentage-based criteria）使用決斷分數（cut-off scores），基於答對題數的百分比。像成績單即是總合性的評斷，或數個獨立考試的精熟度平均值。下列決斷百分比（cutoff percentage）為這類型最常使用的標準：

90 到 100% 的正確率 ＝甲等

80 到 89% 的正確率 ＝乙等

70 到 79% 的正確率 ＝丙等

60 到 69% 的正確率 ＝丁等

正確率低於 60% 　　＝不及格

任何學生只要符合上述其中一項的表現標準即得到相對應的成績，那一等第的成績該有多少人則未給予限制，教師直到考試分數計算出來才會知道分數的分佈情形。無論如何，教師必須依據該班級的能力以及科目的主題設定合理、適切和公平的標準，而且這些標準應該要誠信且對學生有挑戰性。

三、成績調整

標準參照評分系統用意在指出學生對於所教導的東西學會了多少。由於標準參照評分專注於內容精熟度的特性，教師是否能提供良好的教學，以及測驗能否公平且包含完整教學內容則顯得特別重要。

在使用測驗資訊來評定學生成績之前，應先考慮該資訊的品質。成績奠基於它所代表的資訊時才有意義。主觀的給分數、不同學生採用不同的給分標準、沒有既定的評分標準、以及評分時教師關注的重點不一致，在這些情況之下評定的分數無法準確反應學生的成就（Russell & Airasian, 2012: 264）。

教師應該對不尋常或超出預期的考試成績審慎處理，通常特別低的分數較易引起教師的關注。教師會詢問自己：低分是測驗還是教學的影響？或是學生準備考試投入的多寡所造成？這樣的結果應該如何處理？

假設當一個班級多數的學生考試成績比平時低落時，教師比較考試內容與教學的範圍，他／她發現考了沒有教到的部分，因此單元測驗與課堂教學的吻合度不佳。因為教師沒有教到測驗題目所考的幾個重要概念，學生的分數陷於不利，這樣的分數扭曲了學生的實際成就，也減低了成績的效度。假使教師估計測驗題裡有 15% 出自他／她未教的部分，於是調整學生的測驗成績 15% 來正確反應學生的學習結果（調整成績的公式為 $\hat{Y} = X + 15$）。教師做這樣調整的目的在於有效指出學生對於所教的單元學習之後的成果。

　　無論教師採用常模或是標準參照評分系統，應預先告知學生需要做什麼準備以便獲得高分。如果發現分數曲線或表現標準不適當或不公平，在成績定案之前都還可以調整成績，寧可做調整而不要發出錯誤或無效的成績。一般各級學校也都明確規定「學期成績經教師確認繳交教務處後，不得再行更改」。

　　請注意，**對學生公平**不是靠挑選特定標準或曲線讓每個人的分數拉高，公平的意思是完全測出學生所學、使用適合學習程度的測驗步驟，建立能真實呈現學生努力之後的成果的分數曲線或表現標準。

參、與學生自己的能力比較

　　教師評論甲生沒有發揮他的能力；乙生不夠賣力；丙生的表現一直都超乎我的預期。這是拿學生實際上的表現與教師預期的表現相比較，很多教師打成績時是將學生的實際表現與教師認為學生該有的能力程度相比較。此種情況下，能力好又表現好的學生會拿到高分，能力不好但是教師認定有達到潛在能力的學生亦能夠獲得高分；相反的，能力好但是沒有達到教師預期的水準，學生就獲得低的分數。這樣的評分方式認為如此可以激勵學生盡力表現，並懲罰懶惰、表現低於應有能力（即所謂「低成就」）的學生。

　　不過也有人不贊成依據學生的能力去打分數（Russell & Airasian, 2012: 266-267）：

第一，教師對於學生只有大概的認識，不足以對學生的能力做準確的判定。正式考試的設計也很少能夠用於預測學生的學習能耐。縱使是專家也很難有效估計學生在特定科目範疇內能達到何種表現。

第二，教師很難辨識學生能力與特質，例如自我肯定、動機、學習熱忱。尤其近來論點認為學生有多元能力或智慧，教師到底該關注於評估哪一項能力？

第三，將學生表現與預期表現做比較，對於外人，特別是家長，是很困惑的一件事。舉例來說，<u>呂不韋</u>能力好但只表現 85%，成績「乙」，因為他未充分發揮潛力；<u>韋小寶</u>能力不佳但表現 65%，成績「乙上」，因該生表現超出預期，外人可能會誤以為<u>韋小寶</u>學到的內容較多。

　　當成績的評定是基於教師對學生基本能力的推估，成績和學生的精熟度之間就無多大關聯性。若容許教師對於學習成就和能力做額外的註解，教師可以書寫或勾選「需要改進」、「進步中」、「已盡力學習」等選項。教師在評估學生的能力和潛力時，需注意別太過自信自己是「萬事通」。

肆、與學生進步的程度比較

　　比較學生進步的程度，跟前一段提及的比較實際表現與預期能力一樣都有問題。將學生早先的表現與後來的表現做比較，進步或成長最多的學生獲得高分，進步或成長少的學生獲得低分。此方式明顯的困難點在於一開始就表現良好的學生沒有太多進步的空間，得高分的機會也減少了；一開始表現不佳的學生反而有機會表現出進步，因此傾向於獲得高分。這種評分方式下的學生會故意在初期表現不良，以便製造學習後期產生進步的表相。

　　這種評分方式對於分數的闡述也有問題，一個學生從「低下的表現」進步到「一般表現」可能拿「甲等」；另一個學生一開始就表現良好，但無法再進步太多卻拿「乙等」或「丙等」，可是實際上卻是後者學習的較多。有些教師針對這個現象提出建議：一直都表現優良的學生給「甲等」，進步很多的學生也給「甲等」，這解決了上述的問題，但也帶來新的問題。這

種做法形同採用兩種非常不同的評分系統，一種基於精熟度、一種基於進步程度。無論是比較學生的能力還是綜合比較能力與進步多寡，這兩種評分方式都不推薦。評定成績的標準必須一體適用於全部的學生（Russell & Airasian, 2012: 266-268）。

茲將學生自我參照、常模參照與標準參照成績的比較摘要如表 16-3：

表 16-3　學生自我參照、常模參照與標準參照成績的比較摘要表

	學生自我參照	常模參照	標準參照
解釋	將分數與先前表現或性向（潛力）比較。	將分數與其他學生的表現做比較。	將分數與預先設定的標準做比較。
分數性質	答對正確百分比，設定個人精熟水準。	百分等級、標準分數成績等第曲線。	答對正確百分比，描述表現標準。
題目難度	題目衡量個別能力或先前表現。	採用平均難度題目，不採太難太易題目。	採用難度較低題目，獲致較高正確答對率。
分數使用對動機之影響	衡量個人成長促進激發學生改善個人的表現。	排名順序和分類學生依賴所比較之團體，相互競爭。	描述學生表現水準激發學生朝向具體學習目標。
優點	能提供良好形成性回饋給學生。	以更難的評量考驗學生，分類學生好方法。	學生表現匹配既定學習目標，減輕競爭力。
缺點	無法評量一般表現；性向和先前表現難衡量。	成績係比較而來，有些學生老是吊車尾。	難建立明確既定學習目標及設定精熟標準。

資料來源：修訂自McMillan, 2014: 354.

第六節　成績等第的形式

傳統上有 60% 以上學校系統採用「字母等第」報告學生在校的學習進展情形。尤其是在小學階段，教師在成績單上會包括一系列的用功習慣和個人－社會特徵的檢核。

壹、傳統的字母等第制

傳統的評分系統是在學生學習告一個段落之後（單元結束、或學期終了、或活動結束、或作品完成），給予某一科目一個單一的字母等第（single letter grade）（例如，甲、乙、丙、丁、不及格，或 A、B、C、D、F），有時偶而也會以一個單一的數目字（例如，70、80、95，或 1、2、3、4、5）表示。這種評分系統簡單方便，容易平均且對預測未來成就甚有用處。但它做為報告成績的唯一方法則有一些缺失（Miller, Linn, & Gronlund, 2013: 363-364）：

一、 成績典型的是成就、努力、用功習慣和良好行為的組合物；

二、 每個等第的學生比例，因教師的評分哲學而異；

三、 無法指出學生在學習上的特殊長處與缺失；

四、 成就上的些微差異，易導致兩個不同的等第；

五、 相同等第呈現太多方面的差異。

為了回應等第制會助長學生不公平競爭的爭論，許多學校將等第數減少到只有（一）兩個等第：例如，滿意（satisfactory, S）和不滿意（unsatisfactory, U）；或（二）三個等第：滿意、不滿意、再加上榮譽（honors, H）；（三）四個等第：進階的、熟練的、部分熟練、尚未熟練；或優秀的、精熟的、基本的、基本以下。其實，這樣的等第制，所提供有關學習的訊息比上述的「文字五等第制」更少。

貳、及格與不及格制

美國和英國許多小學採用及格（pass）－不及格（fail）或精熟（proficient）－不精熟（not proficient）二分制評分系統已行之有年。部分大學為鼓勵學生選修探索新的科學領域課程，希望能降低學業成績被拉低的恐懼，將選修課程成績採用「及格－不及格」或「精熟－不精熟」二分制評分系統，成績不納入學業平均成績（grade-point average, GPA）計算。

此種評分系統既無法指出學生學習的優缺點，也無法預測未來學習其他課程的成就，因此所能提供學習結果的訊息更少。它通常用在精熟學習

的課程，同時提供充分的時間讓學生有達成精熟的機會，在學生達成精熟以前，學校保留該科目的紀錄「空白」。

參、目標檢核表

為了改進等第制無法提供學生學習的詳細優缺點，有些小學的評分系統與成績報告單上面，提供更多學生學習進步的訊息，在各學習領域上每一項學習目標，不但給予傳統的等第，同時以較簡化的符號代表學生表現的狀況。這種檢核表形式的最大優點，是提供學生、家長和其他人有關學校的教育目標，提供學生的優點與缺點，以便教師、學生與家長採取積極的措施改進教學與學習。

圖 16-1　是美國歐斯敦小學低年級適用的成績單範例：

歐斯敦小學　成績單　1-3年級											

姓名：＿＿＿＿＿＿＿　年級：＿＿＿＿＿＿　學年：＿＿＿＿＿＿
學校：＿＿＿＿＿＿＿　班主任教師：＿＿＿＿＿＿＿

説明		考勤紀錄					
C 值得稱讚	√表示薄弱區	學期	I	II	III	IV	總計
S 滿意	M 表示修正計畫	缺席					
N 需改進	＋或－可用於修正S	遲到					
		曠課					

	1	2	3	4		1	2	3	4
閱讀　　　　等第					**社會研究**　　等第				
努力					努力				
文學與其他經驗連結					展示地域意識				
學習與應用語彙					瞭解文化相似與差異				
領會老師的閱讀選擇					瞭解歷史概念和想法				
理解故事的結構					**計算機**　　　等第				

使用常用字技能					努力			
使用閱讀策略與技巧					行事作為			
閱讀流暢					瞭解概念和想法			
善用獨立閱讀時間					實際操作			
語言　　　　等第					**工作習慣　　　等第**			
努力					傾聽			
口頭表達組織與觀念					小組中工作的合作			
透過寫作表達觀念					教室參與			
寫作中的發展與組織					完成家庭作業			
必要時的編輯與修改					獨立完成工作			
數學　　　　等第					有效利用時間			
努力					對學習的積極態度			
理解概念					接受教導			
熟練基本事實					必要時能尋求協助			
精確的計算工作					組織工作與材料			
解釋訊息以解決問題					運用研究技巧			

圖 16-1　美國歐斯敦小學低年級適用的成績單範例

資料來源：Russell & Airasian, 2012: 252.

肆、給家長／監護人的信

　　國內部分學校採用信件的方式，將學生在校學習的進步與實際表現，以成績報告單直接郵寄給學生的家長或監護人，成績單上詳細說明學生的優點與缺點，並且明確地建議具體的改善計畫。但是給學生的家長或監護人的成績報告單會受到一些限制：一、詳實的書面報告需要教師花費許多的時間與技巧；二、直接指出學生的短處或缺點雖出於善意，卻很容易被當事學生家長誤會、不諒解或抗議；三、無法提供有關學生學習進步的系統性累積資訊。

有一些訣竅可供教師報告成績之參考（Miller, Linn, & Gronlund, 2014: 366）：

向家長報告成績之訣竅
教師在向家長報告學生成績時，可以巧妙地列出該生在校的一些不良行為陳述：

·**說謊**：口頭報告相當有趣，但難以分辨是事實或想像的內容。	·**霸凌**：有領導特質，但需要引導至建設性的活動上。
·**作弊**：使用所有可用的資源獲得答案，但必須瞭解他／她取得其他同學協助的方式是適當或不適當。	·**懶惰**：當給予充分監督時會做學校功課，但還需要發展出獨立工作的習慣。
·**提醒**：雖然我們期望向　貴家長表達時盡量圓滑得體，但這不該做為模糊訊息的藉口。	

伍、親師座談會

　　為了克服傳統成績單提供給家長或監護人有關學生學習進步的訊息太少的問題，有許多中小學在每學年會定期召開「親師座談會」（parent-teacher conference），它提供一種彈性的過程讓家長或監護人與教師之間，以及家庭與學校雙方之間溝通合作，除了取得教師所給的成績單外，家長可以提供學生在學校之外表現的有用訊息。親師座談會允許家長與教師各自提問問題，討論他／她們所關心的一般問題，相互合作設計一些方案去幫助學生學習的進步與發展。

　　但是，它與正式的成績報告單相較，仍然有所限制：一、它需要花費許多時間與技巧；二、無法提供學生進步的系統紀錄；三、部分家長或監護人不願或不能參與親師座談會；因此，親師座談會只能做為成績報告的補充方法（Miller, Linn, & Gronlund, 2013: 365）。

陸、學習或工作檔案

　　將學生從入學之初，到舉行親師座談會之前，在學校學習過程中，一

些具有較大意義的學習資訊、作品累積集冊,是為學習檔案或工作檔案。座談會中提供學生的學習檔案,目的在告知家長或其他利害關係人,學生在校的學習過程與現在的成就與表現,有助於家長瞭解子女在校學習表現的優缺點,一方面協助支持學習,一方面協助規劃職業與教育生涯。

第七節　成績與等第的分配

到目前為止,沒有單一的成績報告系統,能滿足各級學校與各種領域學習結果的不同需求。採用多元化的成績報告系統,或許較能適合各級學校與各不同學科領域的實際需要。例如:認知領域的國文、英文、數學、自然科學與社會科學採用「百分數」成績;情意領域的德育(操性)與群育採用「文字等第」成績;動作技能領域的體育、美術、勞作、音樂、家事等採用「文字等第」成績。而在形成等第成績之前,必須蒐集累積學生在正式測驗(如期中、期末、月考或段考)、平時考試、作業、練習、實驗、作品等資料,做成「等第」評判。

壹、發展成績報告系統之原則

無論採用哪一種成績報告系統,都應考量下列原則(Miller, Linn, & Gronlund, 2013):

一、應考量使用目的

成績報告應考量學校行政人員、教師、家長、學生以及社會人士使用的目的來設計,預先知道成績報告的使用目的,較能考量課程目標、努力、學習態度與習慣、進步幅度等各方面的資訊。

二、應根據具體明確的教學目標

在發展一個成績報告系統時,最應考量的是如何傳達學生「在某些特殊學習領域學會什麼?進展如何?」的訊息,因此,一般學校目標與特殊學習領域目標都不可或缺。

三、最好由委員會議決

　　成績報告系統最好由學校組織一個由學校行政人員、教師代表、家長代表、學生自治會代表共同組成的委員會，經過民主的程序（提案、討論、修正、決議）完成，最能符合各方面的需要。

四、應有適當的評量證據

　　各種類型科目的評量資料必須全部納入考量，正式與非正式測驗、作業、實驗、作品和檔案等，都必須是可靠的成績報告系統的重要參考資料，而非一些偶發事件的評判。

五、應具診斷與實用功能

　　呈現豐富的學生學習的優勢與限制，是成績報告單的重要任務。但是，一份成績報告單（一）將花用教師許多的時間與技巧去製作；（二）學校行政人員、家長、學生與雇主或其他社會人士，希望能從成績單上，描繪出一個學生的內外輪廓，也就是說，希望成績報告單是一個學生的在校最佳寫照。這樣的期許，對一紙成績報告單來說是不可能的任務，要簡潔又要有診斷與判斷的功能，可能必須再附加一些「評註」來補充成績報告系統的不足。

貳、常模參照成績──相對等第制

　　依照學生整體成就的表現依序排名，再以學生的排名次序來分配等第，這種成績等第的分配，就是「常模參照成績」（norm-referenced grading）或「相對等第制」（relative grading）；它適用於一個班級或修讀同一門課程的好幾個班級。

　　相對等第制必須在決定成績的等第之前，先決定所採用各等第的比例：

一、曲線成績等第

　　過去有些學校的成績報告系統是採用「曲線成績」（grading on a curve）量表（尺），成績等第採用「奇數等第」，有下列形式：

（一）第一種稱為「三點量表」（three-point scale）或稱「三等第量表」，
採用「優等」（Excellent, 20%）、「中等」（Average, 60%）、「劣等」
（Poor, 20%）為成績標準。

（二）第二種稱為「五點量表」（five-point scale）或「五等第量表」，分為
「特優」（Excellent, 20%）、「良」（Good, 20%）、「中等」（Average,
20%）、「差」（Poor, 20%）、「不及格」（Failing, 20）五等（或 A、
B、C、D、F，或甲、乙、丙、丁、不及格）。

（三）第三種新方法主張採用「常態曲線成績」（normal curve grading）：
最優 2% 為 A（甲）等、次優 23% 為 B（乙）等、中等 50% 為 C
（丙）等、再下 23% 為 D（丁）等、最差 2% 為 F（不及格）等
（Kirshcenbaum, Simon, & Napier, 1971）。其實，第三種所謂的新方
法，還是五等第量表，只是明定各等第的分配百分比而已。

表 16-4 密西根州與維吉尼亞州中學成績等第分配範例			
Ann Arbor Middle School in Michigan		**Manassas Middle School in Virginia**	
A$^+$	100%	A	93-100%
A	93-99%	B$^+$	90-92%
A$^-$	90-92%	B	84-89%
B$^+$	87-89%	C$^+$	81-83%
B	83-86%	C	74-80%
B$^-$	80-82%	D$^+$	71-73%
C$^+$	77-79 %	D	65-70%
C	73-76%	F	（64% and below）＝Failing
C$^-$	70-72%		
D$^+$	67-69%		
D	63-66%		
D$^-$	60-63%		
F	59% and below		

資料來源：引自 Frey, 2014: 321-322.

二、彈性等第

曲線等第成績不適用於一般班級,因為:(一)班級人數太少,無法符合常態分配原理;(二)班級若是能力分組,本身就已不符常態分配;(三)評量工具本身的設計並不符合常態分配原理。因此,如果成績或等第分配要呈「曲線成績」,則「進階」以及「資優」或「補救教學」等特殊班級,應設定不同比例的等第。

初階課程「百分數制」(答對正確率)的成績分配,建議如下:(一)甲等(10-20%)、(二)乙等(20-30%)、(三)丙等(30-50%)、(四)丁等(10-20%)、(五)不及格(0-10%)。

另外,像美國密西根州與維吉尼亞州兩個中學的成績等第分配如表16-4。

表 16-5 國內中等以下學校百分數成績各等第的百分比分配表			
等第	分數全距	等第	分數全距
優等	90 分以上	丙等	60-69 分
甲等	80-89 分	丁等	59 分及以下(不及格)
乙等	70-79 分		

資料來源:教育部(2015)。**國民小學及國民中學學生成績評量準則**。臺北:教育部。

參、標準參照(絕對等第)

如果在教學之初即設定清楚的教學目標,並且預定達成目標的精熟標準,這時就可採用「標準參照成績」(standards-reference grading)的系統,以「絕對等第」(absolute grading)成績,呈現學習結果達成目標的程度來定義(Miller, Linn, & Gronlund, 2013: 377):

表 16-6　絕對等第成績的定義
A ＝非常優異：學生已精熟課程的所有主要與次要目標。
B ＝良好：學生已精熟課程的所有主要目標與大多數次要目標。
C ＝令人滿意：學生已精熟課程的所有主要目標與少部分次要目標。
D ＝很差：學生只精熟課程的少部分主要目標與少部分次要目標，不具備下一 　　個較高層次知能的教學基礎，最好是進行補救教學。
F ＝無法令人滿意：學生根本未精熟課程的任何主要目標與次要目標，也未具 　　備下一個較高層次知能的教學基礎，必須進行補救教學。

　　如果成績的評量設計，以「答對題目數的百分比正確率」打分數，絕對等第的定義如下：

A ＝ 95-100% 正確率＝甲等
B ＝ 85-94% 正確率 ＝乙等
C ＝ 75-84% 正確率 ＝丙等
D ＝ 65-74% 正確率 ＝丁等
F ＝ 65% 以下正確率＝不及格

　　使用絕對等第成績系統，等第的分配比例不能事先預定，如果所有學生大部分表現不佳，有可能大家都獲得低分等第；反之，有可能大家都獲得高分等第。

肆、自我參照等第

　　有些學校在舉行親師座談會時，所提供的成績報告單內容，除了「百分數」、「等第」等認知領域的成績之外，還會提供「情意」與「技能」領域的學習表現；同時，將學生在開學前與學期結束時的「進步」情形一併呈現。

　　下面是 3-5 年級的成績單範例：

表 16-7　小學中年級成績單範例

小學3-5年級適用						
等第量尺				書寫、藝能、音樂	用功習慣	
學科名稱	100-93	甲	4	非常優異	****	非常優異
	92-84	乙	3	進步令人滿意	***	進步令人滿意
	83-74	丙	2	需要改進	**	需要改進
	73-65	丁	1	無法令人滿意	*	無法令人滿意
	64-0	戊			NA	不適用
國語	94	甲				
社會	86	乙				
數學	67	丁			*	
美勞			3		**	
唱遊			4		****	

資料來源：增修自Frey, 2014: 325.

伍、成績計算

　　前面提及各種類型科目的評量資料，必須全部納入考量，任何一門學科的成績，包括正式與非正式測驗、作業、實驗、作品，甚至於班級參與、努力程度、學習習慣與態度、勤惰等，都必須斟酌納入做為可靠的成績報告系統的重要參考資料。因此，教師平時必須自己設計最適合自己學科需要的成績紀錄表冊，做為學期結束時正式成績報告單的依據。

　　下面是 11 年級英文科教師使用之學生成績紀錄表冊範例：

表 16-8　英文科教師自用成績紀錄表範例（教師用）

11年級英文科成績紀錄表									
姓名	朗誦	參與	努力	作業	勤惰	段考1	段考2	學期考	總成績
	20%	5%	5%	5%	5%	15%	15%	30%	100%
丁〇〇	4	5	4	4	4	80	84	87	84

表 16-8　英文科教師自用成績紀錄表範例（教師用）(續)								
王〇〇	5	4	5	5	5	93	92	95	95
林〇〇	3	4	4	3	3	76	80	83	74
高〇〇	5	5	3	5	4	84	85	86	88
葉〇〇	3	3	2	3	3	65	70	72	65
…								
…								

註：5＝優、4＝良、3＝可、2＝差、1＝劣。

資料來源：著者編製。

第八節　現行成績通知書（單）

我國現行國民中、小學學習評量準則與高級中等學校學習評量辦法不同，分別說明如下：

壹、國民小學成績評量與通知書

國民小學學生成績評量，依照民國 104 年 01 月 07 日修正之《國民小學及國民中學學生成績評量準則》之規定辦理。該準則有關成績評量之要點如下：

第三條　國民中小學學生成績評量，應依學習領域及日常生活表現，分別評量之；其評量範圍及內涵如下：

一、學習領域：其評量範圍包括國民中學及國民小學九年一貫課程綱要所定之七大學習領域……；其內涵包括能力指標、學生努力程度、進步情形，並應兼顧認知、情意、技能及參與實踐等層面。

二、日常生活表現：其評量範圍及內涵包括學生出缺席情形、獎懲紀錄、團體活動表現、品德言行表現、公共服務及校內外特殊表現等。

第五條　國民中小學學生成績評量，……採取下列適當之方式辦理：

一、紙筆測驗及表單：依重要知識與概念性目標，及學習興趣、動機與態度等情意目標，採用學習單、習作作業、紙筆測驗、問卷、檢核表、評定量表等方式。

二、實作評量：依問題解決、技能、參與實踐及言行表現性目標，採書面報告、口頭報告、口語溝通、實際操作、作品製作、展演、行為觀察等方式。

三、檔案評量：依學習目標，指導學生本於目的導向系統彙整或組織表單、測驗、表現評量等資料及相關紀錄，以製成檔案，展現其學習歷程及成果。

第八條　國民中小學學生學習領域之平時及定期成績評量結果，應依評量方法之性質以等第、數量或文字描述記錄之。

前項各學習領域之成績評量，至學期末，應綜合全學期各種評量結果紀錄，參酌學生人格特質、特殊才能、學習情形與態度等，評定及描述學生學習表現和未來學習之具體建議；並應以……等第呈現……，其等第與分數之轉換如下：

一、優等：九十分以上。

二、甲等：八十分以上未滿九十分。

三、乙等：七十分以上未滿八十分。

四、丙等：六十分以上未滿七十分。

五、丁等：未滿六十分。

前項等第，以丙等為表現及格之基準。學生日常生活表現紀錄，……分別依行為事實記錄之，並酌予提供具體建議，不做綜合性評價及等第轉換。

依據上述成績評量準則，表16-9是某國民小學成績通知書範例：

表 16-9　○○國民小學成績通知書

○○市○○國民小學103學年度下學期
〈學習成績評量通知書〉
班級：五年○班　座號：○○　姓名：○○○

一、學習領域評量			二、導師評語與建議
學習領域	每週節數	等第	1. ○○學習認真，不僅上課專心，也認真筆記，表現優良。
語文領域 本國語文	7	優	2. 工作認真，老師交代的事也盡責完成。
			3. 待人和善，也熱於助人。
語文領域 鄉土語文	1	優	4. 期許多閱讀多方面書籍，充實自己。
數學領域	5	優	

生活課程			學生出缺席情形						
健康與體育領域	3	甲	事假日數	0	病假日數	0	曠課日數	0	上課日數	93
綜合活動	3	甲	四、家長意見						

三、審核簽章				
導師	教務主任	校長		
○○○	○○○	○○○	**家長簽章**	

說明：

學期分數 90-100 時，等第為「優」　　學期分數 80-89 時，等第為「甲」

學期分數 70-79 時，等第為「乙」　　學期分數 60-69 時，等第為「丙」

學期分數 < 60 時，等第為「丁」

1. 104 學年度上學期訂於 8 月 31 日（一）開學，應繳交各項費用另行通知。

2. 貴子弟本學期在校各項成績，均經評定，謹列表通知，即希察閱。

3. 暑假返校日：7 月 31 日（五）10：00 放學、8 月 28 日（五）12：00 放學。

此致

貴家長

○○市○○國民小學 啟

資料來源：著者蒐集。

貳、國民中學成績評量與通知書

國民中學成績評量與國民小學完全相同，只是學科領域範圍擴大，表
16-10 是某國民中學成績評量通知書之範例：

表 16-10　○○國民中學成績通知書

○○縣立○○國民中學103學年度 第2學期 成績通知書
年級：二　座號：○○　姓名：○○○　學號：○○○○○○

領域	科目	每週時數	成績	量化記錄	努力程度	學習狀況文字具體描述
語文	國文	5	甲	87.50	─	
	英語	3	丙	64.50	表現尚可	
	平均	8	─	78.88	─	
數學		4	優	99.00	─	
自然與生活科技	自然	4	乙	73.16	─	
社會	歷史	1	乙	76.66	表現尚可	
	地理	1	甲	84.33		
	公民	1	甲	86.66	表現良好	
	平均	3	─	82.55	─	
健康與體育	體育	2	優	91.50	表現優異	
	健教	1	優	92.00	表現優異	
	平均	3	─	91.67	─	
藝術與人文	音樂	1	甲	83.00	表現良好	
	美術	1	甲	89.00	表現良好	
	表演	1	優	93.00	表現優異	
	平均	3	─	88.33	─	
綜合活動	家政	1	甲	85.00	表現良好	
	童軍	1	甲	85.00		
	平均	2	─	85.00		

日常生活評量	努力說明	導師評語
日常行為		
團體活動		學業漸有進步，繼續加油，只要有心，一定做得
公共服務		到！
校外活動		
學生出席情形		
學生獎懲情形	嘉獎：1　警告：1	

表 16-10　〇〇國民中學成績通知書(續)

承辦	〇〇〇	主任	〇〇〇	校長	〇〇〇
家長 簽章		家長 意見			

說明與注意事項：

分數90-100→優；80-89→甲；70-79→乙；60-69→丙；0-59→丁。

1. 貴子弟 103 學年下學期在校各項成績，均經評定，謹列表通知，即希察閱，如果成績有疑問，請簽完名後攜帶本成績單於 9 月 4 日前到教務處查詢。
2. 104 學年度上學期定於 8 月 31 日正式上課。註冊應繳費用將於開學時發繳費通知，於一週內至超商、郵局或銀行繳納完畢。
3. 此表經家長簽章後於開學一週內繳回導師處。
4. 特別注意：學生七大學習領域須至少四個領域成績及格，才具畢業資格。

此致

貴家長

〇〇縣立〇〇國民中學 啟

104年8月14日

資料來源：著者蒐集。

參、高級中學成績評量與通知單

依據教育部 103 年 1 月 8 日公佈之《高級中等學校學生學習評量辦法》，有關高中學生成績評量之相關規定如下：

第三條　學校學生學習評量，包括學業成績評量及德行評量。

第四條　學業成績評量採百分制評定。

學業成績評量……依學科及活動之性質，兼顧認知、技能及情意等教學目標，採多元評量方式，並於日常及定期為之。

前項多元評量，得採筆試、作業、口試、表演、實作、實驗、見習、參觀、報告、資料蒐集整理、鑑賞、晤談、實踐、自我評量、同儕互評或檔案評量等方式辦理。

第八條　學業成績以一百分為滿分，其及格基準規定如下：

一、一般學生：以六十分為及格。

二、依各種升學優待辦法規定入學之原住民學生、重大災害地區學生、政府派赴國外工作人員子女、退伍軍人、僑生、蒙藏學生、外國學生、境外優秀科技人才子女及基於人道考量、國際援助或其他特殊身分經專案核定安置之學生：一年級以四十分為及格，二年級以五十分為及格，三年級以後以六十分為及格。

三、依中等以上學校技藝技能優良學生甄審及保送入學辦法規定入學之學生：一年級、二年級以五十分為及格，三年級以後以六十分為及格。

四、依中等以上學校運動成績優良學生升學輔導辦法規定入學之學生：一年級、二年級以四十分為及格，三年級以後以五十分為及格。

身心障礙學生之學業成績評量，由學校依特殊教育法第二十八條所定個別化教育計畫之評量方式定之。

依據教育部所頒佈之《高級中等學校學生學習評量辦法》，學習評量成績輪廓大致清楚明確，各校仍然保有些許彈性，但各校成績通知書（單）格式大同小異，而每學期報教育部的「○○○學年度○學期成績暨百分比對照表」則是統一格式。

表 16-11 是某國立高級中學成績通知單範例：

表 16-11　○○高級中學成績通知

國立○○高級中學
103學年度 下學期 成績通知單
班級：○年○班○○號　姓名：○○○　學號：○○○○○○

成績別	科目	上學期		下學期		學年成績	科目	上學期	下學期	學年成績
		學分	分數	學分	分數					
學科成績	國文	04	61	04	60	61	德育			
	數學	04	84	04	93	89	群育			
	英文	04	60	04	60	60	嘉獎	1		
	基礎生物	01	77	01	70	74	小功			
	公民	02	73	02	75	74	大功			
	歷史	02	75	02	76	76	缺點			
	地理	02	69	02	71	70	警告	3		
	音樂	01	87	01	77	82	小過			
	美術	01	82	01	89	86	大過			
	基礎物理	01	82	01	87	85	事假			
	基礎化學	01	74	01	81	78	病假	188	116	
	體育	02	60	02	60	60	曠課			
	生活科技	02	85			85	遲到		1	
	家政			02	85	85	升降旗（早讀）	1	1	
	基礎地球科學	01	68	01	71	70	公假	2		
	國學概要	01	67	01	76	72	其他			
	選修幾何	01	93	01	90	92				
	閱讀悅讀	01	93	01	83	88				
	數學軟體	01	93	01	88	91				
	反恐作為	01	80			80				
	野外求生			01	77	77				

出勤獎懲記錄

表 16-11　○○高級中學成績通知　（續）

學業平均	33	73.9	33	75.0	74.5	備 註
實得學分	33		33		66	
累計學分	99		132			
升級重讀	升級	補考日期				

全班 人數	上學期	40	全班 名次	上學期	19	
	下學期	40		下學期	18	

導師 評語	上學期	天資聰明，待人有禮
	下學期	行為端正，單純直率

國立○○高級中學
○○市○○路○段○號

　　　　　　王○○　　君 收

　　　　　　請寄至
　　　　　　○○○　○○縣○○鎮○○路○段○巷○號

資料來源：著者蒐集。

本章摘要

1. 早期的成績評定，是以 100 為絕對基準的「百分點量表」（100-point scale）或簡稱「百分數」（percentage）。

2. 成績是比較的結果：以學生的表現與 (1) 某些「好表現」的標準做比較、(2) 跟其他同班學生所獲得的分數做比較、(3) 跟自己其他次的成績做比較。

3. 成績報告單的格式有：(1) 百分數制、(2) 文字等第制、(3) 目標檢核表制、(4) 分數加評語制。

4. 成績內涵多樣化：(1) 正式測驗分數、(2) 班級活動參與、(3) 家庭與學校作業、(4) 計畫和作品、(5) 學習習慣與態度、(6) 努力與進步、(7) 勤惰等。

5. 評定成績等第須注意公平性問題，應考慮學生的獨特需求、情況和問題。

6. 教師評定成績等第感到困難的因素：(1) 很少正式受過訓練、(2) 校長很少指導或要求評定成績的策略或期望、(3) 成績易受質疑或挑戰、(4) 必須考慮學生的需求和特點、(5) 教師擔負判斷的與幫助的雙重角色、(6) 成績或等第的主觀的性質、(7) 缺乏普遍可接受的策略。

7. 教師的評分計畫必須考量：(1) 等第的定義、(2) 等第的要素、(3) 成績計算、(4) 成績哲學。

8. 成績依據 (1) 與其他學生比較的結果來解釋，是為常模參照評量；(2) 可以與某些基準、標準、客觀性與期望相比較，是為標準參照評量；(3) 與自己其他各次成績比較，是為自我參照評量。

9. 成績系統的效度是指：(1) 成績是否真正體現理論上的建構效度、(2) 是否具備公平代表內容效度。

10. 成績信度主要是涉及：(1) 內在一致性信度，與 (2) 評分者內信度的議題。

11. 成績等第的功能有：(1) 提供回饋、(2) 做比較基礎、(3) 激勵動機、(4) 教學用途、(5) 行政與輔導使用、(6) 向家長與監護人報告。

12. 成績報告在教學上的功能是：(1) 澄清教學與學習目標、(2) 指出學生在學習上的優缺點、(3) 提供學生個人－社會發展的相關訊息，和 (4) 激勵學生的學習動機。

13. 向家長報告學生成績的目的：(1) 提高家長與學校合作的意願、(2) 讓家長鼓勵支持子女、(3) 幫助子女規劃教育與職業生涯。

14. 成績比較的類型：(1) 與既定標準比較、(2) 與其他學生比較、(3) 與自我進步幅度比較。

15. 成績報告的類型：(1) 文字等第、(2) 及格與不及格制、(3) 目標檢核表、(4) 給家長的信、(5) 親師座談會、(6) 學習檔案。

16. 成績報告系統，應考量原則：(1) 使用目的、(2) 依據教學目標、(3) 由委員會議決、(4) 有適當的評量證據、(5) 具備診斷與實用功能。

17. 常模參照的相對等第制分成二類：(1) 曲線成績——各等第有一定的百分比限制；(2) 彈性成績——視學生的能力表現與課程的層次而訂各等第百分比。

18. 標準（效標）參照的絕對等第制，預先設定各等第的表現標準，若所有學生表現傑出，有可能全體都得高的等第；反之，都得低的等第。

19. 自我參照等第，有百分數、文字等第，甚至各方面實際表現的文字描述評語。

20. 各科目成績的計算，可包括正式與非正式測驗、作業、實驗、作品，甚至於班級參與、努力程度、學習習慣與態度、勤惰等。

自我評量

一、選擇題： 請選出下列問題的正確答案，40%

1. 將學生成績與預定的表現標準比較來決定等第，稱為

   (A) 相對等第　　(B) 絕對等第　　　(C) 表現等第　　　(D) 曲線等第

2. 相對等第的解釋是根據什麼準則？

   (A) 常模參照　　(B) 客觀參照　　　(C) 標準參照　　　(D) 對比參照

3. 用一個個位數點數來分配成績等第，是屬於哪種等第？

   (A) 標準化測驗(B) 答對正確率　　(C) 絕對　　　　　(D) 相對

4. 採用曲線等第受批評的主要原因之一是什麼？

   (A) 班級學生人數太少，成績不會成常態

   (B) 太多學生得中等等第

   (C) 是教師的主觀判斷，教師擁有決定權

   (D) 學生的能力本就不是常態分配

5. 依據學生的進步幅度大小決定成績等第，它的最大缺點是什麼？

   (A) 學生的起始點測驗分數高的佔便宜

   (B) 學生的起始點測驗分數低的佔便宜

   (C) 學生的起始點測驗分數不影響終結測驗分數

   (D) 能力高的學生不受起始點測驗分數的影響

二、論述題： 60%

1. 成績是依據比較而來，到底是與哪些事物相比較？

2. 成績具備哪些重要功能，請述己見？

3. 如果你／妳是一個國文科教師，在評定學生學期成績時，會包括哪些重要資訊在內？請述其詳。

4. 標準參照等第與常模參照等第，最大的差異在哪？試抒己見。

5. 成績報告在教學上有何重要功能？請道其詳。

6. 打分數評等第，到底是容易還是困難，請論述你／妳個人的見解。

參考文獻

一、中文

- 大學多元入學升學網（2009）。考試分發入學。2015 年 3 月 30 日，取自 http://ns-dua.moe.edu.tw//index.php?option=com_content&task=view&id=24&Itemid=59

- 內政部戶政司（2015）。02-03 人口婚姻狀況。取自 http://sowf.moi.gov.tw/stat/year/list.htm。

- 王文中、呂金燮、吳毓瑩、張郁雯、張淑慧合著（2006）。**教育測驗與評量 (二版)**。臺北：五南。

- 王文科、王智弘（2006）。**教育研究法 (增訂十版)**。臺北：五南。

- 王振世、何秀珠、曾文志、彭文松（合譯）（2009）。**教育測驗與評量 (初版)**（原作者：Robert L. Linn & M. David Miller）。臺北：雙葉。（原著出版年：2004）

- 王震武、林文瑛、林烘煜、張郁雯、陳學志合著（2008）。**心理學 (二版)**。臺北：學富。

- 再源油廠（2015）。**健康 & 美麗**。養生之道——〈亞麻仁油〉。臺灣：彰化。

- 危芷芬譯（2006）。**心理測驗 (一版四刷)**（原作者：Anastasi, A., & Urbina, S）。臺北：雙葉書廊。（原著出版年：1997）

- 朱錦鳳（2010）。**心理測驗：理論與應用**。臺北：雙葉。

- 余民寧（1993）。次序性資料的內容效度係數和同質性信度係數之計算。**測驗年刊，40 輯**，199-214。

- 余民寧（1997）。**教育測驗與評量——成就測驗與教學評量**。臺北：心理。

- 吳明隆（2007）。**結構方程模式 AMOS 的操作與應用**。臺北：五南。

- 李維曼、詹岱倫（2009）。**SPSS 統計分析與專題應用**。臺北：學貫。

- 周文欽（2004）。**研究方法——實徵性研究取向 (二版)**。臺北：心理。

- 林清山（2003）。**多變量分析統計方法**。臺北：東華。

- 唐守謙（1970）。教育統計。載於楊亮功（主編），**雲五社會科學大辭典第八冊——教育學**（300-321 頁）。臺北：臺灣商務。

- 孫叔敖（2015）。仁智的孫叔敖。2015 年 4 月 1 日，取自 http://www.bookstrg.com/ReadStory.asp?Code=RKchKYY22840

- 徐明珠（2001）。站在大學入學考試變革的轉振點上。**國家政策論壇，第一卷第七期**，153-160。

- 國立高雄師範大學高級中學學校評鑑中心（105）。**104 年度高級中等學校評鑑校務評鑑表**。教育部國民教育及學前教育署委辦，國立高雄師範大學承辦。高雄市。

- 國立編譯館（1983）。**心理與教育統計及測驗 (下冊)**。臺北：正中。

- 張明敏、岳俊芳（2015）。**生涯檔案製作範本**。國立竹北高級中學。臺灣：竹北。

- 張春興（2007）。**心理學概要（一版）**。臺北：東華。

- 教育部（2014）。訂定「高級中等學校學生學習評量辦法」，載於**行政院公報第 020 卷第 008 期** 20140113 教育文化篇。臺北：教育部。

- 教育部（2015）。**國民小學及國民中學學生成績評量準則**。臺北：教育部。

- 郭生玉（1999）。**心理與教育測驗（十三版）**。臺北：精華。

- 郭齊家（2009）。中國古代考試制度。2015 年 7 月 16 日，取自 j9981168.pixnet.net/blog/post/205336724-

- 陳文典、陳義勳、李虎雄、簡茂發（1996）。**由馬里蘭州的學習成就評量與其臺灣的試測結果看──實作評量的功能與運用**。臺北：教育部國民教育司。

- 陳李綢（校訂）（1997）。**教育測驗與評量**（原作者：Tom Kubiszyn & Gary D. Borich）。臺北：五南。（原著出版年：1996）

- 陳淑美（審定）（2002）。**教育測驗與評量**（原作者：Kenneth Hopkins）。臺北：學富。（原著出版年：1997）

- 傅粹馨（2002）。主成分分析和共同因素分析相關議題之探究。**教育學刊，第 18 期**，107-132。

- 程法泌（1970a）。教育測驗，載於楊亮功（主編），**雲五社會科學大辭典第八冊──教育學**（321-345 頁）。臺北：臺灣商務。

- 程法泌（1970b）。**教育測驗的理論與實施**。臺北：臺灣書店。

- 黃元齡（1974）。**心理及教育測驗的理論與方法**。臺北：大中國圖書。

- 黃國彥、鍾思嘉（1982）。我國成就測驗的發展。載於中國測驗學會（主編），**我國測驗的發展**（33-37 頁）。臺北：中國測驗學會。

- 葉肅科（2007）。**社會心理學**。臺北：洪葉文化。

- 劉玟慧、周慧庭、徐慧如（2015）。**學習評量期末報告**（授課教授：謝廣全）。國立彰化師範大學師資培育中心。臺灣：彰化。

- 謝廣全（1971）。**臺灣地區初中學生順從行為之計量研究**（未出版之碩士論文）。國立政治大學教育研究所，臺北市。

- 謝廣全（1973）。**臺灣地區高中學生人際關係之比較研究**（44-45 頁）。國家科學委員會研究補助論文。

- 謝廣全（1994）。教學與評量。載於葉學志（主編），**教育概論**（359-387 頁）。臺北：正中書局。

- 謝廣全、謝佳懿（2014）。**SPSS 與應用統計學（第二版）**。高雄：巨流。

- 簡春安、鄒平儀（2004）。**社會工作研究法**。臺北：巨流。

- 簡茂發（1978）。信度與效度。載於楊國樞（主編），**社會與行為科學研究法（上冊）**（323-351 頁）。臺北：東華。

二、英文

- Afflerbach, P. (2007). *Understanding and using reading assessment, K-12*. International Reading Association.

- Aiken, L. R. (1985). Three coefficients for analyzing the reliability and validity of ratings. *Educational and Psychological Measurememt*, *42*, 803-806.

- Airasian, P. (2005). *Classroom assessment: Concepts and applications* (5th ed.). New York, NY: McGraw-Hill.

- Airasian, P., & Russell, M. (2007). *Classroom assessment: Concepts and applications* (6th ed.). New York, NY: McGraw-Hill.

- Alberto, P. A., & Troutman, A. C. (2005). *Applied behavior analysis for teachers* (7th ed.). Upper Saddle River, NJ: Prentice-Hall.

- Almasi J. F., & Fullerton, S. K. (2012). *Teaching strategic processes in reading*. New York, NY: McGraw-Hill.

- American Educational Research Association, American Psychological Association, and the National Council on Measurement in Education. (1999). *Standards for educational and psychological testing*. Washington, DC: American Psychological Association.

- Anastasi, A. (1988). *Psychological testing* (6th ed.). New York: Macmillan.

- Anastasi, A., & Urbina, S. (1997). *Psychological testing* (7th ed.). NJ: Prentice-Hall.

- Anderson, L. W., & Krathwohl, D. R. (Eds.). (2001). *A taxonomy for learning, teaching and assessing: A revision of Bloom's Taxonomy of educational objectives: Complete edition*. New York, NY: Longman.

- Applebee, A. N., Langer. J., & Mullis, I. V. S. (1994). *NAEP 1992 Writing Report Card*. National Center for Education Statistics. Washington. DC.

- Bandura, A. (2006). Guide for constructing self-efficacy scales. In Pajares, F., & Urdan, T. (Eds.), *Self-efficacy beliefs of adolescents*. Charlotte, NC: Information Age Publishing.

- Bennett, R. F., & Gitomer, D. H. (2009). Transforming K-12 assessment: Integrating accountability testing, formative assessment, and professional report. *Educational assessment in the 21st century*, 43-61.

- Black, P. J., & William, D. (1998). Inside the black box: Raising standards through classroom assessment. *Phi Delta Kappa*, *80*(2), 139-148.

- Bloom, B. S. (Ed.). (1956). *Taxonomy of educational objectives: The classification of educational goals, Handbook 1, Cognitive domain*. New York: David McKay.

- Borich, G. D., & Tombari, M. L. (2004). *Educational assessment for the elementary and middle school classroom* (2nd ed.). Upper Saddle River, NJ: Pearson Education.

- Brookhart, S. M. (1999). Teaching about communicating assessment results and grading. *Educational Measurement: Issues and Practice, 18*(1), 5-13.

- Brookhart, S. M. (2013). Classroom assessment in the context of motivation theory and research. In J. H. McMillan (Ed.), *Sage handbook of research on classroom assessment* (pp. 35-54). Thousand Oaks, CA: Sage.

- Campbell, D. T. (1960). Recommendations for APA test standards regarding construct, trait, and discriminant validity. *American Psychologist, 15*, 546-553.

- Carmines, E. G., & Zeller, R. A. (1979). *Reliability and validity assessment*. Beverly Hills, CA: Sage.

- Chang, C. C., & Tseng, K. H. (2008). Use and performance of web-based portfolio assessment. *British Journal of Educational technology, 40*(2), 358-370.

- Chase, C. I. (1999). *Classroom assessment for educators*. New York, NY: Addition-Wesley.

- Christensen, C. R. (1991). The discussion teacher in action: Questioning, listening, and response. In C. R. Christensen, D. A. Garvin, & A. Sweet (Eds.), *Education for judgment*. Boston: Harvard Business School Press.

- Cohen, J. (1960). A coefficient of agreement for nominal scales. *Educational and Psychological Measurement, 20*, 37-46.

- Costa, A. L., & Kallick, B. (2004). *Assessment stratigies for self-directed learning*. Thousand Oaks: Corwin Pres / Sage Publication.

- Costa, A. L., & Kallick, B. (2009). *Habits of mind across the curriculum: Practice and creative strategies for teachers*. Association for Supervision & Curriculum Development.

- Cronbach, L. J. (1971). Test validation. In R. L. Thorndike (Ed.), *Educational measurement* (2nd ed., pp. 443-507). Washington, DC: American Council on Education.

- Cronbach, L. J. (1990). *Essentials of psychological testing* (5th ed.). New York: Harper & Row.

- Darling-Hammond, L. (2012). *Powerful teacher education: Lessons from exemplary programs*. San Francisco, CA: Jossey-Bass.

- Eagly, A. H., & Chaiken, S. (1993). *The psychology of attitudes*. New York: Harcourt Brace Jovanovich.

- Ebel, R. L., & Frisbie, D. A. (1991). *Essentials of educational assessment* (5th ed.). Upper Saddle River, NJ: Prentice Hall .

- Farkas, S., & Duffett, A. (2008). Results from a national teacher survey. In Tom Love-less, Steve Farkas, & Ann Duffett (Eds.), *High achieving students in the era of NCLB* (pp. 49-82). Washington, DC: Thomas B. Fordham Institute.

- Frey, B. B. (2014). *Modern classroom assessment*. SAGE Publications, Inc.

- Frey, B. B., & Schmitt, V. L. (2010). Teachers' classroom assessment practice. *Middle Grades Research Journal, 5*(3), 107-117.

- Frey, B. B., Petersen, S. E., Edwards, L. M., Pedrotti, J. T., & Peyton, V. D. (2005). Item-writing rules: Collective wisdom. *Teaching and Teacher Education, 21*, 357-364.

- Frey, B. B., Schmitt, V. L., & Allen, J. P. (2012). Defining authentic classroom assessment. *Practical Assessment Research & Evaluation, 17*(2). 9/29/2015 Retrieved from http://pareonline.net/getvn.asp?v=17&n=2

- Gardner, H. (1995). Reflections of multiple intelligences: Myths and massages. *Phi Delta Kappa, 77*(3), 200-207.

- Gronlund, N. E. (1976). *Measurement and evaluation in teaching* (3rd ed.). Englewood Cliffs, N. J. :Mcmillan.

- Gronlund, N. E., & Waugh, C. K. (2009). *Assessment of student achievement* (9th ed.). Upper Saddle River, NJ: Pearson.

- Gulliksen, H. (1987). *Theory of mental test*. Hillsdale, NI: Lawrence Erlbaum Asociates.

- Guskey, T. R., & Bailey, J. M. (Eds.). (2009). *Developing standards-based report cards*. Thousand Oaks, CA: Corwin.

- Hopkins, K. D. (1998). *Educational and psychological measurement and evaluation* (8th ed.). Allyn & Bacon.

- Hopkins, K. D., Stanley, J. C., & Hopkins, B. R. (1990). *Educational and psychological measurement and evaluation* (7th ed.). Englewood Cliffs, NJ: Prentice Hall.

- Hunter, M. (1982). *Mastery learning*. El Segundo, CA: TIP Publications.

- Kane, M. T. (1992). An argument-based approach to validity. *Psychological Bulletin, 112*(3), 527-535.

- Kane, M. T. (2006). Validation. In R. L. Brennan (Ed.), *Educational measurement* (4th ed.) (pp. 17-64). Rowman & Littlefield Publishers, Inc.

- Kaplan, R. M., & Saccuzzo, D. F. (1993). *Psychological testing: Principles, applications, and issues* (3rd ed.). Pacific Grove, CA: Allyn & Bacon.

- Kingston, N., & Nash, B. (2011, Winter). Formative assessment: A meta-analysis and a call for research. *Educational measurement: Issues and practice, 30*(4), 28-37.

- Kirshcenbaum, H., Simon, S. B., & Napier, R. W. (1971). *Wad-ja-get? The grading game in American education.* New York, NY: Hart.

- Kubiszyn, T., & Borich, G. (1996). *Educational testing and measurement* (5th ed.). Harper Collins College Publishers.

- Kubiszyn, T., & Borich, G. (2003). *Educational testing and measurement: Classroom application and practice* (7th ed.). Hobokan, NJ: John Wiley & Sons, Inc.

- Liem, G. A. (2012). Personal best goals and academic and social functioning: A longitudinal perspective. *Learning and Instruction, 22*(3), 222-230.

- Linn, R. L., & Gronlund, N. E. (2000). *Measurement and assessment in teaching* (8th ed.). Prentice-Hall. Inc.

- Linn, R. L., & Miller, M. D. (2005). *Measurement and assessment in teaching* (9th ed.). Prentice-Hall. Inc.

- Lorin W. Anderson & David R. Krathwohl, *et al* (Eds.). *A taxonomy for learning, teaching, and assessing: A revision of bloom's taxonomy of educational objectives.* Allyn & Bacon. Boston, MA (Pearson Education Group).

- Madus, G., & Kellaghan, T. (1993). The British experience with 'authentic' testing. *Phi Delta Kappa, 74,* 458-469.

- Marzano, R. J. (2006). *Classroom assessment and grading that work.* Alexandria, VA: ASCD.

- Marzano, R. J., & Heflebower, T. (2010). *Formative assessment and standards-based grading.* Bloomington, IN: Solution Tree.

- McAlpine, D. (2006). Portfolio assessment: G & T related reading on school policies and programmes. 6/20/2015 Retrieved from http://www.tki.org.nz/gifted/reading/assessment/portfolio

- McDonald, B. (2012). Portfolio assessment: Direct from the classroom. *Assessment & Evaluation in Higher Education, 37*(3), 335-347.

- McMillan, J. H. (2000). *Essential assessment concepts for teachers and administrators.* Thousand Oaks, CA: Corwin Press.

- McMillan, J. H. (2001). *Classroom assessment: Principles and practice for effective standards-based instruction* (5th ed.). Boston: Allyn & Bacon.

- McMillan, J. H. (2014). *Classroom assessment: Principles and practice for effective standards-based instruction* (6th ed.). Pearson Education, Inc.

- McMillan, J. H., & Schumacher, S. (2006). *Research in education: Evidence based inquiry*(6th ed.). Boston: Allyn & Bacon.

- Mehrens, W. A., & Lehmann, I. J. (1991). *Measurement and evaluation in education and psychology* (4th ed.). New York: Holt, Rinehart & Winston.

517

- Messick, S. (1989). Validity. In R. L. Linn (Ed.), *Educational assessment* (3rd ed.). Upper Saddle River, NJ: Merrill/Prentice Hall.

- Messick, S. (1992a). The interplay of evidence and consequences in the validation of performance assessments. *Educational Researcher, 23*, 13-23.

- Messick, S. (1992b). Validity of test interpretation and use. In M. C. Alkin (Ed.), *Encyclopedia of educational research* (6th Ed., Vol. 4, pp. 1487-1495). New York: Macmillan.

- Messick, S. (1994). The interplay of evidence and consequences in the validation of performance assessments. *Educational Researcher, 23*(2), 13-24.

- Miller, M. D., Linn, R. L., & Gronlund, N. E. (2013). *Measurement and assessment in teaching* (11th ed.). Pearson Education, Inc.

- Müller, E., & Burdette, P. (2007, May). Highly qualified teachers and special education: Several state approaches. *inForum*, 1-14.

- National Center for Research on Evaluation, Standards, and Student Testing (CRESST, 2015). *Classroom assessment scoring manual: High school.* 10/4/2015 Retrieved from http://www.cse.ucla.edu/products/teachers/highschool_scoringmanual.pdf

- National Council of Teachers of English. (2010). *Fostering high-quality formative assessment*. Urbana, IL: Author.

- Newfields, T. (2007). Games theory approaches to grading: An experiment with two incentive point systems. *Tokyo university Keizai Ronshu, 32*(2), 33-43.

- Nichols, P., Meyers, J., & Burling, K. (2009). A framework for evaluating and planning assessments intended to improve student achievement. *Educational Measurement: Issues and Practice, 28*(3), 14-23.

- Nicol, D. J., & Macfarlane-Dick, D. (2007). Formative assessment and self-regulated learning: A model and seven principles of good feedback practice. *Studies in Higher Education, 31*(2), 199-218.

- Paulson, F. L., Paulson, P. R., & Mayer, C. A. (1991). What makes a portfolio a portfolio? *Educational Leadership, 48*(5), 60-63.

- Pettey, R. E., & Cacioppo, J. T. (1981). *Attitudes and persuasion: Classical and contemporary approaches*. Dobuque, IA: Brown.

- Plake, B. S., Impara, J. C., & Spies, R. A. (Eds.). (2003). *The fifteenth mental measurements yearbook* (15th ed.). Lincoln, NE: Buros Institute of mental measurement.

- Popham, W. J. (2008). *Transformative assessment*. Alexandria, VA: Association for Supervision and Curriculum Development.

- Popham, W. J. (2010). *Classroom assessment: What teachers need to know* (6th ed.). Boston: Pearson.

- Rivers, S. E., Hagelskamp, C., & Brackett, M. A. (2013). Understanding and accessing the social-emotional attributies of classrooms. In J. H. McMillan (Ed.), *Sage handbook of research on classroom assessment* (pp. 347-366). Thousand Oaks, CA: Sage.

- Rodriguez, M. C., & Hadadyna, T. M. (2013). Writing selected-response items for classroom assessment. In J. H. McMillan (Ed.), *Sage handbook of research on classroom assessment* (pp. 293-311). Thousand Oaks, CA: Sage.

- Russell M. K., & Airasian P. W. (2012). *Classroom assessment: Concepts and applications* (7th ed.). New York: McGrew-Hill.

- Salvia, J., Ysseldyke, J. E., & Bolt, S. (2013). *Assessment in special and inclusive education* (12th ed.). Belmont, CA: Wadsworth.

- Sattler, J. M. (2008). *Assessment of children* (5th ed.). San Diego: Jerome M. Sattler.

- Sax, G., & Newton, J. W. (1997). *Principles of educational and psychological measurement and evaluation* (4th ed.). Wadsworth Publishing Company.

- Scriffiny, P. L. (2008). Standards-based grading. *Educational Leadership, 66*(2), 70-74.

- Seitz, H., & Bartholomew, C. (2008). Powerful portfolios for young children. *Early Childhood Education Journal, 36*, 63-68.

- Shapiro, E. S., & Kratochwill, T. (Eds.). (2000). *Behavioral assessment in schools: Theory, research, and clinical foundations* (2nd ed.). New York: Guilford Press.

- Shepard, L. A. (2000). *The role of classroom assessment in teaching and learning*. Los Angeles, CA: Center for the Study of Evaluation.

- Slavin, R. (2003). *Educational psychology: Theory and practice* (7th ed.). Boston: Allyn and Bacon.

- Stiggins, R. (2007, October 17). Five assessment myths and their consequences. *Education Week*, 1-5.

- Stiggins, R. (2010). Essential formative assessment competences for teachers and school leaders. *Handbook of formative assessment*, 233-250.

- Stiggins, R. J. (1987). Design and development of performance assessment. *Educational Measurement: Issues and Practice, 6*(3), 33-42.

- Stiggins, R. J. (2007). Assessment through the student's eyes. *Educational Leadership, 64*, 22-26.

- Stiggins, R., & Duke, D. (2008). Effective instructional leadership requires authentic leadership. *The Phi Delta Kappa, 90*(4), 285-291.

- Taylor, C. S., & Nolen, S. B. (2005). *Classroom assessment: Supporting teaching and learning in real classroom*. Upper Saddle River, NJ: Pearson.

- Thorndike, R. M., & Thorndike-Christ, T. M. (2008). *Measurement and evaluation in psychology and education* (8th ed.). New York: Macmillan.

- Thorndike, R. M., Cunningham, G. K., Thorndike, R. L., & Hagen, E. P. (1991). *Measurement and evaluation in psychology and education* (5th ed.). New York: Macmillan.

- Tomlinson, C., & McTighe, J. (2006). *Integrating differentiated instruction and understanding by design: Connecting content and kids*. Alexandria, VA: Association for Supervision and Curriculum Development.

- Tubaishat, A., Lansari, A., & Al-Rawi, A. (2009). E-portfolio assessment system for an outcome-based information technology curriculum. *Journal of Information Technology Education, 8*, 43-53.

- Ward, A. W., & Murray-Ward, M. (1999). *Assessment in the classroom*. London, England: Wadsworth.

- Waugh, C. K., & Gronlund, N. E. (2013). *Assessment of student achievement* (10th ed.). Pearson Education, Inc.

- Webb, N. L. (2002). *Alignment study in language arts, mathematics, sciences, and social studies of state standards and assessments for four states*. Wasington, DC: Council of Chief State School Officers.

- Wiggins, G. P. (1998). *Educative assessment: Designing assessments to inform and improve student performance*. San Francisco: Jossy-Base.

- Wiggins, G., & McTighe, J. (1998). *Understanding by design*. Alexandria, VA: Association for Supervision and Curriculum Development.

- Wolf, S. A., & Gearhart, M. (1997). New writing assessments: The challenge of changing teachers' beliefs about students as writers. *Theory Into Practice, 36*, 220-230.

- Yao, Y., Forster, K., & Aldrich, J. (2009). Interrater reliability of a team-scored electronic portfolio. *Journal of Technology and Teacher Education, 17*(2), 253-275.